メアリー・ルイーズ・ロバーツ 著
Mary Louise Roberts

佐藤文香 監訳
西川美樹 訳

兵士とセックス

第二次世界大戦下のフランスで米兵は何をしたのか？

What Soldiers Do:
Sex and the American GI
in World War II France

明石書店

WHAT SOLDIERS DO: Sex and the American GI in World War II France
by Mary Louise Roberts

Japanese translation rights arranged with
The University of Chicago Press, Chicago, Illinois, U.S.A.
through Japan UNI Agency, Inc., Tokyo

原書は 2013 年に英語で刊行された。
本書は The University of Chicago Press との
取り決めに基づき刊行された。

兵士とセックス――第二次世界大戦下のフランスで米兵は何をしたのか?◉目次

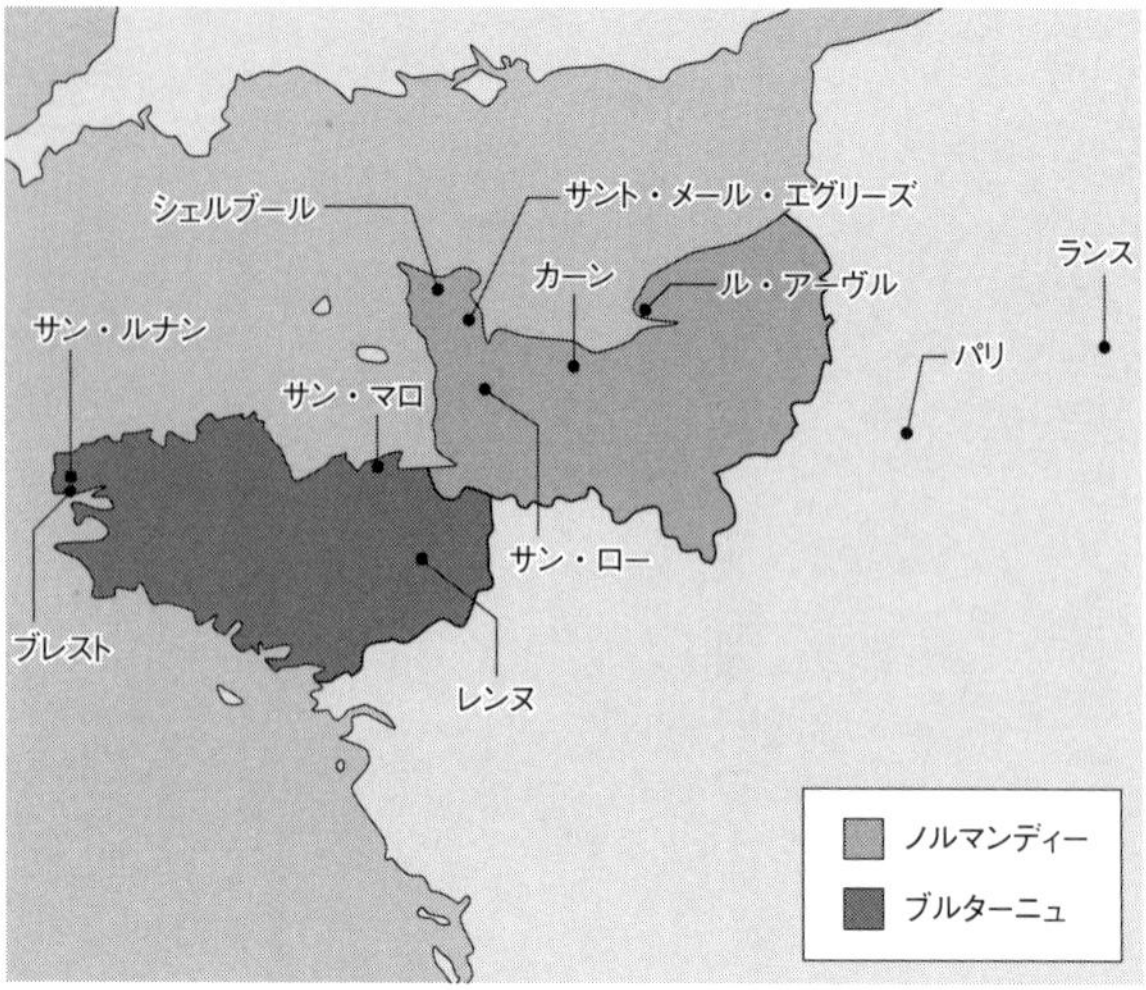

地図　ノルマンディーとブルターニュ

※本文および注での引用は、本文表記に合わせて表記のみ一部修正した。

はじめに

　一九四五年の夏、何千人ものアメリカ兵がノルマンディーの港湾都市ル・アーヴルに押し寄せた。戦争が終わり、兵士たちはここで帰還の船を待っていたのだ。その一年前、連合国軍はこの一帯をドイツの支配から解放した。ル・アーヴルの住民はむろんそのことに感謝していたが、一年たって、今度は解放者に自分たちの町が占領されてしまったことに気がついた。ル・アーヴルは非常事態にある、と当時の市長ピエール・ヴォワザンはアメリカ軍現地派遣指揮官のウィード大佐に手紙で訴えた。この町の善良な市民は、アメリカ兵が売春婦とセックスする場面に出くわさずに公園を散歩することも墓参りすることもままならない。夜になれば酔っぱらった兵士がセックスの相手を求めて通りをうろつき、ちゃんとした女性はおちおち一人歩きもできない。「礼節をはなはだ欠いた光景」が日夜広がるだけでなく、「このような醜態が青少年の目に触れるなど言語道断であり、まったくもって耐え難いことだ」とヴォワザンは抗議した。

　市長は警官を公園に派遣しパトロールさせたが、兵士たちはおかまいなしだった。売春婦を列車に詰め込みパリに連れ出す作戦も試してみたが、女たちは次の停車駅で列車を降り、金払いよくタクシーで舞いもどった。そこで市長は再び大佐に手紙を書いた。貴殿のほうで町の北部に軍公認の売春宿を設けることはできないものか。駐屯地に近くて便利な場所に専用のテントを建ててはどうか。憲兵と医療従事者が施設を管理すれば、性行為は隔離され医学的にも安全が保証される。必要なら売春婦は治療を受け、性病の罹患率も下げられる。そうすればこの町もまたもとの生活に戻れるだろう。

けれどもヴォワザンは時間を無駄にしただけだった。大佐は返信でこの現状にさじを投げた。そもそも売春は貴殿の問題であって自分の問題ではない、と大佐はつっぱねた。売春婦が病気になったとしても兵士にその責任はない。まして軍がセックスを規制するなど論外だ。そんな施設をつくれば記者たちがかぎつけ、兵士の乱交ぶりが故郷に報じられるだろう。最高司令部が許可するわけがない。深刻化する性病の問題についても大佐は一顧だにしなかった。医療従事者を派遣すると曖昧な約束はしたものの、何一つ実行しなかった。ヴォワザンはすぐにまたペンを執ったが、今度の手紙は上層部に資金提供を求めるものだった。公的資金は底をつきかけ、性病の病棟は患者であふれ、病気の女たちには行き場がなかった。いったい一市長に何ができるというのか。[1]

セックスの問題でフランス国民をにべもなく切り捨てたアメリカ軍指揮官は、ウィード一人ではなかった。どうやらウィードは、多くの将校同様に、フランス人は公の場で性交を目にしても気にもとめないと思っていた節がある。そもそもセックスはフランス人の十八番《おはこ》ではないか。だとすれば公の場でのセックスなど問題になるわけがない、と。当時そこにいた兵士たちは、一九一七年から一八年にフランスで戦った父親たちから性の冒険談を聞かされて育っていた。そのせいで、フランスはワインと女と歌の国だと信じてやまない男たちの世代が生まれたのだ。「ここがパパの言ってた町か」とつぶやく兵士を描いた一九四四年のビル・モールディンの風刺漫画は、性的に盛んなフランス人のイメージを取り上げている（図はじめに・1参照）。この第二世代の兵士たちに植え付けられた偏見は、ノルマンディー上陸前後数カ月の軍

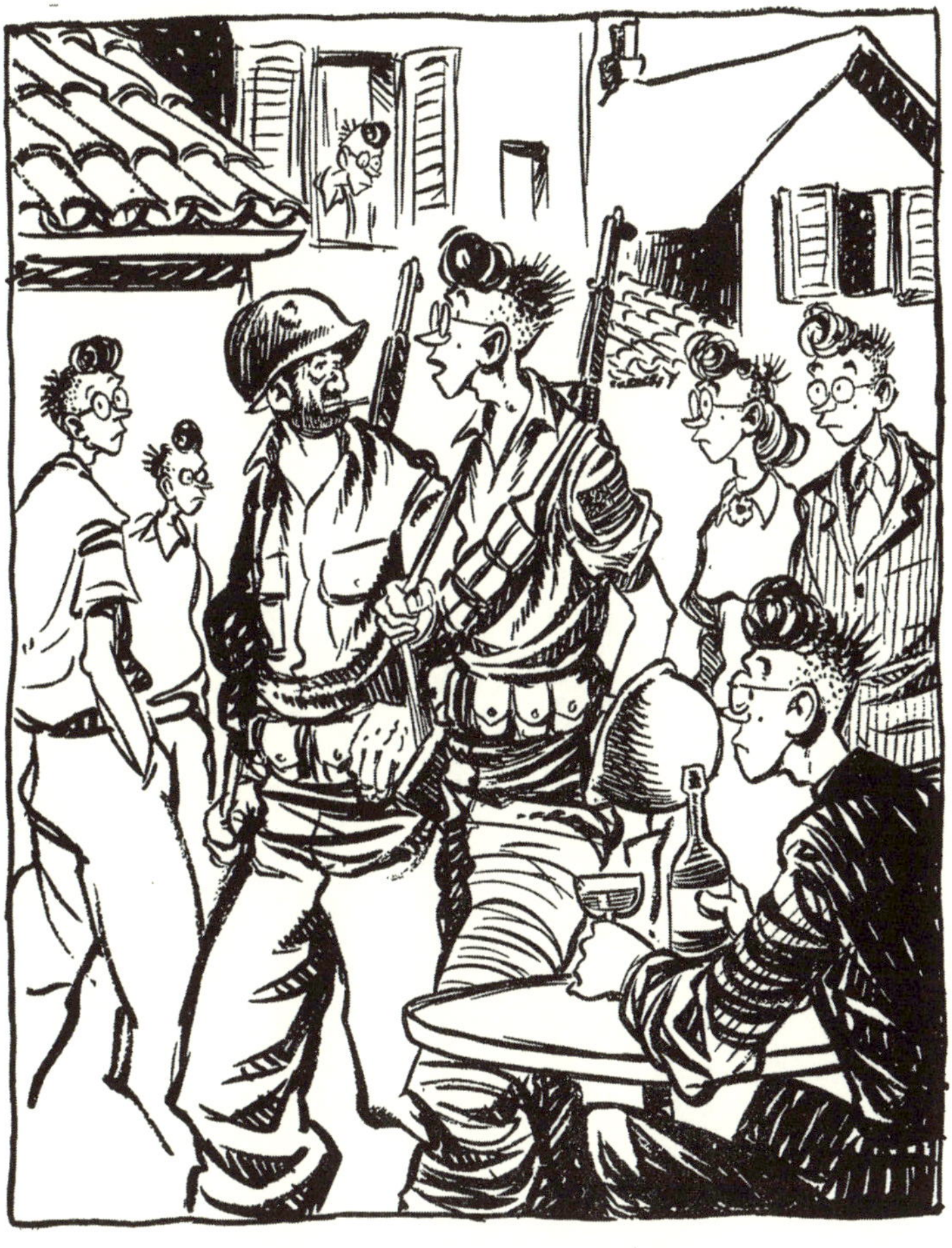

"This is th' town my pappy told me about."

図はじめに・1　ビル・モールディンによる風刺漫画「ここがパパの言ってた町か」『スターズ・アンド・ストライプス』1944 年 9 月 6 日号。スターズ・アンド・ストライプスの許可を得て使用。©1944, 2012 Stars and Stripes.

のプロパガンダのおかげで、再び息を吹き返した。[2] その結果、『ライフ』誌の記者ジョー・ウェストンの言葉を借りれば、「フランスは、年じゅう食べて飲んでセックスする四〇〇〇万人の快楽主義者がはびこる巨大な売春宿だ」という見方が世間に広まった。[3]

この性的幻想は政治的にもまた重要な影響を持ち、戦後フランスが政治的自律を手にする過程を困難なものにした。フランス人は道徳的に堕落し、自国の統治能力がないといった偏見が、軍のあらゆる層の指揮官にはびこっていた。ル・アーヴルで性的・社会的規範をあからさまに無視したことは、アメリカ兵がフランス人を見下していることの表れであり、フランス人には礼儀など一切いらないという意向を伝えるものだった。ところかまわずアメリカ兵がセックスしているとしたら、それはル・アーヴルに暮らす人びとが、地域社会の正式な構成員であり、主権国家の国民であるにもかかわらず、ただ彼らの目に入らなかったからなのだ。さらに、大佐の市長への対応から、アメリカ軍が世界を意のままにできるといった自信をいっそう強めていたことも見てとれる。この自信ゆえに、アメリカ兵には性的エネルギーのはけ口が必要であり、フランス人女性がそれを提供すべきだ、といった押し付けが生じたのだ。軍にとって大事なのはフランス人売春婦の健康ではなく自国の兵士の健康だった。軍の方策により、故郷アメリカの家族は兵士の破廉恥行為を知らずにすんだが、フランスの家族はその光景から逃れようもなかった。

フランスにアメリカ軍が進駐していた間、性的関係は政治的に重要な意味を持つようになったが、その理由は、この期間に両国関係が過渡期を迎えていたことにある。合衆国は世界の大国という黄金の切符を手にしつつあった。それと反対にフランスは多くのものを失ったことを悟りはじめていた。一九四〇年の敗北〔パリ陥落〕は悲劇的な事件であり、ドイツによる占領は屈辱そのものだった。そして今、解放されたからこそアメリカ兵がこの地にいるわけなのだが、それは国際的な地位凋落の証でもあった。戦争により運命が分かれたことで、両国は互いの間で解決すべき事柄を数多く抱えることになった。まずはフランスの主権の問題。わが国もまた、イタリアですでに樹立されたような占領軍司令官による軍政府を押し付けられるのか？　それとも自分たちによる統治を許されるのか？　さらにヨーロッパにおける合衆国の役割も重要な問題だった。ヨーロッパ大陸でアメリカ軍は完全な勝利を収め、フランスとドイツ全土に基地を置いた。この意気揚々とした新たな強国は、荒廃したヨーロッパをどの程度支配することになるのだろうか？

フランスにおけるアメリカ兵の性的親密性に軍がどう対処したかを見ていくことで、こうした問いについて多くを学ぶことができる。これが本書の主張である。フランスでの駐留を利用して合衆国がこの国の政治経済に多大な影響を与えたことに疑いの余地はない。そしてアメリカ兵とフランス人女性のセックスへの対処は、この支配の重要な要素だった。アメリカ政府はヨーロッパ大陸内に帝国主義的な野望を抱いていたわけではないが、いくつかの理由からヨーロッパの勢力均衡を牛耳ることを望んでいた。まずはソヴィエト連邦に対抗する壁を築くこと。共産主義からヨーロッパを「守る」こと。そして世界大国の地位を強化するために勢力範囲を新たに線引きすること。[4]上陸作戦は「誇り高き使命」だったが、同時にアメリカが政治的優勢を獲得するきっかけにもなった。歴史家アーヴィン・ウォールが指摘したように、戦争が終わる頃には「アメリカは努力したものの、結局はフランスの政権を築くことも壊すこともできないと悟った。それでもフランスの内政にかつてないほど口を挟むようになっていた」[5]。

連合国軍が侵攻した時点では、フランスの自治権についてまだ何も決まっていなかった。名乗りをあげた唯一信頼できる担い手シャルル・ド・ゴール将軍から、アメリカ軍はむきになって統治権を奪おうとしているかに見えた。フランクリン・ローズヴェルトもウィンストン・チャーチルも、ド・ゴールを主権国家のリーダーとして正式に認めてはいなかった。とはいえド・ゴールはレジスタンス、さらには地方および全国で機能していたフランス国民解放委員会（ＣＦＬＮ）をほぼ指揮下に置いていた。それでもイギリスとアメリカの連合国軍はフランスを独立国家にするつもりはなく、一九四三年にシチリア島で連合国軍がこしらえた組織をモデルに連合国軍政府（ＡＭＧＯＴ）を樹立しようと計画していた。[6] 連合国軍が上陸の日程をようやく決めたときも、ド・ゴールは土壇場になって知らされ、統治権を保証されてもいなかった。フランス国民は投票できないのだから、ド・ゴールを主権国家のリーダーとして望んでいるかどうかは知りようもない、というのがローズヴェルトの言い分だった。[7] しかも連合国軍はノルマンディーに上陸する兵士のために、ド・ゴールに相談もなく新しい通貨まで発行した。

　こうした妨害に遭いながらも、ド・ゴールとＣＦＬＮはＡＭＧＯＴの計画に強固に反対した。[8] アメリカ軍がフランスの町を次々に解放していくと、すぐさまド・ゴールは解放された町に地域代表委員《コミッセール》を送り込み、非合法的にフランス全土を指揮下に収めた。Ｄデイ〔第二次世界大戦で連合国軍がノルマンディーに上陸した一九四四年六月六日〕からまもなくノルマンディーに乗り込んだド・ゴールは、バイユーをはじめ各地で民衆の熱狂的な歓待を受けた。それでも連合国はド・ゴールを相手にしなかったが、侵攻から五カ月近くもたった一九四四年の一〇月後半に、ようやくド・ゴールの政府を正式に認めるに至った。[9] 連合国が承認をしぶったために、当然ながらド・ゴールをはじめ国内で奮闘するＣＦＬＮやレジスタンスは、フランスに進駐するアメリカの目的をますます疑うようになっていた。連合国は最終的にＡＭＧＯＴの設立を断念したが、この計画はうわさとして残り、アメリカ軍がこの地にいるのは解放ではなく支配が目的なのだ、という考えがあおられた。[10]

ただし一九四四年の夏に地方レベルで交わされたアメリカ軍士官とフランス自治体とのやりとりを見るかぎり、このうわさの信憑性は疑わしい。ノルマンディーでド・ゴール傘下の委員《コミッセール》が提出した報告書を見れば、この地域のフランスと連合国軍の関係は一様ではなかったものの、侵略的な方針は一切とられていなかったことがわかる。ド・ゴールがノルマンディーで指名した委員の一人、フランソワ・クーレの例はその典型だ。[11] クーレはパリに報告書を送り、ノルマンディーに派遣されたアメリカ軍指揮官がクーレの権限を認めようとせず、市民を逮捕し地方選挙を強行しようとしていると訴えた。[12] ただしその一方でクーレの書簡には、連合国軍が自分のような地方当局者の同意を得ずに法制定や人事指名を行ったりすることは一切ないとフランス陸軍に保証する文面も含まれていた。[13] アメリカ軍とフランス政府間に緊張があった場合も、何らかの戦略的計画の結果というより、いわば地方の小競り合いのたぐいに見えた。

それどころかむしろアメリカ軍は、指針とする確固たる統治政策もないままに地元住民に対応していた。これはある意味、戦略的なものでもあった。すなわち両国は軍事面で連携を取っており、戦争に勝利するまで両国の関係は、その政治的責務から実に明快なものであったからだ。[14] ただし、その根底にある両義性が、両国の力関係を複雑なものにしていた。つまりフランスは、ドイツや日本、イタリアとは違ってアメリカの同盟国であると同時に被征服国でもあったからだ。アメリカ軍は膨大な戦力を誇り、またフランス国民にとっては解放者の立場にあるため、どちらが主導権を握っているかは誰の目にも明らかだった。しかし、一方でド・ゴールはある程度の政治的自律をなんとか手に入れていた。こうした権限系統の混乱は、解放地域で秩序回復の責任を一手に担うアメリカ軍の機関であった民事部をいら立たせてもいた。民事部の役目は人口移動を管理し、市町における基本的サービスを確立し、それにより戦時の後方支援を推進することだ。フランス人ジャーナリストのジャック・カイザーによれば、民事部は政治の問題はさておきクーレのような委員たちと平和的に協力し合うべく努力していたという。[15] 地権争いの解決やナチス協力者の公職追放といった仕事は、地元当局がなかに入って進めることも少なくなかった。[16] ただし地域によっては民事部が選挙を計画し、犯罪者を勾留し、店や会社を閉鎖したために、激しい抗議にあうこともあった。

権限系統が曖昧だったことは、性的関係と、その対処の仕方にいっそう重要な影響を及ぼした。セックスをめぐるアメリカ軍当局とフランス人自治体の攻防——どの売春宿を立ち入り禁止にするか、性病の拡大をいかに食い止めるか、レイプの罪をいかに起訴するか、夜間の町の安全をどう守るか——がきっかけで、責任者は誰かという未解決の問題に再び火がついた。上からの明確な指示がないまま、こうした衝突はアメリカ軍派遣指揮官とフランス官僚のあらゆるレベルで発生し、フランスの国家主権の問題を解決していくための一手段になった。こうしたなかで、性的関係は仏米間の権力争いに確固たる根拠を与えたのだ。

さらに本書では、両国間の力関係の折り合いをつけるために、いかにセックスが利用されたかを探っていく。国際関係という大きな問題に目を向けながらも、証拠に依拠しながら草の根を見つめ、とくに一九四四年の夏にアメリカ兵とフランス市民が遭遇したノルマンディーの田園《ボカージュ》に注目する。本書は人間の身体、とくに性的な身体が、これまで国の力関係にいかに深くかかわってきたかという問題を取り上げるため、まずはアメリカ軍の侵攻がもたらした光景や音、味、におい——言い換えれば、フランス人の五感に直接与えた影響——に目を向ける。続いて、アメリカ軍がこの地に進駐していた間の兵士とフランス人女性との三つのタイプのセックス――恋愛《ロマンス》、売買春、そしてレイプ――について見ていこう。セックスは個人と個人の間で営まれ、ときには公での場合もあるが、家のなかや寝室で行われるほうがはるかに多い。ただしその私的な性質にもかかわらず、性的関係はもっと大きな政治的意味を持つようになり、支配と服従の形を示すきわめて重要なモデルになった。金を払ってフランス人女性とセックスをすることで、何百万人ものアメリカ兵はフランスからの従属を期待することを学習した。同様に女たちが身体を売る様子を目にすることで――あるいはもっと悪いことにレイプの体験を耳にすることで――フランスの男たちは世界における自分たちの立場が弱まっていることを否《いや》が応でも認めざるを得なかった。こうしてフランス人女性の身体は両国間の力関係を仕切り直した。

アメリカ軍がフランスを性衝動の満足と結び付けたことから、セックスはノルマンディー上陸作戦の意味づけに欠かせないものになった。ほぼ例外なくアメリカ兵はフランス国民にも、またその自由の大義にもさして思い入れはなかった[17]。ならばどうして兵士たちは戦う意欲を持てたのか？ これまでも他の戦地で軍広報部は、ピンナップ写真――リタ・ヘイワース〔一九四〇年代にセックス・シンボルとして一世を風靡したアメリカの女優〕のような華やかでいかにもアメリカ的な女性の写真――を利用して、兵士の意欲を高めるに違いない、と彼らが信じるやり方でこの国のイメージをつくり上げてきた。そして今度もまた同じように、ノルマンディー上陸作戦をエロティックな冒険のごとく喧伝した。恍惚とした表情のフランスの女の子たちに抱きしめられ嬉しそうなGI（アメリカ兵）の写真は、アメリカの使命を性的なロマンスとして描いている（図はじめに・2参照）。軍の出版物に広く掲載されたこの写真では、侵攻作戦はナチスの邪悪な手からフランスの女の子たちを救い出す任務として神話化された。勝利のあかつきには、彼女たち《ラ・フランセーズ》に笑顔が戻り、もちろん兵士にもご褒美

図はじめに・2 「男らしいGIの写真」©RDA/Getty Images.

のキスが待っている。こうした手法で軍広報部は性幻想のみならず、男らしい兵士——破壊や殺戮だけでなく救出や保護もする——になりたいアメリカ兵たちの願望をもかき立て利用した。

ところが軍広報部は、ノルマンディー作戦の神話化が後になってル・アーヴルのような事態を招くとは想像もしていなかった。いったんかき立てられた兵士たちの性衝動は、簡単に抑えられるものではなかった。またこの神話は、アメリカ軍が抱える二つの不安に端を発したものでもあった。第一に、この神話には疲れて萎えた男らしさを再び奮い立たせる力があった。アメリカ兵はイタリアで喪失や悲嘆、死に直面し苦汁をなめた。救出や保護、性的支配といった行為はすべて、戦闘遂行に欠かせない「男らしさ」の感覚を再び呼び覚ますものだった。

第二に、この神話は、アメリカが新たな強国としての立場を担うに当たって兵士たちにいまだその準備ができていない、という軍の懸念にも対応していた。一世代のうちに孤立主義国家から世界の大国にのしあがった合衆国にとって、政治の舵取りは初めての体験だった。当時フランスの新聞『フィガロ』で議論を呼んだ社説で、フランスの著名な政治学者アンドレ・シーグフリードは合衆国が突如として「大国」の地位を手にしたと語った。その数年前にも、シーグフリードは評判となった著書『アメリカ成年期に達す』（一九二七年）のなかで、合衆国はヨーロッパにとって新たな手強いライバルになったと指摘している。[18]そして今、シーグフリードの言う通り、アメリカは好むと好まざるとにかかわらず世界を舞台にした航海に乗り出した。ただしその軍事力は衆目の認めるところだが、いまだに経済面では孤立主義にこだわり、政治面でもヨーロッパ諸国に「一杯食わされる」のではないかと懸念していた。[19]アメリカは他国から見た立場と、自分たちの自己像の板挟みになっているとのシーグフリードの指摘は的を射ていた。フランスの地に上陸したアメリカ兵は「大国」としての新たな立場を学習しなければならなかった。そしてこの戦争を勇敢な救出作戦と考えることは、兵士たちが自らの役目を理解するためのお手軽で魅力的な方法だったのだ。世界のリーダーシップにフランス人女性との性的ロマンスまでついてくるなら、誰が気に入らずにおれようか。

しかも問題になることは何一つなかった。実際、男らしいアメリカ兵の神話はあ、ま、り、に、も効果を発揮した。フランスについての性的幻想は船を降りて戦うべく兵士を奮い立たせた。それどころかこの幻想は男性の性欲を津波のごとくあふれさせる結果にもなったのだ。アメリカ兵はヨーロッパでも、地中海や太平洋でも、戦地という戦地でハメをはずすことで知られていた。それでもル・アーヴルの場合は例外的にひどく、兵士たちは真っ昼間から人目もはばからずに、ありとあらゆる場所でセックスした。売春宿はもちろん、公園や爆撃跡の廃墟、墓地、鉄道線路――フランスの町ではどこもかしこもがセックスの舞台になった。とりわけパリは、究極の性的満足を約束する天の都になった。ただし兵士にとってもマイナス面があり、性病の罹患率が彼らの間で急上昇した。

自分たちのつくった幻想が手に負えない事態を招き、その処理に四苦八苦していた軍当局は、まさにシーグフリードの言う「大国」になるすべを学習していたのだ。そして性的行動を軍が管理したことは、フランス北部での合衆国の権限を新たに線引きし揺るぎないものにするのに役立った。ただし他の戦地の例にもれず、性感染症の拡大に兵士が果たす役割は軽視された。性感染症の責任をもっぱら女性たちに押し付けることは、その費用と被害のどちらの責任も回避できる強力な効果があった。しかもフランス人のせいにすれば市民の移動や健康を規制する言い訳もたつ。フランス人女性全員がアメリカの管理対象になると宣言し、フランス政府から自国民を管理する特権を奪うことも正当だ、とアメリカ軍は考えた。そしてル・アーヴルだけでなく、どの駐屯地でも、軍はフランスの性労働を故郷アメリカの世間の目から隠しておくことにこだわった。治安が悪化し、性病が拡大したのはその結果だったのだ。

アメリカの任務を性的ロマンスとして描いた神話にとって、レイプはさらなる脅威となった。一九四四年の夏、ノルマンディーの女性はアメリカ兵をレイプの罪で次々に告発し、それは上陸作戦を支えてきたエロティックな幻想を破壊しかねない勢いだった。レイプの恐怖はアメリカ兵を、救出に駆けつけた戦士から一転して乱暴な侵入者に変えた。自身のプロパガンダが煽動した過剰なセックスへの対応を迫られたアメリカ軍は、この問題を全面的に認めるかわりに、レイプ犯としてアフリカ系アメリカ人兵士をスケープゴートにした。この年、二五人の黒人兵士がフランスの地で性急に裁判にかけられ絞首刑になった。黒人兵士に対するレイプの有罪判決が急増したのは、もっぱらアメリカ軍とフランスの一般市民の協力によるものだ。両者には、人種差別的な態度と権力を失う恐怖、という二つの忌まわしい共通点があった。レイプの被害女性は、アメリカ軍にとってはヨーロッパでの任務遂行に傷をつけるものであり、フランス市民にとっては自国の統率が失われたことを象徴するものだった。

セックスは、アメリカ軍がヨーロッパでの戦争をいかにとらえ、戦い、勝利したかの根幹にかかわっていた。性的行動は戦時のストレスからの単なる息抜きどころか、権力の神話、象徴、モデルといった形で物語の中心に位置している。セックスは重要な意味を持つと主張することで、本書はアメリカ兵の性行為が権力と無縁ではなく、また決して些末なものなどではないことを明らかにする。往々にして昔からこうした放蕩は「男だからしょうがない」と片付けられ、戦時の男たちの切迫した状況が生んだ戦争の枝葉末節と見なされてきた。また軍事史家は、アメリカ兵の性習慣など歴史的には取るに足らない問題だとばかりに、もっぱら無視を決め込んできた。たとえば歴史家スティーヴン・アンブローズは、ベストセラーになった一連の著書で「女の子たち」のことを、ほんのついでに触れているだけだ。[20] 反対に本書は、セックスを物語の中心に据え、当時のそのきわめて政治的な性質を明らかにする。アメリカ兵と女性との性的接触が、アメリカの外交政策や敗戦国となった日本とドイツの「アメリカ化」に影響を与えたことは、これまで歴史家がじゅうぶんに証明してきた。[21] こうした研究をもとに本書は次のように主張する。戦後の多国間の関係は、外交や政治の領域にとどまるどころか社会のあらゆる層で形作られ、しばしばジェンダーやセクシュアリティといった特定の文化を通じて現れるのだ、と。ル・アーヴルでウィードが売春対策を拒否したことは、当時の彼の特権意識をよく表している。ヴォワザンもまたウィードに掛け合うことはしなかった。アメリカのこうした傲慢——そしてそれによってフランスが受けた屈辱——は、両国の関係の形成に深く関与していたのだ。

I

恋愛《ロマンス》

1 兵士、解放者、旅行者

一九四四年六月六日の夜明け前、サント・メール・エグリーズで教師をしていた六〇歳のアンジェル・ルヴロー夫人はふと目が覚めた。ベッドから起き上がり屋外のトイレに行こうと夫人が裏口のドアを開けると、奇妙なざわめきが聞こえてきた。裏庭に出ると、そこにいたのは見知らぬ男だった。顔を迷彩に塗った男はパラシュートで裏庭に降り、それを切り離している最中だった。ルヴロー夫人はナイトガウンのまま立ちすくんだ。目と目が合うと、男は人差し指を唇にあて声を立てないよう合図して、夜の闇に姿を消した。そのときはわからなかったが、夫人がたった今出会ったのは、第八二空挺師団のロバート・M・マーフィー二等兵、Dデイにフランス入りした最初のアメリカ人の一人だった。[1] 庭での遭遇から数時間後、マーフィーの数千人もの同胞がオマハビーチやユタビーチでフランスの地に最初の一歩を踏みしめた。そして砂浜に上陸できたとしても、それが最後の一歩となった男たちもまた数千人といた。その日一日の終わりまでに、二四九九人のアメリカ兵がノルマンディーの砂浜で息絶えた。[2] 彼らは海岸にたどりついたものの、一人のフランス人に会うこともなく死んでいった。それでももちろん砂浜での死闘を生き延び、戦いながらフランス北部を抜け進路を切り開いた者たちもいた。本書が取り上げるのは、こうした兵士たちである。

ノルマンディー上陸作戦がアメリカ人にとって神聖な出来事になったのには、もっともな理由がある。歴史家や政治家、映画製作者はこの戦いを第二次世界大戦における偉大な瞬間として褒めたたえてきた。彼らが正しいことに疑いの余地はない。ただし、少なくともアメリカの歴史家が語ってきた物語は、軍事戦略だけに注目しすぎるという難点があった。新たな軍事史が証明してきたように、戦争を、実際に戦っている人びとの価値観や関心事と切り離してとらえることはできない[3]。さらにアメリカ兵とフランス市民とのかかわりを知るためには、もっと広い視野を持つことも重要である。両者の関係は六月六日の夜明け前、たとえばアンジェル・ルヴローの庭から始まった。そして、それから二年あまりたち、ル・アーヴルで最後のアメリカ兵が帰還の船に乗り込むときに、その幕を閉じたのである。

歴史の物語が取り上げるのはもっぱらアメリカ兵の日々の英雄的行為であって、フランス人はぞんざいに扱われ、物語の半分は語られないままだ。フランスの一般市民は周辺に顔を出すだけで、その役柄も無気力な傍観者や解放を喜び賛美する者でしかない。要するにフランス人とは、連合国軍が自由を求めて戦う舞台の単なる背景にすぎないのだ。スティーヴン・アンブローズがノルマンディー作戦を描いてベストセラーになった一連の歴史書は、フランス人をないがしろにしている典型的な例である。ノルマンディーからバルジの戦い［第二次世界大戦でのドイツ軍の最後の大反撃］までの軍隊を描いた『市民兵』でアンブローズは、ノルマンディーの住民について一度しか触れず、しかも敵の協力者である可能性をもにおわせている。「（上陸は）ノルマンディーの住民に衝撃を与えた。住民はドイツの占領にかなり順応していたからだ」[4]。上陸作戦をテーマにした三冊の著書のなかで、ノルマンディーの住民が連合国を助けた例は一回しか出てこないが、アメリカ兵を裏切った例は数回出てくる[5]。さもなければ住民は、アメリカ人を崇めその手に接吻《せっぷん》したがる子どものようで、解放を喜んではいても、たいていは受け身で言葉すら発しない[6]。つまりアンブローズは、アメリカ兵から見た一般的なフランス人像だと自らが考えるもの——「感謝している様子がまったくなく、無愛想で、怠け者で、不潔」——を再現したのだ[7]。

本章の目的の一つは、この見方を改め、ノルマンディー作戦をフランス人の目を通してとらえ直すことにある。ノルマンディーの住民にとってDデイとはどのようなものだったのか？　自分たちの家や畑や野原が戦地となったことに彼らはどう反応したのか？　日記や手紙、回想録に残された住民の侵攻を語る言葉は、侵攻前後の数カ月を驚くほど生き生きと鮮やかに描き出している。アンブローズの言うように、アメリカ兵の目にノルマンディーの住民が「感謝している様子がまったくなく」「無愛想」に見えたとしたら、それにはじゅうぶんな理由があった。住民にとってDデイは六月六日に始まったわけではない。むしろ一九四三年の秋、連合国軍が侵攻に先立ちフランス北部の爆撃を開始したときに始まったのだ。ノルマンディーの住民は自分たちの鉄道や橋、職場や家が焼け落ちるさまをじっと見ていた。そのため上陸を待ち望むのと同じくらいひどく恐れてもいた。遠雷としてやって来た戦争は、今や怒り狂う嵐となって頭上に降ってきた。そして、いざ戦闘が始まると、身の毛もよだつ光景が広がり悪臭がただよった——腐敗した動物と人間の死骸、そして死臭である。ノルマンディーの住民は死との遭遇を語るとき、音や光景、におい、味を通してまざまざと表現した。ノルマンディーの戦いでは、推定一万九八九〇人の一般市民が命を落とした。この作戦の最初の二日間だけで約三〇〇〇〇人が殺された。これはその間に死亡した連合国軍の兵士の数とおおよそ同じ人数である。[8]

それでもノルマンディーの住民は、自由を奪還してくれた連合国に深い感謝の念も抱いていた。戦争の喧騒がいかに恐ろしくても、最後にはアメリカ人がおかしな格好のジープに乗り、いかしたブーツをはいて、蜂蜜の香りのタバコとともにやって来た。ノルマンディーの人びとは誰もがアメリカ人を初めて見たときのことを覚えている。「自分の目が信じられなかった」と、ジャック・ペレ〔ジャーナリスト・小説家。第二次世界大戦で捕虜となるが脱走し、レジスタンス運動に参加〕は回想する。「それまで占領や物資の不足、警報や爆撃に何年も我慢してきて、とうとう解放者がやって来たのだ。『われらのアメリカ人』が[9]」。一九四四年に当時八歳だったジャック゠アラン・ド・セドゥイは、初めてアメリカ兵に会ったときのことをこう振り返った。「まるで空から降りてきた火星人みたいに、みんなこれ以上ないほど興味しんしんで眺めまわした。はるか遠い国からフランスを解放しに来てくれたこの男に、私の目は釘づけになった[10]」。

フランスの側からあらためてこの作戦を見れば、新鮮でもっと大局的な見方ができるだけでなく、アンブローズが描いたフランスの市民像を次の三点において訂正する必要が生じる。第一に、ノルマンディーの一般市民は裏切り者や受け身の傍観者であるどころか、進んで連合国軍に加勢しドイツ軍と戦った。武器を手にするほか地勢や敵に関する重要な情報を提供した。さらに落下したパラシュートを命の危険を冒して隠し、取り残された歩兵をかくまい、負傷した兵士を介抱した。ほぼ例外なく住民たちは同志であり戦士だった。第二に、フランスの人びとが驚嘆と感謝をもって解放者を歓迎したことに疑いはないが、彼らを自国の解放をただ喜び祝う者として描くのは単純化しすぎている。確かにドイツ軍が撤退するとノルマンディーの住民は心底ほっとしたが、それでも自宅の裏庭が戦場になる苦渋を強いられた。連合国の使命は根本的な矛盾を抱えていた。アメリカ兵は征服と解放、破壊と再建の両方を行わなければならなかった。あるジャーナリストはカーンの住民を代弁してこう語った。「彼らにとって、解放者は同時に破壊者でもあった」[11]。フランスのこの一帯では、怒りや恐怖、喪失が、解放の至福の瞬間をはぎ取った。解放は幸せと悲しみが同居する悲痛な体験になった。フランスとアメリカの関係を中心にして物語をとらえると、ノルマンディー作戦で払った犠牲についてのこれまでの理解を修正せざるを得なくなる。アメリカ人は独りで苦悩を背負っていたわけでもなければ、独りで戦っていたわけでもなかったのだ。

そして最後に、大西洋を挟んだ両国の関係に目を向ければ、ヨーロッパでアメリカが体験したことを見る目も変わってくる。アメリカ兵とフランス市民のかかわりに注目すれば、（第二次世界大戦の）ヨーロッパ戦域における兵士の不安定な立場をじゅうぶんに理解できるようになる。アメリカ兵は命がけで戦う兵士であると同時に、見知らぬ土地に来たよそ者でもあった。歩兵のジョン・バクスターが語った一件から、この「よそ者感」が伝わってくる。ある朝、バクスターの部隊は車列を組んで小さな村を通りかかった。フランス人農夫が一人、目の前を通る部隊を眺めていた。「交差点でいったん止まると、おれたちアーカンソー州出身の兵士のうちマティスって男が、トラックから身を乗り出して、その年寄りに声をかけた。『あの、ちょっとおたずねしたいんですが！』と大声でどなったのさ。『アーカンソー州のオコロナまで、あとどのくらいですか？』。部隊一同、大笑いさ」[12]。この話のツボは、フランス人がオコロナなど知るはずもない、ということだけでなく、アメリカ兵を旅行者になぞらえたことにもあった。道に迷って故郷に戻れなくなった旅人、というわけだ。だが本物の旅行者とは違い、連合国軍はオマハビーチでの温かい歓迎など期待してはいなかった。むろん、ドイツ軍もそんな気はさらさらなかったが。とはいえ旅行者と同じく、アメリカ兵もまた異国の風景に放り込まれ、知らない道をやむなく進み、慣れない習慣にとまどい、さっぱりわからない言葉で土地の人とやりとりするほかなかった。

ヨーロッパにおけるアメリカの任務の複雑な全容を知るには、まずこの作戦を敵国との遭遇であると同時に連合国同士の遭遇でもある、ととらえなければならない。フランスは戦地になったが、同時に見知らぬ土地でもあったのだ。そのためアメリカ兵にとって、この地での体験は旅行者のそれとさして違わぬものだった。けれども戦場から目を離したがらない軍事史家は、こうした文化面での遭遇をこれまで見過ごしてきた。ただし数百万人のアメリカ兵にとって、ジャージー島〔イギリス海峡にある英領の島〕――というよりサンフランシスコ湾――の先に、確かに異なる世界があるのを発見したことが、実は戦争体験の核になっていたのだ。アメリカ兵は否応なく文化の違いを認めざるを得なかったが、その体験は驚きに満ち、往々にしてその人生を変えることもあった。「砂浜に着いた瞬間から違う国に来たとはっきりわかったよ。空気まで違うにおいがする！」と歩兵のアラメス・ホヴセピアンは兄弟に書き送った。[13]「イギリスは故郷とやや似ているが、フランスは正真正銘の外国だ」と軍曹のジャイルズは日記に綴った。[14]アメリカ兵オーヴァル・フォーバス〔のちアーカンソー州知事となり、リトルロック高校で黒人生徒の登校阻止のために州兵を動員〕は自身のフランス回想録を『遠く離れた国』と題した。

違いに気づくと同時に沸き起こったのは、遠く離れた異国の地に来たという興奮だった。チャールズ・E・フロウマンの中隊がノルマンディーに到着するや、一人がフランスの街路表示を指さした。「みんな何もかも忘れて、『おお』とか『ああ』とか感嘆の声を次々にあげていたよ」。オハイオ州コロンバス出身のフロウマンは回想した。「誰もが初めて見た、紛れもないフランスのものだったからね。まるでおとぎ話から出てきたみたいだった。とても現実のものには見えなかったね」[15]。フランスに来た旅行者がたいていするように、アメリカ兵もまた地図とにらめっこし、高校で習った片言のフランス語でもごもご言い、二階のことをなぜ一階《ファーストフロア》と呼ぶのか不思議がり、ビデを見つめて途方に暮れた[16]。

　文化の違いを認め、それによって忍耐や謙遜を学んだことは、戦争がこの世代のアメリカ人男性に残した遺産となった。だからこそ、この違いをもっと歴史的に見ていくことが必要である。アメリカ兵を旅行者としてとらえれば、フランス人を折に触れて見下していた理由もわかってくる。兵士としてのアメリカ人は武器を携え、強大な権力を行使した。だが旅行者としては、土地の地理や言葉や習慣を知るために住民に頼らざるを得なかった。こうしてアメリカ兵は権力と依存、支配者と弱者の間を行ったり来たりしていたのだ。旅行者がよくやるように、アメリカ兵もまた自分たちの力のなさに折合いをつけるため、フランス人を（ほとんど根拠なく）十把一絡げにとらえた。アメリカ人は不安や動揺を感じると反射的にこの傾向に走り、セックスこそフランス人を特徴づけるものだと決めつけた。

　フランスはふしだらな女のいる節操のない娯楽場だ、と数多くの兵士たちは思い込んでノルマンディーにやって来た。けれどもいったん到着するや、兵士たちは子どもたちにキャンディーを配り、青年たちと握手を交わし、農民から森林について教わり、老婆たちの命を救った。いわば兵士たちは、市民と複雑な、実にさまざまな形で交流していた。それでもやはり慣れない文化に出くわすと、前から胸に抱いていたフランス人に対する偏見にしがみついた。とりわけ、身体にまつわるフランス人の行動に目がいった。たとえば人前で裸になったり、キスしたり、セックスするといったことだ。一九四四年の夏の終わり頃には、フランス人は――国民全体が――原始的で性欲が激しすぎる、ということになった。フランス人を野蛮人だとする見方は、過去のアメリカの帝国主義的思考の再来である。この見方をすれば、自治政府を再建しようとするフランスの試みを貶め、さらに健康や衛生、輸送をアメリカ軍が管理することを正当化できたのだ。

救出と死が入り交じった超現実的な光景

ヨーロッパでは誰もがみな侵攻を待ち望んでいたものの、その意味するものは一九四四年の夏にどこにいたかで一人ひとり違っていた。アンネ・フランクは、アムステルダムで「隠れ家」に暮らしていた。アンネとその家族にとって「待ちに待った解放」は希望そのものだった。「（解放は）新たな勇気と力をわたしたちに与えてくれます」と六月六日の日記にアンネは綴っている[17]。その朝、パリにいたフランソワーズ・セリグマン〔ジャーナリスト・元元老院議員〕が感じたのは、苦悩だった。「一瞬、恐怖に襲われ凍りつきました」とフランス人のこの女性は回想した。「もしもあの人たちが失敗して、万が一撤退してしまったら、それはフランスがナチスの難攻不落の要塞になったということで、私たちが解放される日は永遠に来ないでしょう」[18]。戦闘で家も人の命も奪われたノルマンディーの住民にとって、上陸は別の意味を持っていた。モルタンの近くに住むイヴォンヌという女性は、解放の日を「救出と死が入り交じった超現実的な光景」と表現した[19]。

喪失の苦しみはDデイに始まったことではない。確かにフランス人にとって侵攻は、窮乏や屈辱、略奪に苦しむ疲弊した日々を耐え抜く意味を与えてくれた。だがそれと同時に、上陸前の数カ月の間、連合国軍による爆撃でノルマンディーの人びとの暮らしはめちゃくちゃにされていた。上陸から数週間にわたりナチス軍の移動や補給品の輸送を妨害するため、前年の秋には空爆作戦が始まっていた[20]。連合国軍の上陸地点を敵に気づかれないよう爆撃はフランス全土で行われ、補給所などのドイツ軍の施設はもとより橋や道路、鉄道線路までもが標的になった。一九四四年の一年間だけで、五〇万三〇〇〇トンもの爆弾がフランスに落とされ、三万五三一七人の市民が命を落とした[21]。ナントやカンブレー、サンテティエンヌ、カーン、ルーアンの住民の被害はとくにひどく、数百から数千人の死傷者が報告されている[22]。レジスタンスのメンバーだったジャン・コレは、乗っていた列車がB17爆撃機に空爆されたときのことをこう振り返る。「まさに奇妙な死の舞踏《バレエ》だった。爆弾が飛行機から落ちて、こっちに向かって飛んでくるのが見える。あまりにスピードが速いから一瞬見失う。するとヒューッという身の毛もよだつ音が聞こえ、次の瞬間、恐ろしい爆発が起きるのだ。その間ずっと、私たちは爆弾をよけて床に突っ伏していた[23]」。住民は家や職場、農場を破壊される苦しみを味わった。そのため多くの市民は、迫りつつある侵攻に希望よりも恐怖をつのらせていた。「上陸は待ち望まれ、また同時に恐れられてもいた」。カーンの知事は一九四四年の前半にこう書いている。「決定的な勝利を待ち望んではいたものの、勝手な話だが、できれば自分たちの住む場所では勘弁してもらいたいという気持ちだった[24]」。

連合国軍の到着を待ちつつも、それがどこかよその場所であってほしいと願うのも無理のないことだ。けれども、さらに恐怖と憤りをつのらせる状況があった。たとえばナチスは現地の爆撃を利用して連合国軍への反感をあおる作戦に出た。ドイツ軍はあちこちでビラを撒くといった宣伝手法で、合衆国が「目的のために手段を選ばない作戦」を企て、フランス植民地帝国を乗っ取り、この国を破壊し、ヨーロッパ全土を植民地化するつもりだとうそぶいた[25]（図1・1参照）。爆撃による破壊を利用すれば連合国軍への反感をあおれるため、ナチスはノルマンディーの住民にあえて警戒警報も出さず防空壕も用意しなかった。

図1・1 「アメリカ人はフランス人がお好き」 パリ市立史料館提供。

この宣伝工作に対抗すべく、連合国側も飛行機からビラを撒き住民を安心させようとした。「皆さんのなかには、この爆撃でいっそうつらい思いをされた方もおられることでしょう。そのことを無視するつもりはありません」と、あるチラシは正直に認めた。「製鉄所や鉄道の駅、交差点、電車の車庫、修理工場にはできるだけ近づかないでください」[26]。こうした警告は厳粛に受け止められたが、いずれにせよ無意味だと思われた。住民は標的の周辺で暮らし、働くほかなかったからだ。

爆撃が正確さを欠いていたことも問題になった。「空の要塞」と呼ばれたアメリカ空軍の誇るB17爆撃機は標的をしょっちゅうはずし、フランス人の怒りを買った。ノルマンディーの住民は、爆撃の精度についてはイギリスのほうがアメリカより上だと考えていた[27]。一九四三年の一〇月にはすでに、ド・ゴール派の抵抗組織であるフランス国民解放委員会（CFLN）が、「廃墟や死者が増えるばかりで結果が出ない」ことにフランスの市民はうんざりしていると報告した[28]。「卵を割らなければオムレツはできない〔目的達成に犠牲はつきもの〕」というフランスのことわざに慰めを見いだす者もいたが、「こんなにたくさん割る必要があるのか」といぶかる者もいた[29]。CFLNによれば、市民の目にも爆撃が合理的な計画に基づくものには見えなかった。橋は数日の間に幾度も破壊され、それから数カ月も放置されたままだったので、ドイツ軍が戻ってきて修復できた[30]。爆撃は「野蛮な行為」であり止めるべきであるとされた[31]。世論を調査した報告書でCFLNは、アメリカの帝国主義的野望に対するナチスの警告を市民は信じていると訴えた。アメリカは経済的利益にどん欲なだけでなく、ヴェルサイユ条約での強硬姿勢や一九三〇年代のドイツ再軍備への無関心、第二次世界大戦への参戦の遅れ、そしてヴィシー政権の有力者、ダルラン海軍総司令官との北アフリカでの協力といった非を犯した。侵攻が遅れたことさえも、ある種の「裏切り行為」と見なされるようになった。[32]

CFLNはド・ゴールにならって連合国を信用しておらず、おそらくフランス国民に広がる反米主義についても誇張して報告していたに違いない。[33] ただしレジスタンスの一員でなくても、連合国軍の爆撃にうんざりするのは当然のことだった。[34] イギリスに着いたフランスからの避難民もまた、BBCのインタビューに答えて、国全体が受けた爆撃による影響の「すさまじさ」に抗議した。彼らによれば、ナントでは「激しい怒りが沸き起こり」、撃墜され落下したアメリカ人パイロットが差し出したタバコに、市民がつばをはきかけたという。別の避難民はグルノーブルの近くのモダーヌの惨状を訴えた。ここでは連合国軍が詳細な地図を持っていたにもかかわらず、鉄道の駅から四キロメートルも離れた場所に爆弾を落とした。[35] 侵攻は実現せず、爆弾だけが降り続けるのではないか、という不安がくすぶっていた。フランスは破壊されても解放されることはないだろう。「戦争の決着がつかないうちにヨーロッパが全滅することもあり得る」とアルフレッド・ファーブル＝リュス〔政治評論家。敗戦を機に「フランス日誌」（一九三九～四〇年）を発表〕は侵攻の直前に日記に綴った。[36]

上陸に先立ちフランスの田園を破壊したことで、連合国軍への信頼は蝕まれた。数カ月の間、連合国軍に対する市民の感情には称賛と怒りが入り交じっていた。北アフリカで連合国軍が勝利したことは、ナチスの軍事政権を倒せるとフランス人が信じる最初の理由になった。[37] チュニジアやアルジェリアにいたフランス人にアメリカ軍が衣服やタバコ、食料を届けると、ヨーロッパ大陸の各地で希望が沸き起こった。[38] それでも怒りのせいで解放を素直に喜ぶことはできなかった。自分の故郷が「ひどく破壊され、なすすべもなく怒りと憎悪に震えながら立ちすくんでいた」と語るオーギュスタン・マレスキエは、アメリカ人を初めて見たとき、自分は喜んだりするものかと決心した。けれども結局は、抑えようと思っても喜びのほうが勝ってしまった。[39] 当時一四歳だったクロード・ブルドンもまた、解放されたときに同じ「奇妙な驚き」を覚えた。家を破壊され怒りで震えていたにもかかわらず、「心臓がドキドキしてきた。うれしさのあまり思わず泣きそうになった」[40]。

こうした被害――そしてそれによる怒り――は上陸後も激しさを増しただけだった。破壊も怒りも収まることはなかった。ノルマンディーの戦いは長引き、戦況は芳しくなく、被害も甚大だった。戦争を嫌というほど経験したフランス北部や東部の住民とは違って、ノルマンディーの人びとは何世代にもわたり戦争を体験したことがなかった。[41] シェルブールやサン・マロのような戦略的な沿岸都市はとりわけ激しい爆撃を浴びた。ル・アーヴルは壊滅状態で、カーンやサン・ローも同じだった。そして破壊は物理的な面だけでなく精神面にも及んだ。「これよりつらいことがほかにあるだろうか」と、一九四四年の秋にジョルジュ・デュアメルは書いている。「わが盟友の手で傷つけられることよりも」[42]。そしてまたも度を超した爆撃により激しい怒りが沸き起こった。七月二八日に民事部は、「どうやら町を必要以上に空爆・砲撃しているらしいこと」にフランス人が憤慨していると報告した。[43] 連合国軍の目的はドイツ軍の施設や部隊を壊滅させることにあったが、カーンのようにドイツ軍がすでに撤退したと思われるのに爆撃が続く場合も少なくなかった。[44] ル・アーヴルで見つかったドイツ人の死体は一〇体足らずだったのに、死亡した市民の数は三〇〇〇人にものぼるとフランス当局は腹立たしげに報告した。[45] 一〇月半ばになっても、ル・アーヴルで「怒りはさらに広がり、鎮まる気配がない」と民事部は報告している。[46]

爆撃の結果、人びともまた打ちのめされた。「皆の顔が炎に照らされていた」とアントワーヌ・アンヌは回想する。「顔には恐怖や込み上げる感情、戦慄が刻まれていた。激しく燃えさかる炎を見て、その下に何が葬られているかが嫌でもわかった。みな押し黙ったままだった」。彼は腕に抱えていた一人の子どもを除き、家族全員を失った。[47] たくさんの子どもたちが初めて死というものを目にした。当時一二歳だったロベール・シモンは目の前で親友が亡くなった後、「心に傷を負い、重苦しい気持ち」でアメリカ兵たちを出迎えた。[48] 数千人ものノルマンディーの住民が突如として家を失い、路頭に迷い、家族や避難所を探しに遠く離れた村まで足を運んだ。足が棒になるまで歩き続け、高齢者や子どもにとってはとくにそれは過酷な体験だった。そして数週間して故郷に戻ってみると、何もかも消えていた。「家も、子ども時代の思い出も、何もかもです。何一つ残りませんでした」。サン・マロに戻ってきたときのことをドルド＝ロメ夫人はそう振り返った。[49] サン・ローのことを、ジャック・プティは日記にこう綴った。「私の町は消えてなくなった。まったく何週間狂気のさたが続けば、子ども時代の思い出をこれほどぜんぶ消し去ることができるのか?　いったいどうすればまた取り戻せるのだろう?[50]」。

なかでもサン・ローはまさに「殉教者の村」になり、教会は「殺害され」「切断された[51]」。この爆撃は「いくらなんでもやりすぎだ」と避難者からの「憎悪に満ちた」訴えがあったと民事部は報告している。[52]「すべてが死の廃墟と化した」とサン・ローの民事官は振り返り、首をかしげた。「これほど粉々に破壊された町がどうして生き残れたのだろうか?[53]」。「町全体が根こそぎ持っていかれ、巨大なミキサーにかけられて、もう一度ここに放り出されたみたいだった」と二等兵のフランク・フリーズは回想した。[54]「破壊による救いようのない絶望」と、オマール・ブラッドリー将軍の補佐官チェスター・ハンセンは言い表した。[55]「ひび割れて、くぼみだらけの、火ぶくれた地面に積み重なった残骸」――これが、あるノルマンディーの若者が防空壕から出てきて目にした光景だった。[56] 故郷に戻る道中に通りかかった避難民は、この町が

「死んだような静けさ」に包まれていたと話した。[57]「死んだように静かなサン・ローを通り抜けた」と、ノルマンディー市民は日記に書いた。「町にはひたすら廃墟が広がるだけで、人っ子一人いない」[58]。アメリカの無線通信兵シム・コパンズも同じことを感じた。「通りには誰一人いなくて気味が悪かった……まったく心底ぞっとする光景だった」[59]。レジスタンスのメンバーだったリュシー・オブラックは、解放後にフランスに戻ると町じゅうを見てまわった。「それまで怖いと思ったことなど一度もありませんでした」と後になって振り返った。「ただしおそらくサン・ローだけは別です。この町は連合国軍の激しい爆撃を受けていました。家という家が段ボールみたいにひしゃげていたのです！　あまりにも恐ろしい光景でした」[60]。

それほど被害がひどくなかった町でも、戦争はその傷跡を残した。「たとえば迷路のような狭い田舎道を車で通るとしよう」。ジャーナリストのアンディ・ルーニーは続けて次のように説明する。「どの農家も武装した要塞で、教会のどの尖塔からも狙撃兵の目が光り、どの石垣の後ろにもライフルやマシンガンを構えた歩兵が潜み、どの角を曲がるときも、角の向こうに隠れた戦車がこちらに88ミリ砲を向けているのだ。一九四四年の六月から七月にかけてのノルマンディーはまさにこんなふうだった」[61]。一夜にしてノルマンディーは戦場と化した。仕掛爆弾は評判の生け垣を恐ろしい武器に変えた。道路には起爆用の細い針金が伸びている。リンゴ畑はドイツ軍の迫撃砲置き場になり、納屋にはドイツ軍の大砲が隠された[62]。アメリカ兵が記念品をあさるのを知っていたナチスは、軍事備品に爆発物を仕掛けてわざと残していった。ドイツ兵の鉄かぶとを拾ったレイモン・アヴィニョンは、アメリカ兵から下に置くよう言われ、おかげで命拾いをした。兵士は起爆用の鉄線を指し示すと、「細心の」注意をもってそれを取り外した[63]。

ノルマンディーのこの変貌により、不可思議なものが姿を現し、既知のものが謎めいたものに変わった。

「なじみの場所がすっかり変わってしまってわからなかった」と当時一二歳のシャルル・ルムランは回想した。「何か恐ろしい怪物のようなものが隠れているみたいでした。家や農場を抜けてどこまでも続く道には、人の気配が一切なく、ただ動物の死骸だけが――ジャーマンシェパードと豚が並んで――ころがり、数人の男が死んでいました」。前線が移動した後には「何マイルにもわたっていかにも戦争の残骸といったものが散らばっていた」と言い、「衣服や食料、弾薬――まるで一風変わった巨大なガレージセールのようでした」[64]。瓦礫を片付け、地面の穴を埋め戻し、「戦争の通り道になり、その作戦のせいで丸裸にされた」田舎の風景を取り戻すのは、あるジャーナリストいわく気の遠くなる作業だった[65]。一九四四年の一二月になると前線はすでに何百マイルも遠ざかっていたが、それでもノルマンディーの住民はいまだに破壊から立ち直れずにいた。カーンのある編集者は地元の新聞でこう断言した。「これまでで一番悲しいクリスマスだった。私たちは今もまだ戦火の続く世界に、息の根を止められたフランスに、略奪された地域に暮らしているからだ。雨露をしのぐ家もなく、どこもかしこもあるのは悲しみだけだ」[66]。一九四五年六月八日、同紙はDデイを振り返り、「あまりに美しく、あまりに残酷だ」と語った[67]。

もしも勝利が約束されていたとしたら、この爆撃による惨状をノルマンディーの住民もまだ受け入れやすかったことだろう。戦争の結末がわからないことも、上陸作戦から数週間の間にノルマンディーの住民が味わった苦悩の一因だった。六月から七月初旬にコタンタン半島で激戦が繰り広げられるなか、シェルブールからカーンにかけての村はドイツ軍と連合国軍にかわるがわる占領された[68]。アメリカ軍はいったん奪回した村から撤退を余儀なくされることもあり、ノルマンディーの人びとが味わった自由は決して手放しで喜べるものではなかった。サント・メール・エグリーズの市長は、Dデイ当日にアメリカ軍の増援部隊が到着しなかったとき、「女性たちが『私たちを見捨てないでください！』と泣いて懇願した」と上層部に報告した。アメリカ軍の兵士たちは「われわれはあなたがたを見捨てたりはしない。ここがわれわれの死に場所だ」と言って彼女たちを安心させた[69]。ノルマンディーの人びとに関する最初のアメリカ軍の報告によれば、住民は「われわれがここを守り抜けるか確信が持てないでいた。ただしわれわれが去ったあと、弾劾されるか逮捕されるなどとは思っていなかったようだ[70]」。

自由――それとアメリカ兵――がこの地にとどまるとわかった後も、住民の精神的ショックは大きかった。「男も女もそこかしこで泣き叫び、祈るように前後に身体を揺すっていた」とジョン・ハルカラは回想する。「起こったことがすべて本当なのか疑っていたのは確かだった。だがそれは紛れもない真実だった[71]」。カーンに戻っていく市民の顔を見たジャーナリストのジャック・カイザーによれば、「それは恐ろしい光景を嫌というほど見てきた苦悩に満ちた目ではあったが、その目はまた『感謝の意』を伝えることも忘れなかった[72]」。「みんな家族のうち誰かを亡くしていた」とアンディ・ルーニーは回想した。「確かに彼らは逃げてこられたのだが、それと引き換えに持っていたものすべてを破壊され失っていた[73]」。ヴァローニュでアメリカ軍の姿が見えたときのことを、ギヨーム・ルカデはこう語る。「少しは興味があったが、恐ろしい光景が喜びの前に立ちはだかった[74]」。解放された人びとも家族や恋人が戦争の混乱のなか、どこかで捕まっていやしないかと心配した[75]。アメリカ軍が村を通過したあと、ジャン・ピエール・ローネーはこう感じた。「奇妙な感覚に襲われた。自分たちは解放されたが、戦争は終わっていなかったのだ[76]」。

アメリカ軍もノルマンディーの人びとの苦悩に気づかぬわけはなく、爆撃の与えた被害にショックを受け、憤慨し、悲しんだ。ただし現地の惨状を伝える記事は検閲により母国には届かなかった。たとえば一一月に『ライフ』誌は、連合国軍の爆撃による「死者の総数、破壊された村の総数」に触れたフランスからの記事の掲載を一部拒否した[77]。ルーアン近郊で飛行機から落下したアメリカ軍パイロットのヘンリー・ハドリクは、ノルマンディーの一家にかくまわれたが、近隣の爆撃の規模に愕然とした。兵士をかくまったフランス人家族はこう回想する。「彼はここを出て前線まで行き連合国軍にこう叫びたいと言っていました。『気でも狂ったのか！　おまえたちが爆撃しているのはヌーシャテルだぞ。いったいどこを標的にしてるんだ？』と」[78]。「正直、フランス人にはすまないと思っています」。モートン・ユースティスは母親に宛てた手紙で打ち明けた。「自由を取り戻すために、別の方角からまたも国中を破壊される目に遭うなんて」[79]。サン・ローの住民は次のように思っていただろう、とロバート・イーストンは慮《おもんぱか》った。「ドイツ軍が来たからといって、ひどく困ることはなかった。少なくとも家だけは残してくれたから。けれども今、アメリカは何一つ残してくれなかった」[80]。「われわれが与えた被害を目の前にすると、奇妙な、拠り所のない気分になる」。ジャイルズは爆撃についてこう語り、とくにカランタンで美しい大聖堂が破壊されたことを悲しんだ[81]。

　アメリカ兵が爆撃による破壊にこれほど胸を痛めたのは、フランスの田園風景にすっかり魅了されていたからだ。兵士たちは「あのいまいましい生け垣」――この低木の茂みは上陸拠点から強行突破する際に邪魔になった――については文句があったが、ノルマンディーに対しては感激を隠さなかった。戦争でさえ、その素晴らしさを消すことはできなかった。「好天に恵まれれば日の出も日の入りも息をのむほど美しい」とシドニー・ボーエンは妻に書き送った[82]。オーヴァル・フォーバスが気づいたように「昨日と今日で変化する。モルタン・ヒルの暗澹とした恐ろしい光景のあと、一転してしゃれた町と村、美しい田園地帯が広がり……戦地の悪臭のあと、沿道の花咲く庭の芳香が漂う」[83]。「とても美しい国です」と伍長のクレイトンは両親に綴った。「小鳥は朝からさえずりの練習を始め、草花や木々は咲き誇り、とくに今はポピーやチューリップが美しい季節です」[84]。「ブレストまで車で向かったのは、戦争のこと、それから自分たちがこの先どうなるかわからないことも忘れてしまうほどの体験だった」。こう回想するのはポール・ボッシュだ。「フランスの夏はとくに素晴らしく、なかでもブルターニュ半島はまさに絵のように美しい」[85]。「私は、田園風景と、小さな村や教会の美しさにはただ感激しました」とロバート・ラスマスは振り返った[86]。フランク・イルガングにとってフランスの海岸は「魅惑的」で、「危険な香り」さえした[87]。ジャイルズはノルマンディーの田園についてただ一点、不満なことがあった。それは虫だ。「フランスについてはっきりわかったことが一つある」と日記に書いた。「今まで見たこともないような、でっかい蚊がいるってことだ」[88]

ノルマンディーの破壊に対するフランス人の怒りとアメリカ兵の罪悪感は、互いの間でどうにか折り合いをつけていくしかなかった。「彼らの態度は理解できた」と市民から冷たい視線を浴びたフランク・フリーズは記した。「それでも不愉快な気分になったし、おれたちだって好きでここにいるわけじゃない、と言ってやりたかった」[89]。フランス人が少しでも友好的な態度を見せるとかえって驚かれた。歩兵のチャールズ・ハウグは「自分たちはフランス人をあれほど傷つけた」というのに「それでも車で通りすぎると笑顔で手を振ってくれた」ことに感嘆した[90]。「イズィニーではわが軍のB26七二機が町をすっかり破壊した」とチェスター・ハンセンは六月九日の日記に綴った。「六九から七〇人の死者が出て、町は煙のくすぶる廃墟と化したのに、こちらが声をかけると住民は話をしてくれた」[91]。民事部も住民たちが「軍事作戦による被害に遭っても連合国を恨んでいるようにはまったく見えない」ことにとまどった[92]。フォーバスは病院にいたとき、爆弾で自分も負傷したノルマンディーの住民が見舞いに来たがったことに驚いた[93]。フランス人の勇気は称賛の念を抱かせた。モートン・ユースティスは母親に宛てた手紙で、年老いたフランス人夫婦の佇まいにいかに感動したかを綴っている。夫婦は「晴れやかな顔で廃墟の真ん中に腰をおろしていて、白髪の二人の頭上にはフランスの国旗が翻っていました。彼らこそ勇気ある人びとです[94]」。レイモンド・ガンターは、「真の謙虚さというもの」を廃墟から学んだことに気がついた。彼は戦争に憤り、戦争のせいで払った犠牲を腹立たしく思っていた。ところが彼が目にしたフランスの人びとは「地面にひざまずくと、割れたタイルから無傷のものを辛抱強く選び出し、瓦礫から良質の材木を拾い集めていた。そして作業の手を止め私たちに微笑み、笑顔でかけよると上着に花を挿してくれた――そのとき私は悟ったのだ。それでも人生は続き、そしてそれは幸運なことなのだと[95]」。

アメリカ人兵士とノルマンディーの住民は他の誰にも理解できないものを分かち合っていた。どちらにとっても戦争は現実であり、ともにその真っただ中に置かれていた。フランスのはるか東部や南部に住む人びとは、自由のためにノルマンディーの住民が払った犠牲を心の底から理解することはないだろう。同じく合衆国に残した兵士の恋人たちの誰も、ノルマンディーで兵士が経験したことを理解できないはずだ。ハーバート・エンダートンは故郷の観光ポスターに描かれたフランスと、今自分が目にしているフランスとを比べてその体験を妻に伝えようとした。「渓谷を曲がりくねって抜ける小川を覚えてはいるが、それは単にそこで兵士たちの足がもっと濡れたか、あるいは大砲がはまって動けなくなったからだ[96]」。「めちゃくちゃにされたフランス」を日常的に目にしたアメリカ兵は、自分たちが旅行者ではなく兵士としてこの地に来たことをまざまざと思い知らされた。

ただし、ともに地獄を味わったとはいえ、アメリカ人とフランス人がいたのは、まったく異なる二つのノルマンディーだった。アメリカ人にとって、そこは戦場であり、生き延びるべき場所だった。とにかくできるかぎり速くここを通過して、ドイツに——そしてあわよくば故郷に——たどり着くことしか頭になかった。反対に、フランス人にとってはノルマンディーこそが故郷であり、家族がそろい、子ども時代の思い出の風景が広がり、葛藤と達成のどちらも味わってきた場所だった。なかには、たとえばジャイルズのように、この意識の差に敏感な兵士もいた。同僚のマックと連れ立ち、廃墟となった一軒の家に入ったジャイルズは、びしょ濡れの壊れたソファーや、暖炉の上の針が止まった時計に目をやった。「私はどうしても気になった。誰かがここに住んでいたのだ。ここはかつて誰かの家だったのだ——なのに今はどうだ。『もうここから出ようぜ』と私は言った」[97]。同じくデール・ヘルム大尉は、石垣で囲まれた、ひと気のない小さな農場と手入れの行き届いたこじんまりした家を感心して眺めた。玩具やベッドの数からすると、どうやらこの家には四人の子どもがいたらしい。「つぶれた玩具を見て、ふと思わずにいられなかった。故郷が戦地になっていないことにどれほど感謝すべきかと」[98]。

ただし、ノルマンディーが誰かの故郷だということを、アメリカ兵がうっかり忘れることも同じくらいよくあった。フランソワーズ・ド・オートクロックは、一九四四年に自宅が爆撃された直後のことをよく覚えている。「心臓をドキドキさせながら」家族とともに、被害の様子を調べに地下室から出た。「すると何が見えたと思いますか？　地面のあちこちに大きな穴がぽっかり空いて、粉塵や石、レンガ、壊れた家具が山のように積み重なっていたのです。そして廃墟の真ん中で……一人のアメリカ人が引き出しを物色し、その連れが床板の上で用を足していました」[99]。クロード・エティエ・ド・ボワランベール中佐は戦時の回想録の冒頭で、ノルマンディーの自宅のことを嘆いた。家は破壊され屋根とむき出しの壁がわずかに残るだけで、少しでも価値のありそうなものは残らずはぎ取られていた。運命のいたずらか、彼はフランス陸軍の兵士として任務についていた際、アメリカ兵たちと、その場所で野営することになった。仲間が自分の家に陣取っていることをボワランベールは誰にも言わなかった。けれども一人の若い将校が家のドア板をはがし、キッチンで火を熾《お》こしはじめると、ボワランベールは静かに尋ねた。「ここが以前は誰かの家だったと考えてみたことはないのですか？」。「一瞬たりとも考えなかったね」と将校は答えた[100]。

戦争の危険で支離滅裂なざわめき

世界の大半にとって連合国軍の侵攻は、遠く離れた地での権力の発揮、希望の象徴、そして祈りの対象だった。対してノルマンディーの人びとにとっての侵攻は、音や光景、におい、味が混ざり合った稀有な体験だった。住民の回想録の中心にあるのは、感覚でとらえた解放の細かな描写である。砲撃の音、初めて目にしたアメリカ軍のジープの眺め、死体や何かが腐ったにおい、チョコレートの味。それは田園のなかの異常なほど鮮やかな地獄絵図だった。

ノルマンディーの人びとは戦争を目で見る前に、まずその音を聞いた。「六月六日火曜の深夜、海岸沿いにひっきりなしに落ちる爆弾の音で目が覚めた」とジャック・ペレは日記に書いた。「それから間もなくして、おびただしい数の飛行機が上空を飛びはじめた」[101]。休暇でカルヴァドス県の口に来ていた、まだ十代のベルナールとソランジュ・ド・カニーは、明け方四時に恐ろしい嵐のような音にたたき起こされた。

「三〇分近くたってようやく、嵐にしては激しすぎるから、おそらくノルマンディーの海岸に連合軍が上陸したのだろうと気がついた」[102]。その朝、さらに沿岸から離れた場所で、ジャック・ルパージュの耳にも騒音が聞こえた。一九一四年から一八年の第一次世界大戦を戦ったルパージュはもっと察しがよかった――これは戦争の音だ[103]。サン・サンスでモーリス・クエリアンはその日、「いつもと違う物音」に気づいた。「数週間か数カ月間前から、何千、いや何十万回も飛行機の音を聞いたが、もっと高度が高かったし、ブーンという音が数時間も続いていた。だが今回は違った」[104]。飛行機がいつもより低空を飛び、地表の標的に近づいているのがわかったからだ。その数日後、ラ・エ・デュ・ピュイで戦闘が続くなか、シャルル・ルムランの記憶によれば、あらゆる方角から「戦争の危険で支離滅裂なざわめき」が聞こえ、「高まっては静まり、また聞こえ出し、いきなり狂ったような轟音が響きました」[105]。ノルマンディー地方全体で住民は飛行機が低くうなる音を耳にした。人びとは耳が鍛えられ、頭上を飛び交う爆弾の音と、自分にまっすぐ向かってくる爆弾のヒューッという音を聞き分けられるようになった[106]。さらに砲撃音から前線の位置や、連合国軍が今前進しているのか撤退しているのかも判断できた[107]。

それは目もくらむような朝だった。長いこと期待と不安とともに待ちわびていた侵攻が、とうとう始まったのだ。人びとは握手を交わしながら目配せし合った[108]。三つの単語がノルマンディーの住民の耳から耳へとささやかれた。「上陸のときが来た《セ・ル・デバルクマン》!」。数時間のうちに、知らないものは誰一人いなくなった。「戦争の雷鳴が近づく」と、ドイツ人は町を封鎖した。ピエール・デプレリーは恐怖と希望が混ざった奇妙な空気を覚えていた[109]。最初の爆撃が起きたとき、「胸が破裂しそうになった」とアントワーヌ・アンヌは回想する[110]。「爆弾がすぐ近くに落ちてきはじめた」とミシェル・ブラレーは日記に書いた。「機関銃が頻繁に発射されるようになった。そのせいで食べることも忘れていた。ドイツ軍とアメリカ軍の爆撃の区別がつかなくなった。家の周囲にかわるがわる、ひっきりなしに爆弾が落ちてきた」[111]。フェルナン・ブロシュは、家族が、崩れ落ちた家の下敷きになるのではないかと恐怖で凍りついた。「壁は吹き飛ばされ、床板はでこぼこに波打った。タイルがはがれ落ち、窓が割れる音が聞こえた」。爆撃は妻の身体に文字通り壁を巻きつけた[112]。まだ若かったジャック・プティは六月六日の日記に、「ロマンティックな情熱」を抱いて友人たちとこの瞬間を待ち望んだのが信じられないと書いた。「身を寄せ合い最後のときも近いと感じ、爆撃音が響くなか、この苦しみを終わらせてくれる爆弾の直撃をただ待っている」[113]。一九一四年の当時を覚えていた年配の男たちは、家の近くに塹壕を掘って家族を避難させた。村人たちは近くの城の地下室に詰めかけた。城壁は厚くて頑丈だからという理由もあったが、誰も独りぼっちで死にたくなかったからだ。「独りでいるのは怖かった」と、ある市民は振り返った[114]。爆音の被害を免れた唯一のノルマンディー市民は、聴覚に障害がある人たちだった。アントワーヌ・アンヌによれば、爆撃による土埃《つちぼこり》が晴れると、ろうの祖母が彼の弟を腕に抱きかかえ、何事もなかったかのように穏やかな様子でいすに座っていたという[115]。

解放者が戦争を連れてきたことは否定しようのない事実であった。もっとも戦争が解放者を連れてきたのだが。フランス市民は首を長くして待っていた。解放者の到着は、ときに突拍子もないことでわかった。シャノワーヌ・ベルトルーは誰かが大声で命令しているのを耳にしたが、それはドイツ語ではなかった[116]。生け垣の向こうにくゆるタバコの煙を見たのがアメリカ人との最初の遭遇だった者もいる[117]。ほかにも、トラックや戦車の通る音が合図になった。まだ子どもだったクリスチャン・デルピエールにとって、「自動車のガタゴト音」がアメリカ兵の到着を教えてくれた。[118]「通りの向こうで低くうなる音がずっと聞こえていました」とジャン＝ジャック・ヴォーティエは回想する。「道路の端に寄ったのですが、心臓がドキドキしていました。緊張が頂点に達したとき、ヘルメットが一つ、それからいくつも見えて、車が一台現れました。ゆっくりと列になって車が近づいてきました。先頭の車両――おそらく偵察用装甲車――がこちらに近づくと、みんな歓声をあげました」[119]。こうした「偵察用装甲車」やジープはフランス人に忘れられない印象を与えた。「アメリカ人はこんな奇妙な機械で戦争に勝ったのか?」とロベール・クロースはいぶかった。[120]一方、これはアメリカ人の魔法――世界の八番目の不思議――だと感嘆した者もいた。[121]

正式に自己紹介し合う機会はまずなかった。たいていアメリカ兵と市民は砲弾の嵐のなか初めて互いの姿を垣間見た。レミリー・シュル・ロゾンで、ジャック・ルパージュはふと気がつくと、連合国軍とドイツ軍に挟まれ頭上を弾丸が飛びかっていた。あわてて逃げ出し、後から家に戻ってみると、キッチンでドイツ兵が三人死んでいた。[122]レミリーにあるオーギュスト・クーヤールの家は、ドイツ軍と連合国軍の支配下にかわるがわる置かれ、一時期はドイツ人捕虜の収容所として使われた。[123]同じくレミリーで、マルグリット・ポティエとその家族は、「ほんの数メートル先にドイツ軍がいたので、前からも後ろからも攻撃されました」。アメリカ兵は彼女たちに逃げるよう叫んだ。「大規模戦だ!」と兵士たちは大声でどなった。[124]同じ町でドイツ兵が一軒の家の煙突に爆弾を仕掛けた。戦闘の真っ最中で、アメリカ兵は爆弾を不発化処理したものの撤去はしてくれなかった。避難してきた一人の女が暖炉でポトフをこしらえようとしたら、鍋に入っていたのは爆弾だった。[125]

戦闘が裏庭までやって来ると、住民たちもこれに加わった。ドイツ人の所在をアメリカ軍に知らせ、森を抜ける近道や隠れ場所を教えた[126]。とくに侵攻から数時間の間に、第八二、第一〇一空挺師団がカーンからサント・メール・エグリーズにかけて広範囲にパラシュート降下すると、市民たちは協力を買ってでた。グレーニュに降下した二〇〇人のアメリカ兵が沼地（ドイツ軍がわざと大量の水を投入していた）に落ちると、地元住民は兵士たちを船で救出し家に連れ帰り、負傷した兵士の手当をし、ドイツ軍に見つからないよう日の出までに沼からパラシュートを引きあげた[127]。アルトゥールとベルト・パカリもまた、レミリーで動けなくなったパラシュート兵を見つけ、ホイップクリームなどの食料を届けて世話を焼いた。「あの人たちは面倒をみて身体を清潔にしてあげる必要があったのです」と夫婦は振り返った[128]。マルグリット・ポティエの両親は、庭にパラシュートが隠してあったのを見つけてほっとした。いったいどんな動物がキャベツを盗っているのか不思議だったからだ。アメリカ兵もキャベツ以外のものを口にできて喜んだ[129]。ノルマンディーの住民はパラシュート兵に市民の格好をさせて地図を与え、アメリカ軍の前線までこっそり戻してやることもあった[130]。ピエールとイヴォンヌ・フェラーリによれば、グランカン・レ・バンでパラシュート兵二人が真っ昼間から銃を手に、「港、港は？」と片言で尋ね回っていたという[131]。

ノルマンディーの住民は負傷兵の手当もした。ミシェル・ブラレーは、ひどいけがをしたアメリカ兵が納屋にたどり着いたときのことを日記に書いた。兵士にはブランデーを入れたコーヒーを飲ませ、救護所の場所を教えるくらいしかできなかった。立ち去るときに、兵士は持っていた新約聖書と両親の写真を取り出し、これが見納めとばかりに眺めていた。「私たちも同じくプロテスタントだと彼に伝えた。兵士は礼を言うと去っていった。相変わらず爆弾が雨あられと降っていた[132]」。サント・メール・エグリーズで当時一三歳だったオデット・ウードの記憶によれば、避難場所を探して家に来た負傷兵が救護所まで歩けず、父親がおぶっていこうと申し出た。ドイツ兵が撃ってきたら二人とも殺されるから、と兵士は断った。[133]ときには村人が総動員で連合国軍の兵士を助けることもあった。サン・ローの北西にあるル・メニル・ヴィゴでは、村がまだドイツの占領下にあるときでさえ、女たちのほぼ全員が負傷兵を懸命に手当てした。アメリカ兵を農場や自宅に連れ帰るだけでなく、ドイツ軍による爆撃のなか、女たちは兵士を近くの病院まで運んだ。その一人、デペリエ夫人は命の危険を冒して近くのレミリー・シュル・ロゾンまで歩き、アメリカ兵のために外科用針を取ってきた。[134]

とはいえ、こうした仲間意識を示す光景もあったものの、アメリカ兵と市民が互いに不信感を抱きつつ対面することも少なくなかった。とくに作戦初期の場当たり的な戦闘では、連合国軍はドイツ軍の待ち伏せを警戒した。[135]兵士たちはフランス人を信用するなと言われ、フランス人は全員スパイか敵国の協力者だと思えと命じられた。[136]ノルマンディー住民の半数以上が信頼できず、解放など望んでいないといううわさをイギリス人記者たちが報道したことも影響した。[137]パラシュート兵ドナルド・バージェットはノルマンディーの住民からワインを勧められたが「ただ毒を盛られたくないだけ」の理由で断った。[138]一方で当時一一歳だったルイ・ブレーズは六月六日の朝、「真っ黒な顔で怒った様子の」アメリカ兵二人が家のなかを調べ回ったとき、怖くて震えたのを覚えている。[139]近くに住むブレ一家も、一人のアメリカ兵が家を探し回る間、「恐怖で凍りつき」身を寄せ合っていた。[140]アメリカ軍が占領した海岸周辺をぶらついていたフランスの青年たちは、拘束されて尋問を受けた。[141]重要な情報の提供を申し出たレジスタンスのメンバーも、無視されるか勾留された。[142]教師をしていたジェルメーヌ・マルタンは、ドイツのラジオ局の場所を示した地図を持っていたことで、アメリカ軍から疑いをかけられた。偶然拾ったのだと説明したにもかかわらず、スパイの容疑をかけられたのだ。結局、後から誤解は解けて、兵士たちは謝り、お詫びにチョコレートを二箱くれた[143]。

フランス人もまたアメリカ人を警戒していた。フランク・イルガングは、ノルマンディーの住民たちとすれ違ったときに「疑うような目で一瞥され、自分がまるで厄介者のような気がした」と振り返る[144]。爆撃によりノルマンディーの人びとは辛酸をなめた。ドイツのプロパガンダは、誰もが嫌がるようなアメリカ人とイギリス人のイメージをつくり上げた[145]。六月も終わりになると、連合国軍本部も心配しだし、ノルマンディーの住民がアメリカ人にどんな態度を取っているかを調査することにした。その結果、窃盗についての苦情がいくらかあったものの、おおむね肯定的な態度であるとわかった[146]。ただし、たとえどんな冷淡な態度を取られても、たいてい軍当局は「ノルマンディーの人びとの気難しく、感情を表に出さない気質」のせいにしたがった[147]。ノルマンディーの人びとは「もともと引っ込み思案だから、おおっぴらに歓迎の意を表さないこともある」と民事官らは教わっていた[148]。「両頬にキスしたがる南仏流のまねごとを期待したら」連合国軍はひどくがっかりするだろう、とあるフランスの薬剤師は予想した[149]。ノルマンディーの人びとも自分たちが解放者を「熱狂的とはいえないものの、堂々と満足げに笑顔と握手で」出迎えたと認めている[150]。この反応はノルマンディー人の気質によるものだと本人たちも語っていた。イギリス軍とともに東に移動したフランス人兵士は、村の雰囲気が突然、それまでより気さくで人懐っこいものになった気がしたが、部隊がノルマンディー地方を出たと知ってなるほどと思った[151]。戦争の苦悩や解放の高揚感にもかかわらず、ダニエル・フィリップによれば「人びとは相変わらずわが道を行った。ノルマンディー人は《レ・ノルマン・セ・》不屈の民なり《デュ・ソリド》[152]！」。

そもそもノルマンディーの住民のよそよそしい態度は、状況を考えれば理解できることだった。一九四四年の夏の間、連合国軍はとても戦争に勝っているとは言えない状況だった。住民は、村が再びドイツ軍に占拠された場合の報復を恐れ、どちらの側とも話さないでおくほうが賢明だと考えたのだ[153]。連合国の軍人と戦車と銃が大量に陸揚げされたのを見て初めて、住民は連合国軍が本気でこの地にとどまるつもりだと安堵した。ある軍事報告によれば、「すぐに住民は心を開き、そして持てるものをすべて差し出した」[154]。「われわれが善意でこの地に来たことを、住民も次第にわかってくれた」。エドワード・ロジャーズはそう回想する。「村や農場を通り過ぎると、フランスの国旗が振られ、花や果物や卵の差し入れがあった」[155]。

さしあたってノルマンディーの住民は驚くほどの泰然自若ぶりを披露した。ジュリエットとジョルジュの若いカップルは、六月六日にサント・メール・エグリーズで結婚する予定だった。上陸作戦のさなかにもかかわらず二人が式を挙げたいと懇願したため、アメリカ軍の大尉一人と中尉二人が新郎新婦に付き添った[156]。ノルマンディーの鉄道駅で、あたり一面廃墟と化すなか、切符切り係が持ち場にとどまっていた。「火曜日から列車は一本も動いていないんです」と駅員は語ったという[157]。ある農夫は、ベッドに落ちてきた爆弾のせいで毎晩眠れずに困っていると連合国軍に苦情を言った。なるべく早く家に来て不発化処理をしてくれないものか[158]。地元の住民たちは、たとえ戦場を横切ってでも、もくもくと牛の乳を絞りバターをこしらえた[159]。ある農夫はすぐ近くで空爆が起きているというのに、せっせとサヤインゲンを植えていた[160]。フランシス・サンプソン中佐は、爆弾が雨あられと降るなか、一人の農婦が手を休めることなく家畜の乳搾りに精を出しているのを目撃した[161]。また、ある生粋のノルマンディー女性は、裏庭に戦火が近づいていると警告されると、とにかく乳を搾ってこいと娘をせかした。「いつもよりちょっと早い時間なんですが」、彼女いわく「でも終わる頃には、あのアメリカの紳士がたが隅々まで掃除してくれてることでしょうよ[162]」。ただしノルマンディーの住民はその忍耐強さに対する代償も払った。ある母親と息子が命を落としたのは、周囲で銃撃戦が行われているなか、母親が共同洗濯場で洗濯の手を止めようとしなかったからだ[163]。住民があまりにも戦闘の現場に近づくので、ドイツのスパイではないかと兵士たちに疑われることすらあった[164]。

アメリカ兵はノルマンディーの田園風景を褒めたたえたが、それにもまして「素晴らしく清潔で美しい、幼い」子どもたちのとりこになった[165]。「フランスの子どもたちほど美しい子どもがいるとは思えない」ジャイルズは日記に書いた。「不細工な子どもは一人も見たことがない[166]」。著名なジャーナリストのアーニー・パイルによれば、この地域は「たしかに子どもの国である。……わたしはいままでの考えをすてて、ここの子どもたちはわたしが今まで見たうちで最もきれいな子どもだということを認めなければならないと思う」。パイルが感心したのは子どもであって、大人はそれほどでもなかったようだ。「だが明らかにこの子どもたちは大きくなるにつれてだめになった——というのは、一般にここでも成年層はほかと同じで、きれいなのも、きれいでないのもいたからである[167]」。ル・アーヴルに着いたジョセフ・エディンガーも、同じ結論を日記に綴った。「外に出ると、フランスの人びとが目にとまった。みんなたいてい背が低く、ややずんぐりしている。女たちはあまり見栄えがよくないが、子どもたちは美しい。きっと思春期に変わってしまうのだろう[168]」。

ノルマンディーの住民のうち最初にアメリカ兵に心を開いたのは、おそらくこうした子どもたちだった。当時一五歳だったベルナール・グルバンは、窓の外で戦っていた一人のアメリカ兵からウインクされたのを覚えている[169]。一方、親たちは子どもが兵士に物怖じしないことにたじろいだ[170]。アメリカ兵の膝の上は、幼いノルマンディーの子どもたちにとって大切な居場所になった。Dデイの当日、ジル・ブレが真っ先に気づいて目を輝かせたのは、家に来てすごい剣幕で何かを探し回っているアメリカ兵たちのポケットが、キャンディーやチューインガムでパンパンに膨らんでいたことだ[171]。急ごしらえの食堂の窓に、まん丸な目をしてスプーンを手に持った子どもたちがはりついた[172]。子どもたちはときどき兵士から夕食に余るほどの食料をもらい分け合った[173]。兵士たちも自分の家族を思い出して胸が痛み、子どもたちを守るために精いっぱいのことをした。ノルベルト・コープマンの部隊がサン・ローを通過したとき、修道女が世話している二〇人ほどの子どもたちを見かけた。「あの子たちはそのときひどく怯えていた」とコープマンは回想する。「私たちが敵か味方かわからなかったのだ。私たちは立ち止まり、子どもたちをなだめた。ひどくうろたえている子どもたちを見て胸が痛んだ[174]」。

ノルマンディーの子どもたちは一九四四年の夏に会ったアメリカ兵たちのことを、自分たちに愛情と関心を寄せてくれる「この世のものとは思えない、後光がさした半分神のような存在」だったと振り返る。一九四四年に当時一二歳だったシャルル・ルムランは、アメリカ兵たちと一緒だと「笑って遊んで何でも許されて最高に楽しい世界でした。キャンディーがたっぷりあるし、戦車とかおもしろそうな機械に乗せてもらい、レバーやベダルも触れてスリル満点でした[175]」。ノルマンディーの子どもたちは兵士からジンラミー〔トランプ遊びの一種〕のやり方やスクビドゥー〔細い組みひも〕の編み方なども教わった[176]。父親を亡くし、ポリオで足が不自由になった、当時六歳のフランシーヌ・ルブロンは、両親がドイツ軍からかくまっていたアメリカ人のパラシュート兵のことを懐かしく思い出す。故郷のサンフランシスコにちなんで兵士は少女のことを「フランシスカ」と呼び、両腕に抱いて庭じゅう散歩しては、自分の双眼鏡でアメリカ軍の戦闘機を見せてくれた。「あの兵隊さんが行ってしまうと、悲しくてしかたありませんでした」とルブロンは振り返った。[177] クリスチャン・デルピエールもアメリカ兵が去ったとき、「置き去りにされた子ども」みたいに大泣きし、父親がどんなに慰めようとしても無駄だった。[178] 大人や若者はもとよりノルマンディーの子どもにとっても戦争はまさに一大事で、これほど興奮する体験は誰にとっても初めてだった。

親や大人たちもアメリカ人のことを鮮明に覚えている。兵士たちは汚れて埃《ほこり》まみれだった。疲れた様子だが、真っ白な歯をしていた。[179]「まるで大きな子どもで、いくらか幼稚でしたが、とても感じのよい人たちでした」とフランソワーズ・ド・オートクロックはアメリカ兵を評した。[180] そして、彼らは図体が大きかった――「ビルのように背が高い」「巨漢」「馬鹿でかい奴」、そして「爆弾みたいに頑丈」。[181] しかもアメリカ兵は拳銃を腰に下げ、まるでカウボーイのようだった。[182] いちばん驚いたのは兵士同士がちっとも似ていないことだ。トクヴィル伯爵夫人は困惑し、夫に宛てた手紙に「あらゆる毛色や肌色のアメリカ人」が城に侵入してきたと書いた。[183]「なんて人種がごちゃまぜなのでしょう!」とド・オートクロックは驚きの声をあげた。「父親がギリシャ人で母親がドイツ人の兵士にお目にかかるのも珍しくありません。それでもみな星条旗のもとに集まっているのです」[184]。ダニエル・フィリップは最初に会ったアメリカ人二人がイタリア人とスカンジナビア人だと知って驚いた。いったい「アメリカ人」とは何なのか[185]? そしてなんと言ってもあのブーツ。「あの黄色い靴は最高よ!」とデストール夫人は日記で熱く語った。[186] ドイツ人に長らく革製品を奪われていたノルマンディーの人びとは、アメリカ製のブーツに目を奪われた。柔らかい甲革部分に、なんてすばらしいゴム底。コツコツ音がするドイツ兵のブーツと違って、アメリカ兵が町を行進するときの靴音は心地よいほど静かだった。[187] ジャック・プティは、野営地跡に捨てられていたアメリカ兵のブーツを見つけて有頂天になった。「手袋みたいにぴったりだ！」と日記で褒めちぎった。「底が木でできたあのドタ靴」は、クローゼットの奥に直行した[188]。

死のにおい

解放には音や景色はもとより、においもあった。それは死のにおいだ。ノルマンディーの田園地帯のあちこちに牛や馬、羊、山羊が硬直して倒れ、「ごちそうにたかるハエの群れ」で一回りも膨れ上がり、ひどい悪臭を放っていた[189]。ノルマンディーの住民は圧倒的に小規模農家が多く、家畜を単に生活の糧でなく家族同然に思い、その死を悼んだ。農民たちは腐敗臭を消すため、二、三本のタバコに火をつけて遺骸と一緒に埋めた[190]。一方、自分の牛を探しに来た農民が、これはうちの牛だと言い張って、勝手に連れ帰ろうとすることもあった[191]。

「ひどい悪臭、死のにおい」は兵士の身体からも発せられた。あるアメリカ兵の言葉を借りれば「歩兵の戦闘で一番恐ろしいものは、絵にも描けないし、言葉でも言い表せない。それはにおいなのだ――つんとくる、刺すようなにおい、しつこく消えない吐き気を催す悪臭[192]」。こうしたにおいは、カルクビュで何百もの死体のそばを通り過ぎねばならなかったクリスチャン・ルトゥールヌールのような子どもには、とくに心に傷を残した。「ずらりと並んだ死体の脇を一歩また一歩と進んでいった。これほど畑が大きく感じたことはなかった！　とてもつらくて心底逃げ出したいと思いました！[193]」。当時一九歳だったモラン氏が、上陸の様子を見ようとサン・ローラン・シュル・メールの近くの海岸まで出かけると、「ひどく嫌なにおいが鼻をつきました。腐った肉の悪臭が、あたり一面に漂っていました」。このにおいは、埋葬されるのを待つ死体袋の長い列から発していた。[194] 当時一一歳だったマルセル・ジュルダンは彼いわく「戦争の傑作《シェドゥーヴル・ド・ラ・ゲール》」から鼻をつまんで逃げ出したことを覚えている。巨大な穴によどんだ水、ドイツ人の死体と動物の死骸があふれ、そのなかで一頭の馬が口を大きく開け宙を見つめていた。[195] 道路脇の土手や野原、果樹園の木の下、さらに家のなかや周囲にも死体が放置されていた。[196] 当時一一歳だったルイ・ブレーズは、爆撃が止んだので家の外に出ると、あたり一面に死体が散乱し、つまずいて前に進めなかったことを覚えている。[197] クリスチャン・ルトゥールヌールは、寝室の窓の下を通ったアメリカ軍のトラックから、「死んだ兵士の足がときおり飛び出ている」のを目撃した。[198]

ノルマンディーの住民は、ドイツ兵とアメリカ兵の死体にまったく異なる扱いをした。ドイツ兵の死体は怒りと反感をかき立て、数日間も野ざらしにされ、得てして乱暴に扱われた。[199] 腐敗が進んで黒ずんだ死体から、たちの悪い皮肉も生まれた。フランス人ジャーナリストのジャック・カイザーいわく「フランスの地で死んだばかりの色白のアーリア人〔ナチスの言う非ユダヤ系白人〕は、見るもおぞましい黒人《ニグロ》に変わった」[200]。とくに子どもたちはドイツ兵の死体から物品を奪った。[201] ドイツ兵はあお向けにされ持ち物を奪われるが、アメリカ兵はうつぶせのまま背中に花束を置かれた。[202] アメリカ人の死をノルマンディーの人びとは悼んだ。[203] 兵士の遺体にノルマンディーの人びとは、共感と感謝の念を抱いた。両軍隊に挟まれたルブール氏と息子のベルナールは、戦場の死体の間を回り、「われわれのために死んでいったアメリカ兵一〇人」に敬礼した。[204] 五〇年がたった後、この戦闘について語ったある無名の市民は、「他者の自由のために自らの命を犠牲にすべくこのノルマンディーの地にやって来て」命を落としたアメリカ兵の姿を何よりも覚えていた。[205] 上陸した海岸の「ひどい悪臭」にもかかわらず、モラン氏は「この若い兵士たちは、平和に暮らしていたはるかアメリカの地からやって来た。自由の名のもとに何百何千もの命が奪われ、またこれからも奪われていく」ことが頭から離れなかった[206]。

たくさんのフランス人が危険を冒してアメリカ兵にまっとうな死を迎えさせ、ちゃんとした埋葬を施した。六月七日の戦闘のさなか、サント・メール・エグリーズの北にあるエモンドヴィルの近くで、あるノルマンディーの聖職者が干し草俵の後ろに数人のアメリカ兵が隠れているのを見つけた。「目の前で彼らは死を迎えていました。なんと声をかけたらいいのか。そのとき以前に英語で習った『主の祈り』を思い出したのです。そこで彼らの前にひざまずいて暗唱しました[207]」。ゴロンの村がナチスの占領下に置かれたときも、一人のアメリカ兵の墓標のない墓にたくさんの花が飾られ、三色旗のリボンをかけた月桂樹の冠が添えられた。ゴロンの住民たちは牢屋に入る覚悟で敬意を表したのだ[208]。同じようなことがパリの北にあるティユーでも起きた。近くで戦闘機が撃墜され、四人のアメリカ兵が命を落とした。ドイツ軍は、アメリカ兵の死を追悼する集まりを開くことも、花を飾ることも禁じていた。それでも一〇〇〇人もの人びとが埋葬に付き添い、棺は花で覆われた[209]。ノルマンディーの住民は、ともすれば当局が来る前にアメリカ兵を自らの手で埋葬した。ある村では六〇人の兵士を一人ひとり聖水で清めてから共同墓地に埋めた[210]。解放された地域では、何千もの住民が追悼式に参加した。サント・メール・エグリーズのある式典では市長がアメリカ人の参列者に、この町の母親たちが「フランスの自由のために死んでいった青年たち」の墓の世話をすると誓った[211]。アルジャンタン地方では、アメリカ人女性の運転する救急車が路上でドイツ軍に襲撃された。女性は殺され、搬送されていた負傷兵たちも殺害された。死体が片付けられた後も救急車はそのまま置かれ、それから長いこと車は花で覆われていた[212]。

解放には、また別のにおいもあった——火薬、タイヤのゴム、ガソリン、機械油[213]。農場の隣に診療所や野戦病院があるなら、エーテルのにおいで目が覚める[214]。ただし、死のにおいのほかにノルマンディーの人びとがよく覚えているのは、心地よいにおい——タバコの甘い蜂蜜の香りだった[215]。フランス人にとってブロンド〔黄色種〕やブレンドタバコを吸うのは初めてだったし、戦争中はどんな種類のタバコも取り上げられていた。タバコの香りはアメリカ人の到来を告げるものだった[216]。ジャック・ペレによれば「アメリカ兵のキャメルやラッキーストライク、チェスターフィールドの不思議な芳香」は、「長いこと、フランスにアメリカ人がいることを示す安寧の心地よい香り」になった[217]。「贅沢なタバコの香りが町に漂いはじめた」とフランス人記者は報じた。「どこにいてもかぐことができた。通りでも家のなかでも、店に入っても[218]」。「ぼくの初めてのアメリカ《マ・プレミエ・ラメリケン》、それはラッキーストライク《ユヌ・ラッキーストライク》！」。一九四四年当時未成年だったジャック・プティはそう振り返る[219]。

タバコが解放のにおいだとしたら、キャンディーやチューインガムは解放の味だった。町や村を通過しながら、アメリカ兵はとくに子どもたちや美しい娘たちを選んでチョコレートやガム、それにタバコをカートンで手渡した[220]。子どもたちに軍服を自由に触らせもしたが、こっそりキャンディーを隠していると評判だった。ノルマンディーの男の子も女の子も皆チョコレートやボンボン、チューインガムでポケットをパンパンに膨らませ家路についた[221]。アメリカ人はいつもこうした美味しいもの《デリス》をくれるといううわさが広まり、兵士たちが野営する場所には子どもたちがどっと押しかけた[222]。こうしたキャンディー略奪者の親たちはたいてい、子どもたちの行為を恥ずかしく思っていた。とはいえ多くの大人もチョコレートやタバコをもらおうと、アメリカ人にあいさつし、勝利のVサインをしてみせるようになった[223]。フランス人はチューインガムを知らなかったので、子どもたちも最初、その意図がわからなかった。ただずっとかんでればいいのかな？　一九四四年に当時六歳だったマルセル・ローネイは、ガムをかんだら歯が抜けるのではないかと考えたが、それでもいいやと気にせず、毎晩枕の下に取っておいて次の日にまたかんだ。[224] 数週間のうちに、子どもたちは通《つう》になり、スペアミントが好きな子もいれば、ジューシーフルーツがお気に入りになった子もいた。[225] アメリカ兵はオレンジが手に入るとそれも住民に分けてやった。あるノルマンディーの住民は四歳の娘のためにオレンジをもらってきたが、その理由は「娘はこんな色をまだ見たことがない」からだった。[226]

フランス語の国《パーリー・ヴー》

八月になると、ノルマンディーの住民とアメリカ兵はお互いを知るようになってきた。その月の初めに連合国軍はコタンタン半島一帯を手中に収め、前線はアヴランシュからカーンまで広がっていた。前線が南東に下るにつれ、アメリカ人はノルマンディーの都市や町に入り、土地建物を徴用し、アメリカ陸軍民事部を介して地元自治体と連携を取るようになった。[227] アメリカ兵は大集団でノルマンディーの町の近くに野営した。そして日中数時間、または夕方からの外出許可をもらって市民と交流しはじめた。当初、こうした接触はアメリカ人にとって気後れするものだった。兵士たちは新しい言葉を覚え、フランスの習慣を理解するのに四苦八苦した。兵士たちのこの皮肉な状況は、彼らが強力な軍隊を擁する征服者であると同時に、環境に慣れようと努める新参者でもあることから生じていた。

何はともあれ問題はフランス語だった。アメリカ人とフランス人の間でこれほど怒りや誤解を生む障壁はない。言葉の壁があるせいで、アメリカ兵は友情を育む機会を逸することも、また最悪の場合、命にかかわる重要情報を入手できないこともあった。アルヴィン・グリズウォルド伍長いわく「フランス語《パーリー・ヴー》の国」は強力な解放軍をあわれな吃音者集団に変えてしまった。[228] 高校で「フランス語Ⅲ」または「フランス語Ⅳ」を取っていた自信たっぷりのアメリカ兵でさえ、ノルマンディーでは悪戦苦闘した。「四年もフランス語の授業を受けたから流暢に話せるものだとたかをくくっていました」とロジャー・フェーリンガーは回想する。ところがノルマンディーの農夫に初めて会ったとき、それがまったくの思い違いだとわかったのだ。「ひどく恥ずかしい思いをしました。上手に『フランス語を話せる《パルリ・ヴー・フランス》』とみんなに思われていたのに、まったく歯が立たなかったのですから」[229]。「高校時代にもっとフランス語を勉強しておけばよかった」とジョセフ・エディンガーはフランス人家族と仲良くなろうとしたときのことを振り返り、日記にその無念さを綴った。[230] 問題はもっぱらフランス人が母国語を話す速さにあった。「自分の言っていることはわかってもらえても、相手の言うことは理解できなかった。話すスピードが速すぎるのだ」とジャイルズは日記に書いた。[231]「泡のようにいきなり現れては消えるフランス語の支離滅裂な音声」とフレッド・ウォードローはノルマンディーの女性二人の会話を表現した。[232] またほかにも困ったことがあった。フランス人は会話するときにジェスチャーをよく使うため、気が散ってしかたないのだ。テキサス出身のビル・クゥイレンに言わせれば、「あのいまいましいフランス人め。あのくそ野郎どもの両手を切り落とせば、ひと言だって話せやしないぜ[233]」。

　あげくに気まずい場面も生じた。美しいフランス人女性と出会ったジョー・ホッジスは、フランス語で「はじめまして（ハウ・ドゥ・ユー・ドゥー）」と言おうとして、かわりに「どんなやり方が好き？（ハウ・

ドゥ・ユー・ウォント・トゥ・ドゥ・イット？）」と口走り往復ビンタをくらった[234]。ノルマンディーのある町では、意思疎通が図れなかったせいで「チーズの悲劇」が起きた。腐ったようなにおいの発生源を探していたアメリカ軍の衛生官が、ある倉庫から悪臭が漂っているのに気がついた。ドアを開けた衛生官たちは、思わず後ずさりした。熟したカマンベールチーズ一万個分の放つにおいが、鼻孔を襲ってきたからだ。衛生官らはすかさずガソリンを取ってきて建物にまくと火を放った。その間ずっと、チーズ農家がこのにおいは心配ないと狂ったように身振り手振りで伝えようとしたが無駄だった[235]。ジョセフ・メッソルが覚えているのは、所属していた歩兵部隊がパリに入ってきたときのことだ。兵士たちが一人の女性のことを貧乳《ペチャパイ》だとかなりの大声でうわさしていた。すると驚いたことに、当の女性が兵士たちをまっすぐ見すえ、完璧な英語で（彼女は英語教師だった）こう言った。「すみませんね。私にはこれしかないものですから[236]」。コメディアンは困りごとをネタにするものだが、言葉の一件も見逃さなかった。有名なのはボブ・ホープが米国慰問協会の巡業に行ったときのネタだ。「この間、あるアメリカ兵に聞いた話なんだがね」とホープ。「その男、数人の仲間連れで、フランスの美女と腕を組み、パリの通りを歩いてたんだって。すると兵士の一人が、そりゃもうでっかいおならをしたそうな。で、仲間の一人が『レディーの前でおならをするなんて失礼だぞ』と注意したら、こう答えたんだとさ。『かまわないさ。どうせあの娘たち、英語がわかんないんだから[237]』」。

一般のアメリカ兵にとって、フランスの製品や土地の名前もまた拷問に等しかった。有名な香水は「シネルNO・5」になった[238]。ジョセフ・メッソルは「レインス」に行って、それから「ル・ホーヴ」に向かったと報告した[239]。ランスをドイツ軍降伏の地として選んだのはまずかった、とアンディ・ルーニーは断言した。というのも「この地名は、フランス語を話さない人間には発音するのがほぼ不可能だからだ[240]」。アメリカ軍が取った作戦は、地名を発音しようと努力するかわりに、自分たちで勝手に命名してしまおう、というものだった。ベジエは「ブラズィア（ブラジャーのこと）」になり、ラ・アイ・デュ・ピュイは「フーイ・ダ・プーイ」、イズィニーは「アイ・シーン・ヤ」、サント・メール・エグリーズは「セイント・メア・エッグルズ」になった[241]。戦地の話をするときは「サンなんとか」ですませた[242]。とはいえ兵士たちがやけに使いたがるフランス語の単語や表現もあった。「やあ、みんな」とアラメス・ホヴセピアンは兄弟への手紙に綴った。「ボンジュール、メ・ザミ、コマンタレ・ヴー？ ジュ・スュイ・トレ・ビヤン、メルシー（こんにちは、やあ君たち、ごきげんいかが？ ぼくはとても元気です。ありがとう）。おやおや、今きみたちは『フレンチー（フランス人）』と話しているぞ！[243]」「シェルシェ・ラ・ファム（女を捜せ）」はアメリカ人が崇めたフレーズで、「セ・ラ・ゲール（これは戦争だ）」も同様だった。こうしたフランス語の表現はジャック・プラノ〔西ミシガン大学政治学名誉教授。ヨーロッパ戦域で二年間従軍〕が思うに、「一九四〇年以降、フランス人に起きた悪いことをすべて覆い隠すように見えた[244]」。アメリカ兵のお気に入りの歌には「ヒンキー・ディンキー・パーリー・ブー」のフレーズが繰り返し出てきた[245]。チェスター・ジョーダンはノルマンディーに来て数日のうちに「『ボクー（たくさんの）』という言葉を初めて聞いた。ボクーのドイツ人、ボクーの飛行機、ボクーの大砲、ボクーの戦車、ボクーのマイル。『たくさん』という意味だと察しがついたが、確かめる気は起きなかった[246]」。

散々なフランス語に対処すべく、兵士たちはいくつか作戦を立てた。アンディ・ルーニーによれば、その一つは「フランス人がわかるまで声を大にして英語を叫ぶ」というものだった[247]。そしてもう一つは、この言語を学習すること。『スターズ・アンド・ストライプス』の七月二六日号は、「フランス語をもっと上達させたい米兵《ジョー》のために」ニューオリンズ出身のスタッフ・アシスタントがシェルブールのクラブ・ヴィクトワールでフランス語教室を開くと読者に通達した。[248] 会話集では文法を教えてくれないので、誰もさして上達はしなかった。[249] アメリカ兵が会話集に目を通す目的は、「女の子からキスしてもらうのに必要な会話を学ぶため」だったが、会話集に載っているのは、医療や敵軍行動などの退屈な事柄ばかりだった。[250] 普通は仲間の誰かから、基本的なフランス語をある程度は教わることができた。ジャイルズの場合、それは「卵」「ワイン」そして「『情事《アムール》』のあれこれ」である。[251] 地元の人びとと取引するのに、アメリカ兵はパントマイムに頼るほかないこともあった。農夫に英語で卵《エッグ》――フランス語ではじつに難儀なウーフという言葉――と言ってもわかってもらえず、ピーター・ベルパルシの同僚は両手を脇の下に入れ、コッコと鳴いて卵を生むまねをした。[252] ビル・モールディンがこの場面を漫画に描いている（図1・2参照）。フランスの支配《マスタリー》は達成しつつあったが、フランス語の修得《マスター》はいっこうに進まないことに、アメリカ兵は業を煮やした。解放者ともあろうものが口を開けば、まだちゃんとした文章も言えない二歳児なみなのだ。アンディ・ルーニーの同胞のアメリカ人は、通りでフランス人に近づくと、「ヴ・パルレ・ビヤン・フランセ（フランス語がお上手ですね）」と声をかけては悦に入った。たいていフランス人は驚いて顔をあげ「メルシー！」と愛想よく答えてくれる。[253] 自国にいるフランス人を旅行者に見立てて、「部外者」の立場にあるアメリカ兵の鬱憤を晴らす、というわけだ。

フランス人は優位な立場を楽しんでいるかに見えて、こちらもこちらで英語に四苦八苦していた。ダニエル・フィリップが気づいたように、学校で学んだ英語と、アメリカ兵の話す英語はずいぶんと違っていた。[254] 六年連続、英語で優等賞をもらったジャック・プティでさえ、兵士たちの話を一言も理解できなかっ

"The word for eggs is 'des oeufs.'"

図1・2　ビル・モールディンによる風刺漫画「卵を意味する言葉は『ウーフ』」『スターズ・アンド・ストライプス』1944 年 9 月 13 日号。スターズ・アンド・ストライプスの許可を得て使用。©1944, 2012 Stars and Stripes.

た。[255] けれども子どもは「チョコレートを下さい」といった言葉を使えればそれで大満足だった。[256] アメリカ兵数人と友だちになった、当時まだ子どもだったクリスチャン・デルピエールは、英語とは「どうやら『オーケー』ばかり使う簡単な言葉みたいだ。覚えるのはわけないや」との結論に達した。[257] ただし「チューインガム（chewing gum）」と綴るのはまた別だった。紙に書くと「swing-gamme」から「chouine-gomme」まで何でもありだった。[258] またフランス人もときに気恥ずかしい思いをした。サン・ローのジャン・ジャック・ヴォーティエがアメリカ軍の野営地を訪れると、「オールド・ラトリーン」と書かれた墓があった。ラトリーンはアメリカ人の苗字だと思い、十字を切って、「年老いた（オールド）」方に敬意を表した。そこを立ち去ると、同じ名前の墓がまたある。そしてまた一つ、さらにもう一つ。「なんてこった《ステュペール》！」。「墓」だと思っていたのは、実はアメリカ兵のトイレ跡だったのだ[259]（ラトリーンは野営地の掘り込み便所の意）。

たとえ相手の言っていることがわからなくても、市民と兵士には意思疎通を図る別の手があった。恋人や家族の写真を見せ合うことがありふれた光景になった。カーン出身のフランス人青年は、アメリカ軍兵舎でのこうした交流のおかげで嬉しいことを発見した。「お返しに私がフィアンセの写真を見せると、兵士たちの唇から甲高い口笛が鳴り響き、私のジャンニーヌはピンナップガールとして世界レベルだと確信しました[260]」。リー・オッツは戦時の日記に、ある晩フランス人家族とワインを飲み交わし写真を見せ合ったことを綴った。「あの人たちと一緒に楽しいときを過ごした」。そしてこう締めくくった。「何を言っているかはさっぱりわからなかったけど[261]」。言語にまつわる工夫に富んだ対応のなかでも、サント・メール・エグリーズの南にあるカルクビュでの二人の聖職者の話は胸を打つ。Dデイから一週間がたち、ドイツ軍との戦闘による死体が山と集められ、アメリカ陸軍によって野外に並べられていた。兵士たちにせめてしかるべき埋葬を施すべく、地元のフランス人神父がアメリカ軍の従軍牧師に協力を申し出た。ところがすぐに二人はお互いに意思疎通を図れないことに気がついた。フランス人神父は英語が話せず、従軍牧師はフランス語が話せなかったのだ。そこで仕事をまっとうするため、二人とも神学校で習ったことのあるラテン語で会話することにした[262]。

フランスの女の子は簡単

「第一印象が大切」という格言が、ノルマンディーで今ほど当てはまるときはなかった。住民にとってアメリカ軍の第一印象は、その兵器の威力である。大陸を征服できるほどの大規模な軍隊を連合国軍がノルマンディーの海岸に陸揚げしたのは、いわば戦時における偶然の出来事だった。とはいえ作戦は実行に移され、ノルマンディーの住民を「仰天《ステューペファイ》」させた[263]。「信じられない光景でした」とDデイの数時間後に上陸の光景を初めて目にしたモラン氏は語った。「あんなにたくさんの船を見たのは初めてです。右を見ても、左を見ても、どこもかしこも船だらけでした[264]」。セシル・アルマニャックは、「じっと動かず、見捨てられたも同然の」ドイツ軍の占領区域と、「たくさんの物資や人がうごめいている！」アメリカ軍占領区域の違いに気がついた。友人のブルゼも「まったく信じられないわ」と何度も言った[265]。戦闘が東に移動するにつれて、まさに何千トンもの軍事物資――トラックや戦車、食料、武器など――が、移動を続ける前線に向けてノルマンディーの道路を運ばれた。そのためこの一帯の住民はアメリカ軍の装備を最前列で見物できた。グヴィルのジャック・ポピノーが書いた七月二八日から八月六日までの日記によれば、アメリカ軍は昼も夜も「驚くほど大量の物資」を携え、途切れることなく通過していった[266]。ミシェル・ブラレーもまた日記に次のように書いている。「たいそうな量の装備が通過していく。巨大な戦車や無限軌道式トラクター《キャタピラー》、人でいっぱいのトラック……連中の装備はまさに見ものだよ！」[267]。アルフレッド・マリーによれば、アヴランシュの住民は巨大な戦車や機関銃、起重機《クレーン》、そして「これまで見たこともないし、こんなものがこの世にあるなんて想像もしなかった巨大なエンジン輸送用プラットホーム」に「ひたすら驚き感心」した[268]。

　アメリカ軍は装備を持っていただけではない。その使い方もわかっていた。初めて基地に出かけ兵士たちと話をしたダニエル・フィリップの父親は、アメリカ軍の兵站業務に圧倒されて戻ってきた。「連中には秩序があるんだ、あのアメリカ人には！」。父親は家族一同に叫んだ。「まったく素晴らしい！《セ・ピュルマン・ファンタスティク》」[269]。北フランス一帯の住民は一九四四年の夏、連合国軍の通信工兵隊の仕事ぶりを拝む機会を得た。兵士たちは電話線を設置し、戦略ルートを再建した[270]。アルマン・フレモン〔ル・アーヴル出身の地理学者〕によれば、ル・アーヴルの人びとは港を再建するアメリカ軍の工兵を「まさに天才」だと感嘆した。その仕事ぶりは「アーヴルっ子たちの想像を超えた力と技と手法」を披露していた[271]。「信じられない《アンクワイヤブル》。なんて頭の良い軍隊だ、まったくこんなことあり得ない！」とラ・アイユ・デュ・ピュイの近辺でノルマンディーの住民が叫んだ[272]。市民がとくに感動したのは、工兵たちが広大な川に五時間で首尾よく橋を架けたことだ。ある村では、地元の神父が祝福をしたあと、自分が最初に橋を渡ってもいいかと聞いてきた。それから神父は渡りはじめたのだが、ローレンス・ケインが妻に宛てた手紙によれば、「まるでキャンディーの大袋をもらった子どもみたいだった」[273]。アメリカ人の到来は新しい未来を見せてくれるものだった。「アメリカ人の無敵の資力や組織には恐れいった」とジャン・ピエール・ローネーは言い、「新たな世界の秩序が誕生し、ここに築かれることになった」と宣言した。[274] ベルナール・グルバンもまったくもって同感だった。オマハビーチに陸揚げされる「信じられないような」装備を眺め、アメリカ人は「旧世界を救うためにやって来た新世界の代表だ……今この瞬間、この膨大な力の蓄積を眺めて、世界に大きな変化が起きつつあるのがわかった[275]」。

ノルマンディーの人びとが軍隊から未来を連想した一方で、アメリカ人はノルマンディーの社会を過去と結び付けた。彼らにとってフランスは原始時代の遺物だった。「ノルマンディーではあらゆるものが古びているように思われる」とアーニー・パイルは『スターズ・アンド・ストライプス』に書いている。シェルブールでパイルが目にしたのはただ古くてすり減った建物くらいで、ノルマンディー式デザインにのっとった「スムーズで規則的」なカリフォルニア版のほうが好きだとまで言ってのけた。それどころかパイルはシェルブールのオリジナル版を見てこうも言った。「一目見たときわたしは、われに返るまで、これはカリフォルニアのノルマン式建築を模倣したもので、しかもえらく粗雑につくったものだと感じた[276]」。ジャイルズも日記に「建物、というよりその残骸は、この世の初めからそこにあったかのようだった」と書いた。[277]「ここで人びとが住まいとしているものを、あなたにも見せたいくらいです」とチャールズ・E・テイラーは妻に書き送った。「ほとんどの家が泥やセメント、岩石でできていて、屋根は泥板岩か茅葺《かやぶ》きです[278]」。伝統的なノルマンディーの城でさえ、さほど感動するほどものではなかった。『スターズ・アンド・ストライプス』によれば「フランスの古城での暮らしはロマンティックに聞こえるが、住んでみたことのあるアメリカ兵なら、カラマズーのコテージのほうを選ぶだろう[279]」。「魔法使い《ウィザード》かトカゲ《リザード》」でもないかぎり、部屋が百室もあるこんな苔のかたまり」のなかで快適に暮らせはしない。ここでは「大文字の『H』で始まる歴史がどこからともなく姿を現した」。さらに悪いことに「衛生設備ときたら、好古趣味の配管工なら興味を持つようなシロモノだ」。そしてとどめは、「バラの茂みのわきでタバコをくゆらす、口ひげが黄色く染まったみすぼらしい年寄り」だった。男はこの城の持ち主だと後から判明した。[280]上流階級とはそんなものだ。

第一次世界大戦時に広まった偏見の一つは、フランス人の働き方や身体に関する習慣は原始的である、というものだ。[281]この偏見は一九四四年にただ強まったにすぎなかった。またも戦時の偶然の出来事として、ノルマンディーに上陸したアメリカ兵はパリのような国際的な都市文化ではなく、地方の田舎文化のなかで最初に「フランス国民というもの」をとらえることになった。すぐに兵士たちは、この国全体が過ぎ去った時代に生きているという結論に至った。一つの理由は、戦時にとられていた急場しのぎの対策を平時の習慣だと勘違いしたからだ。ガソリンが手に入らなかったため、農家はトラクターを持っていても、機械を使わずに農作業を行うほかなかった。「彼らの農業はわれわれより何年も遅れていた。牛を使う者までいた」とリロイ・スチュワートは驚いた。[282]赤十字で救護活動をしていたアンジェラ・ペテシュも、故郷に送った手紙に同じ考えを綴った。「住民たちは時代に取り残されています――女たちは今もまだ小川で洗濯し石で衣類をたたき、牛も豚もニワトリも同じ家屋に家族同然に暮らしています」。[283]ノルマンディーの人びとは古風というより、時間を超越した存在に見えた。「通過したある村の人たちは、ひいひいじいさんの時代みたいな暮らしをしていた」とアンソニー・ハーリンスキは振り返った。[284]デイヴィッド・イシェルソンもまた住民をすこぶる原始的だと考えた。「家は乾いた泥と藁《わらぶ》葺き屋根でできていて、豚やニワトリが台所を駆け回っていた。粗末な木靴を履いて暗くなるまで田畑で働き、夕食はパンとスープで、デザートはリンゴだった」。[285]アラン・ライアンがとくに驚いたのは水道設備がなく、人が動物と一緒に用を足すことだった[286]。チャールズ・E・テイラーにとって、そこはおとぎ話から抜け出たような世界だった。「裏手に大きな家があって、そこにフランス人の一家が住んでいる」と妻に書き送っている。「きみが見たら思わず笑ってしまうだろう。継ぎはぎだらけの服に木靴をはいた、おかしな格好をしているのだから。そう、あの人たちの履いている靴はどこかで読んだオランダの木靴にそっくりだ。きみに送ってあげたいのだが、ここには余分な靴は一足もないようだ[287]」。テイラーの蔑視は徹底していた。彼にとってノルマンディーの人びとの靴は、大昔のおとぎ話の産物にしか見えなかったのだ。

原始的な文化の証拠として、とくに家畜の糞尿肥料がアメリカ兵の目を引いた。「それに連中のやり方は百年も遅れている」とジャイルズは日記に綴った。台所のすぐ隣に牛舎があって、尿や廏肥《きゅうひ》のにおいで窒息しそうだ、と愚痴をこぼした[288]。とりわけ衝撃的だったのは、「どの家の玄関先にも廏肥が積まれていた」ことだ。歩兵カール・クラークソンは、兵士が使用するトイレを農民たちがくみ出し、中身を畑に蒔いているのを見て驚きあきれた。「だがそれはいつものことで、フランスの町の光景とにおいはどこも似たようなものだった[289]」。チェスター・ハンセンはジープで田園地帯を通ったときのノルマンディーの印象をこう綴っている。「家畜の囲いや糞尿の悪臭。すさまじい汚水[290]」。皮肉にも戦争が終わる頃には、アメリカ人のなかに、敵とはいえ少なくとも清潔だから、まだドイツ人のほうがましだと思う者さえ出てきた[291]。

「原始的」で「不潔」なノルマンディー住民に対するアメリカ兵の蔑視は、ハワイやフィリピン、プエルトリコでのアメリカの帝国主義的思考の再現である。これらの地でもアメリカ軍当局は、教育や衛生管理を通して「先住民」を「文明化」する必要があると考えた[292]。ある中尉はノルマンディーから妻に宛てた手紙にこう書いた。「文明化した人びとのもとに、再び戻れればよいのだけれど[293]」。アメリカ兵がフランス人を未開人と見なしたいちばんの理由は、身体やセックスにまつわる彼らの態度にあった。たとえば、フランスのトイレや男子用公衆便所《ピスワール》に囲いが一切ないことにアメリカ兵は気分を害した。ただ壁まで歩いていき用を足すというのだ。[294]それだけではない。用を足しているときにフランスの女たちがこっちにあいさつまでしてくる。[295]「そばを人が通るのだ」とカール・クラークソンは振り返る。「だが彼らはフランス人で、それが彼らの流儀であり、本人たちにとっては何でもないことだった」。[296]「通りでついたてもない場所にピスワールをつくる連中の気がしれない」とジャイルズは日記に書いた。とくにぞっとしたのはフランス人の男が「脇を通りかかった女たちとはしゃいでいた」ことだ。[297]

アメリカの帝国主義時代の「先住民」よろしく、ノルマンディーの住民も恥を知らないようだった。ある日、ノルマンディーの村で小休憩をとっていた歩兵のデイヴィッド・イシェルソンは、一人の男が壁に放尿しながら女に手を振っているのを見てあっけにとられた。「本物のフランス紳士と見える男はペニスから片手を離すと、その手で軽く帽子を持ちあげレディーに会釈したが、その間、もう片方の手はペニスを持ったまま放尿を続けていた」。多くのアメリカ兵と同じく、イシェルソンもフランスに来る前に、こうした「心の広い、平然とした態度や寛容さ」については聞いていた。「それに、自分たちが性的倒錯だと思うものも、連中にとってはごく当たり前のことだとも聞いていた」。ただし、フランス人は道徳心が低いという考えを刷り込まれていても、心の準備まではできていなかった。[298]囲いのある男性用トイレでも、女たちが付き添ったり、また女性用トイレに行くのになかを通ったりすることに、アメリカ兵はばつの悪い思いをした。[299]チェスター・ハンセンは、数百人のフランス市民が見守るなか飛行場で作業していた一人のアメリカ軍工兵について触れている。工兵が急ごしらえのトイレに用を足しにいくと、若い女が一人、帆布の囲いの上から覗き込み、「フランス語で陽気に話しかけてきた」。ひどく慌てたし、言葉もわからないので、男はただ「ウィ、ウィ」とたどたどしく答えたが、もっと恐ろしいことに「女はいきなり回ってきて、なかに入ってくると隣の穴に腰を降ろした[300]」。また裸についても、人びとはあまり抵抗がないように見えた。ポール・ボッシュは、夏の終わりに仲間とブレスト付近の海岸に行き、裸で泳いでいたときのことを覚えている。肝をつぶしたことには、海岸で一人のフランス人男性が、ずらりと並ぶ裸の男たちのすぐそばを「若くて美しいマドモワゼル」を連れて通り過ぎたのだ。「思いつく理由はただ一つ、あのフランス人の男は自分の肉体に相当な自信があったに違いない[301]」。

こうした逸話を聞いて疑問に思うのは、フランス女性は「ふしだら」で貞操観念がないという先入観をもとにアメリカ兵はフランス人を評価していたのか、という点だ。フランス出身のアメリカ軍将校ダルゴール軍曹は、いよいよ侵攻が近づくと、フランスの美しい娘たちについてアメリカ兵から質問攻めにあった[302]。オマハビーチに上陸した兵士たちが持参した『フランスのポケットガイド』によれば、「フランスはつねに物語のなかで軽薄な国として描かれてきた。そこでは、意味ありげにウインクしたり、思わせぶりに尻を触ったりするのは、あいさつとして許容範囲とされてきた。だがトラブルを避けたいなら、こうした考えは今すぐ捨てたほうがいい[303]」。それどころか大半のフランス人女性にとって、「社会的体面」は絶対に欠かせないものであり、このガイドブックはその点を正しく理解していた。両大戦間に、性的行動に対する厳格な宗教的・道徳的制約はかなり緩んでいたものの、今も性的な慎み深さは、とりわけ都市の中産階級の間では厳しく求められていた。恋人や夫婦間での性的快楽は以前より大目に見られ、不倫もかつてのような非難は受けなくなった。それでも多くの女性が婦人科検診を苦痛に感じ、寝室では電気を消すことにこだわった。ノルマンディーのような地方でも、一般に人前で裸になることやセックスをすることは、とくに女性の場合、はしたないことだと非難された。[304] 教師をしていたマルセル・アムラトーは、「禁欲的あるいは少なくとも控えめで分別のある道徳観」を持つノルマンディーの住民にとって、アメリカ兵たちの「奔放な性的エネルギー」は「衝撃的」だったと回想した。[305]

ということは、アメリカ兵もいくらか自分たちの都合のいいようにノルマンディーの人びとを見ていたに違いない。そもそもアメリカ人にしても、昔ながらの清教徒的な道徳に縛られていたわけではなかった。二〇世紀の半ばには、アメリカの白人中産階級の、とりわけ若い世代は、性的抑制や自制心といったヴィクトリア朝的な制約からおおむね解放されていた。異性間の快楽や性的満足は、幸福な結婚生活はもとより個人の幸せにとっても重要だとされていた。とはいえフランスの場合と同じく、従来のルールも多少は残っていた。たとえば女性にとって「すべてを許す」ことは、愛情と誓約のもとにのみ許されると考えられた。両親は性の管理人になり、とくに娘に制限を課す役目を担うものとされた。解放されたある村でジョーダンの部隊が一晩を過ごしたとき、仲間のなかに、その晩地元の娘二人から「心のこもったサービス」を受けた者がいた。「両親と一緒の寝室だから最初は落ち着かなかったが、どうやらこの家の主人は気にしていないようだとわかり、彼らはするべきことに取り掛かった」。若いジョーダンが驚いたのは、少女の両親に、自らの義務を果たすつもりがなかったことだ。[306]

アメリカ人にとって、性的欲求は理性を奪い、道徳的な自制をくじく恐れがあるため、抑制しておくべきものだった。[307] アメリカ兵にはこうしたルールがあったため、同様のルールがフランスには一見なさそうなことが不道徳の証拠に思えた。フランス人の性的な態度は、アメリカ兵の頭に焼きついた。フランス人女性は「手話《サイン・ランゲージ》ガール」と呼ばれたが、それはごく簡単な手ぶりでひっかかると思われたからだ[308]。パリの女の子はかなり積極的だと見なされた。チャールズ・E・テイラーはパリで道に迷ったとき、牧師に出会ってほっとした。「あの方に会えて本当によかった」と彼は妻に書き送った。「それというのも、あやうくひっかけられそうになったからだよ。つまり、あのフランスの女たちに[309]」。夏の終わりにマルセイユを通ってきたアメリカ兵は、この古い港町の性的習慣に衝撃を受けた。この町は売春で名をはせていた。「あの『有名な』フランスの娘たちのことをきみも知りたいだろう」。キース・ウィンストンは妻に宛てた手紙にそう書いた。「フランス人というのはわれわれの基準からすると、かなり不道徳な連中だとわかったよ。マルセイユには四万一〇〇〇人もの公娼がいるそうだ。この数字が正しければ、町のほとんどの女性が娼婦ということになる[310]」。

次章から見ていくが、アメリカ兵は不特定多数の性交を、フランス社会の原始的で不道徳な性質を象徴するものととらえていた。フランス人に対するこの狭量な見方のせいで、兵士が市民と結んだ実に多様な関係――上陸から数週間のうちに市民は兵士たちの同志や友人、養子や養女、さらに救済者にまでなった――が影に隠れてしまった。それでもアメリカ兵は、一連の性的習慣――裸、誘惑、性交――を、フランス人の本質を表すものとして扱った。性的な放縦さや身体にまつわる羞恥心の欠如が、ノルマンディーの小屋や雄牛と結び付き、フランス人は未開の人間で、社会的・政治的に統制が必要だという揺るぎない証拠になった。いわゆる性欲の激しすぎる人びと（過去の帝国主義的思考における「土着」社会のような）には、民主主義を守るのに必要な冷静な自制心が足りない、という偏見をアメリカ人は持っていた。そしてアメリカ軍がフランス人の性習慣を原始的だと認識した結果、最初は性的な問題の管理をめぐる議論だったものが、民主主義国家におけるフランスの自治能力をめぐる抗争に発展した。道徳面での蔑視は、軍の政策におけるあらゆる層の意思決定に影響を与えた。「おとぎの国」の奇妙な言葉と習慣に遭遇した兵士たちは、従来の決まりきったフランス人像にしがみついた。こうした偏見は、アメリカ兵がフランスの異なる文化に対応する助けになったが、紛れもなく政治的に影響を及ぼした。合衆国がフランスの主権を拒否したことを軍の都合や政治的衝突といった点から見るだけでは、この状況の複雑な全容をとらえることはできないのである。

2 男らしいアメリカ兵（GI）という神話

熱狂的なフランス人女性に囲まれ、恍惚とした表情のアメリカ兵（GI）というおなじみのイメージは、一九四四年のヨーロッパ解放を象徴する偶像《アイコン》になった（図はじめに・2参照）。写真ジャーナリズムの黄金時代に撮影されたこのGIの写真からわかるのは、写真というものがいかに国民の記憶を根底から形作るか、ということだ。お決まりの視覚的手法として、これに唯一匹敵する影響力を持った写真は硫黄島の写真で、これは第二次世界大戦の後半、何百万枚ものビラに掲載された[1]（図2・1参照）。GIの写真がヨーロッパにおける「よい戦争」〔米国で第二次世界大戦はベトナム戦争と対比させてこう呼ばれることが多い〕を象徴したように、硫黄島の写真もまた、太平洋戦域でのアメリカ軍の英雄的行為を象徴している。どちらの写真もアメリカの国民に、この戦争に参加する目的を再確認させるものだった。写真というものには、ある時代を私たちがどう解釈するか、その方向を定める独創的な力があることを、どちらの写真も教えてくれる。

このGIの写真、そしてフランスの解放時にこの写真が生み出した神話が、本章のテーマである。一九

図２・１　「硫黄島の星条旗」©AP Photo/Joe Rosenthal.

四四年から四五年にかけて、この写真は少しずつ装いを変え、何度も繰り返し複製された。ノルマンディー上陸から数日後に、まず軍の新聞『スターズ・アンド・ストライプス』に登場し、その後、アメリカの主流の新聞雑誌に広く掲載されるようになった。一九四五年になると、この写真はヨーロッパでの勝利を象徴するものになった。いわばプロパガンダとして、アメリカの戦争目的について凡庸化された見せかけの説明を提供したのだ。

この写真が威力を発揮したのには、いくつかの理由がある。一つの理由は、この写真が個人的なものであると当時に普遍的なものにもなり得たからだ。[2] 慎重を期して拡散させたことで、一人ひとりのGI（決して同じ兵士ではなかった）は、アメリカ軍、ひいてはアメリカ合衆国そのものを代表するようになっていた。さらに、写真というのはとらえたものの「真実」を語っている、と世間一般に信じられていたことも、この写真が威力を持った理由である。[3] フランスの女の子たちとの幸せな抱擁は確かに現実のものだった。だって、カメラがとらえたのだから。そして最後に、この写真はその出所が隠されたために時間軸から切り離され、したがって時間を超越するものになった。[4] 写真を見た人は、この抱擁がどこで起きたか、誰が写真を撮ったか、またこれが解放の物語のどこに収まるのかを決して知ることはない。この写真は匿名で、詳細に縛られないことから、神話を思うままに生み出すことができた。それは、男らしいGIがフランスの海岸に上陸し、ピカピカの鎧を着た騎士のごとくナチスの手から女性たちを救い出し、たいそう感謝された、というものだ。騎士はもちろんキスの嵐で迎えられる。この手のプロパガンダは、男らしい男たちが無力な女たちを救出する、といった従来のジェンダー表現でノルマンディー作戦を解釈していた。この写真から生まれた神話はアメリカ兵のことを、フランスの女性を救出するためだけに――そしてこの

「だけに」が重要――フランスの海岸に上陸した男性的な保護者と見なしていたのだ。

だが明らかに、フランスの解放はもっと複雑なものだった。ここでいう神話とは、視覚的または文字による語りの一種であり、歴史を理想的な形に変える力を持つ。神話は写真と同様に、それが過去につくられたものだという記憶を消失させる。そして深みも矛盾もない世界をまとめあげる。不純物を取り除き、単純化し、脱政治化する。[5] このGIの写真は、ヨーロッパにおけるアメリカの任務を異性間の恋愛《ロマンス》に仕立てて神話化した。そして男らしい騎士と苦悩する乙女といった、やはり理想化された性役割に支えられたこのロマンスは、フランスの国家主権をめぐる緊張を中和した。前述の通り、連合国の指導者たちは当初フランスに軍事政権を敷こうと計画し、ド・ゴールを避け、国家元首として認めることを数カ月も拒んでいた。軍の広報部は男らしいGIのイメージをつくり上げることで兵士たちをこうした複雑な政治の機微から遠ざけ、かわりにこの戦争を男子と女子の月並みな出会いの場として描いたのだ。その過程で広報部が利用したのが、フランスにまつわる性的幻想だった。すでにアメリカ人の心に根付いていたこの幻想は、ヨーロッパ戦域における戦争目的がアメリカ兵にもっと魅力的なものになるよう、再び息を吹き込まれた。故郷アメリカでは、この写真はまた別の効果をもたらした。アメリカの進駐で生じたいっそう厄介な問題、なかでもフランスの一般市民を相手にアメリカ兵が犯した凶悪犯罪を抹消するのに一役買ったのである。最後に、この写真はアメリカがヨーロッパの舵取りを始めて間もないこの時期に、世界のリーダーとしての自覚を持つよう兵士たちにはっぱをかけた。

戦う目的はここにある

GIの写真が登場した背景には写真ジャーナリズムの台頭があったが、これは一九三〇年代における二つの技術革新がもたらしたものだった。一つは、網点《ハーフトーン》の技術が開発されたことで、これにより新聞雑誌は高品質の写真を安価に掲載できるようになった。[6]もう一つは、35ミリフィルムのカメラが開発されたことだ。シャッタースピードが速く、徹底的に小型化されたこのカメラを使って、「ポーズを取らないありのままの」写真が撮影できるようになった。こうした技術が開発され、写真でニュースを知ることがアメリカで人気を呼び、一九三六年の一一月に『ライフ』誌が創刊され、その六週間後にライバル誌『ルック』が続いた。[7]第二次世界大戦は、戦地で兵士と行動をともにするカメラマンによって報道された史上初めての戦争である。[8]男らしいGI像は、こうした写真ジャーナリズムの革命の一環として誕生した。この写真が拡散したことで、そのありのままの外観をみな疑わなくなっていった。どうやらアメリカ兵はどこにいても、いきなりキスされるようだった。

アメリカ兵の写真はとうとう『ライフ』誌に載るまでになったが、最初に掲載されたのは軍の新聞『スターズ・アンド・ストライプス』である。アメリカ軍の公式新聞のなかでも最も重視される『スターズ・アンド・ストライプス』は、政府の許可を得てヨーロッパ派遣軍のために発行された新聞だ。その使命は創刊号で宣言したように、「危機に面したこの世界で、われわれが戦って守り広めるべきものの象徴」を提供することであり、「それは自由な人びとの自由な考えと自由な表現である」。明らかに『スターズ・アンド・ストライプス』にはプロパガンダとしての役目を果たそうとする意図があった。とはいえ、『スターズ・アンド・ストライプス』は、戦争の真実からあまり逸脱しないように、とヨーロッパ作戦指揮官ドワイト・アイゼンハワー大将から明白な要請を受けていた。正直な新聞だけが最高司令部の信頼を得る、とアイゼンハワーは信じていたのだ。[9] リアリズムを自負する写真ジャーナリズムは、『スターズ・アンド・ストライプス』による戦争報道の手法の鍵を握っていた。この新聞に掲載された写真はとりわけ、軍による戦争の理想化に応えたものだったが、それでも「正直」には見えた。この新聞の記者だったアンディ・ルーニーは、戦後五〇年たって同紙を読み返し、記事の見出しの「かなりの愛国主義的性質」によようやく気がついている。[10] プロパガンダの道具として『スターズ・アンド・ストライプス』が与えた影響は計り知れない。同紙はヨーロッパ戦域各地でアメリカ兵に広く読まれ、手に入りにくいときは回し読みされることも多かった。[11]

このGI写真の第一弾は、ノルマンディー上陸からわずか数日後に『スターズ・アンド・ストライプス』に登場した。写真にうつっているのは、女性や子どもたちに熱烈に歓迎される兵士たち。説明はたいてい次のようなものだ。「連合国軍の部隊はどこに行っても、解放されたフランスの人びとに大喜びで迎えられる。これは、フランス人の老女とその家族がノルマンディーの村を通過するアメリカ兵たちを歓迎しているところである」。[12] それから数カ月にわたり、同紙はこのたぐいの写真を掲載し続けた。さまざまな違いはあっても、そこにはつねに変わらない視覚的要素が二つあった。第一に、「フランス人」と「アメリカ人」、「救われた者」と「救った者」のグループ分けにおいて性別は揺るがなかった。アメリカ軍は男性、フランス人は女性である。第二に、フランスの地にアメリカが侵入したことは、つねに性的な表現で――つまり性的な征服の機会として――描かれた。

こうした視覚的要素を順番に見ていこう。写真のなかのフランス人女性《ラ・フランセーズ》は「自国の男たちに見捨てられた国」を表している。そのように見てとれるのは、人口統計上の現実にも原因がある。一九四四年の前半まで、二〇〇万人もの健康で丈夫なフランス人男性がドイツで強制労働に就かされるか捕虜収容所に入れられていた。そのほかの数多くの男たちは密かに隠れてレジスタンス運動に参加するか、北アフリカで戦闘の準備をしていたとされる。そのためフランスはもっぱら女と子ども、年寄りの国になっていた。「若い男はどこにもいなかった」と歩兵のピーター・ベルパルシとオーヴァル・フォーバスも気がついた[13]。ジャーナリストのドリス・フリーソンは、アメリカの新聞紙上でノルマンディーの田舎についてこう述べている。「フランスでは、よくあることだが、男たちの姿が見えないことに驚いた。いたとしても、かなりの年寄りだけだ[14]」。ただし人口統計上の現実はさておき、写真に女性が多くうつっていることには、象徴的に重要な効果があった。つまり、この被占領国には、男性がおらず、保護の必要な女性だけが住む無防備な国だ、という印象を与えたのだ。この筋書きは、アメリカの使命を「救出」として掲げるだけでなく、フランスを「めめしく」て、軍の侵入に従属的な国として描いていた。これが、アメリカの英雄的行為をたたえるためにお膳立てされた風景だったのだ[15]。

フランス国家を一人の女性にたとえるのは、二〇世紀のプロパガンダの風潮にならったものだ。近代の西欧諸国は、とくに戦時や植民地征服の目的でジェンダー化されていた[16]。アメリカの軍事文化では、戦時に「ピンナップ写真」が同じ象徴的役割を果たした。女性のピンナップ写真は戦闘機やテントの壁はもちろん『スターズ・アンド・ストライプス』にもよく登場する。「自由」や「民主主義」などの理想がアメリカ兵にとって多分に意味をなさなくなった時代に、ピンナップガールたちは、自分たちが何のために戦うか、その目的を象徴するものになった[17]。「戦争の噴煙と悪臭と張りつめた空気のなかで……」『スターズ・アンド・ストライプス』は、ある写真をこう説明する。「彼女は、われらを愛する祖国につなげてくれる。おバカで滑稽で辛辣で幸せな国。世界最高の戦車……それに最高のチーズケーキ［脚線美のピンナップガール］をつくれる国」[18]（図2・2参照）。ピンナップ写真からうかがえるように、すでにアメリカ軍がフランスに到着する前からナショナリズムは異性間の性愛と結び付けてとらえられていた。リタ・ヘイワースがこの国を象徴するなら、フランスの女の子たち《ラ・フランセーズ》との恋愛《ラムール》が他国との関係を象徴してもおかしくはない。

An Editorial

Cheesecake, Watermelon and Corn

CHEESECAKE is newspaper lingo for pictures like this—gals, legs and corny stuff like the watermelon and the ice.

* * *

We don't know whether or not we could have won this war without cheesecake, watermelon and corn. We don't know whether cheesecake shortened the war by as much as a single day.

* * *

All we know is that pictures like this—of gals with flirty-flirty eyes, toothpaste smiles, snazzy gams and all the trimmings have given us a lift in some pretty grim times.

* * *

We dont' know who this particular piece of cheesecake is. But she and a lot of gals like her have adorned the insides of tanks, the cabs of trucks, the dashboards of jeeps, the cockpits of planes. Amid the smoke and stink and dead seriousness of war, she's linked us with the country we love—the goofy, funny, wise-cracking, happy country that can produce the world's best tanks, the best planes—the best cheesecake.

* * *

When the history of this war is written, the infantry, the cavalry, the Engineers and all the rest will come in for their full share of well-earned glory. There will be statues to the heroes and Memorial Day parades. But the record won't be complete unless somehow, some way, we acknowledge the rôle of cheesecake in winning the war.

* * *

History may forget. The War Department may never award a citation. Congress may never confer honors.

* * *

Only the guy who has lived on Spam knows how much he owes to cheesecake, watermelon and corn.

図2・2 「チーズケーキにスイカにトウモロコシ」『スターズ・アンド・ストライプス』1944年9月18日号。

『スターズ・アンド・ストライプス』の写真ジャーナリズムで、もう一つ、よく見られたのは、性的関係をアメリカの戦争目的と結び付けたことだ。たとえば「戦う目的はここにある」というタイトルの記事では、ヨーロッパでのアメリカの目的は女性を幸せにしたいという真摯な動機であることを、写真と文章で伝えていた（図2・3参照）。説明はこうある。「多くのアメリカ兵はこれまで自由についてあまり考えたことがなかったが、四年もの間自由を奪われ暗い日々を送っていた人びととの笑顔と嬉し涙から、ついに自由というものを教わった……勝利のためだけでな

Here's What We're Fighting For

THE French are nuts about the Yanks. This picture gives you the idea. Lots of GI's who never thought much about Freedom before are learning about it from the smiles and happy tears of folks who'd lost it for four black years.

* * *

Let's not kid ourselves. The honeymoon won't last forever. Some franc-happy go-getters will start gypping GI's and some dumb Joes are going to do things to disgrace our Army and get the French sore.

* * *

But most of us will stay on the ball. If we fight as hard to keep the good will of liberated peoples as we did to win it—there's hope for happier days.

* * *

War has a long list of entries on the debit side of the ledger—lives, money, misery. On the credit side there's this—the love and gratitude of one people toward another. It's the chance of a lifetime—and our kids' lifetime.

* * *

Let's not piddle it away.

図2・3 「戦う目的はここにある」『スターズ・アンド・ストライプス』1944年9月9日号。

く解放された人びとの好意に応えるためにも精いっぱい戦えば、もっと幸せな日々が訪れる望みがある」[19]。この記事を読んだ兵士は、自由の意味は女性たちの賛美の笑顔にあるのだと教わる。戦争の目的は、フランスの女の子をアメリカ人《ヤンク》に「夢中」にさせることなのだ。戦争の目的を性的なもの《セクシャライズ》にすることは、アメリカの任務を、合意の上での幸せな結び付きに変えることで、親しみやすいものにした。この写真をよく見てみると、女たちはひしめきあっている様子をかもし出すため手や腕を身体に引き寄せ、不自然に顔をくっつけ合っているのがわかる。幸せそうな女性の集団を『スターズ・アンド・ストライプス』がこしらえようとしたのは明らかだ。たとえ、そんなものがなかったとしても。

新聞は異性間のロマンスにあくまで注目したが、アメリカ兵が市民と結んだ最も親密な絆の相手は、どう見ても子どもたちである。前章で述べたように、子どもたちが往々にして最初にアメリカ兵に心を開いた。ノルマンディーの多くの家の炉だなには、目まで隠れるぶかぶかのヘルメットをかぶり、笑顔の兵士の腕に抱かれ大喜びする子どもたちの写真が飾られていた。[20] ただし、こうした写真は『スターズ・アンド・ストライプス』ではお目にかからない。ここでは侵攻を親の目線ではなく、性的な目で見ていたからだ。平均的なアメリカ兵《ジョー》はフランスから売春宿や美しい女たちを連想するものだとアメリカ軍は承知していた。セックスはノルマンディー作戦を宣伝するときの、いわばセールスポイントになった。つまり、兵士たちは文字通り誘惑され戦闘に駆り出されたのだ。

　パリが解放されると、この神話はいっそう性的な意味合いを増した。周知の通り、首都パリをドイツの支配から解放したのはフランスのレジスタンスであり、その市街戦は、ルクレール将軍率いる機甲師団の援護を受けた。アイゼンハワー将軍はアメリカ軍に対し、フランスの戦勝者たちが八月二五日に勝利の凱旋を行う際、ルクレールの後に続くよう命じている。つまり、パリはフランス軍の支援のもと自国民によって解放されたのだ。[21] ところが『スターズ・アンド・ストライプス』では、パリの解放はすっかりアメリカのイベントと化し、フランス人は感謝の気持ちをキスの嵐で表している。「誰も彼もがキスしてきた――小さな子どもから老婆や大の男たち、そして美しい女の子たちも」とアーニー・パイルは語ったが、同紙が注目したのはアメリカ兵とパリの若い娘たちとのエロティックな関係だった。[22] 同紙のインタビューに応じた歩兵によれば、パリジェンヌたちは「交差点でジープが止まるのを待っている。それが合図になってどんちゃん騒ぎが起き、キスの嵐になる。『これが戦争なら、なかなかいいもんだ』[23]」。「マドモワゼル、ジルバをご存知？《サヴィ・ジッターバグ・マドモワゼル》」という見出しの写真では、群衆が見守るなか、一人のアメリカ兵がフランス人女性とダンスを踊っている[24]（図2・4参照）。さらにアメリカ軍の戦車に乗ったフランス人女性の写真は、「陽気《ゲイ》なパリ《パリィー》がアメリカ人をお出迎え——ほらこんなふうに！」と題して、こう説明が続く。「笑顔にキス、花にワインが、昨日の早朝パリに入ったアメリカ軍の小部隊を出迎えた……フランスの首都に着いたばかりの三人の兵士は、戦車の上で仏米関係を（キスで）確かめ合った」[25]。

図2・4 「マドモワゼル、ジルバをご存知？」『スターズ・アンド・ストライプス』1944年8月24日号。

パリそのものも、『スターズ・アンド・ストライプス』ではエロティックなものにされた。「パリ、美しく、男が愛してやまない街」と題した記事は、パリを「男に愛情を注ぐ一人の女」にたとえ、読者にこう訴えている。「彼女をよく見ていただきたい。ドイツ人が何をしたとしても、彼女には一見の価値がある」[26]。さらに同紙はパリについてこう言い切った。「われらがお気に入りのピンナップガール……彼女は、人間が再び自由を取り戻した、あの偉大な素晴らしい輝けるときを思い出させてくれる」[27]。エロティック化された例はまだあった。『スターズ・アンド・ストライプス』の紙面に掲載されたアメリカ兵向けのフランス語のレッスンである。読者は、解放された人たちとのコミュニケーションを向上させることを一応の目的として、フランス語とドイツ語のさまざまな表現を教わった。ただしこの記事が基本的な表現としてあげたドイツ語とフランス語の違いは実に意味深なものだ。読者は「カイン・ツィガレテン！（禁煙！）」「ヴァッフェン・ニーダーレーゲン！（武器を捨てろ！）」、また「アントレーテン！　フォールヴェルツ！（整列！　前に進め！）」といったドイツ語表現を教わった。対して、重要なフランス語表現に入っていたのは、「ヴー・ゼット・トレ・ジョリ（あなたはとてもきれいです）」「ジュ・スュイ・アン・ジェネラル（私は将官です）」「ヴー・ザヴェ・レ・ズュー・シャルマン（あなたの目は魅力的です）」「ジュ・ヌ・スュイ・パ・マリエ（私は結婚していません）」、そして「ヴォ・パラン・ソンティル・シェ・ズー（ご両親はご在宅ですか？）」などだった。

アメリカが解放をエロティック化したことは、フランスの日刊紙が同じ出来事を報じた記事と比べると、いっそうはっきりする。八月の最後の数日にどうにか発行にこぎつけたパリの日刊紙六紙を調べてみると、フランス人の目には解放がいかに違って見えたかがわかる。[28]戦車やトラックの上に乗った兵士の写真もフランスの新聞の一面を飾ったが、それは「ルクレールの息子たち」やレジスタンスのメンバーたちだった。六紙のなかでわずか一枚の写真だけに、明らかにアメリカ人とわかる兵士とキスするフランス人女性が写っている。ほかのすべての写真では、あの「有名な」フランス式抱擁をしている男たちが「解放者《リベラトゥール》」だとぼんやりわかるか、あるいは明らかにフランス人兵士だとわかった。[29]『ル・パリジャン・リベレ』がアメリカ兵とフランス人女性の交流に触れたのは八月三〇日のことで、アメリカ軍がパリに入ってからすでに数日がたっていた。同じ日に『ス・ソワール』は、オペラ広場の様子をこう説明している。「ルクレールの息子たちは拍手で迎える群衆に囲まれ、なかなか前進できないでいた。兵士たちは日焼けし、くたびれた様子だったが、それでも嬉々として見えた。そのがさついた頬は赤い口紅のキスマークだらけで、日焼けした肌の色は隠れてほとんど見えない」[30]。『ス・ソワール』では、キスを贈られるのはフランス人の男だった。「パリジェンヌがいっせいに飛びついてきて、唇に直接キスされた」と、あるフランス人兵士はパリに入った場面を振り返った[31]。

だが一般に、フランスの新聞はほとんどエロティックな取り上げ方をしていない。パリっ子たちにとって解放とは家族の再会であり、スキャンダラスな事件ではなかった。『ル・パリジャン・リベレ』は、この解放を次のように報じている。「アメリカがフランスのための戦いでいかに重要な働きをし、この国でいかなる権利を獲得したかは承知している。しかし彼らがパリにまず望んでいたのは、長いこと離れればなれになっていた家族が再会できた喜びをかみしめることだ」[32]。さらにフランスの新聞は結婚制度を奨励することで、平時の雰囲気をつくった。早くも八月二九日に『ス・ソワール』は、ドイツ軍の撤退後にパリの区役所で最初の夫婦が正式に結婚したと伝えている[33]。パリの日刊紙でフランス人とアメリカ人の交流が報じられる場合も、もっと家庭的な取り上げ方をされた。たとえば、アメリカからパリへの食糧供給に注目した写真や記事がいくつも掲載された。八月二七日に『ル・フラン゠ティルール』は、連合国から毎日三〇〇〇トンもの食糧や物資が供給されており、「われわれもついにチョコレートを食べることになるだろう！」と読者に告げた[34]。アメリカ人はフランス人に、キスよりも何か食べ物をくれるようだった。

アイオワの女性はパリのキスがお嫌い

アメリカ人は昔からフランス人のことを「セクシー」な国民だと思い込んでいたので、『スターズ・アンド・ストライプス』は、この前々からの先入観を利用し、フランスでのアメリカの凡庸化された使命をつくり上げた。この修辞的操作は政治に重要な影響をもたらし、苦闘するフランス国家との緊張を和らげ、ヨーロッパ大陸で現れつつあるアメリカの指導的立場に国民を順応させるものだった。『スターズ・アンド・ストライプス』の写真は、領土の征服と性における征服を結び付けた。写真が生んだ神話は、性的支配と男らしさの達成という幻想である。戦いの終わりに女性を与えることで、写真はアメリカ兵に自分たちの男らしさを再確認させた。こうした自信はどこよりもノルマンディーの戦地で緊急に必要とされるものだった。歴史家が主張するように、「男らしさ」とは今ある状態ではなくこれからそうなるものとして機能する。つまり、「男らしさ」とは、つねに問われ、決してじゅうぶんには達成できないものなのだ。[35]アメリカ人男性は一九三〇年代から四〇年代前半にかけて、世界大恐慌や大量失業を経験し、「男らしさ」の危機に見舞われていた。[36]戦争はアメリカ兵にとって「男らしさ」を披露する格好の機会だったが、そこには迷いもあった。とりわけ兵士たちは、故郷に残した妻や恋人が自分を裏切らないかと心配した。批評家のスーザン・グーバーは、連合国のプロパガンダがいかに「妻や恋人の裏切りを恐れた兵士たちの心に響いた」かを明らかにしている。[37]兵士たちは、心変わりを告げる女性からの手紙をこう呼んだ――忌まわしき「ディア・ジョン」レター。[38]

性的な忠誠やそれがもたらす男らしさを、こうした不穏な時期にどうすれば獲得できるのか？　この問いが目をつけたのがあのGIの写真であり、写真はアメリカ大衆文化の主流に乗り、一九四四年九月に

『ライフ』誌に登場した。このとき写真の意味が変化し、フランスからの感謝ではなく、海外での男性の不貞を象徴するものになったのだ。ラルフ・モースによるアメリカ兵の写真はセンセーションを巻き起こし、『ライフ』誌の編集者いわく「戦争写真のなかでもとりわけ広く流通した一枚」になった[39]（図2・5参照）。『デ・モイン・レジスター』（アイオワ州デ・モインの日刊紙）はおもしろい記事になりそうだと考え記者を送り、この写真を見た地元の女性たちの反応を取材させている。この写真は女性たちの嫉妬や怒りを買うのではないかと想像された。取材の結果は広く報じられ、「アイオワの女性たちはパリのキスがお嫌い」とする『ライフ』誌での後日談まで登場した（図2・6および2・7参照）。この記事はアイオワの女性一七人を取り上げたが、そのうち一人だけが子どもを抱いた昔ながらの母親風の女性である。ほかの一六人はデスク作業などの仕事中に撮影され、さっそうとしたスーツ、ぱりっとしたブラウス、のりのきいた制服を着ていた。結果、浮かび上がったのは、一九四〇年代のアメリカのワーキングウーマンというまさに偶像《アイコン》と呼べるものだ。これは、かつてないほどの数の若い女性が、独身、既婚を問わず、家の外で働き生活費を稼いでいることの証だった。

ただしクールな職業人としての振る舞いにもかかわらず、彼女たちはパリでのキスにかんかんに怒っていた。フランスの女たちは微笑み、アメリカの女たちは眉間にしわをよせたのだ。「キスは私のために取っておいてほしいわ」とミセス・ヒューバート・ハンソンは不満げに言った。「写真を見たとき、夫が陸軍でなくてよかったと思いましたよ」とミセス・ウィリアム・エヴァンズは本音を語った。「戦車の上であんなことをするなんて気に入らないわ」とウィルマ・ホーキンズは意見した[40]。読者が驚いたのは、この女性たちの外見（知的で、クールで、その道のプロといった貫禄の）とその口から出た言葉——昔ながらの嫉妬

図2-5「兵士と女性《ソルジャー・アンド・ガール》」『ライフ』1944年9月4日号。ラルフ・モース撮影。©Getty Images.

MRS. RONALD MASON, 24, and Ronald Jr., 10 months, live in Des Moines. She maintains that she would be too excited over Paris' freedom to care if her husband were kissed by a French girl. Her husband is stationed in South America.

MRS. JACK BENNETT, 28, drugstore clerk in Des Moines, has a husband who is somewhere in France but she is cool and confident. "That kissing stuff didn't bother me much. I don't think those French women have anything that I haven't got."

BERNADINE FINESTEAD, 20, of Granger, Iowa, is a bookkeeper. Bernadine has a boyfriend who is an artilleryman in France. She remarks wistfully: "I imagine that the boys enjoyed it. It was all right to kiss them if they wanted to be kissed."

BERNADINE GARTON, 24, Des Moines waitress, isn't married and doesn't have a boyfriend overseas. But she still has her doubts about those first days in Paris. "All this kissing and stuff doesn't mean anything maybe, but you never know."

VIRGINIA CHASE, 23, an OPA secretary, has a boyfriend in France, is willing to look at it from the French girls' point of view. But, "I can't believe that they kiss over there just like we shake hands . . . that was an awfully big handshake."

SONJA NANSEN, a 17-year-old counter girl, has a boyfriend who is in Australia, so she isn't the slightest bit interested in Paris. "But," she asks, "did you see where two shiploads of wives of American soldiers came back from Australia?"

図2・6 『ライフ』1944年9月25日号。

NORA SCHUCK, 25, is library clerk from West Point, Iowa. She has no boyfriend overseas. Remembering the legend of the old song about the mademoiselle, Nora says: "I didn't mind the fall of Paris so much as the capture of Armentières."

FLORENCE BROWN, 22, Des Moines reporter, does not admit to having a boyfriend in France. Florence sides with the boys: "Some of these women must be pretty jealous to begrudge those fellows a few kisses after all they have gone through."

ARLENE O'CONNELL, 19, who is an OPA stenographer, has no boyfriends she knows of overseas. Arlene takes boys' view of matter: "The French girls deserve a few kisses from American soldiers after seeing nothing but Nazis for four years."

MRS. WILLIAM EVANS, 19, is a stenographer from Winfield, Iowa. She is perfectly happy to have her husband "somewhere" with the Coast Guard where he will stay at sea. "When I saw those pictures I was glad he isn't in the Army," she says.

MRS. HUBERT HANSON, 19, who is clerical worker from Somers, Iowa, expects her husband to behave himself overseas and isn't worried about any of those French girls. "I want him to save his kisses for me," she says. "He is stationed in India."

MRS. JOHN W. WALLNER, 26, of Des Moines, an addressograph operator, disapproves of this French enthusiasm. Her husband is in Merchant Marine and, so far as she knows, is not in France. Anyway, she feels, "He'd better not be in Paris."

図2・7　『ライフ』1944年9月25日号。

深い愚痴や不満――との間に大きなギャップがあることだった。この女性たちの抗議の声は、『スターズ・アンド・ストライプス』に何度か掲載され、彼女たちにとって一番大事なのは自分なのだと兵士たちを安心させた。どんなに自立していても、女たちは男たちの海外での冒険に無関心ではいられなかったのだ。『スターズ・アンド・ストライプス』の記事を見て、シカゴのある主婦はパリ解放時に自分の夫がパリの女性とキスしているのを発見した。彼女は麺棒を振りかざし、読者に向かって抗議の意を表した[41]（図2・8参照）。

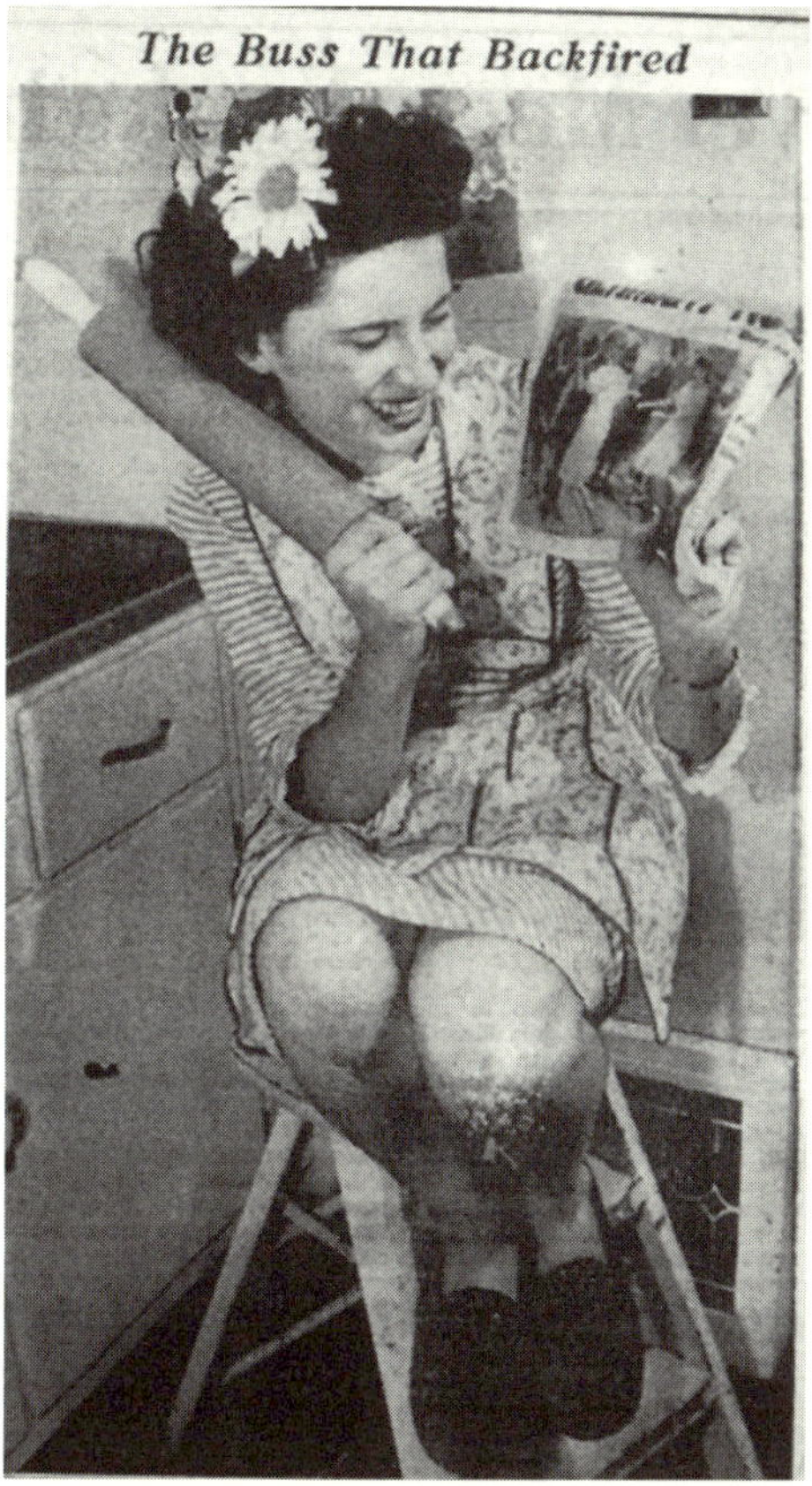

図2・8　「やぶ蛇となったキス」『スターズ・アンド・ストライプス』1944年9月20日号。

同じ親密な表現——つまりキス——が、フランスとアメリカの銃後ではまったく異なる意味を持つようになった。『スターズ・アンド・ストライプス』の写真に撮られたキスは、四年もの間自由を待ち望んでいた国民の喜びと感謝の表現だった。ところが、この軍隊向けの新聞はこうしたキスを性的なものとして描いたうえ、アメリカとフランスの団結のシンボルにつくりかえたのだ。さらに『ライフ』誌に載ると、この同じ親密な表現が、アメリカ人の性規範によってまたも姿を変えた。こうして不当に性的なものにされたキスは、フランス人の性的堕落にまつわるアメリカ人の固定観念をいっそう強めることになった。キスはまた、婚外交渉についてのアメリカの厳しい道徳律に背くものでもあった。『ライフ』誌で装いも新たに登場したこの写真は、貞操についてのアメリカ兵の不安を逆転させた。今では心配しなければならないのは恋人や妻のほうだった。この逆転の根底には、当然ながら性のダブルスタンダードがある。男性の浮気は奨励されたが、女性の場合はそうはいかない。とはいえアメリカの大衆文化の主流に乗ったこの写真は、不貞にまつわる兵士の不安を和らげ、自らの男らしさにいっそうの自信を持たせた。

女たちを隠さねばならなかった

GIの写真が母国メディアに登場するにつれ、厄介な欺瞞も助長された。写真のなかの市民は幸せそうに見えて、実際はアメリカの存在を重荷や脅威に感じることも少なくなかった。Dデイにアメリカ兵を喜んで迎えたものの、問題はすぐにやって来た[42]。じゅうたん爆撃や地上戦により何千人もの市民が飢えに苦しみ、家を失い、救援活動も遅れていた。盛んになった闇取引は、軍の支給品をたっぷり抱えたアメリカ人の懐をさらに肥やし、フランス人の怒りを買っていた[43]。略奪も深刻な問題になった[44]。解放者たちは酔っぱらって大声で騒ぎ、猛スピードでジープを走らせ、通りで取っ組み合いのけんかをし、盗みを働いた。ジープによる事故は日常茶飯事で、幼い子どもを含む何百人もの市民が巻き添えになり命を落とした[45]。そして最後に忘れてならないのは、アメリカ兵が地元の女性たちを追いまわしたことだ。ノルマンディーの住民がよく言ったジョークはこうだ。「ドイツ人が来たら男たちは変装せねばならず、アメリカ人が来たら女たちを隠さねばならなかった」[46]。一九四四年の夏も後半になると、ノルマンディー地方全体で多くの女性たちがアメリカ兵から性的暴行を受けたと訴える事態になった。恐怖とパニックが、この一帯の住民を襲ったのだ[47]。

こうした訴えは、前線がドイツに向けて東へ移動するにつれおさまったが、アメリカ兵が休暇で出かけたパリやそのほかの町は別だった。一九四四年から四五年にかけてのパリ警察の記録によれば、アメリカ兵による窃盗や暴行が急増したという。フランスの市民は通りや酒場、カフェ、さらに自宅でも暴行を受けた。動機は強盗の場合もあれば、とくに理由のない場合もあった――アルコール中毒や残虐な戦争体験からくる悲しい副作用だ[48]。町の至る所でアメリカ兵は銃と拳を振りかざし、コニャックでも金銭でも女でも欲しいものを何でも手に入れた。こうした暴力は圧倒的にアメリカ人に限ったもので、カナダやイギリスの連合国軍によるトラブルはまったくと言っていいほどなかった[49]。一九四五年の九月には、アメリカ兵の暴力は珍しくなくなり、フランスのある札つきの犯罪者がゲシュタポとの取引を隠蔽するためアメリカ兵に襲われたとうそぶくことすらあった[50]。

ただし当時のパリには多くの兵士がおり、なかにはこのフランス最大の都市の匿名性を利用しようと潜り込んだ数百人もの脱走兵がいたことを考えれば、犯罪の増加はそれほど意外ではない[51]。もっと驚くのはシェルブールやル・アーヴル、ランス、マルセイユなどアメリカ軍の大規模な駐屯地で凶悪犯罪が劇的に増えたことだ。とくにル・アーヴル——軍の移動拠点としてアメリカ兵で最も混雑する港——は典型的な例だった。一般市民への暴力は一九四五年の夏にピークに達した。たとえば六月一一日の警察の犯罪記録には、不法侵入が六件報告され、そのうち暴行を伴うものが二件、窃盗を伴うものが二件、そのほかにも別の暴行四件と窃盗二件が報告されたが、すべてアメリカ兵によるものだった。そのうえ同じ日に、ル・アーヴルの市民三人がアメリカ軍のジープにひかれて負傷した。[52]

ル・アーヴルの市民は憤慨した。「日夜繰り広げられるあらゆる種類の犯罪」について苦情を訴えたある市民は、怒りの手紙を市長のヴォワザンに送りつけた。「通りでも、家のなかでも襲われ、略奪され、車でひかれる。これは制服を着た盗賊による恐怖政治だ」[53]。「連合国軍の爆撃を生き延びたのは、アメリカ兵に殺されるためだったのか?」と別の市民、ルブラ氏は嘆いた。[54] 地元の製革工場の労働者たちは、妻や子どもたちが「家の近くで連日のように起きる犯罪に怯えて」いると市長に訴え、治安を向上してほしいと嘆願している。[55] アメリカ軍の野営地の近くに住むル・アーヴルの市民一一〇人もまた嘆願を行い、暴力事件が続いているので夜間の照明をもっと明るくするよう求めた。[56] 一〇月になってもまだ、ヴォワザンは同月二八日の夜に起きた八件の暴行事件についてアメリカ軍指揮官に苦情を申し立てている。「市民はこの状況にますます動揺し不安になっている」とヴォワザンは指揮官のウィード大佐に知らせた。[57] アメリカ国民もこの状況を一二月になって知るところとなった。ジャーナリストのジョー・ウェストンは『ライフ』誌に書いた記事で、ル・アーヴルのカフェの主人の言葉を引用している。この主人はアメリカ兵から最近になって暴行を受けた。「私たちは両腕を大きく広げ、解放者を懐に迎え入れた。私たちは解放という贈り物を受け取ったが、それはあくまで、ある偉大な友が、別の偉大な友から贈り物を受ける、というものだ。ところが今、わが両腕は脇にだらりと下がり、心は石のように固くなった。自分たちの敗北について恥ずかしい思いをさせない友を期待していたのに、それどころかやって来たのは無理解に傲慢、信じ難いほどの無礼、そして征服者のふんぞり返った態度だった[58]」。

こうしたたぐいの苦情はル・アーヴルに限ったことではなかった。一九四四年の一〇月にフランス国民についてもっと広く調査が行われたが、その結果わかったのは、アメリカ人はうぬぼれておりフランス人をばかにしていると国民が信じていたことだ[59]。アメリカ軍が大規模に進駐していた他の都市でも、暴力は問題になっていた。一九四四年の八月、ブルターニュで酒に酔ったアメリカ兵らがコニャック欲しさに酒場や民家を荒らしまわった[60]。翌年の夏、マルセイユの地元当局は、女性が通りで襲われる事件が頻繁に起きたと報告している。市民は家にいるときも襲われた[61]。同様にモーゼルでは、アメリカ兵から「しつこくかまわれた」娘を助けようとした父親が重傷を負っている[62]。警察の調書はアメリカ人による暴行や窃盗、レイプの報告であふれかえった。ルーアンの警察官は、酔っぱらったアメリカ軍将校が市民の家に押し入り、その家の妻にセックスを要求した事件を報告した。拒否された将校は、回転式連発拳銃《リボルバー》を数発発射したという[63]。シェルブールでは、兵士たちが酒を求めて民家に押し入り、銃を発射し住民の命を危険にさらした[64]。

マルヌもまた大規模な駐屯地のある北東地域だが、通りでのけんかや窃盗、家屋の破壊、性的暴行に悩まされた。暴力は一二月に始まり、一九四五年の夏から秋にかけてエスカレートした[65]。この地域のランスやムールムロン、シュイップ、シャロン・シュル・マルヌなどの町は、地元当局によれば「女たちと酒を飲んで浮かれ騒ぐことしかしない」アメリカ兵に頭を抱え、兵士は女たちに「攻撃的で無礼な態度」を取っていた。また夜の外出を怖がったレモア〔ランスに住む地元っ子〕は、アメリカ軍の進駐を「二度目の占領であり、前の占領と同じくらい耐え難いものになりつつある」と表現している[66]。市民たちはアメリカ兵による「山賊行為やテロ行為」に苦情を訴えた[67]。八月になると、はるか南方のトロワでは、アメリカ軍もフランス警察も暴力を抑える力がないとして、レジスタンスの元メンバーが、「わが国の成人女性や少女にアメリカ兵が働く非礼や暴行」を防ぐため、武装した小部隊を組んだ[68]。シャロン・シュル・マルヌの地元当局の役人によれば、フランスとアメリカの関係は「無言の対立」に傾いているが、それはアメリカ兵の「がさつで無教養なところ、そしてとくに女性に対する態度」のせいだった[69]。

一九四四年から四六年にかけて行われた両国の関係についてのこの簡単な調査からも、アメリカ人がフランス人を単純に「救出」したと考えるのは間違いだとわかる。アメリカ兵たちは駐屯地の町や都会で大酒を飲み、売春婦をはべらせ、戦地で覚えた暴力を罪のない市民に加えた。レジスタンスの兵士モリス・シュヴァンス＝ベルタンはこう振り返る。「上陸時には大喜びで歓迎されながら、連中は征服した国にいるかのごとく振る舞い、自ら評判を貶めた[70]」。両国の関係が壊れた背景には、皮肉にもアメリカ軍のプロパガンダが前面に押し出したものとまさに同じ問題があった。それは一般女性との性的関係である。多くのアメリカ兵はフランス人女性と礼儀をわきまえた誠実な関係を築いたが、その一方で、こうした関係を征服の褒美として要求する輩も少なくなかった。アメリカ兵も、また故郷で待つその妻や恋人も、フランスで問題となっている暴力行為についての記事を一切目にすることはなかった。戦争が終わった後でさえ、アメリカ人の心に相変わらず深く刻まれているのは、女性的な国の幸福な救出というイメージだったのである。

明日に目を向けて

最後に、性的ロマンスにおける男性の絶対的権威は、「女性的な」フランスに対するアメリカの新たな支配的立場を正当化するものだった。この権威を手にするには、アメリカ兵は唯一のライバル、つまりフランス人男性を蹴落とすだけでいい。このため『スターズ・アンド・ストライプス』はフランス人の男らしさを一貫して侮辱した。たとえば一九四四年七月の記事は、恋人と離ればなれでいることを嘆き悲しむ自由フランス軍の水兵を取り上げている。兵士は恋人から忘れられるのではないか、と気が気でなかった（アメリカの兵士とは違って、故郷の恋人が浮気する心配を吹き飛ばしてくれるものも一切なかった）。いざノルマンディー上陸が迫ると、「船に乗っていた兵士のうち感情をめったに表に出さない兵士も涙をこらえきれず、自分の船室に戻ると、ずっとなかにこもっていた[71]」。アメリカ人が戦っている間、フランス人は涙を流していたというのだ。

さらに『スターズ・アンド・ストライプス』は、解放時のフランスの男らしさを異論なく表す偶像《アイコン》となったフランス国内軍（FFI）やレジスタンスの闘士たちを、まじめに取り上げないどころか、つねに道化として描いた。たとえば『スターズ・アンド・ストライプス』の漫画では、フランス人男性を侮辱するために男らしいGIのイメージを練り直した（図2・9参照）。二人の兵士がキス攻めにあっているかたわらで、三人目の兵士は、抱きついてくるFFIのメンバーにたじろいでいる。フランス兵が少女のように興奮し、唇を突き出しているのは、女性性だけでなく、おそらく同性愛をもにおわせている[72]。このフラ

図2・9　ディック・ウィンガート軍曹による風刺漫画「ヒューバート」『スターズ・アンド・ストライプス』1944年10月14日号。スターズ・アンド・ストライプスの許可を得て使用。©1944, 2012 Stars and Stripes.

ンス人の男は、鋭いナイフや銃、予備の弾丸とたっぷり武器を持ってはいるが、どれも男らしさには結び付かない。それどころか男はぽっちゃりした体つきで、弾丸ベルトをネックレスみたいにぶらさげている。この漫画が銃を男らしさと結び付けているのは一目瞭然だ。運転席の男の銃にはコンドームがかぶせてある（ちなみにアメリカ兵は銃をきれいにしておくためコンドームを使っていた）。後部座席の兵士が銃を「立てて」いるのとは対照的に、運転席の男はだらしなく銃を降ろし銃口を横に向けている。フランス人の男は、自分が抱きつこうとしているアメリカ兵の男らしさをも脅かしているのだ。

解放の報道もまた、フランス人男性をばかにするのに一役買った。七月の後半に『スターズ・アンド・ストライプス』は、頭を丸刈りにされたシェルブールの女性七人の写真を「ナチスを愛した女たち」と題して掲載した。写真の記事によれば、この女性たちは「報いを受けたのだ。シェルブールの義理がたいフランス男たちが、ドイツ人にその魅力で取り入ったトラック一台分の女たちを一斉に捕まえ、フランス革命記念日〔七月一四日〕を祝った。頭髪を剃られ、恥じ入った女たちは通りを引きまわされた[73]」。これはトント〔毛を刈る〕の儀式と呼ばれ、解放されたフランスじゅうの何千もの市町村で繰り返し行われた。ドイツ人と性的関係を持った若い女性は公の場に引き出され、服をはぎ取られ、頭髪を剃られた[74]。歴史家は、この儀式を、フランスの男性が自国の女性の身体への支配権を取り戻し、それにより自分が「男であること」と「この国そのものの男らしさ」を回復するためのものと解釈してきた[75]。だがアメリカのメディアで広く報じられたこのトントは、フランス人男性がドイツ人に負けたうえに寝室にまで入られたことに目を向けさせ、フランス人男性を中傷するものにもなった。

トントは紛れもなく人目を引くイベントだった。その目的は女性を通りで引きまわし、辱めることにあった。誰でも窓の外をのぞけば女の顔が見え、それが誰だかすぐわかる。トントは無数の目撃者や傍観者によって大量に写真に撮られている。[76] ときには絵はがきとしても売られたこうした写真は犠牲者に屈辱を与え、周囲の人間の罪を免除し、恥と名誉をそれぞれに分配した。著名な報道写真家ロバート・キャパはシャルトルで、頭を剃られた女たちがほかの一般市民と並んで立つ写真を撮影した（図2・10参照）。その設定や集団の配置からして、これは一九世紀の家族写真の身の毛もよだつ再現版になっている。辱められた女たちは家族や見知らぬ者と一緒にポーズを取り、解放されたフランスという集合体の一員を成していた。[77] フランスの新聞と同様に、ここでも解放は家族の再会とうたわれているが、これはこの国をばらばらにした政治を否定する隠喩だった。キャパによる一連の写真のうち有名になったもう一枚の写真では、頭を丸刈りにされた女性がドイツ人の赤ん坊を抱き、群衆から嘲笑を浴びている。一九四四年の九月に『ライフ』誌に登場すると、この写真はファブリス・ヴィルジリ〔歴史家。フランス国立科学研究センター研究指導員〕の言葉を借りれば、終戦時の丸刈りの「エンブレム〔視覚的シンボル〕」になった[78]（図2・11参照）。

　キャパの写真は、ラルフ・モースのGIの写真（図2・5参照）を掲載した『ライフ』誌の同号の同じ記事に載ったが、これは単なる偶然だったのか？　一見すると、二つの写真には共通するものは何もない。アメリカ兵がフランスの女性にキスしているモースの写真は勝利のシンボルであり、一方キャパのトンデュ〔丸刈りにされた人〕は敗北のシンボルと言える。前者は国境を越えた親密さを賛美し、後者は同じものを恥ずべき屈辱的なものとして非を鳴らしている。

　けれども、この二つの写真がアメリカで並んでデビューしたことについて、やはり比較分析をしてみたくなる。どちらの写真も結果として解放を皮肉にとらえるものになった。[79] どちらも当時政治的に都合がよ

図2・10　ウール・エ・ロワール県シャルトルにて。1944年8月18日、ロバート・キャパ撮影。Robert Capa©International Center of Photography/ Magnum Photos.

かったという理由で受け入れられた、戦争にまつわる重大な欺瞞を表していた。フランス人にとってトントの写真が広まったことは、協力者が簡単に発見され罰せられることを強く印象づけるものになった。トントの写真は、フランス人の敵国協力の広く根深い性質を否定することに威力を持った。そして同じように、GI写真は、アメリカの駐留の複雑さを否定することに威力を持ったのだ。

さらに言えば、どちらの写真もフランスという国

図2・11　シャルトルにて。1944年8月18日、ロバート・キャパ撮影。Robert Capa©International Center of Photography/Magnum Photos.

を女性として描き、性的親密さを国家の立場の指標に用いていた。『ライフ』誌の読者にとって、フランス人女性は救出されたプリンセスか、辱められた売春婦《タルト》のどちらかになった。つまりフランス人は何だと言うのか？　要するに、賢く誠実なアメリカ人女性とは違って、フランス人女性は自国の男たちが不在だと道を誤るという格好の例なのだ。夫や恋人は彼女たちを守ることも、自分の管理下にとどめることもできなかった。さらに追い打ちをかけるように、フランスの男たちはまたも妻や恋人を寝取られた。そして今度の相手は、『ライフ』誌の一ページとなりのアメリカ人たち、というわけだ。

『スターズ・アンド・ストライプス』もまた、フランス人の男らしさを中傷するこうした機会を見逃さなかった。ビル・モールディンの漫画では、アメリカ兵がトントの場面を写真に撮り、「こいつを故郷に送って、駐屯兵と遊びまくる彼女をびびらせてやる」と宣言する（図2・12参照）。不貞を防ぐフランスの骨折りを、この兵士はカメラでちゃっかり流用したのだ（故郷に残した彼女を心配するアメリカ兵を、ここでもモールディンはネタにしている）。ただし漫画をよく見てみると、トントによって男らしさを回復する努力は報われていないのがわかる。リヤカーを引くフランス人の男も、また見物するフランス人の男たちも、どうにも頼りにならない、ぱっとしない面々だ。唯一「男らしい男」といえば、後ろのほうでタバコをふかしているアメリカ兵ぐらい。しかも、胸元の大きくあいたドレスを着て、胸を突き出し、媚を売り、猥褻とも言えるポーズを取るフランスの女たちも、じゅうぶん屈辱を味わっているようには見えない。相変わらずフランスの男は、自分の女、ひいては自分の国を支配できない寝取られ男のままなのだ。

『スターズ・アンド・ストライプス』は、男らしさをフランス人男性ではなく、アメリカ人男性に割り当てた。そうすることで新たな役割、つまり男性不在の国の保護者としての役割を合衆国が担うのを正当化した。「この写真は水晶玉だ」と始まる、ある写真の記事は続けて次のように語っている。

覗き込むと明日の姿が見える。世界がアメリカに助けを求めリーダーシップを期待しているのがわかる。この老人の心配そうな、懇願するような、希望をたたえるまなざしが、世界の人びとの目に浮かぶだろう。彼の唇にのぼる問いは、世界の人びとの唇にのぼるだろう。「われわれはどうすればよいのか？」と老人は問う。「どこで食べ物が手に入るのか？　どこで仕事に就けるのか？　どうすれば家族がまた一緒に暮らせるのか？……」これらは大きな問題である。われわれは避けて通ることができない。民事官が老人に何と言うかはわからない。そしてまた、アメリカが世界に何と言うかもわ

図2・12　ビル・モールディンによる風刺漫画「こいつを故郷に送って、駐屯兵と遊びまくる彼女をびびらせてやる」『スターズ・アンド・ストライプス』1944年10月24日号。

からない。ただこれだけはわかっている！　アメリカはあなたであり、私であり、故郷の人びとなのだ。世界は私たちを信頼し、尊敬し、合図を待っている。好むと好まざるとにかかわらず、あなたも私も故郷の人びとも、世界にきっかけを与えなければならない[80]。（図2・13参照）

Take a Look at Tomorrow

THIS picture is a crystal ball. Look into it and you see a vision of tomorrow.

* * *

You see the world coming to America for help and leadership. The worried, pleading, hopeful look in this old man's eyes will be in the eyes of the world. The questions on his lips will be on the world's lips.

* * *

"What shall we do?" he asks. "Where can I get food? Where can I get work? How can I pull my family together? What should I do to put our life in order?"

* * *

These are big questions. We can't duck them. We don't know what this Civil Affairs officer is telling the old man. Neither do we know what America will tell the world.

* * *

All we know is this! That America is you and me and the folks back home. That the world trusts us, respects us and is looking to us for the signals. That, like it or not, you and I and the folks back home must give the world its cue.

* * *

The future of the world depends on whether you and I and the folks back home have the wisdom, sincerity and size to do the job right.

* * *

If we haven't, well—a soldier's job is never done.

図2・13　「明日に目を向けよう」『スターズ・アンド・ストライプス』1944年9月9日号。

この「老人」は過去と未来のどちらをも象徴している。かつては強大であったが今や衰弱したヨーロッパの家父長は、素晴らしき新世界への道案内をアメリカに頼んでいる。ヨーロッパは今や生き残りを乞う老人に落ちぶれた。アメリカが権力を手にしたことが随所において凡庸な言い回しで表現される。そしてここでも侵攻は救出という見方で描かれる。「故郷の人びと」とはアメリカ国民全体を指している。アメリカ軍は権力の看板を背負ったが、それはやむを得ず引き受けたまでだ。むしろアメリカは権力ではなく慈悲の心から発奮しているのだ。「好むと好まざるとにかかわらず」アメリカは生き残った唯一の男らしい男であり、したがって自らを支配者と認めなければならない。

アメリカ軍に関連した写真や漫画、新聞が、いかに男らしいアメリカ兵をめぐる神話を後押ししてきたかをこれまで見てきた。こうした神話からわかるのは、アメリカ人が自らの使命、国民、そして同盟国のフランスをとらえるうえで、いかにジェンダーの規範に依拠してきたか、ということだ。男らしいアメリカ兵の写真は解放の喜ばしい瞬間をとらえるだけでなく、兵士たちの性的幻想を満たし、アメリカの戦争目的をエロティックなものにした。上陸作戦をロマンスのチャンスに仕立てることで、両国の関係はひどく単純化され、脱政治化されたものになった。この神話はまたアメリカ兵がフランス市民に犯した凶悪な犯罪を、「故郷の人びと」の目から隠す役目も果たした。そして最後に、アメリカ軍のフランスへの侵攻を平凡な異性間の関係になぞらえることで、アメリカがフランスで新たに支配権を持つことを正当化した。『スターズ・アンド・ストライプス』の言う通り、フランスの男は自分の女を救出し保護するという男らしい役割を果たし損ねた。そしてかわりにアメリカ兵たちが率先してその役目をまっとうしたのだ。ゆえにアメリカ人だけがこの国を統率するのにふさわしい。兵士たちや故郷の人びとは、世界にそのきっかけを与えねばならぬのだ。

3
一家の主人《あるじ》

アメリカ軍の報道機関は兵士がフランスの若い女性にキスされる写真を撮り、これこそ兵士がもっぱら体験することだという神話をつくり、解放をロマンスとして物語った。女性の国の「救出者」たるアメリカ兵の写真は、フランスにおけるアメリカの軍事任務を国民になじみのよいものにした。加えて異性間の関係における男性の絶対的権威が手を貸し、フランス国民に対するアメリカの統治が正当化された。けれどもアメリカ軍が解放した女性の夫や恋人は、いったいどこに行ったのか？　実際、こうした男たちの多くは不在だった——ドイツで強制労働に就かされるか、捕虜収容所に入れられるか、連合国軍とともに戦っているか、あるいは隠れてレジスタンスに参加していた。とはいえフランスの男たちは、アメリカが自分たちの国を「救出」したことにどう対応したのだろうか？

「下手な対応」だった、というのがおそらく歴史家の答えだろう。歴史家たちは、フランスの男性が第二次世界大戦中に「男らしさの危機」に瀕したと主張する。彼らによれば、一九四〇年の敗北とドイツによる支配が、男らしい権威を根底から蝕んだ。[1] 同じくらい心に傷を与えたのは、ドイツの収容所に強制連行されたことで、ここでおよそ二〇〇万人もの男性が飢えや極度の疲労に苦しみながら戦時を過ごした。[2] こうした体験が過酷なものであったことは疑いないが、男らしさの「危機」という一般的な概念からだけでは、こうした体験をじゅうぶんには理解できない。使い古されてすでにほとんど意味をなさないこの「ジェンダー・クライシス」という比喩表現は、軍事的敗北が男性にとって「過酷」だという万人の直感以上の何かを教えてくれはしない。

「危機《クライシス》」という表現にはあまり頼らずに、ここでは、男らしさにまつわるどのような規範が戦時に侵害されたのか――これを以後、「ジェンダー・ダメージ」と呼ぶ――をつまびらかにしていこう。フランス人男性は男の特権を、最初はドイツ人に、そして次にアメリカ人に譲渡せざるを得なかったが、その過程で厳密にはどのような痛みを経験したのか？　一九四〇年の敗北は、義務の不履行と特権の喪失を意味していた。フランス人男性は、家と家族を守るという一家の主人《シェフ・ド・ファミユ》としての仕事をまっとうできなかった、と心のなかで思っていた。[3] ナポレオン法典で正式に記されているように、フランス共和国の家長《シェフ・ド・ファミユ》は、自身のために行動できないとされる他者のために行動し、実質的に責任を持つ女子どものために自らの市民権を行使した[4]（フランスの女性には一九四四年まで投票権がなかった）。この保護者としての自身の役目を、家族を守れなくなったときに譲渡してしまった、とフランスの男性は信じていた。そのうえ、恥辱感から生じたものではあるが、敗北の必然の結果として彼らは自国の女性に対する性的所有権を失ったのではないかとも危惧していた。

かつての軍人や捕虜が書いた小説には、フランスの故郷をドイツに襲撃されたことによる屈辱と怒りがうずまいている。こうした文学には、家を失ったイメージ――略奪された家や捨てられたマットレス、放浪する避難民――があふれている。[5]占領をテーマにした小説として最も有名なヴェルコールの『海の沈黙――星への歩み』は、敵の侵入を受けた一軒の家を中心に展開する。ドイツ人将校が宿営した家のなかだけで物語は進み、この仮宿舎は占領そのものを象徴している。[6]また、敗北に帰した若いフランス兵に降りかかる恥辱のなかでも、何よりつらかったのは自分の家を守れなかったことであり、これはこの国そのものを守れなかったことと同等に見なされた。[7]たとえば、アンドレ・シャンソンの『最後の村』（一九四六年）に登場する兵士ラボーが「この不幸の本当の意味」を理解したのは、部隊がドイツ軍に明け渡さざるを得なかった村の、ある若い娘を思い出したときだった。娘は怖くはないと言いはったが、その目はラボーに別のことを語っていた。「兵士にとって最悪の屈辱は自国の女たちを征服者の好き勝手にさせることだ」とラボーは嘆いた。そしてこの出来事を思い出すと、「激しい獣《けもの》のような嫉妬」を感じた。[8]この獣のような憤怒は五年もの間くすぶり、屈辱や怒り、恐怖が男たちの魂を徐々に蝕んでいった。「おれたちはどうするのか？　おれたちはもはや男ではないというのか？　おれたちは何の役に立つのだろう？」。ジャック・デビュ＝ブリデルの『潰走』で兵士たちは問いかける。[9]敗北で面目をつぶし、誇りを失い、敵を前に戦意喪失し、女たちの不貞により屈辱を味わう――こうした体験が、戦時のジェンダー・ダメージを生み出す素因になった。

一九四〇年六月の休戦以降も、フランスとドイツの戦闘はもう一つの前線――フランス人女性の身体――で続いていた。アメリカ人はもとよりフランス人にとっても戦争には、その目的においても結果においても性的な意味が付与されていた。ファシストと反ファシストのどちらのプロパガンダでも、「敵」

とは戦利品として女性の身体を略奪する者を指すようになった。ここでうたわれる戦争の目的は、女性に対する性暴力を防ぐことだ。近代国家の国民がジェンダー化される複雑なやり方の一つであるこうしたプロパガンダは、第一次世界大戦にそのルーツがあった。[10]連合国の政府は一九一五年に新兵募集を促す目的で、ドイツ人によるベルギー人女性のレイプとされるものを利用し、戦争に対する反論の余地なき道徳的責務を打ち立てようとした。[11]こうして戦利品としてのセックスが二〇世紀の産業化された戦争に組み込まれたのだ。[12]この発想が働いた例としてとくに有名なのは、一九四五年の四月、勝利したロシア兵たちがベルリンのあちこちでレイプを犯した事件である。その目的は、少なくともいくらかはドイツ人男性を侮辱することにあった。

ただし、どちらの前線でも戦争が続く間、地理的領土の指揮権は、つねに性的領土の指揮権の前兆になっていた。著書『マルヌのタクシー』のなかで兵士ジャン・デュトゥール〔フランスの小説家。第二次世界大戦中に捕虜となり、その後脱走してレジスタンス運動に参加〕は、ブルターニュで初めてドイツ兵を見たとき「狂わんばかりの怒り、愛する女が他の男に身を委ねたことを知った男の絶望」を感じたと語った。[13]こうした絶望の中心にあったのは、勝者は権力を持つだけでなく魅力的でもあるという認識だった。退役軍人の書いた小説は、ドイツやオーストリアの兵士を追いかけるフランス人女性であふれている。[14]女性たちの奔放ぶりはドイツで捕虜になっている男たちの耳にも届いた。ファブリス・ヴィルジリによれば、故郷に残した妻や恋人の裏切りを心配するあまり、ドイツ軍の捕虜収容所全体に「不定愁訴」が広がった。心配するのも当然だった。不貞はごく普通のものになり、捕虜たちには「寝取られ男の軍隊」とあだ名がついた。[15]

性的征服と地理的征服との関係が、男たちの苦悩の根源にあった。おそらくこの関係がいちばんはっきりわかるのは、解放時のトントの儀式だろう。ここでは若いフランス人男性が、ドイツ兵と性的関係を持っていたとされる女性を公の場で侮辱した。前述の通り、トントには女性の身体に対する支配権を再び確立することで男らしさを取り戻す意図があったが、またフランス人女性とアメリカ兵の間に生じる性的関係も絡み合っていた[16]。そのため、ドイツ兵とアメリカ兵の両者から女性の身体を奪還し、再び専有する効果が期待された。土地と同様、女性とのセックスもまた奪還すべき領土だったのだ。こうして女性の身体の性的所有は、国家の統治権と切り離せないものになった。トントの、このもっと広い政治的意味を知ることは、その暴力性の意味を理解する助けになる。「あたしのお尻が非武装都市《オープン・シティ》だって宣言したからってあんたに何の関係があるのさ」。一人の女性が頭を剃ろうとしたフランス国内軍（ＦＦＩ）の兵士にこう食ってかかった[17]。おおありさ、と兵士は答えたかもしれない。彼にとって、非武装都市《オープン・シティ》も大股開き《オープン・セット・》の列《オブ・レッグズ》も結局は同じものだからだ。

　解放から数週間のうちに数多くの痛ましい喪失があった。フランスは軍の威信も国際的な地位も凋落した。この国の輸送、通信、産業ネットワークはすべて大きな被害を受けた。厳しい配給制度が敷かれ、何カ月も続いた。こうした過酷な現実による苦悩は青天の霹靂《へきれき》ではなかった。いわば歴史の巡り合わせにより、アメリカ人がフランス国民を「救う」ためにやって来た、そのときに生じたのだ。名誉と権力を失った男たちの嘆きは、アメリカ兵との遭遇と同時に生まれたものだった。

　アメリカ兵はフランス人の男らしさを蔑むことで、フランス人の悲しみに輪をかけた。レジスタンスの兵士やドイツ軍の収容所の捕虜、強制労働者、連合国軍とともに戦った兵士、大規模な駐屯都市の住民――こうした男たちは皆アメリカ兵の見下した態度に平手打ちを食らったように感じた。侵攻からわずか数日後には、こうした蔑視が表面化した。民事官は自分の部署の者たちが「フランス人に家長の気分を味合わせてやった」と報告している。[18] フランス人を「家長」と騙《かた》ることは、当然ながらその逆の考えを表していた。ドイツ人と同様、アメリカ兵もまた男らしさにまつわる暗黙の、容赦ないルールを強いたのだ。自分の家や家族を守れないなら、フランス人の男は家長にふさわしくない、というわけだ。別のアメリカ軍将校もまた、ノルマンディーから妻に宛てた手紙にこう書いている。「フランス人には自分たちの国の面倒を見る知恵も勇気もないのだから、連中の家という家を有効に使うことにしよう[19]」。

こうした侮辱を受けたせいでフランス人男性にとって敗北の苦悩は膨れ上がり、その痛みもいっそう増した。けれども何より彼らの心を傷つけたのは、アメリカ兵が地元の女性たちを口説くことだった。かつてのドイツ人と同じく、アメリカ人も勝利によっていくらかの特権を授かった。ロバート・イーストンはノルマンディーから妻に宛てた手紙にこう書いている。「ほんの数週間前までは、ドイツ人たちが道路や建物、農場、いすにテーブル、トイレ、女たちを使っていたが、今度は自分たちの番だ[20]」。この権利の譲渡を説明するとき、イーストンは「女たち」を、アメリカの管理下に新たに置かれた他の所有物と分けようとすらしなかった。女性もまた戦利品の一つに数えられたのだ。ドイツ軍の捕虜になっていた男たちだけでなく、フランスの軍人やレジスタンスの兵士もまた、日記や回想録、小説のなかで、自分たちの性的特権をアメリカが侵害したことに怒りを表した。こうした文献のなかで性愛は領土記録と同じ性質を持っていた。性的支配の喪失というトラウマは、国家の威信を失うことへの恐怖と容易には切り離せない。アメリカ兵がフランス人女性を口説くことは、家長《シェフ・ド・ファミユ》の立場を奪うだけでなく、国家の主権を侵害することでもあったのである。

解放のトラウマ

パリ解放の前夜、あるジャーナリストはアメリカ人の到着を先取りしてこう語った。「ドアのすぐ外には自由な世界があるのだ！　われわれを待っているのはペニシリン、『風と共に去りぬ』、ハクスリー〔英国の小説家。のちに米国に移住。『すばらしい新世界』の著者〕の最新刊。まさに天にも昇るような瞬間だ[21]」。この言葉から、一九四四年までフランス国民がいかに情報を断たれていたのかがわかる。検閲や収監により戦時中ずっと国民は何も知らされず、唯一ラジオ——なかなか手に入らず、持つのには危険が伴ったが——だけがドイツの包囲網の外からの声だった。このように外界から孤立していたせいで、アメリカ人が到着したとき、フランス人は自らの敗北がどんな意味を持つのか把握できないでいた。一九四四年の一〇月、アメリカ軍の情報機関である戦略事務局（ＯＳＳ）は連合国軍司令部に次のように報告した。「注意しなければならないのは、一般のフランス人がいまだ何もわかっていないということだ……フランス以外の多くの国がフランスをもはや大国として見限っていることを[22]」。アメリカ兵との接触を通じて、フランス人男性は自分たちの国が以前ほど尊敬されていないと悟りはじめた。この意味では、確かに歴史家が考えるように、フランスの「男らしさの危機」は自国の問題をはるかに越えたものになっていた。男性のジェンダー・ダメージについて正しく理解するためには、国際的な文脈のなかでとらえる必要がある。すなわち、フランスの国際的立場に戦争が与えた影響と、フランスの地にアメリカ兵が大規模に駐屯していたという事実を考慮しなければならない。

一九四四年に、フランス人男性は世界における自国の立場について考えを改めざるを得なくなった。アンドリュー・ナップの言葉を借りれば、フランス人は「新たな超大国が支配する世界で、突如、二流国家として生きるすべを学ばなければならなかった」[23]。二〇世紀の初頭にフランスの軍隊はあまねく尊敬を集めていたが、一九四〇年にあっけなく敗北に帰したことで、アメリカの政治指導者たちはフランスがもはや大国ではないという結論に達した[24]。それでも一九四五年にフランスが勝利の果実を多く手にしたことで、フランスはまだ神の恩寵を失ってはいないことがわかった。この年、フランスは国連の安全保障理事会の常任理事国になり、ドイツに占領地域を獲得した。それに加え、フランス植民地帝国は戦争を経てかなり弱体化したものの、おおよそ無傷であった。とはいえ戦争末期の数カ月にダンバートンオークス〔ワシントンDCにある邸宅。一九四四年八月から一〇月にかけて国際会議が開かれ、国連憲章の母体となる提案が採択された〕、ならびにヤルタ〔ウクライナのクリミア半島南部、黒海に面する都市。一九四五年二月に米英ソの三首脳が会談を行い、降伏後のドイツの管理、国連創設などについての協定が結ばれた〕で開かれた主要な外交会議にフランスは参加しなかった。アメリカの政治家や外交官の間の総意は、ローズヴェルト大統領が個人的にド・ゴールを嫌っていたことで固まったが、それはフランスをもはや一流国家に含めるべきでない、というものだった。一九四〇年の敗北は軍事的失敗だけでなく、この国に内在する弱さに原因があるとアメリカ政府は非難した。経済不況とファシズムを前にして、この国の道徳心が頽《くずお》れた、というのだ。ローズヴェルトはフランスを「自力では生きていけず」、連合国の庇護に頼る子どもになぞらえた[25]。

地政学的衰退はフランス人にとって耐え難いことだった。歴史家のクレイン・ブリントンは、一九四三年の一二月に非情にもこう断言した。「あらゆる種類の統計を見ても、フランスがもはや一流の大国ではないことは確かである。ところがフランス人はこの事実をただ認められずにいる。彼らにとってフランスは偉大な国《ラ・グランド・ナシヨン》でなければならないのだ[26]」。その数カ月後、北フランスの「小柄な人びと」に出会ってブリントンは考えをいくらか改め、「フランスの偉大さ《ラ・グランドゥール・ド・ラ・フランス》を再建する話はとくに出なかった」と述べた。とはいえ彼はこう続けた。「この国の連中がイタリア人《ワップ》とは違ってプライドが高く、劣等感をちらほらのぞかせ、自分たちの敗北に深く傷ついているのは確かだった」[27]。

フランスの人びとの声はブリントンの見方を裏付けた。フランス人のなかには事実を受け入れられず、ダンバートンオークスに呼ばれないことにショックを受けた者もいた。ある著名な外交官は、この無礼な扱いを受け、「フランスを大国の『リストからはずし』、二流国家に格下げする一部の者の傾向」に憤慨している[28]。「ドイツの将来をめぐる連合国の話し合いからフランスが外されるとは——そんな考えなど脳裏をかすめたこともなかった」と息巻く者もいた[29]。外交の場から排斥されたことは、戦後の新たな世界状況を浮き彫りにした。「これが敗北の屈辱なのか?」とノルマンディーの新聞は問いかけた。「今のわが国の国際的な立ち位置で生き続けることが[30]」。「フランスは勝利から排除され、その偉大さを、偉大さへの権利を、偉大さへの希望さえも失ってしまっていた」とジャーナリストのルイ・マルタン・ショーフィエは綴っている[31]。フランスの「弱体化した」立場に対する「苦悩」が広がったと、北部一帯で報じられた[32]。ド・ゴール政府がまだ正式には承認されていなかった一九四四年の夏、多くの市民は、合衆国がフランスを解放するのではなく植民地化するためにこの地に来たのではないかと危惧していた[33]。国民の誇りを満足させることがド・ゴールの本業になり、この新たなリーダーはすぐさま世界の国々のなかで抜きん出たいというフランス人の期待を背負わされた[34]。ノルマンディーのある警察署長が言うように「ド・ゴールだけがフランスを列強のなかでふさわしい地位に就かせることができる[35]」。「あまりに多くの中傷的な漫画、あまりに多くの不快極まるイメージが、わが国について描かれた」とパリの新聞は社説で訴えた。「だからこそ、この共和国臨時政府首席の、簡潔で力強い、正直な言葉を聞いたとき、フランスの国民は一人残らず深く心を揺すぶられたのだ」[36]。

解放はフランスにとって屈辱的な瞬間だった。囚われの身から解かれ自由になったが、同時に不愉快な現実と折り合いをつけねばならなかった。そのためアメリカ人とのごくたわいない接触でさえ、解放のトラウマによりこじれたものになった。女性と子どもにかわって排他的な市民権を享受してきた一家の主人《シェフ・ド・ファミユ》として、フランス人男性は格下げのショックを誰よりもつらく感じていた。結局、失ったのは彼の国だったのだ。レジスタンスのある新聞はこう主張する。「どんなに連中がわれわれの自信を失わせようとしたところで、自分たちが大国であることはわかっている。そして大国は、屈辱はもとより誇りにより自らの手で運命を切り開くのだ」[37]。あまりに過酷な二重の苦悩――男らしさ、そしてフランスの偉大さ《グランドール》に対する苦悩――が、この編集者の構えた口調に表れている。アメリカから見下された痛みは、この問題をいっそう悪化させたにすぎなかった。

臆病者とチンピラ

第三六師団としてマルセイユに上陸したアンソニー・ハーリンスキは、新たな娯楽を見つけた。仲間とタバコの箱を群衆に向かって放り投げ、男たちが奪い合うのを見物するのだ。「施し物をめぐって男たちが取っ組み合うのを見たせいで、フランス人の第一印象はあまりよいものではなかった」[38]。けれどもハーリンスキが典型的なフランス人男性に対する判断を下すのに、タバコなど必要なかった。多くのアメリカ兵と同じく、彼もまたすでに先入観を持ってこの地に来ていたからだ。フランス人《ル・フランセ》は小柄で気分屋で、セックス好き。要するにフランス人は女子《ガール》なのだ。ただし、『スターズ・アンド・ストライプス』がアメリカ兵を洗脳したように、フランスがたとえ「めめしい」国だとしても、それは女たちのせいだけではない。「男らしいフランス人男性は全員、ドイツで捕虜になっているに違いない」とロバート・イーストン中尉は妻に書き送った。「そんな男にはめったにお目にかからないからだ」。それから九カ月たってもイーストンの見方は変わらなかった。「連中はジゴロよろしく、めめしく、口数が多く、神経質で、激しやすくて、まったくもって好きになれない」[39]。アメリカ兵はフランス人をめめしいと感じ、まともな扱いをしなかった。一九四五年の四月、ある二等兵は両親に宛てた手紙で、フランス人は「気のいい連中」だが、皆いかれている、と書いている。二等兵いわく、誰も彼もが「お笑いぐさ」だった[40]。さらに女性と同様フランスの男性は機械オンチだと見なされ、車両を連結するときの手際の悪さをずいぶんとからかわれた。またハンドルを握ったら危険だとも思われた[41]。「お前たちのなかには戻ってこないやつもいるかもしれない」。ビル・モールディンの漫画では指揮官が部隊にそう警告している。「フランスの軍用車隊《コンボイ》が路上に出ていると報告があったからな」[42]（図３・１参照）。

アメリカ兵の容赦ない蔑視を理解するには、男らしさが深刻な脅威にさらされていた時代に、それが軍隊で重んじられていた点に注意しなければならない。男らしさは戦闘による肉体的精神的試練に耐えるのに欠かせない本質とされる。その一方戦時の混乱や命の危険が迫る状況で、男らしさは究極の試練に見舞われた。つまりアメリカ兵たちは、自らの男らしさがあまりに危うくなったので、彼らいわく射撃に失敗した連中に同情する余裕などなかったのだ。そして失敗した者とは、フランスの兵士たちだった。軍の技量と国家の地位は互いを決定し合うものなので、二流の国家とは二流の戦士、よって二流の男たちの国というわけだ[43]。

"Some of you may not come back. A French convoy has been reported on the road."

図3・1　ビル・モールディンによる風刺漫画「お前たちのなかには戻ってこないやつもいるかもしれない。フランスの軍用車隊が路上に出ていると報告があったからな」『スターズ・アンド・ストライプス』1944年9月14日号。スターズ・アンド・ストライプスの許可を得て使用。©1944, 2012 Stars and Stripes.

アメリカ人は一般にフランス軍に敬意を払わなかったが、その理由の一端は、フランス軍が第一次世界大戦で戦争を長引かせたことにあった。ただし、いちばんの理由は一九四〇年の恐るべき失態にある。アメリカ陸軍発行の『フランスのポケットガイド』は、「六週間の電撃戦で陥落したなんて、まったくフランスは情けないやつだ」という兵士たちの考えを改めさせようとした。フランス軍は第一次世界大戦中、何年にもわたってドイツ軍の攻撃に持ちこたえた、と『ガイド』は説いた[44]。それでもマジノ線〔第二次世界大戦前に仏独国境に構築されたフランスの要塞線、一九四〇年にドイツ軍により突破された〕はアメリカ兵にとって物笑いの種になった。「イギリス軍の兵士は尊敬したが、プワールー〔第一次世界大戦のフランス兵のあだ名〕は尊敬しなかった」とロバート・ピーターズは回想する。「連中はご自慢のマジノ線を放棄したではないか[45]」。ヒットラーが戦争の手法を変えたことにフランス人は滑稽なほど気づかなかった、とアメリカ人は感じていた[46]。そのうえアメリカ兵は他国を守る仕事が自分たちに回ってきたことも腹立たしく思っていた。歩兵のリロイ・スチュワートがしゃくに障ったのは、フランス人が「やつらのために戦うのがまるでおれたちの義務みたいな感覚でいた」ことだ[47]。ルクレールの軍隊が最初にパリに入ると知って、通信兵だったサッコは憤慨した。「われわれから見れば、ナチスのフランス占領を許した責任は、もっぱらその無能ぶりを発揮したフランスの軍隊にある。そのうえ、われわれは連中の国で、連中を解放するために戦っているというのに、連中の軍隊はわれわれの邪魔をするか、どこかに姿をくらましていた[48]」。

フランス軍とともに戦っても考えを変えた者は誰もいなかった。北アフリカでアメリカ軍は自由フランスの停滞した防衛路線に衝撃を受けた[49]。彼らの貢献は失笑もので、イギリス軍よりひどかった[50]。しかもフランス兵がアメリカ兵よりも数インチ背が低かったことも災いした。アメリカがフランス陸軍に提供した制服のうち、まるまる四分の一もがサイズが大きすぎて返品せざるを得なかったのも物笑いの種になった[51]。フランスに進軍すると、アメリカ兵たちはフランス陸軍と結託して戦うことが多かった。軍事史家の推定では、アメリカ軍の補給を得てノルマンディーで戦うフランスの師団は、アメリカ軍の戦闘の必要を八から一〇師団分減らした。それでもアメリカ兵はフランスの軍隊を、フランス人のプライドを満足させるための値の張る施し物として一笑に付した[52]。将校ジョン・トゥールは日記に恩着せがましくこう書いた。「心優しいアンクルサム〔アメリカ政府または国民のこと〕のはからいで、フランス部隊はいつだって真っ先にパリやマルセイユ、そして今度はストラスブールといった大都市に入ることができるのだ[53]」。またアメリカ兵は、フランス兵がドイツ兵の死体から物品を略奪したり、ワインを飲み過ぎたりすることにも文句を言った[54]。連合国派遣軍最高司令部（SHAEF）の指揮官の間でかわされた陰口は、フランス第二機甲師団の無能ぶりをこきおろすものだった。チェスター・ハンセン補佐官によれば、この師団は「パリに来る途中で堕落したらしく、道中に地元民から善意でもらったワインを飲み、半分酔っぱらって到着した。思うに連中は西からパリに入っても、東から出ることはないだろう[55]」。

一方で兵士たちのレジスタンスに対する見方は、もっと肯定的なものだった。FFI（フランス国内軍）の名のもとに団結したレジスタンスの諸集団は、侵攻当初から連合国軍とともに戦った。レジスタンスの兵士は、アメリカ兵から見ればいわばフランス人男性の生き残りだった[56]。ある軍医によれば、レジスタンスのメンバーたちは、「決して降伏せず、また決して妥協しなかった。仲間を裏切るかわりに拷問を受け、命を落とす者もいた」。一言でいえば彼らは、「勇気と忠誠の模範となった[57]」。アメリカの歩兵たちの説明によれば、彼らは「きわめて有能」「潜入の達人」「強靭で意志が堅い」「情け容赦がない。家族の誰かを亡くしていた者がほとんどだった」[58]。民事官のジョン・J・マギニスは彼らの第一印象を「何とも形容し難い」「軍人らしからぬ外観」で、身に付けている服や武器も寄せ集めでちぐはぐだった。それでもマギニスはすぐさま彼らの「強靭で精悍な顔つき」に気づき、彼らが「これまで何カ月もの間、内陸から全力で敵と戦ってきた」ことを悟ったという[59]。南部では「マキ〔第二次世界大戦中ドイツに抵抗したフランスの地下組織〕」が指揮官たちの尊敬を勝ち得た。指揮官たちは敵や地勢についての彼らの知識はもとより、その勇気と熱意と規律を褒めたたえた[60]。アメリカ兵はこうした男たちと武器を交換し合い、自分たちの銃と引き換えにドイツ軍の有り難い土産物をもらった[61]。彼らこそアメリカ人が男として認めた男たちだった。

とはいえ、アメリカのレジスタンスに対する記憶が一貫していなかったのも確かである。アイゼンハワー将軍はノルマンディーにおけるＦＦＩの戦力を、まるまる一五師団に匹敵すると見積もった[62]。その一方で、レジスタンスの貢献はアメリカの軍事報告にはめったに記録されていない。その理由のいくらかは、アメリカが栄誉を独占しようと願ったためでもあることは疑いない。そしてレジスタンスの兵士もまた、アメリカ兵から見た「気分屋のフランス人男性」というステレオタイプから逃れることはできなかった。たとえば彼らの戦闘のしかたは向こう見ずだと思われた。「われわれの命令どおりに動くのは難しかった」とジョン・ビストリカは回想する。「こちらの言うことを聞かず、危ないことに首を突っ込み窮地に立つこともしょっちゅうあった」[63]。彼らは「自由闊達」で、「あまり規律を守らなかった」と別の歩兵も認めている[64]。アメリカ兵の回想録には「気も狂わんばかりに興奮して駆け回る」ＦＦＩの姿がちょくちょく出てくる[65]。民事部はＦＦＩを「若いチンピラ」とか「大暴れ」しかねない「無責任な分子」と非難した[66]。「今のところ多少なりとも規律を守ってはいるが、ライフル銃を股に挟んで泥よけに乗り車を疾走させる姿を見るかぎり、敵を一掃したあかつきには、たがが外れる前に連中のエネルギーをコントロールする必要が出てくるだろう」と、ある民事官は報告している。[67]

SHAEFの多くの将校たちはFFIを武装解除したがっていた。[68] 興奮しやすい男に銃を持たせると危険人物になる。一九四四年の夏に、多くのレジスタンスの兵士たちがまさにその通りになった。SHAEF本部はFFIの「激しやすい性質」を市民の安全を脅かすものだと考えた。チェスター・ハンセン補佐官の目には、レジスタンスの兵士が「銃を手にした野蛮人」に映った。[69] 一方フランス人のほうは、こうした懸念にとまどっている。ブルターニュのレジスタンスの兵士が、捕らえたドイツ人を運ぶためジープを出してほしいとアメリカ軍に頼んだら、道中で捕虜を殺してはならないと忠告された。「おれたちが捕虜を処刑するなんて、あのヤンキーども、どこで聞いてきたんだ?」と兵士はいぶかった。「おれの知るかぎりそんなことは一度も起きていない」。ひょっとしたらドイツ兵がレジスタンスの評判を汚そうとうわさを流したのかもしれない、と兵士は推測した。それにしても、なぜあのアメリカ人たちはドイツ人の話などに耳を貸すのか? 「いずれにしても、友好的とはほど遠い雰囲気だった」と兵士は嘆いた。[70] そのほかにも、レジスタンスは共産主義者が指揮していると疑われてもいた。九月に軍の情報機関は本格的な共産主義革命がパリで起こりつつあるとのうわさを流したが、これは「FFIのとくに暴力的でたちの悪い分子によって」たきつけられたものだとした。[71] フランスの政治状況からも、アメリカがFFIを激しく非難する理由がうかがえた。解放からしばらくの間、フランスの町は敵国への協力者に対する暴力行為で激しく揺れていた。FFIはこの粛清《エピュラシオン》を率先して行い、ナチスの同調者を政府から追放し、自分たちの仲間を後任に据えた。暴力的なだけでなく悪質なこの粛清は街なかで行われ、無数のアメリカ兵の目に触れることになった。[72] 占領期間中、協力者は他人を犠牲にして私腹を肥やし、レジスタンスの兵士を売り渡すなど、ありとあらゆる汚い仕事に手を染めた。そして一九四四年になり、そのつけをいくらか払うときがきたのだ。[73] とはいえ、こうした復讐行為は見るに堪えないものだった。敵への協力はむろん恥ずべきことだが、その復讐もまた鬱積した怒りをとめどなく放出させた。

フランス人の目から見れば、この粛清は正当化されるものだとしても、そのあまりの激しさにアメリカ人は、「激しやすいフランス人」という固定観念をいっそう強めた。あるアメリカ兵はこう言う。「法律家を巻き込んで時間を無駄にしたりはしないんだ、あの連中は」。[74] アメリカ人の目から見れば、この粛清は勇敢なFFIの戦士を無分別なチンピラに変えるものだった。八月中旬に民事部は、FFIの「一団」が「田舎をうろつき回り」、「市民を脅すような態度」を取っていると報告している。[75] チェスター・ハンセンは彼らを次のように言い表した。「相変わらずライフル銃やステンガン〔英国製の短機関銃〕を手に通りをはね回り、手榴弾を持ち歩くのでどうにも見ていて危ない。だが連中から武器を取り上げ、コントロールするのは相当に厄介だ。今は興奮に酔いしれ、頭に血がのぼってかっとなりやすい状態にあるからだ」。[76] パリの解放後も変わらずFFIのメンバーたちは、敵の協力者と疑われる市民から物品を奪い、脅迫し、拷問までする、武装した「ギャングたち」と表現された。[77]

ただしこうした非難のなかでも、敵の協力者への同情はまったく見受けられなかった。[78] アメリカ人の側からすれば、ドイツ人と親しくすることは卑怯などころか、あり得ないことだった。ドイツ人は今もこの国を虐待し、見殺しにしていた。[79] ただしアメリカ兵たちは、ある種の暴力、とくに女性の協力者に向けられた暴力は正当化できないとも考えた。兵士たちは「髪の毛に覆われた通り」をちょくちょく目にした。

ＦＦＩが公の場で女性を侮辱するこのトントの儀式は、「残酷」で「俗悪かつ悪質」「低俗」であり、「ある種の私刑」だと考えられた。[80] ローレンス・ケインはトントを見て、エミール・ゾラが描いた『ジェルミナール』の一場面を思い出したと妻に書き送った。炭鉱で働く女たちが、会社の息のかかった食料品店の店主のペニスをひっこ抜く場面だ。「ゾラは自国の人びとを知っていた」とケインは皮肉のかけらもなく書いている。[81] デール・ヘルム大尉は、ルマンの街なかで頭髪を剃られ一糸もまとわぬ一人の女性を住民が嘲笑するのを見てショックを受けた。部隊の従軍牧師が女性に毛布をかけ、ジープで連れていくのを大尉は承諾し見守った。[82]

トントは男らしさにまつわる、もう一つの、暗黙だが不動のルールに違反していた。女性を傷つけてはならない、というルールである。女性を公の場に引っぱり出し、服をはぎ取り、たたいて辱める。こうした行為は、女性——すべての女性——は男性から当然保護されるべきだとする主義に背くものだ。サミュエル・マーシャル〔戦史家。第一次世界大戦でフランスに従軍し、第二次世界大戦時に米軍当局の軍事史家となる〕の記憶によれば、トントを目撃したある軍曹は「一足飛びで駆け寄ると、三人の男をたたきのめし、あらん限りの声で叫んだ。『この娘に手を出すな！　くそったれ。おまえたちだってみな裏切り者じゃないか！』[83]」。かかわり合わないよう厳しく命じられていたものの、たくさんのアメリカ兵がこうした女性たちの助けを買ってでた。[84] 兵士たちの怒りは騎士道精神からだけでなく、ＦＦＩの公正さへの不信からも生じていた。「連中は空いばりしていた」とトントを目撃したドナルド・リッドンは感じた。「一週間前はそんなに勇敢だったかな、と首をかしげた[85]」。ついにトントはひたすら見苦しいだけものになった。これは、フランス人男性が自国の女性を暴力行為によってしか統制できないことを示していた。復讐はもとより捨て鉢な行為でもあったのだ。

レジスタンスは裏切り者に対するその暴力行為のせいでアメリカ軍からの評判を落とした。アメリカ軍は一九四四年にFFIの行いを一度ならず二度目撃した。最初は敵と勇敢に戦ったこと、そして次は町のど真ん中で女たちを侮辱したことだ。アメリカ兵たちの理屈はこうだ。この連中は自分の家や家族を守ることができなかった。名誉を失い、一家の主人としての立場も失った。そして今、女たちに八つ当たりすることで名誉や立場を回復しようとしているのだ。アメリカ人はフランスの軍隊が負けた理由をわざわざ深く考えようとはしなかったし、自分たちが同じ状況に置かれたら果たしてもっとうまくやれただろうかと思い巡らすこともなかった。アメリカ兵の男らしさはこうした共感的な態度を取るにはひ弱すぎたのだ。それよりもフランス人を負け犬や欲求不満の寝取られ男として片付けるほうがはるかに簡単だった。一方FFIにしてみれば、ただ一つ、慰めになるものがあった。それは、自分たちがどれほどのことを経験してきたか、アメリカ人にはまったく想像もつかないはずだ、ということだ。イヴ・カゾーが日記にこっそり書いたことは的を射ていた。「わが国民がどれほどの精神的・肉体的な苦しみに耐えてきたか、あいつらはこれっぽっちもわかっちゃいない」[86]。フランス人男性を愚弄することで、アメリカ兵は自分たちの男らしさをてこ入れできたかもしれないが、同時に自分たちが世間知らずであることも露呈していたのである。

彼らは本物の男だった

アメリカ人はフランス人男性を軽んじていたものの、後から振り返ってみるとよくわかるが、当のFFIのメンバーは自分たちの男らしさへの自信を表明していた。「彼らは本物の男だった」とC・L・フラヴィアンは同じ題をつけた回想録に書いた。「最も気高く男らしい男。勇敢で、自分たちをよく思わない者を軽蔑する、まさに男のなかの男だった」[87]。フラヴィアンが気づいたように、レジスタンスの兵士は他者への軽蔑を通して自らの男らしさを見いだしたが、「自分たちをよく思わない者」にアメリカ兵が含まれているのは間違いなかった。

戦地でのアメリカ兵の勇敢な行為を嘲笑することは、フランス人の男らしさを回復するうえで期待通りの効果があった。「アメリカ人はあまり勇敢ではなく、むしろ怖がっていた」と、ある兵士はメスでの戦闘を振り返った。「やつらは銃撃音が聞こえたらさっさと撤退し、結局、前線を取ったのはおれたちだった」[88]。フィニステール県のレジスタンスの兵士も同意見で、アメリカ人は戦車で攻撃していたが撤退し、残ったFFIに前線の守りを任せたと語っている[89]。FFIが語りぐさにしているのは、自分たちがアメリカ軍に重要情報を提供したこと、そして自分たちの破壊行為が功を奏し、ドイツ軍の部隊や補給品の移動に決定的な遅れが生じたことだ[90]。レジスタンスの元兵士たちは町や村の解放を、アメリカ軍からのわずかな支援を得てFFIが成し遂げた手柄として語ることも多かった[91]。FFIが戦闘の蚊帳の外に置かれたときは、彼らに言わせれば、それはたいていアメリカ軍のほうがちょろいとドイツ軍が思ったからだった[92]。さらに、レジスタンスの兵士のなかには、アメリカ軍がつねにドイツ軍を撤退させ再編成させるのを許し、敵軍を包囲攻撃し決定的な勝利宣言をしなかったことに不満を示し、FFIならそうしただろうと無念がる者もいた[93]。

軍事的な優越性を主張することには明らかに利点があるが、レジスタンスの兵士にはアメリカ人を軽蔑する理由もあった。第一に、訓練方法がまったく違っていたために二つの集団は分裂し、一緒に戦う場合は戦略や指揮をめぐり不和が生じた。そのせいで口論になり、ときには取っ組み合いのけんかに発展することも珍しくなかった[94]。ＦＦＩは臨機応変なゲリラ攻撃で敵と戦うことに慣れていた。反対にアメリカ軍は大砲を進んで用いるため、移動にも標的に照準を合わせるのにも時間がかかる。そういうわけで前述のように、アメリカ兵はＦＦＩを無分別で向こう見ずだと考え、一方レジスタンスはアメリカ軍の戦術をのんびりしすぎだとばかにした。またレジスタンスは、アメリカ軍の指揮官が自分たちの持つ詳細な地理情報を検討せず、自分たちの戦術を理解し尊重しないことに腹を立てた[95]。

第二に、補給品や資源にも際立った違いがあった。レジスタンスの多くの兵士が森林で食うや食わずの日々を送っていたのに、アメリカ兵たちにはときに鼻持ちならないほど武器も補給品もたっぷり支給されていた。アメリカ兵はＦＦＩからどう思われていたかという質問に、歩兵のレイモンド・ハントゥーンはこう答えた。「おそらく、おれたちは口ばっかりの甘やかされたガキだと思われていた。だからおれたちが役に立つってことを証明しなくちゃならなかった[96]」。ハントゥーンは正しかった。あるレジスタンスの兵士はこう言った。「連中には何でもあり、おれたちには何もなかった[97]」。チョコレートやタバコがアメリカ兵に配られるとき、ＦＦＩはよだれをためて憎々しげに眺めたものだ[98]。あるレジスタンスの兵士にとってアメリカ兵と出会ったことは、「足りない物など何もない近代的な軍隊と、寄せ集めの武器に色とりどりの服を着た種々雑多なわが集団との遭遇」だった[99]。なかにはこの著しいギャップに我慢できず、その研鑽されたサバイバル技術を駆使し、アメリカ軍の食料やタバコ、ガソリンを大量にくすねる者まで出てきた。アメリカ兵は意気地なしで無頓着だ、というのがこうした盗人の言い分だった。けれどもアメリカ兵もむろん無頓着なわけがなく、まもなく一部の地域でＦＦＩは悪党や泥棒だという評判が立った。

ただし両者の間のいちばんはっきりとした違いは、戦闘への関与の深さにある。この戦争はレジスタンスの兵士にとってはるかに切迫したものだった。彼らには奪還すべき土地、晴らすべき屈辱、取り戻すべき男らしさがあった。その結果、彼らは誰が実際にフランスを解放するのかに神経をとがらせた。ジャン・ルイ・キュルティスの『夜の森』（一九四七年）では、英語教師が地元の小さな町の解放に備え、アメリカ兵たちを歓迎するあいさつの言葉を考えた。最初に教師が思いついたのは「ようこそ、われらの救世主アメリカ！」だった。けれどもこのあいさつだと「フィジャック大尉とマキ（すなわちフランス陸軍とレジスタンス）を侮辱することになる」と判断した。そこでかわりに、「ようこそ、われらの友アメリカ！」という表現で落ち着いた。[100] 教師が二の足を踏んだことからわかるように、フランス人のなかにはアメリカを「救世主」と考えることを不愉快に思う者もいた。またフランスの兵士たちもアメリカ兵と間違えられると嫌な気分になった。とりわけチョコレートやタバコをアメリカ兵からもらおうと寄ってきた市民が、間違いに気づいて落胆したときなどは、ひどく侮辱されたと感じた。[101]

こうしたレジスタンス側の過敏さはおそらく敗北や戦時の敵国協力にまつわるひそかな（あるいは誰もが認める）恥辱感から生まれたものだ。レジスタンスの兵士クロード・モノは亡くなる数カ月前に、「FFIの道徳的意義」を「侵入者に対するフランス国民の蜂起《ルヴェ・アン・マス》のまさに表れである」とたたえた。彼いわく一九四〇年の軍隊とは違ってFFIは何もない状態で戦い抜き、見事な規律を証明した。そして「この男たちの自信と熱意、戦士魂」に感動を覚えない者などいるだろうか、と問いかけた。[102] モノの称賛は心からのものだったが、そこには気負いもあった。フランスの戦士を褒めたたえるだけでなく、自らを信じる気持ちも奮い立たせるものだったのだ。敗北が遺した苦悩から逃れるために、モノも他のレジスタンスの兵士たちも誰もアメリカ人の助けを借りることはできなかった。アメリカ兵もまた、日々死と隣り合わせの世界に生き、日々自身の恐怖に打ち勝たなければならなかった。本当のところ皆に行きわたるほどの男らしさなど残っていなかったのだ。男らしくあろうとアメリカ兵もFFIも悪戦苦闘し、どちらも鷹揚《おうよう》にかまえている余裕などなかった。そして相手の男らしさにけちをつければ、自身の男らしさを確認する絶大な効果がある。この自己肯定のトリックは両者にとって手放せないものになり、文字通り戦い続ける勇気を与えてくれた。けれどもその結果、決してお互いを信頼することはなくなった。

もう一度、男になる

アメリカ兵もまた諸々の理由から、政治犯や強制労働者の苦悩を理解することはできなかった。[103] 一九四五年の冬にドイツに侵攻すると、アメリカ軍はフランスの男たちが（国外から連れてこられた者たちとともに）抑留者《デポルテ》や強制労働者として戦時を生き延びた多数の収容所を解放しはじめた。GIの写真で不朽不滅のものになったフランス人女性の騎士道的「救出」とは異なり、ドイツでの男たちの解放はアメリカの軍関係の出版物にも主流の新聞雑誌にも掲載された記録はない。その理由はおそらくパリの出来事とは違って、この解放には目を引くエロティックな要素がまったくなかったからだ。

それどころかこれは逆に、男らしさを粉砕された物語である。捕虜たちにとって解放は、ナチスの手に落ち、飢えや寒さ、不衛生や重労働に耐え何年も夢見てきた幸せの絶頂の出来事だった。一年と七カ月の間、ブーヘンヴァルト収容所で捕虜になっていたマルセル・コンヴェルシは、解放についてこう考えた。「もう一度、男になるのだ。まるで墓から出てきたような気分だった[104]」。「五年もの間、捕虜になっていた」

と抑留されていた男は振り返った。「とうとう解放者がやって来た……われわれはアメリカ兵のもとに駆け寄り、歓声をあげて飛びついた。みんな叫んで、大笑いして、握手して、泣き合った」[105]。「ついに夢がかなうのか、それともまだ夢を見ているのか半信半疑だった」とエメ・ボニファは回想する。「長いこと待って、夢がかなうのを心から願うとき、人は願いが実現するなどと、あえて思わないようにするものだ」[106]。

ところが解放者のほうは、全体的に冷めていたことがわかった。イギリスの情報機関のスパイをしていて収容されたフランス人のジャック・ビュローは、「われわれを解放して感動している様子の」アメリカ兵がほとんどいなかったことにひどく落胆した[107]。バイエルンのフランス人労働者は救出に来たアメリカ兵と抱き合おうと英語で話しかけ、肩に手を触れた。ところが兵士は「自分とは関係ない」といった顔で、彼を押しやった[108]。アンドレ・ニデュブもまたアメリカ兵から「ひどく冷たい」歓迎を受けたことを覚えている[109]。アメリカ人たちは急いでいて、解放を祝う暇などないといったふうだった。アンドレ・カステクスはこの一件でプライドが傷ついたと言い、「待ちに待った解放の瞬間を台無しにしてくれた」アメリカ人を許すものかと決意した[110]。また別の抑留者は解放されたときの「ショッキングな」場面を覚えていた。「拳銃や機関銃を目の前に突きつけられた。われわれは彼らを友として待っていたのに」[111]。エドワール・ダラディエは日記のなかで、初めて会ったアメリカ人を「粗野な顔で無礼な態度」だったと書いている[112]。

捕虜にとってもっぱらアメリカ人の対応は、小一時間前まで自分たちの人生を生き地獄にしていたドイツ人への対応とさして違わなかった[113]。「悪党だとて犠牲者だとて同じこと――自分たちの恥は互いの間で解決しろと言わんばかりに同じ扱いをした」とある捕虜は語った。[114] ジョルジュ・コッセはアメリカ兵が来て解放されたとき、兵士たちが「あのドイツの娘《むすめ》っ子たちにさっきしたのとそっくりの笑顔を見せた」ことに気づき落胆した。[115] それどころか多くのドイツ人男性のほうが、もっとましな出迎えを受けた。アメリカ兵はドイツ人を軍人として認め、タバコを差し出し、ナチスの土産物と交換した。[116] ジャック・ビュローは「大柄のテキサス出身の男」から「自分が来たのはお前たちのためじゃなく、国民をいじめる悪い指導者のせいで路頭に迷ったドイツの兄弟たちを解放するためだ」との説明を受け、こっそりその場を退散した。[117]

アメリカ人の冷淡な態度は軽蔑のほどを示すものになった。多くの捕虜と同じくコッセもまた、アメリカ兵を「冷淡で、いつもガムをかんでいる」と説明した。[118]「カンザスから来たガムかみ屋《チュウワー》」とフォンシーヌは解放者を表現した。[119] ポール・フィナンスの記憶では「二人のアメリカの憲兵が、私のほうなど見向きもせずに、通る車を眺めながら黙ってガムをかんでいた」。[120] ジャック゠アラン・ド・セドゥイはこう回想する。「ジープに座るか何気なしに寄りかかり、ガムをかみながら解放者たちはフレンドリーな優越感を漂わせこっちを見ている。出会いは温かいものだったが、彼らの権力や富、勝利のおかげで大きな距離が生まれた」。[121] フランス人男性にとって深いトラウマとなったこの時期、アメリカ兵の無頓着ぶりは圧倒的な――ときにトゲを含んだ――力の誇示となった。「ハロー、フレンチマン、イエス、フレンチマン」アメリカ兵は歌うように声をかけ、丸パンを配った。[122]

さらに苦々しかったのはアメリカ人と抑留者たちの格差だった。後者はアメリカ兵を「アメリロット」と呼んだ。何でも大量《ロット》に持っているように見えたからだ。[123] アンドレ・ミシェルはアメリカ人が余ったパンや卵、バターやジャムを大量に捨てているのを見て、ひどく腹が立ったと日記に書いている。「合衆国が戦争に勝ったのは、ただ経済的に優位な立場を維持するためなのだ！」[124]。シャルル＝アンリ＝ギー・バザンもまた、「アメリロット」は自分勝手な理由で戦争に加わったに違いない、と考えた。つまり「奴らの食えない豆と堕落した音楽」をヨーロッパにあふれさせるためだ[125]。両者の体格の差もまた苦悶の種になった。解放された捕虜のブリジット・フリヤンは、アメリカ軍の制服を身にまとった「あの大柄のブロンド青年たちの美しさ」にほれぼれしたのを覚えている。「ねじれて腐った手足と曲がった身体をここ何カ月も見てきたあと」で、それは素晴らしい眺めだった[126]。栄養の行き届いたアメリカ人男性と飢えかけたフランス人生存者の見た目の落差は、男らしさの維持における落差をも強く意識させた。アメリカ兵は勝利と肉体的安楽という異質な世界に住んでいた。彼らは努力もせずに戦争に勝とうとしているかに見えた[127]。

一九四五年の冬から春にかけて解放された人びとに、アメリカ軍が友好的な顔を見せないのにはそれなりの理由があった。第一に、アメリカ人はフランスの強制労働徴用（ＳＴＯ）についてよく知らなかったため、捕虜を敵国の協力者と疑っていた[128]。第二に、ＦＦＩの場合と同じく言葉の問題が意思の疎通を妨げていた。収容所を抜け出そうとしたところを救出されたエメ・ボニファは「友好の意思を伝えたかったのに、理解してもらえないようだった」と振り返る[129]。ポール・ウィッカーは喜びと感謝の気持ちを「つたない英語」で伝えようと奮闘したものの、解放者との間に気まずい沈黙が生じた[130]。第三に、アメリカ兵は収容所のおぞましさに打ちのめされることも多く、なんとか感情を押し殺そうと努力していた。コンヴェルシは、ブーヘンヴァルトで会ったアメリカ人を「堂々として、われ関せずといったふうで、品行方正」だったと記憶しているが、戦車でドイツ人の自転車を腹立たしげに何台もなぎ倒しているのを見てしまった。[131]第四に、収容者のなかには当然ながら危険な犯罪者もおり、全体の評判を落としていた。[132]第五に、病気に感染するのを恐れ、アメリカ人は解放された捕虜と距離を置いていた。衛生状態の悪い収容所ではチフスやそのほかの病気が猛威を振るっていた。多くの捕虜にとって解放者の最初の記憶は、ホースやシャワーで消毒薬を浴びせられた、というものだ。[133]

　そして最後に、ヒトラー親衛隊（SS）をはじめドイツ軍将校たちが収容所を明け渡す前に捕虜に関する書類を破棄していたため、アメリカ人たちは捕虜が何者で、なぜここに入っていたのか知るすべがなかった。ロベール・カルドは例外だったが、それは単に彼の場合、SSが収容所を放棄する際に書類を燃やす暇がなかったからだ。おかげで彼がレジスタンス活動を行っていたことが、フランスとアメリカの解放者のどちらにも正式に認められた。「彼らは私に敬礼をした。疲労と感情の高まりのせいで、拘束されて以来、初めて私は泣いた。大粒の涙が私のやせ細った身体をつたって落ちていった」[134]。

　フランス人のほうも、アメリカの冷淡《フルワドゥー》さなどどうでもいいことだ、と自分を納得させようとした。「結局、彼らにとってどんな意味があるというのか？　われわれがフランス人だということが」。コッセはそう自問した。「われわれは解放されたのだ。それこそが重要なことではないか。そもそも、われわれは自分を何さまだと思っているのか？　征服者だとでも言うつもりか？」[135]。レサフルはこの状況について合理的な解釈を試みた。「この男たちは大西洋の向こう側からはるばるやって来て、見知らぬ土地に何もわからず野営しているのだ。彼らの目的は一片の土地を占領すること。その道中で見かけた二足動物は彼らの興味を引かず、むしろ連中を困惑させる」[136]。デュフォは自分の信念を貫き、アメリカ人を「半神半人」と見なすのをやめるよう仲間に諭した。「私は自分を一人の人間以上のものと思うことにした。超人、英雄。

私は自分に誇りを持っている。あのアメリカ兵の誰とも互角なのだ。さあコンプレックスを捨て去ろう……自分もまた半神半人ではないか」[137]。

フランスとドイツの男たちの戦闘と同様に、ここでもまた女性の身体が解放者と捕虜との境界を画する前線になった。元捕虜のシャルル＝アンリ＝ギー・バザンを解放したアメリカ兵は、彼を「フレンチー」と呼び、「パリ……きれいな娘《ジョリ・フィーユ》たち！」と叫んだ。バザンはかたわらの友人に愚痴をこぼした。「フランスは、ドイツ人だけじゃなくアメリカ人にとってもパリと女なんだな」[138]。フランスの捕虜の目から見て、アメリカの力の程度をとくに示すのは、アメリカ兵がドイツの女性たちから好意を寄せられることだった。元捕虜が苦々しく語るには、「白人のアメリカ兵は美しいドイツ人女性に人気で、彼女たちはブロンド・タバコやチョコレートに事欠かなかった」[139]。デュフォは解放後も捕虜収容所に残っていたが、ある晩、音楽と笑い声が聞こえてきたのを覚えている。彼と仲間は、「ヤンキー」が「らんちき騒ぎ」をしているのだと気がついた。そこで窓に「ぺったり張りつき」、アメリカ人の騒々しい一団がロシアとポーランドの女性三人とセックスをしているところを見物した。女たちの喜びのため息がその夜に充満していた[140]。「欲望の高まり」を感じた者もいたが、その光景に頭にきた者もいた。「もういいかげん我慢の限界だ」とある者はいきりたった。「ウクライナの農婦に抱かれて喘《あえ》ぐシカゴのチンピラなんか見て満足しろってか！」[141]。怒りと嫉妬の混ざった感情。それが、アメリカ兵がドイツで征服の特権を享受する様子を見た多くのフランス人男性の反応だった。アンドレ・ミシェルがとくに怒りを覚えたのは、自分の野営地でアメリカ兵らがフランスの女たちをモノにしていたときだ[142]。

ただし注意すべきなのは、誰もが解放者に嫌な記憶を持っていたわけではない、ということだ。デュフォはアメリカ兵が片手に機関銃を構えながら、もう片方の手でクレープを焼いてくれたことをなつかしく思い出す[143]。「これほど愛情たっぷりの太っ腹なもてなしなど受けたことがなかった」と政治家のレオン・ブルームはアメリカ人と過ごした当時を振り返る[144]。捕虜たちはアメリカのタバコやチョコレート、砂糖、コーヒー、ミルク、チューインガム、コンビーフをありがたく頂戴した。アメリカ人と数週間を過ごした後、配給制の敷かれたフランスに戻ると難儀した。そしてノルマンディーの住民と同じく、捕虜たちもアメリカの軍事力にいたく感銘を受け、折に触れ日記や回想録に、その装備や技術、物資について書き残した[145]。

ただし、仏米関係がよいスタートを切ったとしても、数日から数週間のうちに悪化することもままあった。フランス人は家に帰りたくてうずうずしていたのに、帰還のめどが立たなかったからだ。「ああ！あの勇敢なアメリカ人たち！」とシャルル・ジョワイヨンは回想する。「四月二九日というあのめでたい日に、われらはどんなに彼らを愛したことか！　あの素晴らしい思い出だけが記憶のなかに残ればどれほどよいか[146]」。捕虜たちがアメリカ兵に情報を求め、今後の予定を教えてくれと迫っても、「時機を待て」と言われるだけだった[147]。アメリカ人には、一九四五年の春の帰還に真剣に取り組まない、もっともな理由があった。帰還に必要な輸送用の装備は戦争遂行にとってきわめて重要であり、そのうえチフスなどの病気も深刻な懸念となっていた[148]。とはいえ「激しいいら立ち、反抗や憎しみの感情さえも」捕虜たちの間で表面化した、とある抑留者は語った[149]。バザンはアイゼナハの収容所で起きた不愉快な出来事を思い出す。一人の将校がアメリカの配給品を盗んだかどで捕虜たちを不当に非難した。無実の罪を着せられ怒った捕虜たちは、アメリカ式の略奪のしかたを責め立てた。「こっちがつぶれるまで放っておいたくせに、今になって戦利品欲しさにやってくるとは！」。それを受けたアメリカの指揮官は金切り声で叫んだ。「アメリカはおまえたちなど必要ない！[150]」。この状況にうんざりし、多くの捕虜たちが逃げ出そうとしたが、武器を手にしたGIカウボーイらに「テキサス流に」連れ戻された[151]。一九四四年の一二月にはすでにアメリカ軍は地元の新聞に通達を出し、勝手に家に戻ろうとせず適切な許可を待つようフランス人捕虜に呼びかけている。「収容所にとどまるように」と通達は指示した。「そこでは皆さんが主人なのです[152]」。ノルマンディーの場合と同じく、アメリカ人はフランス人男性に、今では彼らが一家の主人なのだと語り安心させた。この言葉は、男たちが自由はもとより男らしさをも取り戻したいと望んでいることを示していた。もう一度、一家の主人になりたいのだ。帰還という幻想の中心には帰還を喜ぶ女たちがいる。女たちの注目を浴びることが男の権威の復活を予告するのだ。「女たちはフランスでわれらの帰りを待っている！」とある捕虜は語気を強めて言った。「帰りの道中では若い女たちが集まってきて食べ物やワインやタバコを配ってくれるだろう[153]」。

フランスの主権に対する耐え難い侵害

ところが実際には、こうした復権はなかなか実現しそうにないとわかった。故郷に戻った興奮が冷めると、引揚者《ルパトリ》には、状況の変化による容赦ない現実が待っていた。あるノルマンディーの女性によれば、捕虜たちは故郷に戻ってはみたものの結局は居場所を失ったことがわかり、「あまりに長く留守にしたせいで、夫や父親としての立場が弱まり、一方、留守中に妻は夫から解放され、苦しい生活を一人でなんとか乗り切るすべを学んでいた[154]」。その結果、元捕虜は家にたどり着いたはいいが、家長の立場を享受できない場合も少なくなかった。そのうえ北フランス全体に何千人ものアメリカ兵が進駐していたことで、この疎外感はいっそう強まった。ポール・フィナンスがドイツの収容所で三年過ごして故郷に戻ってみると、自分の家にアメリカ兵があふれ、食事をし寝泊まりしていた。家族の経営するレストランの正面は二台のジープで塞がれており、ようやく裏口から家のなかに入ることができた。こうしてやっとのことでなかにいた家族と再会を果たした。[155]「われわれは第二の占領期間に突入していた。今度はアメリカ軍による占領だ」と、一九四五年の五月、ようやくル・アーヴルのわが家に戻ったルイ・ウディエは語った。[156]

女性に対する性的支配が、またも引揚者とアメリカ人男性との緊張関係の前線になった。とりわけパリでフランス人男性は、妻や恋人がアメリカ兵と数えきれないほどの写真におさまることに忍耐を強いられた。[157]アメリカ軍が地元のダンスパーティーに女性だけを招待し、男性は呼ばなかったときは、会場の外で地団駄を踏む男たちを鎮めるために警察がひと晩中出動した。[158]バーやカフェではアメリカ兵が、夫や恋人のいる前でも平気で女たちに言い寄った。[159]また男性と一緒にいる女性にさえ「いくら?」と尋ねる兵士までいた。案の定、そうした質問をする兵士の顔にはフランス人のパンチが飛んだ。一九四五年の夏、女性をめぐる男同士のけんかは日常茶飯事になった。シャロン・シュル・マルヌのダンスパーティーでの一件はその典型だ。一人の女性がアメリカ兵から散歩に誘われたが、夫も一緒で、もうすぐ夫が戻るからと断った。戻ってきた夫が兵士にとっとと失せろと言うと、兵士はおもむろに妻に襲いかかりドレスを引き裂いた。そして男たちの大げんかが始まった。[160]

アメリカ兵にとってフランス人の女の子は「いいカモ」だった。アメリカ人は戦争に勝利し女たちを解放したのだから、当然ながら戦利品としてセックスを要求できた。一九四六年に『アメリカン・マーキュリー』誌はその現場をこう報じた。「こざっぱりした、いかにも健康そうなアメリカ兵が、身体にぴったりのアイゼンハワージャケット〔陸軍の制服でベルト付きの短い上着〕にきっちり折り目のついたズボン、ピカピカのブーツ姿で、病み上がりのヨーロッパの大通りを肩いからせて歩いていく。うつろな目をしたブーヘンヴァルトの元収容者やぼろをまとった地元の兵士、戦争で負傷した人びとの群れが、歩道をゆくアメリカ兵たちに道を譲る」[161]。アメリロットたちは見栄えがよく、身なりも立派で、金持ちだった。地元の女の子たちがどうして抗《あらが》えようか？[162] あるアメリカ兵いわく「フランスでは、フランス兵と市民の間に自分たちが割り込んだというのも、自分たちのほうが金もあり、身なりもよく、ジープに乗り、しかもコーヒーにチョコレートにタバコもたっぷりあったからだ。フランスの男たちのなかには心配のあまり、ヤンキーと出かけるなら髪を切るぞと女の子を脅かす者もいた」[163]。ここでもまたフランス人男性は、失った性的領土を奪還する手段としてトントの儀式を用いていた。だが今度の相手はアメリカ人だ。ウォーレン・イームズは、第二機甲師団のフランス人兵士たちが怒っていたのは、「おそらくわれわれが彼らの女たちと付き合ったせいだろう」と振り返る[164]。

アメリカ人はおこがましくも地元女性の恋人や保護者になりフランス人の特権を侵害した。「女がちょっと作り笑いをするだけで、アメリカ人は何でもしてやった」とジャック・カイザーは業を煮やした。「フランスの主権に対する耐え難い侵害だ」。女たちの歓声や果物やキスや花はいつもアメリカ軍のためだということに、カイザーは否応なく気がついた。「われわれに目をとめる者などほとんどいない。車から降りて群衆に囲まれることもなく、めったに質問もされない」。ノルマンディーでカイザーがとくに激怒したのは、ドイツ人たちと懇《ねんご》ろになっていた女たちが今度はアメリカ兵につきまとい、「しかもあのアメリカ人たちがもう女たちと世間話をし、タバコを差し出している」のを見たときだ[165]。恥知らずな者たちのあまりの節操のなさに、多くのフランス人男性は激しい怒りを覚えた。「私にはこの女たちに憤る権利がある」とあるコラムニストは綴った。「彼女たちがアメリカ人と出歩くのを見るのは憤懣《ふんまん》やるかたない[166]」。

アメリカ軍が常時駐屯していたノルマンディーやマルヌなどの地域では、セックスをめぐるフランス人男性とアメリカ人男性間の緊張関係が深刻な問題になっていた。たとえばエペルネーでは、街なかでアメリカ兵が女の子たちといると地元の男たちのやじが飛んだ[167]。ル・アーヴルでアメリカ軍のフランス人連絡係だったピエール・オーベリーは、アメリカ兵がフランス人女性とのセックス以外はほとんど興味がなく、まして自分みたいな男と知り合いになる気など毛頭ないことに腸《はらわた》の煮えくりかえる思いがした[168]。「下賤の民――アメリカ人の目から見た、身分が低く、貧しく、暮らしに困った、丸腰の者たち――それがわれわれであり、港湾労働者であり、フランス人の男だった」。オーベリーの怒りをさらにかき立てたのは、港湾労働者たちが次のような光景を見せつけられたときだ。「アメリカ人が、黒人も白人も大挙して町に押し寄せ、レストランを襲い、けんかを始め、（しかも）われわれの女をかっさらい、女たちもその気になって喜んでいる」。この光景を目にしたオーベリーはこう振り返った。「自分たちの暮らす世界がわからなくなった。これまでの日常、過去の安寧や思想がわずかでも残っているのだろうか?[169]」。怒りと困惑はまた、ジル・モリスの「自暴自棄になった、始末に負えない、カオス状態の」一九四五年のル・アーヴルの記憶にも満ちていた。アメリカ兵たちが大挙して町にやって来て、大酒を食らい、連日のように窃盗やレイプ、暴行を働いた。女たちは通りを一人で歩けず、子どもたちの目の前で真っ昼間から性交が行われた。地元の女の子たちは町の北に設置された大規模な野営地に群がり、そこではアメリカ兵が「自分のペニスの管轄下に入ったものに片っ端から飛び乗り、レイプまでする……解放者の初夜権《ドゥロワ・ド・キュイサージュ》〔中世ヨーロッパで権力者が統治する地域の新婚夫婦の初夜に、新郎より先に新婦とセックスすることができたとする権利〕の行使というわけだ」[170]。

戦時には、地元女性への性的なアクセスが勝利や敗北を象徴していた[171]。フランス人男性は二つの重なり合う領域で怒りを表した。一つは、性的な競争にまつわる個人的な欲求不満としての怒りの表出だ。アメリカ人がフランスの女たちをあさる光景は、すでに戦争で傷ついた男の威厳がすっかり地に落ちた世界を彷彿とさせた。この世界でフランス人男性はただ亡霊と化すだけだ。アメリカ人はフランス人を仲間として認めることを拒み、地元の女性たちも彼らを男として扱わなかった[172]。けれども悲しみはもう一つの、もっと政治的な領域からも聞こえてきた。『アメリカン・マーキュリー』誌いわく、この「女性問題《ガール・プロブレム》」は征服者としてのアメリカへの新たな従属の前兆だった。アメリカ兵がフランス人男性を男として認めないことは、フランス人男性にとって個人的な侮辱であるだけでなく、戦後の国家の衰退を示す痛ましいしるしと見なされた。「フランスの主権に対する耐え難い侵害」だったのである。アメリカ軍が自国の使命を神話化するために異性間のロマンスを用いたとしたら、フランスの男性は、戦後の新たな世界と折り合いをつけるための手段として、こうしたロマンスにこだわった。

II 売買春

4 アメリカ兵と売春婦《ハーロット》

一九四四年の一一月、ジャーナリストのピエール・オーベリーが故郷ル・アーヴルに戻ると、町は再建されアメリカ軍の主要補給港になっていた。オーベリーは英語が話せたことから、埠頭で軍の連絡係の仕事にありついた。あるときアメリカ軍指揮官の執務室を訪ねたオーベリーは、「ピカピカの色とりどりのセロファンにくるまれた食べ物」がいっぱい詰まった箱に目がいった。「キャンディーやチューインガム、歯磨き粉やカミソリ、そしてもちろんタバコの箱もあった」。オーベリーはこの箱についてこう書いている。「日頃からアメリカ兵のそばで働いているが、これほどアメリカを身近に感じさせ、この地でのアメリカの存在を強く意識させるものはなかった。この裕福で快適な国のなかにいると、フランスがはるか遠くに感じられた」[1]。オーベリーの説明から、一九四四年から四五年にかけてアメリカの日用品がどれほどの威力を発揮したのかが想像できる。窮乏するヨーロッパでアメリカの富は畏怖と嫉妬をかき立てた。それは世界の大国としての合衆国の新たなアイデンティティを具現化し、フランス人のなかの戦争に由来する新たな劣等感をいっそう強固なものにした。

アメリカの富を見れば、フランス人の窮乏のほどが知れた。指揮官を訪ねたあと、オーベリーは空っぽの食堂にふらりと入ると、テーブルの上に置いてある光沢紙の雑誌に目をやった。アメリカは天然色の国だった。オーベリーはこの雑誌と、印刷の安っぽい灰色じみたフランスの新聞とを比べてみた。「何もかもが手に入らず、これ以上ないほどしみったれた、薄汚れてぼろぼろのくたびれたわれわれの世界をよそに、この船には富と贅沢という人を引きつけるあらゆる魅力がそろっていた」[2]。アメリカの羽振りのよさからフランスがいかに物資に不足しているかを理解したのは、オーベリーだけではなかった。「配給制度が終わると、ルタバガ［別名スウェーデンカブ、根は食用・飼料用］やおがくず入りのパンを鉄道の駅で売っていた」とジル・モリスは回想する。「あの肥え太ったアメリカ人ときたら、七面鳥のモモ肉やバナナの薄切りを、ほとんど手をつけずに捨ててしまうのだから」。多くのフランス人が「この時期にアメリカの神話に屈した」のはさして不思議ではない、とモリスは結論した[3]。

この神話の中心にあるのは、大量に供給された物資だった。市民の間で合衆国は富とほぼ同意語になった。このふんだんな物資という神話は決して目新しいものではない。豊かさは長きにわたって「アメリカ人らしさ」という観念をつくり上げてきた[4]。第一次世界大戦後、フランスはアメリカの豊かさをますます認めると同時に、ますます腹立たしくも思っていた。台頭してきたアメリカの経済にフランス国民が屈しなければならないという懸念が、反米主義にしっかりと根を下ろすようになっていた。たとえば一九三一年のある論争で、フランス人は新しき「ローマ」すなわち合衆国から金銭的、性的施しを求める乞食であり売春婦だと言われた[5]。

新しい発想ではなかったとしても、アメリカの豊かさにまつわる神話は戦時に新たな力を持つようになった。フランス国民は、その史上稀に見る暗澹《あんたん》とした時期を抜け出しつつあった。ドイツ人はこの国に「占領の代償」を課し、乳製品や農産物、肉や石炭をはじめとする多くの物資を吸いあげた。女たちは、パンをはじめ手に入る物なら何でも求めて、わずかばかりの品揃えの店に連日何時間も列をつくった。多くの市民は戦時の冬をとにかく凍え死にしないようにと必死で耐えた。[6] 一方で配給をたっぷりもらい、コーヒーやチョコレート、タバコに事欠かないアメリカ人がいた。アメリカ軍は兵士たちに石鹸その他洗面用具はおろか、こうした物資を桁違いの量で配っていた。K号携帯食《ケー・レーション》〔第二次世界大戦で米軍が用いた非常用携帯食料セット〕はお世辞にもごちそうとは言えないが、それでも簡単に手に入る。こうした物資が闇市場に出回るようになると、アメリカの豊かさを象徴するものとして全国的に広まった。物資があふれるアメリカ軍の駐屯地売店と、フランスの食料品店の空っぽの棚は、悲痛なほどのコントラストを成していた。オーベリーをはじめとするフランスの市民にとって、アメリカ軍の支給品はこの国の優越性を見せつけ、フランス人の畏怖をかき立てるものだった。

ただし、両国民の特権の差を最も浮き彫りにする商品——つまりセックス——は、アメリカ産ではなく、フランス産だった。アメリカ兵のジャック・プラノは回想する。「フランスでは何もかもが不足していた。ただしフランス人が自分でこしらえる酒類やパン、それに女たちは別だけれども」[7]。女性を商品と考えることに違和感もあろうが、プラノにとって売春婦はブランデーやパンと大差ないもののようだった。アメリカ軍の新聞『パンサー・トラックス』も同意見で、パリの売春婦という「メニュー」を紹介している。「とびきりぴちぴちのグラマーな売春婦《ハーロット》なら、六〇〇フランの値段を請求されるかも知れない。ただし、並の商品や二流品ならそれなりに値も下がる。まあまあおいしい薄切り冷肉盛り合わせ《コールドカット》なら、一五〇〜二〇〇フランで戴ける」[8]。

フランスの地にいる間、アメリカ軍は並々ならぬ量のセックスを持ちこんだ。一九四四年から四五年にかけて売買春が広範にひろがったが、それはセックスが地元の駐屯地売店の棚には並んでいない商品だったからだ。肉体を触れ合い、体液を交換し合う、兵士と売春婦の性的接触は、これ以上ないほど親密な関係と言えるだろう。ただし同時に、こうした親密な関係が国境をまたぐ場合、それはかなり政治色を帯びたものになった。売買春は権力と金がものを言う。兵士は個人的な快楽のために金を払って女の身体を征服した。特権を付与されたこの関係から個々のアメリカ兵が教わったのは、フランス人女性を個人的な目的に利用することだけでなく、フランスの市民一般を支配することだった。商品としてのセックスは、それを買ったアメリカ人の間に、尊大な、帝国主義的とさえ言える態度を育んだ。アメリカ兵がフランス人のなかでもとくに売春婦と多く接触するようになったことで、性的商売は政治にいっそう重要な影響を及ぼすようになった。

売春婦は、市民に権力を行使できる立場にあることをアメリカ兵に教えただけでなく、自身を商品化する恥辱をさらしたことで、その権力をいっそう強化した。売春婦は世間では劣った者と見なされ、彼女たちが「外国人」にサービスを提供するのを目にした市民は屈辱を覚えた。売春婦は従来から道徳的に堕落した者とされてきたが、戦時中にドイツ兵を相手にした売春婦は占領の不名誉を象徴するものになっていた。そして解放後ですら相変わらず売春婦を見かけるだけで、市民は被征服者としての自らの立場を思い知らされた[9]。彼女の商売の恥はこの国の恥になった。こうして売春婦は、過渡期となる重要なこの時期に、新たな力の不均衡をはっきりと浮かび上がらせたのである。

農民たちとの卵の取引《ウーフィング》

軍の余剰品も売春婦もどちらも商品としてとらえる場合、スティーヴン・アンブローズの言う「史上最大の闇市場」と切り離して理解することはできない。[10]一九四〇年以降、フランスの市場取引は闇市場《ル・マルシェ・ノワール》を介して戦時の状況に適応してきた。イギリス人ジャーナリストのアラン・ムーアヘッドは戦時の闇取引を「一般に認められた流通制度」と表現した。[11]アメリカ兵たちは、初めは何気なく、その後はもっと狡猾に、軍の支給品を入手できる立場を利用し、闇市場で儲けようとした。それによって闇市場は戦時よりもいっそう活気づいた。[12]

闇市場の仕組みは複雑で、戦時は同時にさまざまな層で営まれていた。[13]第一に、ワインや肉、そのほかフランスのおいしい食物をドイツ軍が入手し、軍務のさまざまな部門に支給していた。[14]第二に、「パラレル・エコノミー」として、公式ルートで入手できない大手企業の物資を提供していた。最後に、そしてひょっとしたら最も重要な役目として、闇市場はもっと個人レベルで操業し、飢えた人びとに奉仕していた。ワインやジャガイモ、オレンジ、チョコレート、タマネギ、トマトピューレ――つまり、ありとあらゆるもの――を、たいてい高値だが買うことができた。現金は交換手段の一つにすぎず、市民はインフレでも価値を失わない現物での取引を好んだ。[15]占領期間中、市民は闇市場を必要悪であり抵抗の一手段とさえ考えていた。彼らいわく、配給された食料を何かで補わないかぎり、この毎日のカロリー摂取量では飢えるほかなかったからだ。[16]とはいえ闇市場は犯罪者を引き寄せたために道徳上あいまいなものになり、ぼったくりや詐欺も発生し、裕福なエリートをひいきしたものになった。
ドイツ軍が撤退すると、市民は今度は食料供給をアメリカ軍に頼ることになった[17]。食料は二つのルートから入ってきた。まず政府の大量の荷揚げ品。そして行き当たりばったりだが個々のアメリカ兵との取引である。四年にわたり生活必需品に困窮していたとくに都市部の住民は、アメリカ軍の食料の量に驚いた。北フランスの町や村を兵士たちが通過する際に、それは市民の目に触れることになった[18]。軍の食堂では大量のパンや果物、肉、スープ、コンデンスミルクが提供された。食堂を空腹のまま後にする子どもは誰一人いなかった[19]。

そしてアメリカ軍の食料の質もまた同じくらい驚きだった。たとえばマーガリン。このバターは不思議なことに日光にあたっても溶けないのだ。そしてピーナッツバターときたら、まるでおいしい「ピーナッツ入りのジャム」だった、とマリー＝マドレーヌ・ジャクリーヌは愛おしげに語っている[20]。白パンもまた素晴らしく、ノルマンディーの人びとが食べている鉛色のパンとは比べようもない[21]。当時まだ若手女優だったシモーヌ・シニョレ〔一九五九年に「年上の女」でカンヌ映画祭女優演技賞とアカデミー主演女優賞を受賞〕はK号携帯食《ケー・レーション》にすっかり感心した。「何もかも――ミートパイにチーズ、粉末レモネード、チョコレート、キャンディー、チューインガムも――その包み紙に、アメリカ市民の生活を維持するのに必要なビタミンとカロリーの正確な数字が書いてあった[22]」。「私がもらったものには魔法がかかっていました」。当時まだ子どもだったクリスチャン・デルピエールは、アメリカ兵と食べた朝食を思い出す。「アメリカ人は、牛がいなくても白い粉にお湯を注ぐだけで牛乳をこしらえたんです！　コーヒー――しかも本物のコーヒー――は小さな茶色のツブツブからつくれました！　そして何より卵を割らずにオムレツができたんです！[23]」。

こうした物資は駐屯地内の売店（PX）で簡単に手に入るため、上陸した最初の日からアメリカ軍と市民の間で活発な取引が始まった。多くの市民とは違って、ノルマンディーの農民には交渉の切り札がそろっていた。乳製品や肉、アルコール――どれも軍の在庫にはないものだ[24]。「最初に取引した相手は、地元のフランス人農家だった」とデイヴィッド・イシェルソンは振り返る。「スープやタバコを、卵やニワトリ、リンゴ酒と交換した[25]」。ピーター・ベルパルシは、シチュー用の太ったメンドリとコーヒー用のクリームが、なんと「あのありがたくもないスパム〔ランチョンミートの缶詰〕」と引き換えに手に入ったのを覚えている[26]。ローレンス・ケインは部隊のみんなにビーフステーキをごちそうしようと、牛一頭を見つけてきた[27]。夏も終わる頃には住民たちもまた、トラクターで収穫するときに必要なガソリンを入手した[28]。フランク・フリーズは、仲間のコラディノ・ガッティが「高校でかじったフランス語と、イタリア人ならではのたっぷりの愛嬌で」農家からリンゴ酒をせしめたのにほとほと感心した[29]。「というわけで、フランスの人びとは石鹸やタバコをたっぷり、われわれは飲み物や食べ物をたっぷり手に入れた」。マーク・グッドマンはこう締めくくった。「需要と供給の法則がここでも働いていた[30]」。

卵には、とくに込み入った市場が生まれた。アメリカ人は卵の取引を、フランス語で卵という意味の「ウーフ」にちなんで「ウーフィング」と呼んだ[31]。アメリカ兵のなかには卵に穴をあけて中身を吸うのが好きな者もいれば、「銃撃戦のすきを見て」食器セットで調理するのを好む者もいた[32]。アーニー・パイルはノルマンディーの卵が大きいことを「四個に一個はたいていあひるの卵ほどもあってみごとなものだった」と大げさに表現した。明け方に起きると、パイルは仲間のジャーナリストたちのために、コールマン社のコンロを用いて「（本物のノルマンディー産のバターを使い）気まぐれなご主人のお気に召すように、目玉焼きやスクランブルエッグ、ゆで卵にポーチドエッグ」をこしらえた。[33] アメリカ兵が卵を欲しがっているといううわさは、すぐさま農夫たちの間に広まった。ピーター・ベルパルシの乗った戦車がブルターニュ半島の一角で立ち往生していたとき、地元の人が一人駆け寄ってきて、卵を手渡すと「ボンジュール！」と叫んだ。[34] ノルマンディーのある女性は、卵を使って娘の歯の治療費を用立てようとした。[35] 一九四四年のこの年はマッシュルームの当たり年でもあり、アメリカ兵はこれも卵料理に使おうと掛け合った。[36] 兵士たちが地域の生産物の需要を高騰させたため、地元の役人たちは、アメリカ人が地域経済を破壊し腹をすかせた市民から食料を奪っている、と文句を言った。[37]

いわゆる「四つのC」（シガレット、チョコレート、チューインガム、コカコーラ）のうち、アメリカのタバコはヨーロッパの市場で断トツの人気商品になった。これはヨーロッパに喫煙者が多いという理由もあったが、タバコは簡単に分割できるので、物々交換やどんな相手との取引にも最適の商品だったからだ。[38] アメリカ兵は駐屯地の売店で、本国と同じ一カートン五〇セントで簡単にタバコを手に入れた。[39] 戦争はアメリカのタバコ会社にとっていい商売になった。軍隊には一二〇〇万人の男性がいて、一日一人平均三〇本のタバコを吸っていた。ローズヴェルト大統領はタバコを戦時の必需品と言い切ったため、タバコの栽培加工業者は、製造販売の過程で軍によるさまざまな免除を受けられた。[40] この戦争のときに、ヨーロッパの人びとがアメリカの「黄色種《ブロンド》」やアメリカンブレンドのタバコの味を知ったのは有名な話である。アメリカのタバコはすぐに世界的な人気商品になった。[41]「街なかでタバコの箱の封を切って、無料《ただ》で一服どうぞとみんなに勧めると、いつもスター気分になれた」とリロイ・スチュワートは回想する。「みんな自分たちのより、私たちのタバコのほうがはるかに気に入っていた[42]」。タバコはアメリカ兵の生活の一部になっていたので、フランス各地の大規模な駐屯地はタバコの人気銘柄――ラッキーストライク、フィリップモリス、ハーバートタレイトン、オールドゴールド――の名がつけられた。これらの基地はまとめて「タバコキャンプ」と呼ばれていた[43]。

黄色種《ブロンド》タバコはアメリカ人と結び付き、アメリカ兵が到着した確たる証拠になった。六月六日の朝早く、フェルナン・リヴォイはサント・メール・エグリーズの北にあるモンブールの野原でラッキーストライクを一箱見つけた。彼はその箱を手に、上陸作戦《ル・デバルクマン》がとうとう始まった、と村人たちに知らせにいった[44]。上陸から数週間、タバコは友情の証――アメリカ兵が市民と近づきになる手段――として役立った。アンソニー・ハーリンスキの記憶によれば、アメリカ軍がノルマンディーの町に入ったとき、ばらまいたタバコが「われわれの通ったあとに花の絨毯のように広がっていた」。兵士たちはきれいな女の子たちには「ぜいたくなほど」、年寄りの男たちには「寛大な心で」分け与えた[45]。第一医療大隊の軍曹ロバート・ライアンは、市民との関係が「『煙草《シグ》』のおかげで九割がたすこぶる良好」であると自慢した[46]。ロレの主任司祭であるデュフール神父は、ノルマンディーのこの小さな町でアメリカ人がくれた煙草の本数が解放の目安になる、と日記に綴った[47]。ポール・ボッシュは新鮮な卵をもらおうと子どもたちにタバコを手渡した。「ただし交換するときは、たいていこっちが損をしたんだが」と人が良さそうに語っている[48]。

タバコは、異なる言語を話す両国民の間の沈黙を埋めてくれた。九月に『ラヴィニール・デュ・ノール』誌が述べたように、アメリカ人はフランス語を話さないが、タバコを配ることが「じゅうぶんに言葉のかわりになった」[49]。クリスチャン・デニスは、フルーリの町でカルヴァドス〔ノルマンディー地方でリンゴ酒からつくる辛口ブランデー〕とタバコを交換すると、場が打ち解け、兵士も市民もみな笑顔になったことを覚えている[50]。もともとタバコを吸わなかった者にまで喫煙の習慣がついた[51]。当時一五歳だったクタンス出身のジャック・ニコルは、母親が煙草をくわえているのを見てびっくりした[52]。またタバコは性的興奮を促し、甘美な感覚をもたらすため、フランス人が熱望してやまないものになった。タバコはまたアメリカ兵とフランス人女性のいちゃつきをたきつけた。民事官のジョン・マギニスはFFIの地元リーダーを務めるジャクリーヌという若い女性と、「ちょっとしたジョークを言うのが日課になった」。「彼女はあいさつがわりに決まって『愛してるわ少佐、タバコない?』と聞いてくる。だから私も決まって答える。『本当にぼくを愛してるの? きみが愛してるのはタバコじゃない?』。すると彼女も決まってこう答えるんだ。『あなたがタバコを持ってるかぎり、いつだってあなたを愛してるわ、少佐』ってね[53]」。

最後に、タバコは何よりアメリカ人がくれたワクワクする贈り物の代表だった。ミシェル・ベシェはチェスターフィールドやオールドゴールドの箱がぞくぞくと出てくるのに目が釘づけになり、後から日記にこう書いた。「物質的な豊かさをこれほど見せつけられればもう降参するしかない[54]」。ポール・フィナンスはラッキーストライクの箱を初めて手にした瞬間を覚えているが、自分の幸運が信じられないほどだった。「彼らは神聖な任務を果たしに来ただけでない」と彼は熱く語った。「なんとタバコ一箱までくれたのだ![55]」。まだ子どもだったジャック=アラン・ド・セドゥイもまた、初めてアメリカの金持ち連中を目にして恐れいった。「身の回りの品を手に上陸し、アフリカの部族にいっせいに囲まれた白人みたいだった」と彼は回想する。「兵士たちはチョコレートやタバコ、キャンディーやチューインガムを、次々伸びてくる手に気前よく渡していた[56]」。セドゥイがアメリカ人の到来を植民地になぞらえて説明したことは、まもなく現れるさほど温かではない取引市場を彷彿とさせる。

おれたちに借りはないのか？

解放の興奮が収まると、アメリカの余剰品が持つ意味も効果も変化した。喜びをもたらし、仲間意識を育んだチョコレートやタバコは、一転して兵士と市民の間に敵意を生むものに変わりはじめた。神ならぬ身のアメリカ人は、有利な立場を利用し利益を求め、そのことをフランス人も次第に腹立たしく思うようになった。気前のよさや感謝の気持ちが欲望や怒りに勝つには、貧富の差があまりに大きすぎたのだ。

しかも気前のよさを見せたことで、アメリカ軍はフランス人の誇りを傷つけもした。アメリカ軍は一九四四年の夏の間移動を続け、また物資を十分に供給されてもいたので、余った肉やスープ、パン、ケーキ、コンデンスミルクを大量に捨て、フランス人に正式に提供を申し出ることもなかった。市民はアメリカ人の残り物を食べるか交換するか売りさばくため、ゴミ箱やゴミ捨て場をあさるのも致し方ないと考えた。ただしほとんどの大人がその仕事を子どもたちに任せたのを見ると、やはり恥ずべきことだと感じていたようだ。ノルマンディーでは、あるアメリカ人将校が自分たちの出す生ゴミを豚のエサにしてはどうかと地元の農家に申し出た。人びとはその申し出に感謝したが、それは捨てられた食料の質を見るまでの話だった。結局、家畜にやるより自分たちの分として取っておくことにしたものの、ばつの悪さは拭えなかった[57]。自国の料理を誇りにしている人びとにとって、アメリカ人の残飯を食べるのはたやすいことではなかっただろう。

さらに屈辱的なのは物乞いをすることで、とりわけ子どもたちは食べ物やタバコをアメリカ兵にねだった。このことに心を痛めたアメリカ兵のキース・ウィンストンは、妻にこう書き送っている。「ぼくらの小さなニールくらいの幼い子どもたちが、お金や食べ物をせがんでくるのを見たら、思わず涙が出た[58]」。

郵便はがき

料金受取人払郵便

神田局
承認

9745

差出有効期間
2017年4月
30日まで

切手を貼らずに
お出し下さい。

101-8796

537

【受 取 人】

東京都千代田区外神田6-9-5
株式会社 明石書店 読者通信係 行

お買い上げ、ありがとうございました。
今後の出版物の参考といたしたく、ご記入、ご投函いただければ幸いに存じます。

ふりがな お 名 前	年齢	性別

ご 住 所 〒 -

TEL ( ) FAX ( )

メールアドレス	ご職業（または学校名）

＊図書目録のご希望 □ある □ない	＊ジャンル別などのご案内（不定期）のご希望 □ある：ジャンル（ □ない

書籍のタイトル

◆本書を何でお知りになりましたか？
□新聞・雑誌の広告…掲載紙誌名[ ]
□書評・紹介記事……掲載紙誌名[ ]
□店頭で □知人のすすめ □弊社からの案内 □弊社ホームページ
□ネット書店[ ] □その他[ ]

◆本書についてのご意見・ご感想
■定　価 □安い（満足） □ほどほど □高い（不満）
■カバーデザイン □良い □ふつう □悪い・ふさわしくない
■内　容 □良い □ふつう □期待はずれ
■その他お気づきの点、ご質問、ご感想など、ご自由にお書き下さい。

◆本書をお買い上げの書店
[市・区・町・村 書店 店]

◆今後どのような書籍をお望みですか？
今関心をお持ちのテーマ・人・ジャンル、また翻訳希望の本など、何でもお書き下さい。

◆ご購読紙 (1)朝日 (2)読売 (3)毎日 (4)日経 (5)その他[新聞]
◆定期ご購読の雑誌[ ]

ご協力ありがとうございました。

ご意見などを弊社ホームページなどでご紹介させていただくことがあります。 □諾 □否

◆ご注文書◆ このハガキで弊社刊行物をご注文いただけます。
□ご指定の書店でお受取り……下欄に書店名と所在地域、わかれば電話番号をご記入下さい。
□代金引換郵便にてお受取り…送料+手数料として300円かかります(表記ご住所宛のみ)。

名	冊
名	冊

指定の書店・支店名	書店の所在地域 都・道 府・県　市・区 町・村
	書店の電話番号 （ ）

ただし、大人たちはこうした行為をみっともないことだと考えた。「連中はわれわれを見定めているのだ。どんなささいなことも影響を与えかねない」と、レンヌの地元紙『ウェスト・フランス』は八月に警告した。「子どもたちだけでなく、さまざまな集団がときおりトラックを取り囲み、必死に手を伸ばしている……これはフランス人のすることではない」[59]。「われわれにはすべてお見通しなのだ」と『ル・ジュルナル・ド・ラ・マルヌ』は書いている。「力強い表明や感じのよいあいさつとは裏腹に、彼らはわれわれを政治的な弱者だと見なしている。だからこそ子どもたちが物乞いなどすれば、もはやフランスは世界の大国ではないという（米国の）感覚にお墨つきを与えることになる」[60]。マルヌ県では警察がこうした行動に走る市民をたしなめた。そんなことをすればアメリカ人から「フランス人のメンタリティーを疑われる」からだ[61]。痛ましい変化のしるしだからこそ物乞いはやめなければいけない。「アメリカ人が通りにいるとすぐわかる。一粒の砂糖に群がるハエのように群衆が集まっているからだ」と、パリの日刊紙『ル・フラン＝ティルール』はこぼした。「一九一八年のときは逆だった。アメリカ人は『土産品』に目の色を変え、あちこちでねだっていた」[62]。ル・アーヴルでも同じく、「チューインガムやタバコを（アメリカ兵に）しつこくねだる子どもたち」を見かけるのは気恥ずかしいことと思われた。「ここは物乞いの国か？」と『アーヴ・レクレール』は問いかけた。「われわれは征服されたのであって、一九四〇年の敗北者なのだ。われわれは相変わらず弱者であり、これからも、何があってもこのことを忘れることはできないだろう」[63]。一九四五年になるとアメリカ兵の気前のよさは、フランスが物乞いの国に成り下がったという危惧をいっそうあおった。市民にとってアメリカからの施し物は、敗北の屈辱をますます象徴するものになっていた。一九四四年の夏のある時期、アメリカ軍の余剰品が意味するものは、アメリカ兵にとっても変わってきた。

リカ兵は自分たちのチョコレートやラッキーストライクが確かに貴重な商品であると気がついた。チョコレートやタバコは贈り物としての地位を失い、今度は貨幣単位になった。そして売上げが市場取引を決定しはじめた。ウォルター・ブラウンはタバコ一カートン（二〇箱）を五〇セントで購入し、それぞれ一ドルの値段で取引できると気がついた。「いい商売になったので、ぞんぶんに活用した」とブラウンは語っている。[64] 両親に宛てた手紙でジョン・アール大尉も、タバコ一カートンを五〇セントで買って一五ドルもの値段で売ったと認めた。「もちろん大量に調達して持ち込んだ」[65]。タバコはどんなものとでも交換できたし、フランよりも侵攻通貨〔連合国軍が発行したフランス特別通貨〕よりも金になった。[66] タバコ二、三箱で一クォートのワインが手に入ったと歩兵のアンソニー・ハーリンスキは記憶している。崩れかけたパリのホテルで三泊して、大隊の軍医ビル・マコナヒーが宿代に払ったのはタバコ計七箱だった。[67]「タバコ一箱あれば、パリに来たアメリカ兵は難なく売春婦を見つけて一晩を過ごせた」とピーター・ベルパルシは語った。[68] 衛生兵のキース・ウィンストンは妻に宛てた手紙で、妻にアクセサリーを少しばかり買うためにタバコを七カートン持ってパリに向かう途中だと書いている。[69]

軍の余剰品は徐々に、しかし確実に腐敗の道具になっていった。一〇月に民事部の報告書は、アメリカ軍歩兵の「有害分子」が手を貸したタバコの闇取引がパリで隆盛をきわめていると訴えた。[70] ルーアンの中心街ではタバコがおおっぴらに売られていた。[71] タバコ市場はフランス警察の苦情の種になり、アメリカ軍の「名誉を汚した」と警察は考えた。[72] 休暇を取ってパリに来たジャック・ケイペルが仲間と真っ先にしたのは、町に入る軍のトラックに群がる闇市場の売人に、「持参したタバコをフランスの通貨と交換してもらうこと」だった。[73] これは汚い商売で、しょっちゅうけんかや窃盗が起き、取引はおじゃんになった。売り手は稼いだ大金を安全に保管できないため、すぐさま売春婦のもとで使い果たし、もう一方の非合法市場を潤わせた[74]。ランスヤル・アーヴルといった、膨大な量のアメリカの支給品が到着する町では、地元住民はどのアメリカ兵に当たればいいか知っているだけでよい。チョコレートやコーヒーが専門の兵士もいれば、タバコ専門の者も、さらに衣服や絹の靴下、靴専門の兵士もいた[75]。ガソリンも不足していたが、町の裕福な市民は闇市場でガソリンを手に入れ、ようやく自分の車を運転できるようになった[76]。憲兵が波止場や配給所に目を光らせていたため、この手の商売は慎重に行う必要があり、得てしてバーやカフェの奥の小部屋が使われた。ドイツ人の捕虜やアフリカ系アメリカ人兵士は密売人として名をはせたが、それは荷揚げや補給品輸送トラックの運転をする際に、積み荷に近づくことができたからだ[77]。フランス当局もアメリカ軍もどちらも公式には闇市場に反対していたが、両者とも市場を閉鎖するための人員が不足していた[78]。

軍の支給品が通貨に交換されるにつれ、仏米関係は極端に悪化していった。一九四四年の九月、パリの日刊紙『ス・ソワール』に掲載された小さな記事は、タバコのせいでいかに兵士と市民の間に警戒心が生まれたかを示している。「見事なプレー《ビヤン・ジュ》」と題した記事は、カフェ・ド・フロールにいた二人のアメリカ兵の話を伝えている。給仕をしていたウエーターが、「自分は煙草を取り上げられた哀れなフランス男だ」と遠慮がちに言った」。そこで兵士たちはタバコを一箱、彼にくれてやった。ところが、その一〇分後、ウエーターがそのタバコを一七五フランで売っているのを目撃した。怒った兵士たちは勘定を頼んだ。会計は一四〇フランだったが、兵士たちは五〇フランしか払わなかった。完璧なフランス語で一人の兵士がこう言った。「これでどうだ。もうじゅうぶん元は取ってるだろう」[79]。これは文化的なステレオタイプを両者ともちゃっかり利用したことをジョークにしている。ウエーターはタバコというアメリカ兵の定番の贈り物をもらって通貨に替えた。この目的のために、彼は「貧しい市民」という、前年の夏に確立したステレオタイプを利用した。ウエーターの二枚舌のお返しに、今度はアメリカ人も自分たちのステレオタイプ――フランス語がわからないおバカなアメリカ兵――を利用した。友情を築くために兵士と市民がかつて利用したこの自分たちの弱み――アメリカ人の純朴さとフランス人の貧しさ――が、今度は詐欺の道具に変わっていた。これは「見事なプレー《ビャン・ジュ》」のゲームだった、と『ス・ソワール』はユーモアを忘れなかったが、読後の後味はよろしくない。根っこのところで何かが変わっていたのだ[80]。

『ス・ソワール』の例が示すように、アメリカ兵をダシにして手っ取り早く荒稼ぎすることを市民は何とも思っていなかった。こうした取引の理由は、やはり人聞くさいものだ。つまりアメリカ兵が市場交換で儲けているなら、フランス人が同じことをしてなぜ悪いのか？ 兵士たちの間では、ブランデーや香水の件で「フランス人からカモられている」といった不満が後を絶たなかった[81]。「何でもとんでもなく値が張るのだ」とジョン・アールは家族に書いている。「宝石類は話にならない。きみたちに何かプレゼントを送りたいのはやまやまだが、フランス人を助けて金をドブに捨てるのだけはごめんだ[82]」。「パリは大都会で、連中のお目当てはひたすら金だけだ」とジェイムズ・コレッティも認めた[83]。また本物の詐欺行為はいっそうの反感を買った。イシェルソンは、ポルノの絵はがきだと言われて買ったのに、後から田園風景のはがきだとわかって怒り心頭だった。「あのフランス人にまんまと一杯食わされた。フランスのためにあれだけしてやったのに、まったく死刑になってもおかしくない[84]」。

イシェルソンの不満からは、また別の市場論理が露呈する。それはめったに口には上らないものの、アメリカ兵と市民の交流に浸透していた。その論理とは次のようなものだ。合衆国はフランスの自由のために国民の命を犠牲にした。だから今度はフランス人がその血の恩に報いる義務があり、それは生き残った兵士たちに支払うべきだ。民事部によれば、「われわれがフランスを『解放した』のだから、その結果『何かいいことが待っている』と一部の兵士が思っていること」が大きな怒りにつながった[85]。赤十字で救護活動をしていたゲッティ・ペイジはその心境をこう説明した。「ほら、おれたちってすごいだろ？ あんたたちを解放したんだぜ。おれたちに借りはないのか？[86]」。このアメリカ兵の態度は、ごく日常的な取引さえも一触即発の事態に変えた。ノルマンディーの戦いを経験したリロイ・スチュワートは、パリの床屋で散髪したときにチップを要求されて激怒した。「このフランス人の若造がパリで安全で快適に暮らしているときに、おれはこの国のためにまさに地獄の苦しみを味わっていたんだぞ[87]」。とくに憤りを覚えたのは、アメリカ軍の進駐から市民が利益を得ているとわかったときだ。アメリカ軍は自分たちが戦争で払った犠牲に対する特権として、自らの市場利益を保護し見張っていた。また文化的な蔑視からも、この利益は当然のものと考えられた。先にも述べたように、アメリカ兵は原始的で薄汚れたセックス好きのフランス国民に、文明化という「贈り物」を持ってきたと信じていたのだ。

一九四五年になると、アメリカの余剰品は友情の証としての当初の意味からかけ離れたものになり、むしろ腐敗と憤慨の種になった。この変貌はアメリカ軍のあらゆる層で起き、最上層も例外ではなかった。軍の法務総監の執務室で、アメリカ兵による殺人やレイプを含む犯罪の犠牲になった市民への償いにタバコが用いられる例もあった。こうした行為に、アメリカ軍の通訳を務めていたブルターニュの作家ルイ・ギユーは愕然とした。ギユーは、市民にこれ以上の損害賠償を請求させないための軍の工作道具として、タバコが使われていたのを目撃している。[88] かつては兵士と市民の沈黙を埋めるために差し出されたタバコが、今では犠牲者に沈黙を守らせるために使用されるようになったのだ。ギユーのようなフランス人男性にとって、これはアメリカの傲慢さに直結するものになっていた。

フランス人は自己アピールに無頓着

タバコと同様に、売春婦もまた兵士と市民の力関係を象徴し、形作る役目を果たした。セックスは一九四四年の秋に発展した闇市場と切り離せないものになり、タバコやチョコレートと同じたぐいの商品になった。たとえばオーベリーがル・アーヴルの波止場に行くと、アメリカ兵たちから「マドモワゼル」のためならどんな軍の支給品も調達できると請け負われた。[89] ジル・モリスもまたアメリカ兵たちが「マドモワゼル・ジグザグ〔セックスの隠語。ジグジグとも言う〕!」にご執心だったことを覚えている。さらに、ル・アーヴルの中央市場は、軍の余剰品が「一級品のラベルを貼った傷んだ酒の瓶や、シャネルの香水、ポルノ写真、あるいはどこかの女の子——あわよくば美人の——の連絡先」と取引されるいかがわしい場所だったとも語っている。[90]

売買春と闇市場はともに準合法の可動式消費形態を取り、うす暗い裏通りやバーの奥の小部屋、ホテルの廊下で商売が営まれた。どちらも地元の情報に明るい下位文化のなかで栄えていた。どちらも公式には非難されていたものの、広く受容されていた。そして最後に、どちらの場合も取引はさまざまな層で行われた。売春婦にも売人にも、一回限りの「臨時の」参加者もいれば、フルタイムの「プロフェッショナル」もいた。フランス当局が売春婦と闇市場《ル・マルシェ・ノワール》を一緒くたに語ることもよくあった。たとえばマルセイユの役人は、コートダジュールにアメリカ軍が進駐したために「闇市場と非合法の売春が急増する厄介な事態」が生じたと不満を訴えた。[91] 同様に、あるパリの警察官によれば、オペラ地区に売人と売春婦が押し寄せ「前者は物品をせがんで買い取り、後者は色香を振りまいた[92]」。

このように売春と闇市場がつながっていたことで、アメリカ兵も酒や煙草を買うのとさして変わらぬようにセックスを買った。[93]お金の価値はセックスを目安に測られた。スイスを目指してフランスを通過していたイシェルソンは、ある日、政府が全兵士に一人当たり支給した四〇〇フランを受け取った。「たった四〇〇フランじゃフランスでたいした買い物はできないな」とイシェルソンはこぼした。「でも淋病なら二度もらえるか[94]」。軍の支給品でセックスを買うことは、ヨーロッパ各地でアメリカ兵がよくやることだった。[95] 歩兵のバート・ダムスキーは、ドイツやロシアやポーランドの女性たちがタバコやK号携帯食《ケー・レーション》と引き換えに身体を売っていたことを覚えている。[96] ウィリアム・マイズナーは、そばに寄ってきたドイツ人の子どもたちから「ねえ兵隊さん、ぼくのママと（セックス）したくない？ バージンだよ」と言われてショックを受けた。[97]「放浪生活を送る女の子たちもいた」と大隊の軍医ビル・マコナヒーは回想する。「大通りをうろつき、毛布を持ち歩く者までいて、その気になったアメリカ兵がいれば腕を組んで林の奥に消えていった。彼女たちの値段はタバコ一本かチューインガム一枚、チョコレート一かけら、ひょっとしたら無料《ただ》のときもあった[98]」。アメリカ兵はこうした売春婦を、チョコレートのために身体を売ることから「ハーシー〔米国ハーシーズ社のチョコレート〕・バー」と呼んでいた。[99]「あるとき二人のハンガリー人の女の子から、五セントのハーシー・バーでもいいからと誘われた」とイシェルソンは振り返った。「二人は姉妹で、一人につきハーシー・バー半分でいいって言うんだ。安いセックスの世界記録に違いないよ。それぞれ二セント半だからね」[100]。またある元アメリカ兵は一九七〇年代にこう推測した。「今日のヨーロッパは人生で一度は一塊のパンの値段で股を広げたことのある、ご立派なプチブル女たちであふれている」[101]。

フランスの女性たちも例外ではなかった。ウォルター・ブラウンが都会に来ると、「どこに行っても女たちに追いかけられた。食事をしにカフェに寄れば、女たちも店に入ってきて近くに座り、タバコと引き換えに自分と寝ないかと誘ってきた」[102]。セックスはチューインガム一包みでも買えた[103]。シェルブールの近くで逮捕された売春婦は、「靴やタバコ、チョコレートなどの支給品が手に入る」と聞いてパリからやって来たと語った[104]。売春婦ではない多くの女性市民も、何らかの物品を手に入れるためにセックスに携わった。アメリカ兵のロバート・ピーターズは同僚のシーヴァーが、あるフランス人女性とセックスしたと聞いてあきれ返った。「『結婚してるくせに』と私は言った。『理解できないよ』。『かまわないさ』とやつは答えた。『あの娘は石鹸とタバコが欲しかっただけ、おれはファックしたかっただけさ』[105]」。当初、こうした性の取引は即席で行われていたが、これもまた北フランス全土に広がる売買春市場へと発展していった[106]。

受けたサービスには感謝していたものの、多くのアメリカ兵はフランスの売春婦のことを軽蔑のまなざしで見ていた[107]。ロバート・ピーターズは売春婦のことを、シャンゼリゼ通りの薄明かりのなかで「けばけばしい化粧をした」「毒々しい女たち」だったと回想する[108]。イシェルソンはある晩、軍の基地ラッキーストライクの外で兵士たちが長蛇の列をつくっていたのを覚えている。列の先頭では、フランス語を話せる黒人兵士がフランス人女性とフェラチオの値段をめぐって言い合っていた。「なんて生計の立て方だ!」と彼はあざ笑った。「今日の仕事を終えたら、あの娘、口が開かなくなって胸やけするだろうよ」[109]。トーマス・セイラーも同じく軽蔑を込めて、バーで金目当てに言い寄ってきたフランス人女性について語っている。「おおぜいがタバコを、おおぜいが金を（欲しがり）……至る所に女たちがいた。バーに入ればそこらじゅうにいる。いろんなタイプが勢ぞろいだ。サービスで上半身裸になっている娘もいた。バーのなかだというのに、こちらを触ってくるのだ。それでも私は、自分の金は大事に取っておく」[110]。民事官のジョン・J・マギニスがカランタンに赴任していたとき、シェルブールから来た一〇人の売春婦が彼のもとに「放り込まれた」。売春婦たちを閉じ込めておこうとしたが手に負えず、とうとうマギニスも堪忍袋の緒が切れた。うんざりした彼は、「激しく抵抗する」女たちを難民収容所に送り込み、「あんな者たちの悪ふざけには付き合っていられない」とぼやいた[111]。

都会の売春の光景は、フランス人は堕落した人間だというアメリカ人の思い込み――すでにノルマンディーで固まっていた――をいっそう強めた。アメリカ軍のマニュアル『フランス人についての一一二の不満』はこう問いかける。「いったいフランス人自身はこの街娼たちをどう思っているのか？　こうした風紀の乱れになぜ平気で目をつぶっていられるのか？」[112]。多くのアメリカ兵が、パリをはじめ休暇を過ごした都市に街娼が多くいることを故郷への手紙に書いている[113]。フランスの内陸部に向かうにつれて、ジャック・プラノは「性を売る少女たちの数の多さ」に否応なく気がついた。さらにショックだったのは彼女たちの年齢で、せいぜい一二、三歳にしか見えなかった[114]。バート・ダムスキーは、売春婦が増えたのは「戦争の副産物」にすぎないと自分に言い聞かせた[115]。『フランス人についての一一二の不満』は、多くの女性たちが賃金だけでは生活していけないと、とりあえずは説明している。それでも多くのアメリカ兵は、フランス人女性が「落としやすい女」であり、たいていは「ふしだら」であると決めつけた[116]。ル・アーヴルの港湾労働者ルネ・ロワゼルによれば、アメリカ人たちは「おれたちを心の底から軽蔑し、フランスでは男はみな怠け者で、子どもはみな物乞いで、女はみな尻軽女《エ・レ・ファム・デ・ピュタン》だと口癖のように言っていた」[117]。アーサー・ミラーはパリに居を定めたとき、美しい娘たちがラッキーストライクと引き換えに暗がりで身体を触らせているのを見て眉をしかめ、フランスの品位は地に落ちたと結論した[118]。

売春婦に向けられたアメリカ人の軽蔑のまなざしは、フランス人全体への軽視にまで広がった。チェスター・ハンセン（オマール・ブラッドリーの補佐官）は一九四四年九月一八日の日記に、パリで遭遇した積極果敢な売春婦について書いている。一人の女と踊っていたとき、「あんた今晩、あたしと寝るわよね？」と聞かれてハンセンは肝をつぶした。そしてこの体験からこう結論した。「フランス人はもとより自己アピールに無頓着で、誰も彼らに好印象など持たない[119]」。フランス人はそもそも自らを「売り込む」ことを強いられたのだ、とハンセンは推測した。ただし、それよりも重要なのは、ハンセンがセックスの誘いを、この国の国民そのものを認識するための判断材料にしたことだ。同様に彼の頭のなかでは、売春婦を拒絶したことと、一般のフランス人に対する軽蔑はつながっていた。こうして一人のパリの娼婦が国民全体の代表者になったのだ。

軍当局のあらゆる指揮層も、フランスの「自己アピール」を同様にとらえ結論づけた。歴史家フランク・コスティグリオラによれば、アメリカ人はこの時期、フランス人のことを一貫して「気まぐれな」女性だと見なしていた。西側連合国の間では、性的商売は承認を求めるフランス国民の訴えをも広く表すものになり、その結果、アメリカのうぬぼれをいっそう強めるものになった[120]。従軍牧師のレンウィック・ケネディは、アメリカ人たちが「自分たちの出会った一握りの売春婦や酔っぱらいや闇市場の売人をもとに国民全体を評価している」場面に遭遇した[121]。「ある国を、世界最古の職業の事業主とその伝染力から判断するのは公平なことではない」とイシェルソンは意見した。「とはいえ、われわれはフランスの政治家よりもフランスの娼婦にたくさん出会ったのだ[122]」。イシェルソンの言葉から思い知らされるのは、敗北をものともしないシャルル・ド・ゴールの反骨精神が、アメリカ兵の抱く唯一のフランス人像ではなかったということだ。アメリカ兵が売春婦と遭遇したこと——ほかのタイプのフランス人と出会うより間違いなく頻度が高かった——が、ふしだらで従属的なフランスの国民像を根底からつくり上げたのである。

ボニシュの時代

一九四四年の夏の間にフランス国民が次第にわかってきたのは、アメリカ兵の頭のなかの「フランス人像」が、ルーヴル美術館で固まってはいなかったということだ。「ヨーロッパだけでなく世界中で、フランスと聞くと娼館を連想するようになった！」と保守派は憤慨した[123]。北フランス各地の新聞編集者らは読者に次のように訴えた。アメリカ兵に「規律ある国民という印象……さらに品位があり誇り高く、その輝かしい過去と有望な未来を自覚した国民であるという印象」を与えなくてはならない[124]。「一部の女性の、享楽的で解放された態度」を『ル・ジュルナル・ド・ラ・マルヌ』は叱ったが、アメリカ人は、その意見がかつてないほどの重みを持ったこの時期に、フランス人に「かなり辛口の」印象を抱くようになっていた[125]。ランスの市長は、「快楽や未知のものを好む傾向」が、この町の若者の間に困った「節操のなさ」を招いていると嘆いた[126]。近隣のシャロン・シュル・マルヌの警察もまた、「はなはだ遺憾な決めつけがフランスの女性になされること」を案じていた[127]。

ただしフランス人から言わせれば、アメリカ兵が町にいるからこそ若い女性の性に対する態度が変わったのだ。ソーシャルワーカーは新たなタイプの売春婦の誕生を指摘したが、それは「もっと楽な人生という幻想」をアメリカ人から吹き込まれ、真面目な仕事を嫌い、わが身を売った素人の売春婦たちのことだった。「欲深い態度」が女性たちを惑わせたのだ、とアルフレッド・シャイバーは断言した。チョコレートやタバコなどの「その気にさせる手管」を用いて、アメリカ兵は高潔な女性をも悪女に変えた。その結果、古い偏見ではどうやら抑えが利かなかったあらゆる階層の女たちが——必ずしも経済的な必要からではなく——自ら売春に手を染めたのだ。[128]「キャメルやチューインガム、チョコレートを手にアメリカ人がやって来た」ことが原因で「野放しの売春が発生した」とパリ警察も同調した。[129]アメリカの日用品という餌に誘われ、新たな層の女性たちがこの業界に参入し、売春は「はるかに定義しにくい」ものになった。[130]医師のジャン＝シャルル・ベルティエが言うように、非合法の売春は「社会のあらゆる階層から人員を集める。よってこれを定義することは不可能だ[131]」。こうした悲観的な警告が示すように、新たな売春婦が突きつけた脅威は、それが二つの神聖なる区別をあいまいにしかねないことだった。すなわち、経済的必要と日用品への欲望との区別、そして売春婦と「ちゃんとした」女性との区別である。

パリの解放により、淑女にふさわしい行動を取るよう求める声が前にも増して強まった。「マドモワゼルやマダムの皆さま」と『フランス・リブル』は訴えた。「わが連合国軍の兵士たちに、邪悪で放蕩なパリという印象をくれぐれも与えないようにしていただきたい。この街の偉大さと英雄精神を熟知し称賛しながらやってくる兵士たちを、自由の風にしとやかさも吹き飛んだ若い女たちの大群が出迎えるのはいかがなものか？[132]」。それから数日して、この慎み深さを求める呼びかけに『ル・ポピュレール』も加勢した。「フランス人女性の評判を貶めるこのデマに、ほんのわずかでも根拠を与え、真実の片鱗でも見せることをわれわれは果たして望んでいるのか？」。[133] 中産階級向けの出版物でさえ、このフランス人女性の評判には黙っていなかった。女性誌の『マリ・クレール』は「アメリカ人を待ち伏せしてタバコやチョコレートをねだる」ためにもっと英語がうまくなりたいと訴えるニコルという女性を取り上げた。「あなたが正真正銘《ヴェリタブル》のフランスの若い女性ならば」とこの雑誌は説教した。「アメリカ人にわれわれフランス人の心からの感謝を示すのはお父上や婚約者、ご兄弟に任せておきなさい」。[134] シャルル・ド・ゴールもこの問題について気にかけ、（パラシュート用の絹地でつくった）透けるブラウスを着ていたFFIの女性グループを、「品位や厳粛さ、規律」に欠けると非難した。[135]

兵士たちに自身を「恥知らずにも差し出した」女性たちは、「お手伝い」の蔑称である「ボニシュ」と呼ばれることもあった。この女性たちはアメリカ兵と恋人や「フィアンセ」として交際することを選んだ「良家」の子女であることも多かった。日本の「パンパン」のように、ボニシュは戦後の特殊な状況から誕生した。[136] 日本がアメリカに占領されていた間、パンパンは征服者の英雄相手に公然と売春し、そのため日本人は「気持ちのよい状態であったとは言えない」が、その理由はジョン・ダワーによれば、「『アメリカ化』という巨大で複雑な現象のなかの、一つの目立つ例」だったからだ。[137] 同様にフランスのボニシュもまた「アメリカ化」を象徴するものであると同時に、従来、若い娘《ラ・ジュンヌ・フィーユ》に備わっていたはずの社会的体面の喪失をも象徴していた。

性的行動と国家の評判をめぐる懸念は、占領そのものに深く根差したものだった。『ジュルナル・ド・ラ・マルヌ』のコラムニストは、一九四五年にランスの町でアメリカ人と一緒にいるのを見かけた女たちを、戦時の売春婦やトンデュと大差ないと非難し物議をかもした。すぐさま抗議の手紙が殺到し、コラムニストは結局、自身の発言を読者に公開で謝罪せざるを得なくなった。[138] 戦時の間ずっと売春婦は敗北の屈辱を象徴していた。「われわれはどれほど屈辱を感じているか」。アルフレッド・シャイバーは占領下でドイツ兵に色香を振りまいたリヨンの売春婦についてこう語っている。[139] 売春婦は「水平的協力」を申し出て、ドイツ人から恩恵を受けていたと考えられた。戦時のレジスタンスは彼女たちを、フランス人であるという権利を放棄した敵国協力者《コラボラトリス》だと片付けた。[140] うわさでは、かなりの割合の売春婦が、ドイツの捕虜収容所に入っていたフランス人捕虜と結婚したとされる。[141] この「売春婦から妻になる」という神話のせいで、セックスの相手になり得る女性たちは恥辱と怒りの対象に変わった。

解放後も、前述のように女性の性的行動は相変わらず国家のアイデンティティや評判を左右するきわめて重要な意味を持っていた。そして今回、問題となったのは、「フランス人らしさ」という異論を呼ぶものだった。多くのジャーナリストはアメリカ兵がまっとうなたぐいの女性と出会っていないと感じていた。ピエール・オーベリーいわく「正真正銘のフランス人で、戦時中その苦悩に黙って耐え忍んできた」女性たちのことだ。[142] 理想とする女性像としてジャーナリストたちは敬虔な母親を引き合いに出した。著名な作家ジョルジュ・デュアメルはこう表現している。「私が思い浮かべる女性は、白髪にふちどられた顔を心配で曇らせ、今朝、私にこう語っていた。『夫や息子の帰りをひと晩じゅう辛抱強く待ち続けなければなりません』[143]」。『アーヴ・レクレール』のジャン・ヴァニエも同意見で、「深い思いやりを持って子どもたちを世話し、身も心もくたくたになりながら一家を切り盛りする母親」といった別のフランス人像がアメリカ人の脳裏にないことを嘆いた。[144] 従来の性役割は深層のフランス《ラ・フランス・プロフォーンド》として郷愁《ノスタルジア》をかき立てる役目を果たした。アメリカの読者の目にフランス人のイメージを示すため、小説家のヴェルコールは『ライフ』誌で若い女性のポスターを取り上げた。「空が白みつつある今、これがフランスの姿である。まぶしい太陽にかざすその手には、十字架に打ちつけられた釘の跡が残っている……彼女は喜びに満ちてはいない。ただ誇らしげである」[145]。ヴェルコールの描いた苦悩する女のキリストというフランス人像は、通りでアメリカ兵を歓迎するいわゆる「売春婦《フィーユ・ド・ジュワ》」とは正反対のものを映している。売春婦が新たな征服者に色香を振りまくとき、国民全体の誇りも苦悩もそこにはなかった。

上陸から数カ月の間、タバコやセックスなどの日用品はフランス人とアメリカ人が互いを理解するうえで欠かせないものだった。アメリカ兵はポケットから魅力的な品々を取り出した。ハーシーのチョコバーにチューインガム、ラッキーストライク。そしてゆっくりとだが、これらの品々の魔法は消え、次第にアメリカの腐敗や権力の媒体になっていった。軍の余剰品がアメリカの豊かさを象徴するようになったのと同じように、売春婦もまたフランスの不道徳の象徴として国民化されるようになった。売春婦はアメリカ人に権力と支配の教訓を教え、また同国人にとっては不名誉と追従の見本となった。こうして売春婦は、その身体を享受する兵士と、それを見て恥辱に耐えるしかない者との間にはっきりと特権の境界を引いたのだ。そしてアメリカの贅沢品の奴隷に進んでなったボニシュもまた、物質的豊かさとは偉大さであるとするアメリカの新たな価値観を肯定した。彼女たちの欲望はアメリカ資本の侵入を予感させるものだった。この新しい世界では、ハーシー・バーと女性の身体は市場で売れる値段以外にほとんど違いはなかった。普通の売春婦と同じように、ボニシュもまた、国家の衰退を測る目安となった。彼女たちは軽蔑されると同時に、恐れられてもいた。文化は自身に背を向け、けばけばしいアメリカ式の未来へと突き進みつつあった。

5
ギンギツネの巣穴《シルバー・フォックスホール》

パリが解放されると、ドイツ人を相手に商売に励むマリー＝テレーズ・コワントレのような売春婦は不穏な時期を過ごすことになった。一九四四年の八月、隣人からシャルル・ド・ゴールを出迎えに行こうと誘われた彼女は、「顔を一発殴られたいならご自由に。けど私は行かない！」と答えた。占領下でドイツ人と寝た女は、レジスタンスやＦＦＩの手で公の場に引きずり出され丸刈りにされると重々承知していたからだ。解放の騒乱のなか、ＦＦＩはときおりプロの売春婦と、「水平的協力」の罪を犯したフランス人女性とを区別できないこともあった[1]。コワントレは自らの「愛国心」を披露すべくＦＦＩの誰かを「引っかけ」ようかとも思ったが、結局、危ない橋は渡らないことにして、かわりにアパートの部屋にこもり、それから三カ月を過ごした。それでもいよいよ食料が底をつくと、考えを変えざるを得なくなった。「アメリカ人と仕事したっていいじゃない」とコワントレは考えた。いけないわけがない。そこでモンパルナスの駅に出向き、ようやく「ミスターＵＳＡ」を見つけたが、第一印象はお世辞にもよいものとは言えなかった。「二〇〇フランか、ときには三〇〇フランにもなったけど、それにしてもなんて最低のやつら！」と彼女は同僚にこぼした。「あいつらったら口を開けばこう言うんだよ。『おまえなんかよりドイツの未婚女のファックのほうがずっとましだ』とか『パリやフランス女のうわさはデマだったのか？』ってね」[2]。

　パリの解放はマリー＝テレーズにとって、タイミングよく新たな客に乗り換えた、というだけのことだった。ただし、こうした路線変更がすんなりいった背景には、別の事情があった。彼女の部屋を一歩出ると、そこにはすこぶる大きな変化が起きていたのだ。この街は、ヒットラーなら喜んでそう呼びそうだが、ますます「ヨーロッパの売春宿」と見なされるようになっていた。アメリカ兵の間で交わされる「パリやフランス女のうわさ」のせいで、この「光の都《パリ》」は兵士が休暇を過ごす人気の場所になったのだ[3]。軍の広報部はこの作戦をロマンスの機会として喧伝することでエロティック化し、兵士たちにフランスの地で戦う新鮮な動機を植え付けた。ただし、いったんかき立てられたアメリカ兵の性衝動は抑えが利かなかった。売買春がはびこり、性病の罹患率は上昇し、一般女性への性的暴行が蔓延した。アメリカ兵にとってはフランスの何もかもが性的意味合いを持つようになっていたが、とりわけパリは性衝動を満足させる究極の楽園になり、その結果、パリの性産業もパリの一般社会もあまねく劇的な変化に見舞われた。

「パリとは」とロジャー・フェーリンガーは回想する。「まったくアメリカ兵なら誰もがいつかは行きたいあこがれの地だ」[4]。休暇で夢をかなえた幸運な者もいたが、近くの基地に配属され、上官に頼み込んだ者もいた。またどこか目的地に向かう途中で「迷子」になり、パリに「たどりついた」者もいた[5]。アメリカの片田舎で育った兵士たちにとって、パリはまさに「光の都」。こんなに巨大で、この世のものとも思えぬ場所に来たのは初めてだった[6]。アメリカ兵はパリを「ギンギツネの巣穴《シルバー・フォックスホール》」〔フォックスホールはたこ壺壕の意。ギンギツネは娼婦たちの愛用していたショールより）」と呼んだ。ピーター・ベルパルシにとってパリでの休暇はまさに「楽園の旅」だった。チャールズ・テイラーは「ハイカラな」カフェ・ド・パリでの忘れられないディナーについて妻に手紙をしたためた。「それは楽しいひとときだった。[7]『ウィ・ムッシュー』を連発し、何でも言うことをきいてくれるウエーターであふれていた」。「拾ってきた大きめの牛の糞をビーフステーキに仕立ててテーブルに出したとしても」とウォルター・ブラウンは言う。「気がつかないだろうね。食べてみるまでは」。[8]「見事な飛梁《フライングバットレス》を擁したあの有名なノートルダム大聖堂の光景が眼前に広がる」セーヌ川の岸辺の散歩が、ベルパルシの旅のハイライトだった。[9]エッフェル塔（マレー・シャピロいわく「エイフェルト塔」、バート・ダムスキーいわく「エイフル塔」）にはアメリカ兵が殺到し、首を伸ばして眺めを楽しんだ。[10]『連合国軍兵士のためのパリ観光案内』は頼りになる手引書になった（この本は皮肉にも、サンポール地区にある「古くて絵のように美しいユダヤ人街を見にいく」よう兵士たちに勧めている）。[11]残念だったのはルーブル美術館で、レオナルド・ダ・ヴィンチの「モナリザ」はどこかにしまわれていた。[12]「観光はかなり限られていた」とウィリアム・ブランセルは回想する。[13]

けれどもほとんどのアメリカ兵は「モナリザ」などどうでもよかった。彼らがパリに来たのには理由があった。それはただ一つ、セックスのため。チャールズ・ホワイティング（イギリスの作家、戦史家。兵士としてフランスにも従軍）いわく、兵士たちは「やる」気満々で「パリになだれ込んだ」。[14]オマール・ブラッドリー将軍の記憶によれば、部下の少佐は「パリに近づくとアメリカ陸軍の兵士たちが極度の興奮状態に陥るのではないかと心配していた」。[15]というのも兵士たちは「ＡＥＦ（連合国遠征軍）に参加した父親から夢物語を聞かされて育った」からだ。パリにトラックで乗りつけたアメリカ兵は意気揚々と叫んだ。「さあ、みんなで寝にいこうぜ、フランス流に！」[16]。「ウーララ！　パリー、さあ来たぞ。ワインに女に歌！　ぜんぶおいらのものさ！」と、ある小隊の兵士たちはパリ到着を表現した。そして戻ってくるとこう報告した。「ウーララ。聞いた通りさ――何もかも――ぜんぶ手に入ったよ」[17]。ウィリアム・マコナヒーはこの町を「みだら」と表現した。「きれいな娘たちがより取り見取り手に入る」。マコナヒーはパリを「広く開かれた《ワイド・オープン》」都市だと言い表したが、まさしく彼の言う通りだった[18]。

　性病に感染したアメリカ兵のおおよそ四割が、パリで病気をもらってきたと思われる[19]。「パリっ子になった」ある兵士には、次の短い詩がひらめいた。

おイタが好きな小さな兵隊
精出し働き当番終えたら
三日の休みにパリに出かけた
何はともあれ気晴らし《レクリエーション》だ
けれどことが終わって宿舎に戻れば
今度は医者に行かねばならぬ
何はともあれ療養《リハビリテーション》だ[20]

　アメリカ兵たちはパリでもらってきた性病を「陽気《ゲイ》なパリーの土産」と呼んだ[21]。ル・アーヴルやマルセイユ、ルーアンやランスなどの、もっと小規模の都市にも、ひと儲けしようとフランスの売春婦たちが押しかけたが、新たな性産業の中心になったのはやはりパリだった。[22] アメリカ軍は、パリで休暇を取る兵士のためにこの街のホテルの部屋を一万室おさえていたが、この部屋数はいついかなるときも、この街にいる兵士の数を収容しきれなかった。[23]

フランスでは売春が百年もの間、メゾン・クローズまたはメゾン・ド・トレランス——医療従事者と警察の監督下に置かれた売春宿——の制度の下で認められていた。[24] 売春婦または公娼《フィーユ・スミーズ》は定期的に性病検査を受ければ、単独で、あるいは合法の売春宿で商売ができた。[25] 合法の売春制度がヨーロッパ各地で撤廃された後も、長いことフランスの制度は存続した。[26] ドイツの占領下で売春宿《メゾン・ド・トレランス》は効率的に運営されていたが、アメリカ人が到着すると今度は需要に圧倒された。結果、マリー＝テレーズのようなもぐりの売春婦に新たな仕事が回ってきたのだ。新たな性労働者が街に出てくると、性労働は混沌とした、非合法の、素人のものになった。従来の売春宿《メゾン》の制度が消えた解放後のパリは、性的に無秩序な状態に陥り、売春婦たちは貧しく保護のない環境に置かれた。売春婦たちは自分たちの世界をまとめるぽん引きも警察も医者もいないなか、逮捕や投獄はもとより暴力や病気にも悩まされた。けれども性的商売はまったくの無秩序状態というわけではなかった。パリには独自の言語や都市の地理、防御対策を備えた新たな売春文化が現れた。アメリカ陸軍省は表向きには売春を禁止していたが、それでも軍はこの新たな文化を黙認し、その慣習に順応していった。

ナチスの制度

戦後の性労働における変化は、ドイツの占領にその起源がある。一九四〇年、パリに侵攻したドイツ軍はすぐさま独自の売春宿を設け、ドイツ軍衛生部にこれを監督させた。ドイツ軍は豪勢なパリの売春宿（プロヴァンス通りのワン・トゥー・トゥー、ル・スフィンクス、ル・シャバネ）を秘密国家警察《ゲシュタポ》用に確保し、もっと格下の遊興施設を親衛隊の将校や兵士に割りあてた。[27] 売春婦は、ドイツ占領政府のためにフランス警察が行う暴力的な抑圧の対象となった。東南アジアで日本が設立したものほどの強制性はなかったが、ドイツ軍はもともと売春婦だった多くのフランス人女性を強引にナチスの制度に組み込み、売春婦は性病にかかっていないことを確認するため厳密な医師の管理下に置かれた。[28] ドイツ軍の衛生部はフランス衛生警察局の協力を得て、フランスの売春婦全員の個人情報を管理することにおおむね成功した。兵士や警官から性病感染を宣告された売春婦は、仕事を続けることができず、ドイツ兵に性病をうつすことは懲役刑に処し得る犯罪となった。[29]

売春婦はシャンパンを飲みレジスタンスを裏切りながら占領下を生き延びたと思われたが、真実はその反対であることもよくあった。多くの性労働者が実際にドイツ人に協力したのは事実だが、一方でレジスタンス運動に参加したり、ささやかながらドイツ当局への協力を拒んだりする者も多かった。そのため売春婦が「対独協力派」なのか、「レジスタンス派」なのか単純には言えなかった。ジュヌヴィエーヴ・ラガルドのような売春婦はドイツ人に身を許して彼らの秘密をレジスタンスに提供し、「キス・アンド・テル〔親しかった相手の秘密を後から暴露する〕」という表現に新たな意味を与えた。[30] フランスでは売春婦が客と一緒に部屋に入り扉を閉めたら、警察は部屋に入らないというしきたりがあった。「その瞬間」に男性の邪魔をすると精神的なダメージを与えると信じられていたからだ。[31] イギリスのスパイだったロクサンヌ・ピットは、売春婦たちがこの抜け穴をまんまと利用し、敵地に降りた連合国軍の航空兵をかくまっていたことをパリで知った。

売春宿もまた秘密の出口や通路から連合国軍兵士を逃がし、その命を救った。ピットによれば、あるときイギリス軍の航空兵が客のふりをするのを恥ずかしがり、かわりに売春婦を装ったという。ところがフランス人の客にすっかり気に入られ、作戦は裏目に出た。[32]

戦時のマリー＝テレーズの波瀾に満ちた経歴は、諸々の意味でまさに典型的なものだった。一九四二年、彼女はドイツでの労務契約に署名し、ベルリンで売春婦として、その後はハンブルグに行き工場労働者として働くことで、しばらくドイツの売春宿から離れて過ごした。[33] そして一九四三年七月のハンブルグ大空襲を奇跡的に生き延びたが、この空襲により再びパリに戻るほかなくなった。[34] パリではときおり公認の売春宿で働き、屈辱的な医師の診察を耐え忍んだ。それでもやはり独立したい思いに駆られ街頭に出るようになり、とくに解放後は本格的に働きはじめた。[35] フランスの警察用語によれば、彼女はもぐり《クランデスティン》の、あるいは無登録の売春婦《フィーユ・アンスミーズ》である。フランス政府の登録を受けず、医療記録の載ったカルテを携帯しなかった。こうして医師の診察を免れ、彼女は通りで非合法に働いた。無登録の売春婦となったマリー＝テレーズは実は時代の先端を行っていたのだ。一九四五年の一二月、有名な売春廃止論者のマルト・リシャールはこう語っている。「もぐり《クランデスティン》の売春婦の数が増え続けるにつれ、売春宿の女性や登録済み《アン・カルト》の公娼は堕落した少数派にすぎなくなった」[36]。翌年、『リベラシオン・スワール』もこう報じた。「おびただしい数の売春婦のなかでも、少数のか弱い者だけが売春宿に寄り集まっている」[37]。

もぐりの売春への流れ

アメリカ兵が合法的な売春宿に殺到したことで、この「反囲い込み」の動きに拍車がかかった。一九四六年の四月、最後のアメリカ人がパリを発つ頃、公認の売春宿はとうとうその門を閉じた。歴史家は、このフランスの公娼制度の終焉をドイツ占領下の腐敗がもたらしたものだと解釈してきた。歴史家の主張によれば、この制度をうまく機能させてきた売春宿の女将やぽん引きがドイツ軍に協力していたことが、戦後の制度崩壊の原因をつくったという。彼らは盗んだシャンパンや闇市場の贅沢品と引き換えにドイツ人の性的欲求を満足させてきた。解放後、こうした対独協力者《コラボ》は道徳的にも政治的にも復活できず、そのため公娼制度は社会改革者や共産主義者、そしてマルト・リシャールのような社会活動家から非難を浴びることになった。リシャールはこの制度の廃止を最初パリの市議会で、次に国民議会で訴え実現させた[38]。一九四六年の四月、のちにマルト・リシャール法として知られることになった法律により、公認の売春宿すべての閉鎖が宣言されたが、パリだけで一八〇〇もの快楽の宿がその対象になった[39]。

合法的な売春制度が道徳的にも政治的にも腐敗した戦争から誕生したことは疑いない。けれども歴史家は、この制度が失墜した原因をもっぱら国内の政治に求め、売春宿に殺到したアメリカ人たちを見落としてきた。当初、パリが解放され喜びに満ちあふれた八月には、セックスはたっぷりと、しかも無料《ただ》でできた。数人の記者たちとバルコニーに立ち、パリの女たちが躍起になって解放者の兵士たちの気を引こうとする様子を眺めていた著名なジャーナリストのアーニー・パイルは、次の有名な言葉を残した。「今晩女と寝ない兵士は意気地なしだ」[40]。異性間のセックスは解放の象徴となっていたので、多くのアメリカ兵は合意によるセックスから営利本意のセックスにおいそれとは移れなかった。それまで無料《ただ》で手に入ったものになぜ金を払わなければならないのか、と兵士たちは憤慨した。デイヴィッド・イシェルソンはフランス人についてこう語った。「ドイツでは無料《ただ》で手に入る日用品にかなりの高値をつけるんだ。やつらは解放してもらったことに感謝してはいるが、おれたちと対等だと思い、あまり長くこびへつらう気などなかったのさ[41]」。

パリの売春宿もまた解放からまもなく客であふれかえった。アメリカ軍がまず最優先したことの一つは、売春宿を分けることだった。一九四四年の九月二日、セーヌ基地地区（パリとその郊外を管轄）の憲兵司令官がフランス警察とともにパリの街にやって来た。一通り街を見てまわった司令官らは、将校用の売春宿、白人下士官兵用の売春宿、そして「黒人《ニグロ》」用の売春宿を選んだ[42]。それから三日後に軍医長が来ると、今度はすべての売春宿をアメリカ兵の立ち入り禁止にすると宣言した。すでに急上昇していた性病の罹患率を抑えるのがもっぱらの目的だった。ところが売春宿はろくに門を閉じなかった。数カ月がたったが、売春宿は警察の監視も、また医師の管理も不十分な状態に置かれていた。その理由は、フランス国家の手に再び委ねられた従来の公娼制度がなかなか復活できずにいたからだ。フランス当局はナチスがこの制度をきわめて効率よく運営していたことをしぶしぶ認めざるを得なかった[43]。ドイツ軍が撤退すると、政府は必要な人員を慌ててかき集めたが、以前と同様に効率よく制度を運営するには資金が不足していた[44]。アメリカ軍の司令官のなかには、フランスの憲兵隊《ジャンダルメリ》と協力し、問題となる売春宿の外に憲兵を立たせる者もいた[45]。アメリカ兵はこうした快楽の宿に入るためには労を惜しまず、なかには市民から盗んだ服を着てもぐり込む輩もいたが、たいていは街娼を求めるほうが簡単で手っ取り早かった。一九四五年二月の軍の調査によれば、売春宿で性病をうつされたアメリカ兵はわずか五パーセントと推定された[46]。

非合法売春の需要が合法売春の供給を上回るにつれて、もぐりの売春は性を売るための主な手段になっていった。アメリカ兵の回想録は「売春宿」についてごくたまにしか触れていない。また売春宿のなかでも最上級のものは連合国軍将校に取っておかれた。アメリカ歩兵を相手にする唯一の売春宿は「兵士の箱《ブワト・ソルダ》」と呼ばれ、戦前の呼び名は「屠畜場《アバトワ》」だった。「愛の工場」たる「兵士の箱」は売春宿としては法律の最も届かぬ底辺に位置し、いわば快楽の大量生産工場だった。[47] 売春廃止論者のマルセル・ピナールによれば、一日に一〇〇〇から一五〇〇人の男性客が訪れ、一人の女性が五〇から六〇人の相手をさせられたという。[48] また相手の数を六〇から八〇人だとする廃止論者もいる。[49] この「屠畜場」は「一回」につきわずか六フランで北アフリカ系の兵士にサービスを提供することで知られていた。[50] アメリカの監督下では、売春宿《ブワト》は人種によっても分離され、兵士が「白人」か「有色人」かによって、支払う金も選べる女性も違っていた。[51] 最盛期には、アメリカ兵の列が階段を降りてドアの外に出て、さらに角をまわったところまで続いていた。[52] メスが解放されると、アルセナル港沿いのとある売春宿には次のような看板が出た。「この施設では人員が不足しております。お客さまにはできましたらご自分の手でご準備いただけますようお願い申し上げます[53]」。

けれども大半のアメリカ兵にとって、セックスは安ホテルの一室で行われるものだった。性病報告のなかで感染ルートについて尋ねられたある兵士は、ホテルの部屋をしっかり覚えていた。「バーに向かって正面の階段を上がってすぐ左側の最初の部屋[54]」。こうした部屋は、電話一本で呼べる女たちを取りそろえた支配人が運営する、いわゆる連れ込みホテル《オテル・ド・パース》のなかにあった。[55] ホテルの支配人は客に身分証明書を見せてもらうよう当局から強く求められていた。宿泊者名簿に嘘を書けなくするためだが、ホテル業界はこの手順に頓着しなかった。[56] 売春婦は毎日、または週ごとに部屋を借り、客を引っかけるのに隣接のバーやカフェを利用した。[57] マリー＝テレーズのような売春婦たちの多くは、基本的に家を持たず、渡り労働者としてパリやそのほかのアメリカ軍駐屯地を回り生計を立てていた。[58] 最盛期が過ぎると昔ながらの売春宿の女将は、若くて安価な世代の売春婦に顧客を奪われた。一方、新世代の売春婦たちは自分たちの独立を守り、昔ながらの制度の法手続きや保障には関心がなかった。こうしてアメリカ軍の侵攻と、それによって引き起こされた性労働の変化は、従来の公娼制度の消滅に多大なる貢献をしたのだ。

新たな売春婦

多くが若くて経験が浅く、貧しいパリの売春婦たちは、かつてないほど無防備な状態に置かれた。歴史家によれば、戦時に経済的困窮からナチスの性的欲求に奉仕したのは既婚女性、とくにフランス人捕虜の妻たちだった。[59] そして今度は新たな世代が街頭に立った。この新世代の若い娘たちを、リシャールは「子ども《アンファン》」と呼んだが、一九四五年にド・ゴール派の委員《コミッセール》たちもそう呼んだ。[60] 警察もまた彼女たちを「とても若い娘《トレ・ジュン・フィーユ》」と呼んでいた。[61]

解放後の混乱期における売春婦の正確な統計情報を探し出すのは難しい。けれどもフランス警察や刑務所の記録、さらにアメリカ兵とアメリカ軍の記録から、女性たちは実際、若くて未婚で子どもがいなかったことが示唆される。[62] アメリカ兵とホテルから出てきたところを逮捕された売春婦はたいてい二〇から二四歳の間で、三〇歳を超えることはめったになく、また圧倒的に独身女性が多かった。[63] 軍の性病報告に記載された大半のアメリカ兵（八〇・六パーセント）も、相手の性労働者を二〇歳未満だったと答えている。[64] ラ・プティット・ロケット刑務所に収容された売春婦は、逮捕記録に記載された女性よりも多少年齢が高かったが、それはおそらく彼女たちが往々にして「常習犯」だったからだ。とはいえ半数近くの女性が二〇代以下だった。[65] 売春宿で働いていた女性でさえもすこぶる若く、偽の書類を出すことで登録を受けていた。[66] アメリカ兵ジャック・プラノはフランス人売春婦の幼さにショックを受けた。「フランスの内陸に向かうとまず驚いたのは、性を売る少女たちの数の多さだ。少女たちは、明らかにパリから来ている娘がほとんどだったが、せいぜい一二から一三歳くらいにしか見えなかった。アメリカ人の客を求めて前線をかいくぐってきたのだろう[67]」。

売春で逮捕された女性たちは、家や家族から危険なまでに遠く離れていた。警察の逮捕記録によれば、パリ出身の売春婦は約一九パーセントに過ぎなかった。ほとんどがフランスの地方（小さな町や片田舎）出身だったが、他のヨーロッパ諸国（ベルギー、ポーランド、ドイツ）やフランスの植民地からはるばるやって来た者もいた。[68] 一九四六年にアメリカ兵により殴殺された一人のベルギー人女性は、明らかに売春目的でパリに出てきていた。[69] ただし別の目的を持ってこの街に来た女性たちもいた。報道機関が推測するところでは、若い娘たちはまだ年端も行かないうちからメイドや家政婦になるため地方から出てきたものの、結局はタバコやチョコレート欲しさにアメリカ兵相手の売春に手を染めた。[70] 女性たちは当局に職業《メティエ》を報告する際に、下層階級や貧しい地方出の女性でも就くことのできるさまざまな職業を挙げていた。女中やお針子、美容師、ホテルのメイド、ホステス、ウエートレス、料理人、家政婦、花屋、アパートの管理人など。[71] ごくたまに教師やタイピスト、電話オペレーターもいた。[72] ホテルやレストランで働く女性はアメリカ兵と日頃から接しているので、もっと稼ぎのよい生計の立て方に転向することもままあった。また戦争末期の数カ月に、ドイツやポーランドの解放区域からパリにやって来た女性避難者にも、売春は仕事をあてがった。[73]

けれども貧しい女性だけが売春をしていた、と考えるのは間違いだろう。マルセイユで一斉検挙を受けた売春婦はこう抗議している。「自分のアパートがあってホテルを使わなくてすむ金持ち女なら、こんな目に遭わないでしょうよ！」[74]。売春をしていたのは金持ちの女性よりも貧しい女性のほうが多かったが、逮捕される可能性もやはり貧しい女性のほうが高かった。貧乏であることに加え地元の家族との絆が断たれていることが、彼女たちをいっそう無防備にした。また一九世紀のヨーロッパの人びとは、女性のなかには「生まれつき」ものぐさで、ベッドのなかで生計を立てがちな者がいる、と信じていた。こうした偏見は戦時中も、また戦後も長いこと残っていた。マルヌの知事に宛てた手紙で地元の予防衛生官は、売春婦のことを「自分の生き方を自由に選択した怠惰で堕落した女たち」と呼んだ[75]。同様にフランス医学会のE・リスト博士は、一九四六年に出版した売春に関する著名な書籍の序文に、次のような見解を表明した。「今現在、そしてこれからもつねに、生まれつきの娼婦、天性の性倒錯者がいることは確かであり、いかなる道徳や教育をもってしても、その堕落を踏みとどまらせることはできない[76]」。

売春婦は貧乏であるがゆえに自らの身体で生計を立てざるを得なかったが、それでも外見は「金持ち」に見えるよう苦心した。ベルリンで過ごした数カ月、マリー＝テレーズは上品なドレスをまといハイヒールを履いていたが、それは通りで男を引きつけるのはもとより、自分がちゃんとした女性であると大家に信じ込ませるためでもあった。アメリカ兵は、売春婦の着ていた服について生き生きと語ることも多かった。軍の性病報告で「性的接触」に関する具体的説明を求められた兵士たちの記憶にとくに残っているのは、花で飾った帽子、それから青とピンクのドレス、水色の上着、ふんわりとしたえび茶のスカート、黒のスーツに白いブラウスと紫のターバン風帽子、真っ赤なドレスなどだった[77]。もちろん売春婦が全員美人だったわけではない。ある兵士は相手の女が「のっぺりとした顔」をしていたと語った[78]。それでも機甲師団がドイツの列車を爆破したのを目撃したチェスター・ジョーダンは、炎と煙のなかから現れた売春婦たちの身なりに感動した。「女たちは咳き込み、悲鳴をあげ、大声で泣いており、それはさもありなんと思ったが、目を引いたのは、彼女たちが派手な花柄のドレス姿で、ハイヒールを履き、終戦まで持ちこたえそうなほどしっかり化粧をしていたことだ[79]」。民事官のジョン・マギニスは、妻にお土産の香水を買うのを手伝ってくれた「礼儀正しく」「容姿端麗な」四人の若い娘が売春婦だったと後から聞いて驚いた[80]。ロバート・シールもまた、友人のストッシュと懇意になった婦人を見てびっくりした。どうせ「厚化粧の下卑たふしだら女」に違いないと思っていたら、「身なりがきちんとしていて、魅力的で、しかも数カ国語に堪能でほとほと感心した[81]」。

いくら体裁を取り繕っていても女が生活費を身体で稼ぐのは経済的機会に恵まれないからだということは、最も頑固な道徳的保守派でも認めざるを得なかった。従来から労働者階級の女性はわずかな賃金に甘んじていたが、戦後はそれがいっそうひどくなった。フランス経済は当時深刻な状況で、アメリカの援助や貸し付けのおかげでかろうじて破綻を免れていた。ドイツはこの国から富を一掃し、今度は連合国がフランスの産業インフラを破壊し、戦前から四割も減少させた[82]。一九四四年の秋、石炭の産出量は一九三八年のわずか四三パーセントにまで下落した[83]。港も鉄道線路も工場もすべて建て直しが必要だった。長らくフランス経済の主力となっていた観光や高級品産業も今や瀕死の状態だった。人びとは配偶者や親と離ればなれになるか、あるいはこうした身内が収監されるか死亡することで経済的支援を断たれていた。さらに戦時の食料難はいっこうに終わりが見えず、配給制度は一九四七年まで敷かれていた。とくに一九四四年から四五年にかけての厳しい冬の間、燃料や住居の不足がさらに追い打ちをかけた。

　こうした苦境のさなかに多くの女性たちは売春に手を染めた。「もとは工場労働者や事務員などの職に就いていた女性たちがじゅうぶんな給料をもらえず、貧しさと闘うのに疲れ、次々と道を滑り落ち、結局は私たちのもとにたどりつくのです」とあるソーシャルワーカーは語る。彼女のアシスタントも同じ意見だ。「お金は私たちにとって大敵なのです[84]」。逮捕記録中の警察官による記載も、性の商売がいかに金の問題であるかを示す饒舌な証拠となっている。ある女性は「売春をしていることを認めた。唯一の生きる手段だと言う……母親はリモージュにいて、父親はドイツに強制送還されていた」。また別の女性は、「夫と離ればなれになり、一歳一カ月の子どもを実家に預けてきた[85]」。売春婦が自らの口で語ることもあった。「売春で生計を立てています。仕事がないんです」。「二カ月の間仕事がないので、必要なものを手に入れるために売春をしています」。あるいは「他に何の取り柄もないので」という理由もあった[86]。アメリカ兵による売春婦の殺害事件を調べていた刑事は、彼女が「やっとのことで《ディフィシルモン》」暮らしていたことに否応なく気がついた。梅毒にかかっていたが、「自分の心配ができる懐具合ではなかった。酒に溺れることもめったになく、食事もごくわずかしかとらなかった[87]」。

　アメリカ兵も売春婦の貧しさに気づいていた。ジャック・プラノの言葉を借りれば「仕事の口がほとんどないせいで、実に多くの女たちが最古の職業に就いていた[88]」。アメリカ軍のマニュアル『フランス人についての一一二の不満』では、「常軌を逸した」数の売春婦が街頭に出ていることをこう説明している。「賃金で暮らしていけない多くの娘が街角に立っている。何千人ものフランスの女性が恋人を、夫を、家を失くしていた。同様のことがヨーロッパ全土で起きている[89]」。アメリカ兵のマレー・シャピロはピガール通りにいた売春婦に身体を売る理由を尋ねたことを後悔した。感謝の気持ちがあってのことかと思っていたが、「聞かれた女は片手を伸ばし、親指と人差し指をすりあわせて『カネよ』と答えた。自分はなんて愚かなのか。こんな世間知らずでばかげた質問をするなんて」[90]。

ピガール通りの危険

若く貧しい女性労働者と、ポケットに現金のほか拳銃もしこんだ男性客との商取引。こうした売買春は、アメリカ人とフランス人の間のすでにゆゆしき力の不均衡をいっそう強めた。この新たな方式はアメリカ兵に安価ですぐ手に入るセックスを提供することで特典を与えた。また性病感染についても、売春宿より街娼を利用するほうがリスクが高いということでもなかった。

売春婦の側にも利点があった。たとえば移動しやすく、自主性が確保できる。女たちはヒモやぽん引き《マクロー》とつるむことを次第に嫌がるようになった[91]。ドイツから戻り、しつこいぽん引きに悩まされたマリー＝テレーズは、五万フランを払って自由の身となった。たいてい男たちは最初「ボーイフレンド」として付き合いはじめ、次第に雇い主になっていく。「男が近づいてきて『結婚しよう』と言ってくるの」と彼女は説明する。「はっきり『ノー』と断らないと、男は食事やダンス、セックスに誘ってくる。それから、これまでのなんやかんやで、お前はおれに借りがあると言ってくる。そこで働いて借金を返さなくちゃならなくなるの。高い金額をふっかけてくるから、一度で返すことも、ちょっと働いて返すこともまずできやしない」[92]。とはいえストヌールとかデミ・セルとか呼ばれる売春婦のヒモも、女性を借金で意のままに操ることがますます難しくなっていた[93]。何しろ彼らは戦時中とかくゲシュタポとグルになり悪評を買っていた。その結果、ぽん引きに貢ぐ昔ながらの売春婦《レ・クラシク・プロフェッショネル》は、めったに街で見かけなくなった。あるソーシャルワーカーによれば、戦争が終わる頃には売春婦の九割が自分のためだけに働いていた[94]。

　性労働者は自分たちを搾取していたぽん引きから解放されて喜んだ。とはいえ、ぽん引きはある重要な役目を担っていた。通りでの暴力から女たちを守っていたのだ。新方式により売春婦は管理者から解放された一方で、自分たちが生きる過酷な世界に容赦なくさらされることになった。マリー＝テレーズは自身の職業に伴う新たな危険を察知し、抜け目なく手を打った。ルーアンのアメリカ軍基地に二度にわたって出かけたときは、毎回、売春婦を一人連れていった。さらにアメリカ人のぽん引きを雇い、自分たちを守ってもらった。「それでもまだ心配だったの。顔を一発殴られたら……有り金をぜんぶ盗られることだってあり得ると」。連れの売春婦がハンドバッグを盗まれたとき、マリー＝テレーズはいら立ったが（「ハンドバッグは持ってくるなって言ったのに！」）、後から怖くなった。「私の愛しい《シェリ》ベイビー、あんたいい男ね、ほんといい男」とぽん引きに慌てて言うと、わずかばかりの金を追加で握らせた。「これで私のことをしっかり守ってくれるでしょうよ[95]」。アメリカ人に対する彼女の感想は、前述の通り、確かに良いときも悪いときもあった。兵士たちはまず深酒するし、金の支払いを拒み、香水や化粧品はおろか現金まで盗んでいくこともちょくちょくあった。「あのろくでなしどもと一緒のときはハンドバッグから目を離しちゃだめ。残念ながらあのフリッツ〔ドイツ兵の軽蔑的な呼び名〕たちが恋しいわ。女にもっと優しかったもの。こんなこと言うのは私だけじゃないわ。女はみんな私と同じふうに思っていたけど、ただ口には出さないだけ[96]」。モンマルトルの売春婦の大方の見方では、アメリカ人が「お人よし」なら、ドイツ人はさらに「きちんとして」「礼儀正しかった」。彼女たちはフェラチオを好んだが、それは腕時計から目を離さずにいられたからだ[97]。

そのうえアメリカ人は戦場で学習した残虐行為や暴力をパリに持ち込んだ。チャールズ・ホワイティングの言葉はそれを見事に表現する。「男たちは買春した。酒を飲んで酔っぱらった。けんかをした。気が短く、（戦線で戦った）後には精神状態も芳しくなかった。男たちはすぐに、本当にすぐにかっとなった[98]」。アメリカ兵が売春婦を惨殺した四件の事件から、ピガール通りの怪しげな界隈やボン・ヌーヴェル大通り周辺で女たちにどんな危険が待ち受けていたかがよくわかる[99]。四人の犠牲者のプロフィールは典型的な街娼のものだった。三人は独身で三〇歳未満、パリに来て日が浅かった。うちハンガリー出身が一人、ベルギー出身が一人、フランスの地方出身が一人。四人目の情報は得られなかった。二人はもぐり《クランデスティン》で、一人は登録されて数週間たらず。四人目は公娼《スーミーズ》だったが、梅毒にかかっていたので数週間警察を避けていた。

四人の女性は全員、ひどく残酷な殺され方をした。最初の女性エリザベートは、金を払おうとしないアメリカ兵とけんかになって首を絞められた。女を殺して宝石類を盗んだ後、男はその晩、別の売春婦を連れて映画に出かけた。二人目のアンリエットは、アメリカ兵から二〇〇〇フランをもらってホテルに一緒に入った。部屋につくと、女は服を脱ぎはじめた。ところが男は服を脱がなかった。かわりに女に近寄り抱きしめると、いきなり腹を蹴った。それからナイフを取り出して女を二九回刺した、と警察の報告にある。女は男からもらった二〇〇〇フランをパンティのなかに隠していたが、男は金を回収できずにその場を去った[100]。三人目の被害者マリーについては、発見されたときの体位（両脚を開いて、顔をベッドに伏せていた）から警察が判断したところによれば、おそらくアメリカ兵から頭を一発激しく殴られた後、アナルセックスを拒んだために首を絞められた。現場の証拠から、彼女が結局はその行為を強いられたことがわかった。四人目の女性ルネはホテルの部屋でアメリカ兵に銃で撃たれた。階段で彼女たちとすれ違った二人の売春婦が、女の背に男が銃を向けているのを目撃し、すぐに警察を呼んだ。だが警察が到着したときすでに銃声が鳴り響き、兵士はホテルの窓から飛び降りて逃走した。ルネはまもなく息を引き取った。[101]

とはいえ売春婦たちも無防備のままではおらず、自己防衛の対策を取っていた。まず街娼たちはしょっちゅうペアを組んで仕事をした。オーヴァル・フォーバスは二人連れや三人連れのパリの売春婦に「客引き」されたことを覚えている。[102] また姉妹は街頭で助け合った。[103] 地方でも同様に、売春婦はチームを組んで仕事をした。ル・アーヴルの一市民からフルトン通りの売春宿について苦情を受けた警察は、爆撃により廃墟と化した建物の床で、アメリカ兵三〇人が並んでフランス人女性二人とセックスしているところを発見した。[104] マリー＝テレーズは、ルーアンのアメリカ軍基地に出かける際にパートナーを拾った。身を守る必要からだけでなく、性的な欲望からもそうしたのだ。協力して働く女性たちは、ビジネスパートナーであるのはもちろん恋人同士であることも珍しくなかった。とはいえ一般に、売春婦はお互いを第一に同僚と見なし、友人や恋人の関係は二の次だった。

売春婦はお互いの面倒も見合っていた。不正行為に関する警察の報告書からは、売春婦が団結していたことが見てとれる。汚職に手を染めた当局から、二〇〇〇フランを持ってこなければ逮捕すると脅された二人の売春婦は、すぐに金を借りることができた。[105] たとえ「友だち」ではなくても、売春婦たちはお互いの個人的な生活をこと細かく知っていた。エリザベートの知り合いだった街娼に警察が聞き取り調査を行うと、彼女が湿疹を患っていたこと、金を貯めていたこと、さらに酒を飲み過ぎていたこともわかった。マリーと同じ地区で仕事をしていた女性から話を聞いた警察は、彼女がピガール通りのカフェ・サン・

スーシで、独り最後の食事――白ワインをグラス二杯にサンドイッチ――を取り、沈み込んでいたことを知った。女たちがさらに警察に語ったところでは、マリーはケチなこそ泥で、常連客《アビチュエ》を持たなかった。売春婦は常連客をひいきにしたが、それは何か問題が起きたとき仲間の売春婦が客の身元を特定できるからだ。常連客を取ることで売春婦はお互いを守ることができた。だが結局のところ、友情も疑心には勝てなかった。警察はもぐり《クランデスティン》の売春婦を摘発すべく、女たちにスパイさせたため、女たちはつねにお互いに気を許せなかった。サン・ラザール駅で一人の「ガールフレンド」から登録済み売春婦《アン・カルト》かどうかとしつこく聞かれたマリー＝テレーズは、そろそろ縄張りを変える頃だと判断した。[106]売春婦同士の競争や疑心を考えると、彼女たちの絆には限界があった。つまるところ、彼女たちはまさに自分だけが頼りだったのだ。

　多くの性労働者はハンドバッグに拳銃を入れて持ち歩き、身を守るために警察を頼った。[107]ある晩、エティエンヌ・マルセル通りのとあるホテルで、アメリカ兵と支配人たちの間でトラブルが発生し、二人の警官が呼ばれた。兵士たちは女性二人を探しに来てけんかになり、手斧と酒瓶で一同を脅迫した。警察が駆けつけたとき、支配人の一人はすでに顔に重傷を負い、ホテルの客たちは「恐怖で縮み上がっていた」。警官たちも容疑者を拘束しようとしてかまれるなどしてけがを負った。だがアメリカ軍の憲兵がまもなく現場に到着すると、全員が胸をなでおろした。[108]一般に憲兵――白いヘルメットから「スノードロップ〔ユキノハナ〕」と呼ばれた――は、アメリカ兵たちを静かにさせ、その場を仕切るのに頼りになった。[109]フランス人の目に憲兵はまるで巨人のように映った。街娼のヴィオレット・ド・バルベスは皮肉っぽくこう綴った。「身長一・九五メートル、体重百キロ以下の者はＭＰには配属されないという慣例があった」。[110]

　当時のアメリカ人征服者と解放されたフランス人との間の力の不均衡を考えれば、戦時の性商売の変化が男性客を利するものであったことはまず確かだろう。一九四四年から四五年にかけての冬、市民はとりわけ飢えと貧困に苦しめられた。こうした戦時の過酷な現実は性産業を助長したが、この産業に労働者を提供した都市住民が甘んじた貧困や低賃金、労働条件を見るかぎり、当時の性産業は一九世紀半ばのイギリスの紡績業と似通っている。とはいえ東部戦線に広がっていたような性的奴隷状態を売春婦が強いられることは断じてなかった[111]。

街娼たちもまた天使のごとき存在ではなかった。あるホテルのオーナーは、殺害された売春婦には「客、とくに行きずりのアメリカ人からぼったくる嘆かわしい習慣」があったと警察に話した[112]。一九四五年の一一月、あるアメリカ兵がアンヌという売春婦と一夜をともにし、一万六〇〇〇フランをふんだくられたと告訴した[113]。アメリカ兵とホテルから出てきて警察に捕まる女たちが、盗んだ金や時計を懐に入れていることもざらにあった[114]。

性の地政学

アメリカ兵がパリに着き、いざ女たちを探しはじめると、おそらく手に余る、ともすれば暴力的な世界に遭遇したに違いない。それでもぽん引きもおらず法の目も届かない無秩序状態のなか、兵士たちは見知らぬ土地でごく短期間のうちに大量のセックスを買っていた（平均的なアメリカ兵の休暇は六〇から七二時間だった）[115]。売春宿《メゾン》は表向き立ち入り禁止だったが、アメリカ兵はセックスできる女性をどこでどのように見つければよいか心得ていた[116]。言葉の壁があるにはあったが、それでも兵士たちはフランス語でセックスを要求し、値段を根切りさえした。いったいどうしてそんなことができたのか？　なにしろ、アメリカ兵はセックスのこととなると覚えが早かったが、理由はほかにもある。解放からそれほど日がたたぬうちに、驚くほど組織化された新たな売春文化が出現していたためだ。おかげでパリは連日何千人ものアメリカ兵の性的欲求に奉仕できる、いわばしゃかりきのセックス製造機《マシン》と化していた。

アメリカ兵と売春婦は住所の定まった名の知れた売春宿で会うことはできなかったが、それでもセックスできると定評のある通りや鉄道駅、公園を使う手があった。パリは初めてのアメリカ兵がほとんどだったが、そんな彼らでも、どの売春宿が将校用で、どれが白人用、あるいは「有色人」用かはもちろん、どの辺りに簡単にセックスさせてくれそうな女がいるかなども口づてに教わっていた。昔から性労働の中心だった地区や近隣は相変わらず変わりなかった。マリー＝テレーズが「ミスターUSA」を探そうと決めたとき、どこで見つければいいかはピンときた。モンパルナス駅とサン・ラザール駅。これらの駅はセックスを買える場所として長い伝統があった。パリ北駅とパリ東駅もぬれ手に粟の場所だった[117]。この四つの駅はどれも近くに連れ込みホテル《オテル・ド・パース》がたくさんそろっていて、一時間単位で部屋が借りられた。ピガールやボン・ヌーヴェル大通り、モンマルトルも売春の場所として定番だった。マレー・シャピロはジャン＝バティスト・ピガール通りを「長い長い売春通り」と言い表した[118]。「ピッグ横町はプロや素人の売春婦でごった返していた」とチャールズ・ホワイティングは振り返る。「若い女たちは体型も体格もさまざまで、ブスもいれば美人もいて、染めたウサギの毛皮の上着に超ミニのドレス、木製のウェッジヒールをはき、裸足の脚を褐色に塗り、眉ペンシルでストッキングの継ぎ目をていねいに描いていた[119]」。アメリカ兵のお気に入りの娯楽スポット、フォリー・ベルジェール［パリのミュージックホール］も、色香を売る女性たちがひしめきあっていた。ジャック・ケイペルの記憶によれば、一ブロックに一〇人ほどいて、なかにはあまり健康そうでない女たちもいたという。「ひどく痩せていて、しょっちゅう咳き込んでいた」[120]。

売春婦のほうからもアメリカ兵に近づいた。女たちはシャンゼリゼや大通り《レ・グラン・ブルヴァール》、とりわけオスマン大通りやオペラ大通りといったアメリカ兵がよく集まる観光スポットに乗り込んだ[121]。ロバート・ピーターズが黄昏どきにシャンゼリゼ通りまで繰り出すと、「革のハンドバッグを持ったけばけばしい女たち」が、まだドアも開かないうちから軍用バスに群がるのを見かけた[122]。街娼たちはまた休暇中のアメリカ兵が定宿にするホテル、なかでもオペラ地区のグラン・オテルやオテル・ド・パリに殺到した[123]。リロイ・スチュワートは軍が接収した「パリ中心部の大きなホテル」に到着する前に、精いっぱい身だしなみを整えたことを覚えている[124]。パリが軍の定番の保養地になると、アメリカ赤十字社は多くのホテルやナイトクラブを兵士たちが利用できるように計らった。戦争が終わる頃には、休暇中のアメリカ兵はたいてい赤十字が管轄する一四軒のホテルのどれかに宿泊し、セックスを買うには正面玄関から一歩出るだけでよかった[125]。売春婦はパリ市内や近郊、ヴァンセンヌの森、さらにはヴェルサイユにあるアメリカ軍基地にも押し寄せた[126]。個人で働くこうした女性たちはアメリカ人、さらに黒人のアメリカ人をも「専門」にした。オテル・ダメリクの部屋係の女性は、売春婦の部屋の外に「アメリカ人がひっきりなしに列をつくっていた」のを覚えている。「市民は一人もいなかった……アルジェリア人やそういったたぐいの人もいなかった」[127]。

街なかのこうした性的な場所のうち、とりわけカフェやナイトクラブ、バーは逢い引きの場として人気が高かった。店のオーナーはランデブーを提供して金を取ることはなかったが、ランチやディナーなどの他の「サービス」には代金をがっぽり請求した[128]。『スターズ・アンド・ストライプス』の一九四四年一二月一六日の記事によれば、「パリの解放以降、幅を利かせる『野放しの売春婦たち』をおとなしくさせるべく」、すべてのバーやキャバレー、ナイトクラブやダンスホールで踊ることが禁止された。[129] 女性たちが押し寄せたのはアメリカ兵のお気に入りのナイトスポット。「パリで行くところといったら、リド〔シャンゼリゼ通りのキャバレー〕とカジノだ」とデイヴィッド・イシェルソンは回想する。「女たちがずらりと一列に並び、女将がそばにきて『娘』を同伴してくれないかと頼んでくる。連れのない女は入店を許可されないからだ」[130]。アメリカ兵が一人で来たときは、女性に酒をおごって話を持ちかけた。ちょっとした世間話と交渉を終えて値段が決まると、女性はサービスを提供する。場所はたいていバーの階上にある連れ込みホテル《オテル・ド・パース》か、女性のなじみの宿だった。[131] ウエートレスもよく誘いを受けた。[132] バーテンダーはアメリカ兵に頼まれたときに呼べる女性のリストを用意していた。[133] アメリカ兵はフランス人の男と一緒にいる女性にも言い寄ったり、胸を触ったりしたものだから、しょっちゅうけんかが起きた。[134]

ホテルの舞踏室や「ダンス会場」も確実なナンパスポットだった。アメリカ兵はここで売春婦を踊りに誘い、「アタック」を開始した。多くの街娼が、彼女たちいわく「アメリカ人をモノにする《ルヴェ・デ・ザメリケン》」ために繰り出した。[135] とくに戦争が終わって兵士たちが慌てて前線に戻る必要もなくなると、多くの女たちはこうした場所で常連客《アビチュエ》と落ち合った。ときたま売春婦は裏通りや明かりの消えた出入り口、あるいは橋の下で務めを果たした。こうした逢い引きをアメリカ兵は「ニー・トレンブラー〔膝を震わせる人という意味で屋外でのセックスの隠語〕」と呼んだ。[136] 最後に、マッサージ宿《メゾン・ド・マッサージュ》があり、ここでは、サービスの一つとしてセックスが提供されることもあった。これはたいてい法制度のもとで警察の監督下に置かれていた。[137] パリの売春状況は混沌としているように見えたが、ところかまわずセックスが営まれたフランスの地方と比べれば、かなり秩序が保たれていた。マリー＝テレーズのような年季の入ったプロでさえ、ランスに出張したあるとき、墓地で仕事をするはめになったのである。「こんなことめったにないわ！　でも死人のとなりでファックするなんて本当にひどい話！」[138]。

アメリカ兵は自分たちの欲求を伝えるためにフランス語を話す必要があったが、実際に話せる者はほとんどいなかった。同様に、たとえ学校で教わっていても英語を話せる売春婦もめったにいなかった。そこでお互いにセックスの話をするための特別な言葉《ヴァナキュラー》ができあがっていった。街娼たちは誰もが偽名を使っていたが、たいてい発音しやすく聞き取りやすい名前を選んだ。ルルにブラッキー、それからジャネットにポーレット、ジョルジェット、イヴェット、コレット、リュセット、オデット、リュレット、アネットなどの、「エット」で終わる思いつく限りの名前。なかには有名な名前をつける売春婦もいた（リリー・マルレーン〔第二次世界大戦中に流行したドイツの歌謡曲〕にちなんで「リリー」、またはチュー・チュー・ジョンソン〔一九四〇年代の有名なファッションモデル〕にちなんで「チュー・チュー」）。また相手との距離を縮めようとアメリカ人の名前（スーザン、ベティ、ケイト）を名乗る者もいた。

それでも問題は残った。性病報告で性的接触の相手の名を思い出すよう言われたアメリカ兵は、「ドネネ」「M・モネギュー・ケコット」「ミス・ヨアン・シャロウ」といった名前を口にした。報告を見るかぎりアメリカ兵のほとんどは、自分に性病をうつしたとおぼしきフランス人女性の名字も職業も明らかに知らなかった。イギリス人の売春婦に関する同様の報告は、この点でずいぶんと違っている。アメリカ兵は英語で会話ができたイギリス人女性について、はるかに多くの情報を提供した[139]。フランス人売春婦もまたアメリカ兵の言葉を理解するのに苦労し、ポケット辞書を頼りに意思疎通を図ろうとした[140]。マリー＝テレーズともう一人の女性がルーアンのアメリカ軍基地に出かけたとき、二人のアメリカ兵が「ムル・フィフケ、モワ・フィアンセ」と叫びながら近づいてきた。最初は何が言いたいのかさっぱりわからなかったが、ようやく兵士たちが自分たちの「フィアンセ」のふりをして彼女たちに売春の相手を用意しようと申し出ているのだとわかった。[141]フォーバスがパリの売春婦に「英語をどのくらい話せるの？」と尋ねると、「スリー・ハンドレッド・フラン」と答えが返ってきたという。[142]

アメリカ兵はセックストークのリンガ・フランカ〔共通語〕を覚えようと精いっぱい努力した。カール・クラークソンによれば、フランス人の男と一緒に歩哨に立ったとき、「お互いに自分の言葉を教え合って時間を過ごした。フランスの女に言い寄るときは『マドモワゼル、ヴレ・ヴ・クシェ・アヴェク・モワ（お嬢さん、私と一緒に泊まりませんか）？』と言えばいいと教わった。女が『ウィ』と答えたら交渉成立だ[143]」。イシェルソンいわく「ソワサント・ヌフ（69）は言葉のあやで、普通の人間は誰もやらない[144]」。「ジグザグ」や「ジグジグ」はセックスを求めるときに使う言葉になった。売春婦もアメリカ兵もどちらもお互いに「ジグザグ？　ジグザグ？」と尋ねながら言い寄った。[145]ピエール・オーベリーは、ル・アーヴルの波止場でアメリカ兵たちが「ジグザグ？」と言って卑猥な身振りをすることで、「マドモワゼル」を紹介してほしいと頼んできたことを覚えている。[146]イギリス兵とアメリカ兵が第一次世界大戦時にこの言葉を使い出したが、おそらく当初は、酔っぱらいが「ジグザグ」に歩くことから酒に酔ったことを意味していた。[147]その後、どういうわけか性交を意味するようになったが、そこには戦時の酒とセックスとの密接なかかわりが見てとれる。[148]酩酊状態を指してこの言葉を使うアメリカ人もまだいたが、そのために痛ましい誤解が生じることもあった。プラノは、部隊の伍長がルマンで「お堅い中流家庭」出身のフランス人の娘と付き合っていたときのことを思い出した。ある晩、二人が彼女の家で夕食をとっている最中に、伍長はフランス語で会話すべく意気揚々と叫んだ。「イエール・ソワール、ボクー・ジグザグ（昨日の晩、たくさんジグザグしたね）！」。酒を飲み過ぎたと言ったつもりの伍長は、娘の両親が血相を変えている様子に首をかしげた。プラノはテーブルの下で伍長の脚を蹴ったが、さらに混乱を招いただけだった。[149]

　アメリカ兵と性労働者は自分たちで両替方法も編み出した。一九四四年の夏から秋にかけて、アメリカ兵は現金を切らすことも多かった。「侵攻」通貨をアメリカ兵は軽く見ていたが、それは「本物っぽく見えず」、また「大量のはした金」に思えたからだ。[150] それさえもアメリカ兵はたいてい賭け事で使い果たした。[151] その間、セックスはもっぱら石鹸やタバコ、チョコレートやK号携帯食《ケー・レーション》といった軍の支給品と交換で取引された。けれども一九四四年から四五年にかけての冬、セックスはいよいよ現金での商売になった。アメリカ兵は休暇の前に現金を支給され、パリ市民にとってもタバコや他の商品は以前より手に入りやすくなっていた。ただし家もなく、治安の悪い街角に出て、安ホテルで暮らす女たちにとって、こうした現金をどうするかは悩みの種だった。[152]「一回」の標準価格は二〇〇から三〇〇フランが最も多く、これは当時のアメリカのお金でおおよそ五ドルに相当した（今日では二二から三二ユーロ、または六〇ドル）。[153] それでも値段にはかなりの幅があった。イシェルソンは、「フェラチオの追加」でいつもの四倍の約二〇ドルを払ったという。[154] この金額を歩兵のシャピロは当時、法外な値段だと憤慨した。[155] そう思ったのは明らかに彼だけではなかった。『フランス人についての一二一の不満』を載せた軍発行の小冊子には、「フランス人女性は断じて高すぎる」という不満も含まれた。[156] 商売に精を出す売春婦は、ちゃんとした場所さえ選べば、ひと晩かそこらでおよそ八〇〇フランを稼ぐことができた。[157] アメリカ軍の基地はさらにカネになった。マリー＝テレーズはパリから離れ、オルレアンやランス、ルーアンといったさまざまな駐屯地を回り、一日四〇〇〇フランを稼ぎ出した。ただしこれは数時間で三〇から四〇人の男に「サービス」することを意味していた。

親密な関係は、営利的とはいえもっとさりげなく、贈り物や親切な行為を介して「持ちかけられる」こともあった。アメリカ兵はよく絹の靴下やタバコ、食べ物をあげると約束して女たちを誘い出した。それに対してフランスの女は男を常連客《アビチュエ》やフィアンセと考えた。マリー＝テレーズのような抜け目のない売春婦でさえ、アメリカ人とそんな関係になった。あるとき彼女は自分と結婚して「ボーイフレンドたち」から守ってやりたいと言ってくれるアメリカ兵に出会った。男は彼女がバーでウエートレスをしていると思い、帰宅すると夕飯をこしらえていてくれた。「彼は優しくしてくれて、お金もたっぷりくれた」と彼女は振り返る。ところがそのアメリカ人は既婚者で、子どもも二人いるとわかった。[158]こうした関係から、客を「恋人《アミ》」やフィアンセと説明して逮捕を免れる売春婦も多かった。[159]たとえ警察をだませなくても、その場合、起訴するのは難しかった。

売春婦はアメリカの紙幣やタバコを警官に手渡し、仲間うちでは、親しみを込めて彼らを「チキン《レ・プーレ》」と呼んだ。腐敗はそこかしこで見られた。縄張りを管轄する地元の警官にタバコを欠かさず届けていれば、一斉検挙が行われるとき事前に知らせてもらえた。[160]警官《レ・プーレ》たちは地元の有名人になり、「べべ・ローズ」とか「ラ・ピプ」と呼ばれた。警官はその地区を仕切り警察から守ってくれるという意味では今やぽん引きと同じになった。[161]商売が上がったりのときは、警官がタバコや現金と引き換えに性的な接待に応じることもあった。[162]憲兵もまた品行方正とは言えなかった。シャピロは、ナンシーでジープに乗って巡回していた憲兵が、売春宿《ブワト・ソルダ》を頻繁に取り締まっていたことを覚えている。ただしパトロールの予定は知れ渡っており、アメリカ兵はしかるべきときにさっと姿をくらました。ジープ隊がその区域を巡回しに来ると、ずらりと並んでいた男たちが突然クモの子を散らすように消え、ほとぼりが冷めるとまた列をつくった。[163]

アメリカ兵と売春婦が手を取り合ったことで、セックスの安定供給が確保された。アメリカ兵は市民の服を「支給」され、軍関係者立ち入り禁止の売春宿《メゾン・クローズ》にもぐり込めた。[164] またアメリカ兵はフランス人女性が逮捕され収監されないよう、なかなか勇敢に働き、売春婦が兵士の「恋人《アミ》」やフィアンセだと言い張ったときは口裏を合わせた。イヴトーの警官は、管轄地区のらんちき騒ぎを取り締まろうとしたが、「売春婦たちが作戦を変更し、取り締まりを逃れるため兵士たちを同伴者にした」ために徒労に終わったと文句を言った。[165] マルセイユの売春婦は連れの男と二カ月前から婚約していると言い張ったが、男の名前を警察に言えず、その言い訳は認められなかった。[166] 女たちと一晩過ごすつもりでいたアメリカ兵は、「自分たちからおいしい物を取り上げようとする見張り番に立腹する」はめになった、とある警官は語った。[167] 一九四五年七月一日の午後一一時三〇分頃、二人の売春婦を逮捕しようとしたフランスの警官たちは、敵意むき出しのアメリカ兵の一団にはばまれた。兵士たちは警官と一戦交えるべく集結し、銃を振りかざし脅してきた。[168] フランス警察は売春婦を逮捕する際にたびたび殴られ、銃で撃たれ、ピストルを盗まれたと報告している。[169] 警察は証人になるよう目撃者を説得するのにも苦労したが、それは目撃者がぽん引きやアメリカ兵からの報復を恐れたからだ。[170]

アメリカ兵はジープに売春婦を隠しフランス警察とけんかしたために悪評が立ち、一斉検挙の際には憲兵がフランス警察に同行せざるを得なくなった。[171] あるジャーナリストによれば、憲兵たちが「現場に姿を現し、肩を後ろに回して拳銃に手を置くだけで抵抗はやんだ」[172]。警官と憲兵が用いた別の作戦は、ホテルの部屋から部屋へと移動し、男と女のどちらにも相手の名を尋ねるというものだ。ちゃんと答えられたら、憲兵は「失礼しました」と丁重に謝り、次の部屋に向かう。[173] また覆面捜査官はホテルの玄関を見回り、アメリカ人と一緒にいる女たちを、なかに入るときではなく、外に出てくるときに捕まえることにした。アサービスが提供された後に売春婦を逮捕するほうが、アメリカ兵からの抵抗はがぜん少なかったのだ。[174]

死が付きまとうなかで生じた渇望

アメリカ兵とのセックスは、当初は頼まれれば無料《ただ》で与えられる贈り物だった。それから次第に、前章で見てきた通り、腐敗や不正と結び付いた商品になりはじめた。ファストフードのようにセックスを性急に求めることで、アメリカ兵はこの町のリズムや動静を変えてしまった。兵士をもてなすために、街娼は昔からの性労働者御用達の場所に加え、新たな場所を開拓した——観光客向けのバーやアメリカ人用のホテル、赤十字のクラブなどだ。さらにアメリカ兵と売春婦はセックスのための独特の言語を発明し、ジグザグやフィアンセ、アビチュエ、プーレといった言葉に新たな意味を与えた。そして最後に、タバコやチョコレートをセックスと交換することで、独自の両替制度を編み出した。この新たな売春文化は当事者のアメリカ兵のみならず、この文化に便宜を図ろうとするアメリカとフランスの両当局にもすぐさま受け入れられた。その結果、従来の公娼制度の崩壊につながったのだ。この崩壊の一因となったのは、ただ単に、いつでもセックスを求める兵士が多数いたからというだけでも、また彼らがセックスを性急に求めたからというだけでもなかった。旧制度に対するアメリカ側の無類のいら立ちもまた大きく影響したのだ。アメリカ兵は「旧世界」の小うるさい規制やヒエラルキーに我慢する気がなかっただけではない。故郷の恋人や妻や両親とあまりに遠く離れていたために、分別を働かせる必要もまた感じなかった。売春宿《メゾン・クローズ》は、できるかぎり控えめなやり方で不法な性欲の満足を助けることを目的としていた。ところがアメリカ兵がかわりにけしかけたのは、広く大衆的で、騒々しく、けばけばしい――要するに、典型的なアメリカ式の売春形態だった。

この新たな商売のやり方は驚くほど効率的であるとわかった。だからこそ一世紀以上も性的商売を管理してきた制度の崩壊をもたらしたのだ。性労働を非制度化し、若くて家を持たない独身女性が殺到する新たなセックス市場を創設することで、アメリカ兵は売春宿を拠点とした職業としてのセックスの概念を揺るがした。アメリカ兵が去った後、この制度は、その腐敗だけなく時代錯誤な性質ゆえに攻撃を受けやすくなった。何十年も公娼制度に反対してきた社会改革者たちは、突如、その撤廃がたやすいことに気がついた。さらにアメリカ人はヨーロッパ大陸にペニシリンをもたらした。この「魔法の弾丸《マジック・ブリット》」は一九四四年の後半には広く使用されるようになり、淋病の治療にかかる日数を二〇日から五日に短縮させた。従来の公娼制度は性病予防にかなったものだったので、その目的や医療手順も今や時代遅れなものになった。政府は規制を復活させなかったため、フランスでの売春は自由市場制度へと決定的な変化をとげ、依然として売春宿やぽん引きの仕組みはあっても、政府が再びこれを仕切ることはなかった。

一九四四年から四五年の冬のパリはたぐいまれなる世界だった。多くの兵士にとって、そこは夢に見た場所、女たちのいる性の楽園だった。フォリー・ベルジェールの舞台袖で彼らが経験したこと、リドでシャンパンを飲み、あるいはモンマルトルのホテルに売春婦を連れ込んだことで、「陽気なパリ《ゲイ・パリィー》」への兵士たちの期待はじゅうぶんに満たされた。パリと戦地はあらゆる面で真逆の世界だった。一方は光と快楽の巨大娯楽施設、もう一方は闇と死、恐怖と苦悩の世界。それでもウォルター・ブラウンが回想するように、この二つの世界は密接につながっていた。「男がかろうじて手にした、女と過ごすつかの間のひとときは、狂った世界のなかで唯一正気でいられる孤島のように見えた。あるいは突飛で捨て鉢のセックスは、ときに狂気の延長に過ぎなかったのかもしれない」[175]。戦闘の世界は兵士たちがパリに滞在する間、影のように付きまとい、この街に対する兵士たちのあらゆる行動や反応に影響を及ぼした。

戦時について書かれたものには、歩兵たちの性に対する肉体的な欲望はもとより精神的な欲望も表現されている。兵士たちの切なる願いは、なぜセックスが軍のプロパガンダの道具としてこれほどの成功を収めたかを教えてくれる。レイモンド・ガンターが日記のなかで語ったのは「死が付きまとうなかで生じた渇望、まだ烈々たる成熟した未使用の身体のまま、満たされず死にたくはないという狂おしい思い」だった[176]。同様にナット・フランケルもこう回想する。「ヨーロッパの兵隊《ドッグフェース》たちのセクシュアリティはどぎついものでも感傷的なものでもなく、また冷淡なものでもなかった。そこには大きな絶望と、少なからぬ満足があったが、たいていは痛ましいほどの切なる憧れから始まったものなのだ[177]」。アラメス・ホヴセピアンは、父親に次のように書き送った。「フランスの女の子たちはアメリカのタバコやチョコレートで簡単に手に入るし、ぼくらは彼女たちから英雄視されていますが、これからはあまり選り好みせず、生きているうちにできるだけ人生を楽しもうと思います[178]」。軍曹のジャイルズも同感だった。「気持ちがほぐれるものなら何でもいい。ほんのつかの間、一、二時間でいいから忘れたいのだ。戦争が今も続き、明日には戦死者登録係に札をつけられるかもしれないことを[179]」。戦闘任務に就くアメリカ兵は緑のフェルトの記章をつけていた。彼らがバスから降りると、売春婦は一目散に駆け寄った。セックスにいちばん関心がある者たちだと評判だったからだ。[180] かたや戦争があり、かたやパリがあり、間には何もなかった。戦争はパリを意味あるものとし、パリは戦争を耐え忍べるものとしたのである。

6 危険で無分別な行動

一九四四年九月、フランスを解放すべく第二九歩兵師団を率いてブルターニュを横断していたアメリカ軍のチャールズ・ガーハート将軍は、部下の兵士たちにセックスが必要だと判断した。そこで参謀長に売春宿を設けるよう指示を下した。[1] この仕事はサン・ルナンの民事部――解放された市民に必要なものを提供する軍の一部門――に回ってきた。この部署の民事官エイサ・ガーディナーはフランス警察の知り合いに相談し、モロと言う名のぽん引きを紹介された。すると、このぽん引きは近隣で保護されたばかりの四人の売春婦を使ってはどうかと提案してきた。そこでガーディナーとモロは軍のジープに乗って女たちの面接に出向き、その帰り道にガーディナーは、モロにこの事業を取り仕切ってほしいと依頼した。売春宿にする施設として、二人はサン・ルナンのはずれにある、つい先日ドイツ軍が明け渡したばかりの家を使うことにした。ただし、この家の持ち主であるフランス人女性には一切金は支払われず、また自身の所有物がどんな目的に使用されるかも知らされなかった。[2] 数日後にモロが売春婦たちを連れてこの家に移ってくると、ガーハートはこの施設に次の看板をかけることを承諾した。「ブルー&グレー〔第二九歩兵師団のニックネームで南北戦争の北軍と南軍を指す〕・コラール、乗馬レッスン一〇〇フラン」[3]。この「コラール〔畜舎〕」が九月一〇日に営業を開始すると、野営地からジープで運ばれてきた二一人のアメリカ兵が、列をつくって辛抱強く順番を待った[4]。ところが五時間にわたる営業の後、師団の従軍牧師の勧告を受け、この施設は副憲兵司令官により閉鎖される運びとなった[5]。

フランスで設立された「GI用売春宿」は、このコラールだけではない。おおよそ一二の師団が一九四三年から四五年の間にフランスとイタリアで自前の売春宿を開設した[6]。Dデイからひと月後の一九四四年七月六日にはすでにシェルブールで数軒の売春宿が、アメリカ軍によりアメリカ軍のために間接的に運営され、そのなかには「黒人《ニグロ》」限定の売春宿もあった[7]。こうした施設がつくられた原因は、ブルターニュの例からはっきりとわかるように、多分にフランスが喜んで手を貸したことにある。部下の兵士たちがフランスに寄せる期待を思えば、自分のできることはせいぜい兵士たちの性的娯楽の医学的安全を保証することぐらいしかない、とガーハートは考えていた。将軍の参謀長はのちにこの売春宿を擁護し、こう述べている。「本師団が任務を遂行していた状況、ならびにわれわれの置かれていたフランスの地域社会においては、わが軍の兵士たちとフランス市民の間に性に見境のない交流を許すよりも、その交流を管理する努力をするほうが望ましい[8]」。軍の専門用語を取っぱらうと、要するに兵士たちはフランスで何かコトをしたくてたまらず、ガーハートはそれを安全で無害なものにしたかった、ということだ。多くのアメリカ軍指揮官の例にもれず、ガーハートもまた男性の性的活動は戦闘にとって健全なものと考えていた。ジョージ・パットン将軍がこう言ったのは有名な話だ。「連中はファックしなけりゃ戦闘《ファイト》しない[9]」。

アメリカ軍とフランス当局はどちらも、男性の肉体的活力にとって性的充足は欠かせないものだと信じていた。この意見の一致からすると、両者はアメリカ兵の性的活動の規制にすんなり協力したと思われるかもしれない。ところがそうはいかず、売買春はアメリカ軍が駐留する間、両国間で争いの種になった。とりわけ両者は性病の問題で衝突したが、性病はアメリカ兵の間で深刻な問題になっていた。陸軍将校らは、兵士たちに性病を感染させたとしてフランスの女性たちを非難した。[10] 部下をいつでも戦える状態にしておくため、将校らはこうした女性たちの健康と移動の管理に乗り出し、アメリカ兵との接近を制御しようと考えた。アメリカ兵の身体を必要に応じて管理する権限を持つのだから、フランスの女性の身体も管轄下に置いて当然だ、と陸軍将校らは考えたのだ。

こうした性的管理へのアメリカ軍のこだわりは、解放後に統治権を奪還すべく苦闘するフランス新政府への軽蔑から生じていた。売春婦はただならぬ数の兵士を性病に感染させている、とアメリカ軍は思っていた。ところがフランス当局といえば、官僚が無能なうえ、そもそも性的に堕落しているせいで、この件について何もしたがらず、また何もできないでいる。このようにフランス当局を軽視したことで勢いづいた将校らは、社会福祉行政という広範な領域でのフランス当局の政治的自律を認めようとしなかった。アメリカ軍はフランス人女性の身体に規制を課すことで、部隊の健康を守るだけでなく、一九四四年から四五年にかけて自国の勢力範囲を定め、その力を確固たるものにしようと考えた。さらにフランスという国を売春という観点からとらえることで、軍はヨーロッパ戦域の勢力関係における自国の優越性を当然のものとした。

商業的セックスをめぐってアメリカ軍とフランス政府間で起きた衝突は、権力を求めるもっと大きな闘争に根差しており、世界大国として新たに力を誇示したいアメリカの意欲を表していた。この衝突の中心にあったのは思慮分別の問題である。Dデイからまもなくして、将校らはフランスにおいて兵士たちの性的活動を制御することはできないと判断した。そこでこうした活動を医学的に安全なものにするために、表向きはこれを非難しつつも裏では大目に見ることにした。陸軍省がブルー&グレー・コラールのような売春宿を禁止した理由は、そんな施設をつくろうものならジャーナリストに見つかり、母国のメディアで暴露されるのがオチだからだ。とりわけ軍は、こうした無分別な性行動からアメリカの一般大衆を「守る」ことを望んでいた。その結果として、アメリカ兵の性的乱交が町じゅうの公園や墓地、通りや廃墟で発生したのだ。性的関係は歯止めがきかず世間に周知のものになった。性交が真っ昼間から、子どもを含む市民の目の前で披露された。ル・アーヴルやランスなどの都市の住民たちは、こうした公共の場での醜態を言語道断であり恥ずべきものだと非難した。

軍がセックスをめぐってこうした茶番を演じたことは、フランス国民を本心では見下していた証拠であり、そのためフランス政府の役人たちとの激しい衝突を招いた。一九四四年の夏から秋にかけて、アメリカ軍は兵士の性病罹患率が急上昇していると地方自治体を非難したが、それに対処する権限を自治体にほとんどまったく与えなかった。さらに一九四五年に戦争が終わりに近づくと、軍は都市で続く兵士の乱交がもたらした深刻な社会的・医学的影響にますます素知らぬ顔をするようになった。一見すると性的関係といった問題は、誰がこの国を指揮し、いかにして戦争に勝つかといった仏米のリーダー同士の議論のなかでは枝葉末節に思えるかもしれない。ところが実際は、フランスでアメリカ兵のセックスを管理することが、ヨーロッパにおけるアメリカの政治的権力の拡大にとって、一見わかりにくいものの、実はきわめて重要な転機になったのだ。

売買春をめぐる衝突がいかに重要な意味を持つかは、フランスの政情不安という歴史的文脈のなかでとらえないかぎり、じゅうぶんには理解できない。前述のように、フランス国家が自らの「力量を証明」し、政治的自律を主張しようとしたことを、アメリカは好ましく思わなかった。[11]ド・ゴールは連合国軍のリーダーたちと組みうち、ノルマンディーに傘下の委員《コミッセール》を送り込み、フランス全土を支配下に収めた。この点で「非合法」であったうえ、ド・ゴール政府は資源も不足しており、また国際的にも国家として正式に認められてはいなかった。アメリカはド・ゴールを一九四四年の一〇月まで主権国のリーダーとして承認せず、その間、戦争遂行のために監督が必要だという理由で、フランスの経済・社会をおおむね管理していた。フランスでアメリカ兵は女性たちとの性的接触を求めたが、彼女たちの国の立場やフランス国民としての自治権は、アメリカ軍の侵攻により揺らいでいたのである。この過渡期にあたって性的関係をアメリカが管理したことで、解放した側とされた側に決定的な違いがもたらされた。性的商売を管理することは、冷戦の幕開けにアメリカ軍がフランス国家に対する権力を主張する手段になったのだ。[12]

健康は勝利

性病の問題をめぐる仏米間の衝突から、第二次世界大戦時にアメリカの一般社会と軍が抱いた、もっと広い道徳的前提が浮かび上がる。とりわけセックスに対するアメリカ陸軍の方針の裏にある偽善が露呈された。アメリカ軍にとって、兵士がフランス人女性とセックスしたかどうかは問題ではなかった。軍にとって大いに重要なのは、兵士が性病に感染しないことなのだ。ヨーロッパ作戦戦域・アメリカ合衆国陸軍（ＥＴＯＵＳＡ）によれば、性病はヨーロッパ戦域における軍隊の耐久力にとって真の脅威となった。司令官ジェイコブ・ディヴァースは一九四三年一二月、全部隊に次のような通達を出した。「来たる戦闘を目前にして、性病による人員の減少は許されない。兵士が性病にかかることは、故意による職務怠慢も同然の合衆国陸軍への裏切り行為である」[13]。性病を裏切り行為にたとえることで、ディヴァースは性的行動に国家への反逆という重い罪を背負わせた。このリスクの高さゆえに、大陸侵攻に備えアメリカ軍がイギリスで訓練を受けた一九四四年の前半には、すでに性的乱交が軍の最大の懸念材料になっていた。そこでロンドンに駐留していた連合国派遣軍最高司令部（ＳＨＡＥＦ）の将校たちは、シチリア島や南イタリアで戦っていたアメリカ兵の間で性病罹患率が上昇している問題に取り組んだ[14]。こうした将校のなかには、高位の将軍のほかに、上級医療顧問、そしてもちろん軍の予防医学部スタッフ、とりわけ性病管理部門の担当官が含まれた[15]。

彼らの懸念はまもなく現実のものとなった。陸軍省の公式の方針は商業的な売買春を抑止することだった[16]。ところが訓練を受ける兵士の数が一九四一年以降急激に増えるにつれ、アメリカ軍基地周辺で性の取引が盛んになった[17]。一九四一年にアメリカ連邦議会は、アメリカ軍基地周辺の売春を違法とするメイ法を可決した。ただしこの法律は施行までに時間がかかり、さらにアメリカ兵が海外で戦うようになると、その計画の不備が痛感された[18]。北アフリカのアメリカ兵の性的乱交を抑制することはほぼ不可能だとわかり、性病はこの戦域における最大の医学的問題になった[19]。イタリアでは、あらゆる階層に属する女性たちが食料を確保するために売春へと向かった[20]。一九四四年の四月になると、イタリアでの性病罹患率は一〇〇〇人につき推定一六八件となり、陸軍省が定めた許容水準の五倍を超えた[21]。ＳＨＡＥＦの医療計画担当者らは、性的乱交が連合国軍の任務の成功を脅かしかねないと判断した。

広範に回覧されたSHAEFの一連の覚書から、医療計画担当者がイタリアでの高い性罹患率をいかに説明したかを見てみると、彼らの性病理解の根底にあるジェンダーと人種をめぐる錯綜した考えが浮かび上がる。彼らに言わせれば、イタリアでは「売春宿が利用できた」ために、セックスに対する兵士たちの「正常な本能」がかき立てられた。ある師団の軍医の報告によれば、「ナポリから売春婦が数百人もこの野営地を襲ってきて、見張りや有刺鉄線の裏をかいた。女たちは周辺の断崖のほとんど人が近づけないような洞穴で『商売』を始めた。多くが洗濯女のふりをして基地内にもぐり込んだ」[22]。ここではイタリアの女性は病気の媒介者と見なされ、野営地を「襲ってきて」、「見張りの裏をかき」、まるで寄生虫の大群のように男たちを刺激したとされる。軍医は誰が「洗濯女」を基地内に入れたかも、またなぜ売春婦たちが「ほとんど人が近づけないような洞穴」を使うという発想を得たのかも突きとめはしなかった。こうして医療計画担当者は、性的需要を生み出した「誘惑者」として女性たちを悪者扱いし、性病拡大の責任からアメリカ兵を放免した。

イタリアの場合と同じく、SHAEFの軍医はフランスの女性たちが性病の媒介者になっていると決めつけた。Dデイ直前の民事部の計画会議で、将校たちは「一般市民からの感染による」兵士の性病を予防し、兵士を市民から「保護する」ためには何が必要かを話し合った[23]。こうした女性を「一斉検挙し、占領区域から強制退去させる」ことが提案されたが、それは何をもってしても彼女たちを止められないと考えたからだ[24]。フランスの地を踏む以前から、SHAEFの軍医たちはフランス人女性の移動を管理する権限を握っていた。この筋書きによれば、兵士たちはその欲望を狡猾にかき立てる女たちの餌食ということになる。ヴィクトリア朝的なお堅い自制心に従っているにもかかわらず、兵士たちはこの異例の状況下で性的試練に打ち勝つことができなかった[25]。こうして売買春は、男らしい性的自制――したがって男性性そのもの――の脆弱性を象徴するものになったが、この時期は男らしさが当然のごとく強さと同一視されるときでもあった[26]。世界大恐慌のつめ跡、シェル・ショック［戦争神経症。当初「砲弾ショック」と呼ばれたが、のちに砲撃にかかわらず長期にわたる戦闘による障害を指すようになった］、さらにナチスのプロパガンダが、すでに戦時におけるアメリカの男らしさを蝕んでいた。そして今や性売買や性病は、傷ついた男らしさを表すシンボルとして、アメリカの男性性や不屈の精神、忍耐力について広がる不安を確固たるものにした[27]。

軍医は白人男性をイタリア人女性の無垢な獲物と見なしたが、一方でアフリカ系アメリカ人男性については性的攻撃者と判断した。人種的偏見のせいで性病感染のジェンダー化された論理は逆転し、今度はヨーロッパの女性たちが病気の媒介者ではなく犠牲者ということになった。「ヨーロッパの女性たちは、アメリカの黒人《ニグロ》と付き合うことに伴う危険について警告を受けた」と、自ら「有色人」と称するウォルター・ボナー軍曹は、「有色人部隊のための」性病予防を概説したETOUSAの覚書に書いている。「われわれは、わが人種が『不道徳』とか『性欲が強すぎる』とか『動物的』などと言われて平気ではいられないが、そうした主張にほんのわずかでも理由を与え続けるかぎり、こうした非難につねに身をさらさなければならない」[28]。ボナーは「人種の誇り」という見地から語ってはいるが、黒人兵士のための特別なプログラムという考えこそ、彼らの振る舞いに烙印を押すものだった[29]。

陸軍は黒人部隊の性病罹患率のほうが高いと信じていた。じゅうぶんな医療を受けられず、ほかにも多くの要因があったことから、黒人登録兵の性病罹患率は確かに高かった[30]。ただし黒人兵士が兵役中に不釣り合いな割合で感染したかどうかは、それほどはっきりとはわからない。というのも性病報告にはいくつか矛盾点があるため、この件に関する統計は信頼できないものになっているからだ。どこかの師団の罹患率が高かった場合、指揮官は釈明を強いられ、罹患率の高さを黒人部隊のせいにした可能性もある。[31] 統計学的な真実がどうであれ、アフリカ系アメリカ人兵士は合衆国軍のなかで性的倒錯のシンボルになった。陸軍にはびこる人種的偏見により、黒人兵士の移動の自由を制限する厳しい規制が合法化された。こうして軍の性的管理は、アメリカ兵の人種の境界をも揺るがぬものにした。

性病は連合国軍の強さや男らしさ、異人種間のセックスにまつわる不安と切っても切れないものになった。これほど多くのものを象徴しているにもかかわらず、性病を抑えるためにSHAEFの政策担当者は新たな案を持たなかった。そして北アフリカやイタリアでの戦闘のときと同じく、教育と抑圧という二方向からの対策を取った。[32] 男性の性的行動に関する軍の統計では、兵士のおよそ一五パーセントが禁欲を選んだが、一五パーセントは何が何でもセックスしたいと主張した。残りの七〇パーセントは乱交を仲間からの圧力の問題だと考え、この集団が軍の教育対象になった。[33] 教育はもっぱら男性兵士のみに向けたものだった。陸軍女性部隊（WAC）に入っていた女性たちが性教育を受けるように言われたことはなく、軍のコンドームを支給された者は一人もいなかった。[34] SHAEFはヨーロッパの女性に対するのと同じ見方——恥知らずで攻撃的——でアメリカ人女性を見ることを拒否した。この態度はおそらく従来の固定観念から生じたものだろうが、軍はまた数千人ものWACを世界に送り出し、性の冒険をさせたなどと語る気も毛頭なかった。

イタリアで兵士の性病罹患率が高い原因はもっぱら兵士の無知にある、と多くの将校は主張した。[35] この問題に対処すべく、軍は大量のパンフレットやポスターを発行し、「健康は勝利」などと題した映画を配給した[36]。こうしたプロパガンダでは、魅惑的な夜の女たちは危険や死をもたらすものとして描かれた。アメリカ兵にまつわる著作のなかで、売春婦は一般に死する運命を象徴するようになり、多くの兵士は実際に性病を恐れるようになっていた[37]。バート・ダムスキーは兵士たちが「性病にかかることを恐れて」いたために、夜にテントにやって来たフランス人売春婦を拒んだことを覚えている[38]。ロバート・ピーターズは感染を病的に怖がり、ことに対処すべくフランス人売春婦のなかにペニスだけでなく自分の指も挿入した。「オルガスムに近づいたら、性病いぼを塞いだのだ！」[39]。けれども、こうした不安は性病予防教育のおかげというよりも仲間の兵士たちの体験から生じた場合がほとんどだった。トーマス・セイラーはフランス人女性からの誘いを一切断ったが、それは「みんながもらってくるものが怖かったからだ。みんな病気をもらってきた……だが私はちょっかいを出したりはしない」[40]。ジャック・プラノは友人のうち八人が同じフランス人女性と一晩過ごし、「淋病《クラップ》」をもらってきたことを振り返った。以後、彼はこう悟った。「危なすぎて、どんな遊びも怖くてできなくなった」[41]。

予防教育のほかにSHAEFは、性病や、「股ずれ《クロッチ・ロット》」と呼ばれたいんきんたむしを予防する多くの対策を兵士に求めたが、その一つに禁欲も含まれた[42]。仲間内でのフットボールも奨励された。イギリスからビールが運ばれたが、これはワインよりも性欲を刺激しないと思われたからだ[43]。軍は無料のコンドームを各兵士に月六個ずつ支給した[44]。レイモンド・ガンターは、フランスに向かう船に仲間の歩兵と乗り込む前に、軍曹がすべてのテントを回って全員に「コンドームを気前よく」配ったことを覚えている[45]。あるときフランスで、アメリカ兵が食料の配給と一緒にコンドームを受け取ったが、それを知った市民は衝撃を受けた。[46]「ペニス検査《ペッカー・チェッカー》」と兵士たちが呼ぶ淋病検査を、兵士たちは定期的に受けさせられた。[47]SHAEFはまた性病予防所《プロ・ステーション》を設置し、兵士たちはセックスした後にここで自ら衛生処置を行った。この施設はフランスの諸都市の売春宿や軍基地、赤十字クラブの周辺で見つけることができた。[48]最後に、SHAEFはフランスの売春宿の立ち入り禁止を宣言し、帰営時刻を定め、アルコールの販売を縮小した。[49]当初、兵士は性病にかかると減給される恐れがあったが、結局、すべての兵士に治療を受けさせたいという理由により、軍は性病感染を処罰の対象から外した。[50]

性行為の人気がなくなるわけがない

SHAEFの用意周到な計画にもかかわらず、アメリカ兵たちがフランスの土を踏むや、セックスは大問題になった。一九四四年の九月、軍医長のA・W・ケナーはSHAEF本部に書簡を送り、早急に何らかの手を打たないと「わが軍における性病の罹患率は危険なほど上昇し、戦闘能力がひどく損なわれることになる」と伝えた。[51]本部にはフランス各地から、罹患率が「満足しかねる割合」に達しているとの報告が届いていた。[52]一二月になると、ヨーロッパ大陸でのアメリカ軍の性病罹患率は九月に比べて二倍近くまで上昇した。[53]この罹患率の急上昇は、軍がアメリカ兵とフランス人女性との性的関係をあらゆる段階で規制できなくなったことを示していた。この失態は、下士官兵に対する強いリーダーシップと規律を誇る軍にとって実に異例のことだった。軍の決まりがこれほど広く無視されたことは、ヨーロッパ戦域の指令においてはほかに考えにくい。セックスに関して軍が抱える「問題」はひときわ手に負えないものだった。なぜこれほどまでに性的乱交が広く許されたのだろうか？　病気になることがわかっていたこの時期に。

ところが、このお粗末な結果は意外ではなかった。SHAEFの将校たちは認めたがらなかったが、地中海戦域の戦闘が教えてくれた何より重要な教訓は、セックスには軍の抑えが利かない、ということだ。軍のある調査では、既婚兵士の五割、独身兵士の八割が戦時のある時点で性交渉を持った。ある謙虚な軍医が言うには「性行為の人気がなくなるわけがない」[54]。そのうえ、ノルマンディー作戦の特殊な状況もまた感染が劇的に拡大する一因になった。まずフランスで売春は合法的なビジネスだった。加えて一九四四年の夏に第一軍と三軍が北フランスを性急に進軍したことから、兵士と市民は管理されない状況で接触することになった。どの地域でも憲兵には、売春宿を立ち入り禁止にし、性病予防所を設置し、フランス人女性の健康状態をチェックする暇などなかった[55]。慌ただしく移動する軍隊の背後では補給も追いつかず、コンドームや予防キットが足りないこともままあった。宿舎さえ急ごしらえで建てられた。したがって兵士たちにはフランス人女性と肉体関係に及ぶ機会がふんだんにあったのだ。

そのうえSHAEFの予防措置は実践するのが難しいことも判明した。「不名誉者名簿《ロール・オブ・ディスオナー》」や「十字懸垂《アイアン・クロシズ》」、「砲金製八つ玉《ガンメタル・エイト・ボールズ》」といった部隊ごとの作戦には、目に見える効果はなかった。男たちは今となっては性病予防ポスターには目もくれず、まず例外なく当初もらった小冊子を捨てていた[56]。また軍が配ったコンドームには次から次へと苦情がきた。案の定、兵士たちは「小さすぎる」と文句を言った。しかも「くそ分厚くて楽しめない」し、そのくせ「半分は破け」たり「行為の最中にはずれてしまった」。さらにどういうわけか先端から三センチほどが縮んだまま垂れ下がるのも気に食わなかった[57]。泥よけのためライフル銃の台尻にかぶせるほうが役に立つ、というのが多くの兵士たちの感想だった[58]。またノルマンディーの子どもたちの手にわたり、子どもたちが風船がわりに遊ぶのを見た親たちは慌てふためいた[59]。

同じく役に立たなかったのは性病予防所で、これは兵士たちの間でとくに毛嫌いされた。兵士は排尿してから生殖器を緑色の石鹼で洗った後、二つかみの塩化第二水銀を生殖器全体に塗布することになっていた。それから殺菌剤のプロタルゴールを自分で尿道に注入し、五分間そのまま我慢する。最後に、水銀軟膏を生殖器全体に塗布することとされた。[60] マレー・シャピロはこの自己処置を初めて行ったときのことを鮮明に覚えている。「きちんと指示通りにしたあげく、失神して床にぶっ倒れそうになった。あんな性体験のためにこんな目に遭うのなら、もうごめんこうむると思い、それ以来一切やめた」[61]。予防処置は面倒で、苦痛で、人目にさらされ、ばつの悪いものだった。セックスの喜びが吹き飛んでしまうため、兵士たちはこれを敬遠した。

最後に、軍は性的接触を追跡しようとして、これもまた失敗した。性病の症例が見つかるたびに、部隊の軍医が報告書を書き、関与した女性に関するデータを提供することになっていた。[62] その目的は、性病に感染した売春婦のリストをつくり、それをもとに彼女たちを逮捕することにあった。ドイツ人は占領時にこうしたデータバンクを首尾よくつくっていたが、そのときはまだ公認の売春宿の仕組みがかなりうまく機能していた。[63] それに対して、アメリカ軍が向き合っていたのは素人の女性たちによるセックス市場だった。とりわけパリでは――性病感染者の三人に二人がここで感染した――売春婦たちは若く独身で、安ホテルに暮らし、偽名を使って仕事をしていた。この状況から追跡作業は思うように進まなかった。軍によって確かな身元が確認されないかぎり、フランス警察は行動を起こすことを拒んだが、このことも問題を大きくした。警察はすべてのケースを追跡するには単に人手が足りなかったのだ。[64] さらに厄介なことに、兵士たちは性交時に酩酊状態でいることもしょっちゅうだった。その場合、兵士たちが自分の「重大な性的接触」についてせいぜい思い出せることといったら、「パリだっけ？　ホテルだっけかな？」という程度だった。[65]

一九四四年の八月後半にパリが解放されると、続々と新たな問題が浮上した。九月二日、セーヌ基地地区（パリとその郊外を管轄）の憲兵司令官がフランスの警察官と一緒に市街地にやって来た。二人は将校用、白人下士官兵用、そして「黒人《ニグロ》」用の売春宿《メゾン》を選んだ。その三日後に軍医長がやって来ると、すべての売春宿を立ち入り禁止にしたが、この「非公式」の方針はその後広まり、人種と階級で売春宿が分けられるようになった。[66]たちまちパリは性を追求する堕落《ソドム》の地になった。商魂たくましい女性たちがフランス全土からこの大都市に殺到し、性の快楽のために自らを差し出した。同じくフランスの小さな町でも、軍は売春宿からアメリカ兵を締め出すのに手こずった。アメリカ軍憲兵はフランス警察と緊密に協力し合い、売春宿を監視し、軍の基地から売春婦を遠ざけようとした。フランス語と英語で書かれた看板には、この売春宿は「立ち入り禁止」と表示され、兵士を接待しているとわかった売春宿はすべて閉鎖する、とフランス警察は脅しをかけた。[67]

それでも意志あるところに、やっぱり道は開けた。売春宿に入ったことで科される罰金（ある報告によれば六五ドル）を、兵士たちは単にセックスに払う追加料金にすぎないと考えた。[68]正面に立つ憲兵の脇をすり抜けるために、兵士たちは市民の服を借りるか盗むかして身にまとった。フランス語しか話せないふりをした者もいたが、これはなかなかうまい作戦だった。多くのレジスタンスやフランスの軍人がアメリカの軍服を着ていたからだ。[69]こうした努力からフランス語の道化芝居が演じられることもあり、これもまた漫画家ビル・モールディンは見逃さなかった。『スターズ・アンド・ストライプス』に掲載された漫画でアメリカ兵は、フランス語もどきで「エーイゴ、シャベレマセーン」と宣言し、憲兵の目をごまかそうとしている[70]（図6・1参照）。有名どころの売春宿には警官が大勢配備されたが、一般住宅を装った多くの小規模な売春宿は憲兵の目を盗んで営業した。またバーやレストラン、「アスレチッククラブ」に見せかけたものもあった。シェルブールの憲兵司令官の報告によれば、憲兵がこの町のとある建物に立ち入り禁止令を出した途端、売春婦たちは廃墟と化したたくさんある家のどれかにさっさと引っ越した。ある司令官はこう言った。「欲望に従う兵士一人ひとりに憲兵をつける必要があるだろう[71]」。

兵士たちはむろん鋼の意志を持つ一団だった。日々死と隣り合わせの歩兵たちは、治療可能な感染症にそうやすやすと怯えたりはしなかった。だが性的乱交の問題はアメリカ兵の執念よりも根が深かった。この問題の根本原因は、陸軍省の売春防止政策を実行する意志が、そもそも軍に欠けていたことにあった。軍の方針が優柔不断なものであることがいちばんよくわかるのは五月二日に回覧された覚書で、これはその後数カ月にわたり陸軍省の方針を説明する模範文書として使用された[72]。この覚書はまず指揮官に対し、どんな形であれ売春をそそのかすことを一切禁じている。とはいえ、その後に「兵士が任務または休暇で部隊を離れ、性病にさらされる恐れがあるときはつねに希望者に」コンドームを配るよう指揮官に命じている[73]。兵士にコンドームを支給するのは「性病にさらされる恐れがあるときはつねに」となっているが、その真の意味は「兵士がセックスする可能性があるときはつねに」である。だが将校たちが売春をそそのかしてはいけないことになっているなら、なぜ彼らがコンドームを手渡すことが認められていたのか？　コンドームを無料で支給し、予防所を設け、性病にかかった兵士を処罰しない――こうした方針は、軍が抑えようとしている乱交を取り立てて問題のないものにする効果があった。言い換えれば、自分

"No parlay Eengleesh."

図6･1　ビル･モールディンによる風刺漫画「エーイゴ、シャベレマセーン」『スターズ・アンド・ストライプス』1944年10月30日号。スターズ・アンド・ストライプスの許可を得て使用。©1944, 2012 Stars and Stripes.

たちが対処を任された問題をかえって奨励していたのだ。[74]こうして、ことセックスの問題になるとすでに規則に頓着しない指揮官たちに、矛盾したメッセージが送られた。

構造的な管理体制が何も整っていないなか、SHAEFはセックスの問題を現場の指揮官の手に委ねざるを得なかった。[75]上官たちは品行方正の模範を示し、部隊の性病罹患率の統計を取り、部下に「性道徳」の講義を行ったことを文書で記録しておくこととされた。[76]けれども性道徳の講義を行ったことを将校に文書で確認させていたのだとすれば、将校がきちんとそれを実行することをSHAEF本部は明らかに疑っていたことになる。その予感は当たっていた。ある軍史によれば、少なくとも北アフリカの戦域では兵科将校には「ほぼ全員に問題の理解が欠けていた」。部隊の性病罹患率が高いと昇進を阻まれることも多かったため、将校は症例を隠し事実を曲げて報告した。北アフリカの当初の教育プログラムはほとんどが指揮官を対象にしたものだが、ここでの進歩は遅いと思われた。[77]フランスに進駐するアメリカ軍将校も似たようなものだった。アメリカ兵ジョン・ダンの記憶によれば、第八二および第一〇一空挺師団の指揮官は「とても信心深い男で、悪い人間ではなかったが……獣《けだもの》たちを静かにさせておく唯一の方法は、売春宿を用意することだと心から信じていた」。ダンによれば、この理由から、指揮官は売春宿と性病予防所の両方を兵士のために用意したのである。[78]セックスに対する指揮官の対応を振り返ると、ダンには何が合法で（性病予防所）何が非合法か（売買春）の区別がつかなかった。指揮官に出されたSHAEFの命令には根本的に矛盾があり、結局は、男性の性的衝動を解放するのに必要な抜け穴を指揮官たちに教えたにすぎなかった。

将校たちは「立ち入り禁止」令令を無視することも珍しくなかった。なかでも最も有名なのはジョージ・パットン将軍で、部下が少しぐらい娼婦買いをしても誰の迷惑にもならないと考えていた。パレルモに進軍していた間、パットンは最も大きな六軒の売春宿のために医療チームを設立した[79]。フランス語の通訳者ウィリアム・ブランセルはヴェルダンに配属されたとき、当初、地元の売春宿の女将に店を閉めるよう伝えることを命じられた。ところがパットンの軍隊がその地区を引き継ぐと、ブランセルは前言を撤回し、今度は女将にパリから女たちを呼び戻すよう伝えなくてはならなかった[80]。ほかにも売春宿に営業を続けさせるべきだと断固として譲らない将校たちもいた[81]。一九四四年に予防医学部の報告が認めたところによれば、「不幸にも多くの地域で地元のアメリカ人指揮官が、監督上の問題に手を貸すことができないか、またはその意志がない[82]」。SHAEFはいら立ち、疑問を投げかけた。なぜ将校たちは性病予防に責任を持って取り組まないのか？　なぜこの件における命令違反を、ただ指をくわえて見ているのか？　ただし明らかにSHAEFの命令と並行して暗黙のルールが働いており、軍の方針とは矛盾しているものの将校の間で広く受け入れられていた。ある内部の人間によれば、将校の大半が陸軍省の売買春に関する方針は「理にかなったものではないし、効果もなかった」と考えていた。多くの男性は「個人として本心では」買春を好む一方、「集団として表向きには」厳しい弾圧を求めざるを得なかった[83]。この二枚舌的な策のせいで、性病を抑制するSHAEFの試みは初めから失敗する運命にあったのだ。

生命に逆らうこと

ブルターニュで売春宿を始めようとしたチャールズ・ガーハート将軍の試みから、この二枚舌的態度がとりわけ詳細に見てとれる。調査官の取り調べを受けたガーハートは、コラールが「公式には第二九師団の売春宿ではないと思うし、この件については確認する必要がある」と弁解した。[84] むしろガーハートはこれを「課外活動」と呼びたがり、参謀長のエドワード・H・マクダニエルは「規律上の理由で管理された逢い引き」と呼びたがった。[85] とうとうガーハートはこのコラールが売春宿であると認めたが、それでも施設の目的は「軍隊の健康を守ること」だと言い張った。[86] ところが、この主張には嘘があった。調査が進むにつれて、将軍も参謀長もコラールの開設に先立ち、売春婦に十分な医療を受けさせていなかったことが判明したのだ。売春婦がどれほどの頻度で医務官の検査を受けていたか調査官がガーハートに尋ねたところ、将軍は「戦闘の前に一回だけ」と答えた。[87] ところが実際は、ガーハートが師団の軍医ジェラルド・A・ログリッポに売春婦を検査するよう命じたのは売春宿を開設したその朝だった。女性たちの健康状態は芳しくなかった。二人は扁桃腺炎で、一人は卵管に異常があり、もう一人は肺疾患の疑いがあった。しかも軍医は検査結果がわかるまで淋病と梅毒の可能性を否定できなかった。にもかかわらず、軍医がこの悪い知らせをガーハートに伝えようとしたところ、将軍は手を振って追い払い、「問題はなかろう」と言った。ガーハートは「淑女たち」を訪問し、「陽気にあいさつ」しただけで満足した（「とびきりいい娘たちだった」。のちに将軍は四人の売春婦をこう評した[88]）。

コラールを開設したガーハートの動機が部下の健康を守るためでなかったのは明らかだ。実際は、性病に関する軍の不安に迎合することで、責任逃れをしようとしたのだ。おそらくこの同じ理由から、将軍と参謀長はレイプについての不安にもつけこんだ。ガーハートは一九四四年の九月に「レイプその他もろもろの件に関して多数の申し立てが広く報じられた」ことからも、コラールを正当であると主張した。[89] コラールはレイプを防ぐために設立したのだ、とガーハートはほのめかした。軍はノルマンディーの田園で起きた度重なるレイプの告発について調査していたため、当時多くの将校がこの言い訳を思いついた。[90]先の七月、シェルブールで売春宿《メゾン》の立ち入り禁止令が出て以降、あまりに多くのレイプが報告されたことから、憲兵は売春宿を再び開放することを検討していた。[91]けれどもガーハートの発言のなかの、所在なげな「その他もろもろ」という表現は、性的暴力の実態への無関心ぶりを露呈している。レイプについての彼の懸念は、衛生についての心配と同じくらい信憑性に欠けて見えた。

ガーハートは非公式には売春宿をまったく違う言葉で言い表していた。指揮官としてのガーハートは「部下の性衝動に強く共鳴する」「女たらし」と評判だった。[92]この共鳴は、ガーハートが上官のオマール・ブラッドリー宛に書いた手紙（ガーハート自身はこの手紙が公式記録の一部になるとは思いもよらなかっただろうが）にはっきりと表れている。手紙のなかでガーハートは、部下たちがセックスのことで「頭がいっぱい」だったのは、「女性との接触を断たれ」、またエロティックなピンナップ写真や漫画の影響を受けていたからだと主張した。[93]ガーハートが本当に恐れていたのは、部下たちが自らの欲望を満たすために同性愛に向かうことだった。ブラッドリーに宛てた手紙で彼はこう書いた。「性的倒錯の問題」が生じた原因は、兵士たちが禁欲は不可能だと悟り、ほかに利用できる性のはけ口に向かったからだ。[94]「性的倒錯」という不安の種を持ち出すことは同性愛嫌悪の激しい軍隊において説得力を持ったが、公式の報告書にこの問題が浮上することは決してなかった。

禁欲を強制するといわゆる倒錯的な性行動に走ると心配したのは、ガーハートだけではないことが証拠からわかっている。当時の医学文献の説明によれば、欲望に駆られてやけになり同性を求めた男性が、しだいに「それを好むように」なり、とうとう決して「正常」に「戻る」ことのない、「確固たる」同性愛者になるという。[95] 歴史家のアラン・ベルベの推測によれば、戦闘任務中の男性間のセックスが高頻度で発生する理由は、女性からしか性病はうつらないと兵士たちが信じているからだ。[96] 確かに同性愛は性病を回避する一つの方法だが、同性愛嫌悪の強い軍隊では、もっと危険なことが待ち受けていた。男性同士のアナルセックス（「おかまを掘ること《コーンホーリング》」）やフェラチオを行った兵士は営倉に収容され、不名誉除隊となり、なかには長期にわたって刑務所に送られる者もいた。[97] アメリカ兵ロバート・ピーターズの記憶によれば、ウィッシャーという名の年長の兵士が小テントのなかで一等軍曹とフェラチオに及んでいたのを見つかると、上官は男たちにこう言ったという。「他の男のペニスを口に入れたらどんな罰を受けるかわかっているのか？　一生ムショ暮らしだぞ。そこならたっぷりファックできるだろうよ[98]」。

ガーハートの公的な証言と、ブラッドリー宛の私信の差異は、軍が男性の性的衝動にいかに対処していたのかを知れば納得がいくものだ。つまり非公式には認め、公式には否定していた。ガーハートは個人的には、男性の性的欲望を潮の満ち引きのように避けられない自然のものと見なしていた。こうした姿勢から、自身の行動に対する説明責任を（都合よく）否定することにしたのだ。男というものはセックスを求めるもので、それがかなわないなら男同士で寝るものなのだ、とガーハートは信じていた。さらに将軍はこうした意見を、一〇月に集まった従軍牧師と話した折にも披露した。このときもまた、自分の発言が公的な記録の一部になるなどと本人は知るよしもなかった。この集団を前にして、将軍はまたもや男性の性的衝動を自然化して語った。「（性交を）慎むよう勧めるのはわれわれの務めではあるが、それでも人間であるがゆえの問題はなくならない……生命に逆らわないのが私の本分だ[99]」。公式の記録においては、「生命」や「人間であるがゆえの問題」に関する持論を、ガーハートは遠回しに述べるにとどめていた。公式調査のある時点で、将軍は調査官に「この師団は二年も海外に出ていたが、それはかなり長い期間だった……」と語った。「セックスなしでいるには」という締めの言葉をおそらくガーハートは飲み込んだのだ。[100]戦闘期間の長さに比例してアメリカ兵の乱交頻度が高まるのは周知の事実だった。

セックスについての軍の方針は、事あるごとに表向きの規制と裏での黙視との間で揺れ動いた。突き詰めてみると、この厄介な揺れは軍の深まる苦悩と関係していた。一九四一年まで正規の軍隊は比較的規模が小さく、結束の固い集団で、無言の忠誠とうわさ話から成る内輪の文化がうまく機能していた。[101]ところが戦争の脅威が次第に高まると、軍は幾何級数的に拡大し、部下や情報の管理がそれまでよりはるかに困難になった。アメリカ兵の乱交はそれでも公式には否定され非公式には認知されていたが、兵士の数が何百万という単位で増え、ジャーナリストが師団と行動をともにする時代になると、この申し合わせにはますます無理が生じてきた。その結果、一連の矛盾が生まれたのだ。すなわち売春宿は「立ち入り禁止」ながらも人種で分離され、セックスは糾弾されながらもコンドームは配られ、同性愛は嫌悪されながらもつねに身近に迫り、売買春は禁止されながらもひそかに組織された。そしてここでは暗号化された言語が使われ、それにより将校たちは世間の新たな注目をかいくぐりセックスについて語ることができた。この言語が性的な知識を管理し、その結果、歯止めの利かない性的乱交を許すことになったのだ。

フランスのような場所で任務を遂行すること

コラールを擁護する最後の根拠として、ガーハートと部下の将校たちは師団がフランスに進駐していた点を主張した。「本師団が任務を遂行していた状況、ならびにわれわれの置かれていたフランスの地域社会では」とマクダニエルは訴えた。「わが軍の兵士たちとフランス市民の間に性に見境のない交流を許すよりも、その交流を管理する努力をするほうが望ましいと思われた」。俗っぽく言えば、この発言はこういう意味だ――「われわれはフランスにいて、部下たちはどうしてもセックスしたがっていた」。マクダニエルはその証言のなかで、調査を担当した陸軍中佐ラインマンに対し、師団は「フランスのような場所で任務を遂行」していたのだと再び念を押した。[102] この発言でマクダニエルが言わんとしたことは、兵士たちがフランスで何らかのコトを期待していたというだけでなく、こうした事情を理解した地元警察も喜んで協力した、ということだ。[103] 要するに、「フランスのような場所」で兵士の性的行動を管理しようとするのは、ステーキハウスで兵士に生のニンジンを食べさせるのに等しい、というのがマクダニエルの言い分だった。

性病感染の責任をフランス人に転嫁することで、将校たちは陸軍省による売春禁止令を無視する言い訳も立った。北ヨーロッパでの軍事作戦の開始当初から、アメリカ軍将校は性病罹患率の高さを、兵士たちが「フランスのような場所」にいることのせいにしていた。あるフランスの歴史家が言うように、「アメリカ人はフランス人を……自堕落な生活を送る、お気楽な、ただの酔っぱらいだと思っていた」。[104] あるアメリカ兵はこの国を「道徳観念のない国」と呼んだが、これが世間一般の見方だった。[105] けれども言うまでもなくフランスは、敗北や占領、そして戦争から復興すべくまさに奮闘している国だった。戦時の回想録でシャルル・ド・ゴールは、再建の道のりを阻む多くの障害を列挙した。ドイツはフランスからその富を一掃し、連合国軍はこの国の港や鉄道線路、道路、工場を破壊した。フランス国民は解放を有頂天になって喜んだものの、政治的不和や労働不安、対独協力の幻影といった深刻な問題を抱えていた。[106]

この経済的・政治的混乱の結果、この国の公娼制度はうまく働かなくなっていた[107]。売春婦は一カ所にとどまらないか、あるいは売春宿《メゾン》に医療従事者が現れると姿をくらまし、義務である検査を逃れた。たとえ健康状態がかなり悪くても、売春婦たちが政府による医療を避けるのは、なまじ愚かなことではなかった。彼女たちが受ける治療は効果がないどころか、ひどいときは拷問に等しかった。診察は明かりの足りない不衛生な環境で行われた。内診が終わるたびに検鏡《スペキュラ》を洗わないことも、またシーツやワセリンの容器を交換しないこともざらだった[108]。重症の女性たちは閉鎖病棟に送られ、そこでは尼僧たちがアルコールや汚い言葉、レズビアン・セックスと最善を尽くして闘っていた[109]。女たちは退院したときは健康でも、すぐにまた病気になった。再び感染するか、病気の治療薬を買う金がなかったからだ。何度も逮捕されるか、未成年を堕落させたとわかった女は裁判にかけられ、刑務所に送られた。そして不衛生な監房で窃盗犯や殺人犯と寝食をともにした[110]。

SHAEFの医療計画担当者はこの制度の欠陥に気づき、そのせいでフランス人の性的堕落にまつわる偏見をいっそう強めた。アメリカ軍基地近くの売春宿に反対した有名な一九四一年の論争で、二人の軍医はこう主張した。「政府が積極的な対策に乗り出さないかぎり、売買春に対するわれわれの寛容さは、フランスの程度にまで落ちぶれるだろう[111]」。軍の発行した案内書『フランスのポケットガイド』はフランス人女性にウインクしたり、尻を触ったりしないよう注意していたが、フランスの公娼制度を信用してはならないとも忠告していた。「だまされてはならない。どんな検査システムも売春婦を安全なものにしたことはない。売春婦の健康手帳には何の意味もない[112]」。売春婦が感染していない場合、フランスの法律では投獄を禁じていることに指揮官も兵士もとりわけ不満を持っていた[113]。一九四四年の九月にルーアンで開かれたフランス人医師と連合国軍軍医との公衆衛生会議で、アメリカ側は苦情を訴えた。「感染性を持つ〔病気をうつす恐れのある〕」ことがわかっているバイユーの売春婦が警察に逮捕され「通りいっぺんの」検査を受けたのちに釈放され、その後五人の男性を感染させたのだ。アメリカ人は性病の罹患率が高いことをフランスのせいにしたが、売春婦を追跡する権限をフランスに委ねることは拒否した。[114] 要するにフランス人は全責任を負わされながら、一切の権限を与えられなかったのだ。

「フランスのような場所で任務を遂行」することは、感染をフランス人のせいにしながら売春婦の身体に対する管理責任を持つ、ということを意味した。ある軍医は性病の拡大を次のように説明した。「どんな売春婦も、感染した客と接触した直後から感染性を持つ可能性があり、検査により感染が判明するまでの間に接触する未知数の客に病気をうつす恐れがある」。[115] 感染した客に接触したフランス人売春婦は「感染性を持つ」以前に、まず自分が「感染させられる」必要があったが、この軍医はその点を認識し損なっていた。イタリアのときと同じく、病気の伝染に果たす男性の役割は徹底して無きものにされた。アメリカ兵と接触するすべてのフランス人女性が売春婦だとSHAEFが考えていたことも、問題をこじらせた。一一月には、フランス各都市の軍隊に「駐屯街の『行きずり』の少女たちにひそむ性病の危険について教える」必要がある、と本部が将校らに進言した。[116] アメリカ公衆衛生報告によれば、この「行きずり」の少女たちは合衆国で売春婦にかわり主な感染源になっていた。[117] 軍はフランスでも状況は同じだと考えた。

「行きずり」の少女を感染源だと責めることと、フランス国民全体を糾弾することは大差ないことだった。フランスがエロティックな快楽の国だとしたら、性病はその醜い裏の顔であり、フランス人は自業自得というものだ、とアメリカ軍将校は考えた。前述のように、アメリカ兵にとって他の職業のフランス人よりも売春婦と接触する機会のほうが多かったために、彼女たちとの関係がもたらす政治的影響はいっそう大きなものになった。アメリカの大衆文化においても、外交・軍事の高官たちの間でも、売春婦は「フランス人らしさ」そのものを明確に表すものになった。SHAEFがフランス政府の規制に不満を持ち、またフランス人女性を感染源のみならず被感染者として見ることができなかった点も、仏米関係に重要な影響を与えた。性病の「問題」は、フランスを退廃的と見なすアメリカ人の偏見を強化しただけでなく、見下した態度を引き出し、フランスの問題にアメリカが介入する呼び水となり、一般市民を管理するアメリカ軍の「権利」を当然のものとしたのである。

言語道断であり、まったくもって耐え難い醜態

一九四五年、売買春をめぐる衝突はノルマンディーの港湾都市ル・アーヴルで山場を迎えた。この地では商業的なセックスに対する思慮分別は、地元の市長と軍の指揮官のどちらにとっても最優先課題となった。フランス人にとって町の中心部で売春の光景が広がるのは耐え難いことだったが、それは単に下品だという理由だけでなく、売春婦が国の恥辱のしるしになっていたからだ[118]。アメリカ軍も、人目に触れることを同じくらい気にしていたが、彼らが重視したのは母国の一般大衆の目から性労働を隠しておくことであった。衝突の根源にはセックスにまつわる思慮分別があり、この問題は乱交に関する軍の二枚舌的態度によっていっそうこじれたものになった。

一九四五年になると、ル・アーヴルには何百人もの売春婦が住みついた。アメリカが「一六番目の港」と呼ぶこの都市は、一九四四年の九月六日に連合国軍によって解放されると、ヨーロッパ戦域の入り口と

なった。一九四四年の一〇月から一九四五年にかけて、およそ四〇〇万人の兵士がここで船を乗り降りした。[119] フィリップモリスやハーバートタレイトンなどと呼ばれたアメリカ軍の大規模な「タバコキャンプ」が町のすぐ北に設営された。まもなくするとフランス各地から売春婦が押し寄せた。[120] 売春婦に関するル・アーヴルの法制度は、アメリカ軍が到着する以前からすでに危機的状態にあった。この港町は一九四四年の夏、爆撃によりかなりの被害を被った。[121] 町のおおよそ八五パーセントが破壊された。[122] 売春宿《メゾン・クローズ》も被害を免れなかった。六月一四日から一五日にかけての夜、連合国軍の爆撃によりガリオン通りにある六軒の売春宿が全壊した。九月五日には再び爆撃により、公娼の受け入れを許可された一四軒の家具付き住居《メゾン・モーブレ》が破壊された。ル・アーヴルには、オドゥリー通りにわずか二軒の売春宿が残るだけになった。[123] 売春宿としての実際の建物がない状況のなか、ル・アーヴルで売春を規制するのはきわめて難しくなった。[124] この状況は、法制度が破られ、売春婦が「もぐり《クランデスティン》」あるいは独立して仕事をしたパリの状況を思わせる。売春婦たちは利益を分け合うことで、あまり高潔でない連中の協力を得た。[125] 一月になると、売春婦の流入に歯止めをかけるために、地元当局は法律上、女たちを「逮捕《アレ》」できることになった。[126] だがそれもたいして役には立たなかった。売春婦たちは列車で到着すると公共の場に散らばったが、結局は逮捕されて病院に送られ治療を受けた。そして費用は全額が市の負担になった。

　アメリカ兵の大群はル・アーヴルを、ある住民いわく「フランスの西部」に変え、憲兵はさながら「いかれた保安官《クレージー・シェリフ》」になった。[127] 売春婦は厄介な存在だった。性の取引は喧しく、派手で目立ち、暴力と結びついていた。基地の囲いのなかで性売買が行われることもあった。[128] 売春婦は基地内にこっそり忍び込み、憲兵は入場料を取った。憲兵のなかにはフルタイムのぽん引きになり、売春婦をなかに入れてやるかわりに稼ぎの一部をせしめる輩もいた。一九四六年の一月になってもなお、アメリカ軍基地を朝に強制捜査すると一二四人の女性が見つかり、敷地外まで護送された。売春婦からすれば、これはおいしい商売だった。無料で泊まれて、アメリカの食料やタバコがふんだんにあり、客がひっきりなしに来て、フランス警察もいないのだ。[129]基地は非合法売春の聖地となったが、それというのも基地の将校たちが入場者にちょくちょく目をつぶっていたからだ。[130]だが売買春の多くは町じゅう至る所で行われた。合法的な売春宿には、アメリカ兵の「立ち入り禁止令」が出ていたが、ときおり査察に来る憲兵司令官の目を盗んで営業していた。[131]パリとは違って、ル・アーヴルにはホテルを使った入念なシステムはなかった。売春宿は破壊され、ホテルは廃墟と化したため、売春婦たちは間に合わせの仕事場で我慢した。たとえば町の北にあるモンジュロンの森、それからもちろん町の中心部に散らばる墓地や公園、壊れた建物など。近隣の住民から通報を受け、警察は廃屋のなかの、ときには他との仕切りさえない部屋で、数人の売春婦が大勢のアメリカ兵相手に仕事をしているのを発見した。[132]

ほどなくル・アーヴルの住民は苦情を寄せはじめた。とくに激怒したのは、基地周辺に住み、兵士がフランス人女性とセックスする光景を連日否応なく見せられる人びとだった。[133]「こうしたことが、子どもたちや、たまたま居合わせた人びとの面前で、真っ昼間から起きているのだ」と、公園で商売に励む売春婦について、ある市民は文句を言った。[134]「ある時刻になると、アメリカ兵が家の前の階段からなかの廊下まで列をつくっている」と別の市民も警察に訴えた。「連中は壁や玄関に放尿し、たまたまそこに住んでいる女性に見境なく襲いかかる」[135]。騒々しい物音に抗議する者もいた。売春宿は秘密裏に営業していたため、兵士たちはなかに入るため窓に向かって大声で叫ばなくてはならなかった。しかも売春宿には表札が出ていないので、目的の家を見つけるまで男たちはあちこちの家のドアをノックして回ることもよくあった。毎晩、兵士たちが来てドアを激しくノックし、その任務の性質について「一点の曇りもない」言葉を叫ぶ、とある住民はこぼした。近所付き合いが「女性にも少女にもろくにできなくなった」と住民は嘆いた[136]。地元の製革工場は市長に治安を強化してほしいと嘆願し、作業員の「妻や子どもたちが、家の近くで連日のように起きる犯罪に怯えている」と訴えた[137]。ほかにも兵士たちが墓地の壁に穴を二カ所あけたと別の市民から苦情が来た。一つは入り口、もう一つは出口だ。墓地の管理人はこう語る。「どちらも日夜ひっきりなしに使われ、墓地の風紀を乱している[138]」。

ル・アーヴルの市長ピエール・ヴォワザンは、自身の選挙区民の苦情に精力的に対応した。町の政治はもともと社会主義寄りだったが、一九四五年の五月に一般投票で当選したヴォワザンは、右寄りの実業家で有能な経営者と評判だった[139]。市長は警官を増員して主な通りや公園を巡回させ、墓地の壁の穴を塞ぎ、怪しい家を監視させた[140]。ただしこうした努力にもかかわらず、克服し難い問題がいくつかあった。売春婦は移動ができ、現金をたっぷり持っていた。そして売春婦の数はあまりに多く、地域の安全を守る警官や医療従事者の数は不足していた。一九四五年の夏になると、状況は切羽詰まったものになった。戦争が終わり、帰郷を待つ退屈した何千人ものアメリカ兵がぞくぞくと町にやって来たのだ。しかも温暖な気候のせいで、屋外でのセックスにいっそうはずみがついた。ヴォワザンは、ル・アーヴルに派遣されたアメリカ軍の現地指揮官T・J・ウィード大佐に苦情を持っていくことにした。大佐とは友好を温めた、お互いに敬意を表する間柄だ[141]。市長は売買春について何ができるかを話し合うべく、八月二九日に大佐と会合を持つことにした[142]。

この会合で起きたことの大筋は、ヴォワザンの筆を通して知ることができる。ヴォワザンは会合の翌日、大佐に協議の内容を要約した手紙を送っていたからだ。彼は最初に問題を振り返った。この町の市民は破廉恥な光景を目の当たりにしていた。売春婦は多くの兵士や市民に性病をうつす恐れがあった。八月に逮捕された七五人の売春婦のうち、三三人が性病に感染していることがわかった。[143] ただし売買春を完全に抑止することには無理がある。兵士たちが欲望を満たす女性を見つけられない場合、「貞淑な」女性をレイプする恐れがあるからだ（フランス当局は、アメリカ軍と同様に、売買春を性的暴行の抑止力と広く見なしていた）。[144] 最後に、売春婦を列車に乗せて町から出すという試みもうまくいかなかった。女たちは最初の駅で降りてタクシーに乗り町に戻ってきたからだ。そこで問題の解決を図るためヴォワザンは、一般市民を立ち入り禁止にした、基地にとって「都合のよい」制限区域をアメリカ軍のほうで設けたらどうかと提案した。テントを張って、警察や医療従事者の監視下で、兵士たちが売春婦のもとに通えるようにするのだ。こうした解決策は「非のうちどころのないご立派な方針」にはいくらか背くものかもしれないが、昨今の「例外的な」時勢では「悪くてもまだましなほうを選ぶべきだ」とヴォワザンは考えた。

ヴォワザンの提案は、取り立てて新しいものではなかった。アメリカに対し、フランスの制度とよく似た（それにブルー＆グレー・コラールと大差ない）[145] 公認の売春制度を設けるよう提案しただけだ。フランス陸軍は従来から売春宿を連隊に付属させていた。そのうえヴォワザンの提案は、アメリカに対してなされた最初の提案でもなかった。一九四四年の一〇月、シェルブールで多数のアメリカ兵がレイプの罪で告訴されたとき、地元警察がアメリカ軍に書簡を送り、自軍の兵士のための売春宿を設けるよう迫っていた。[146] 同様に一九一七年から一八年にもフランス当局は、公認の売春宿を設けるか、あるいはせめて黙認するようアメリカ軍指揮官の説得を試みたが、その努力は徒労に終わった。[147]

ヴォワザンの一番の関心事は、思慮分別の問題にあった。アメリカ兵のセックスを公衆の目の届かぬものにしたかったのだ。そもそも分別を働かせることは、フランスの性的関係における暗黙のルールだった。従来から、多様な性行動もひそかに行われるかぎりは許容されていたのだ。秘密主義こそ、フランスの公娼制度の根底にあるものだった。売春宿《メゾン・クローズ》は、女将が鎧戸を閉めて《クローズ》おく決まりからそう呼ばれた。また売春婦も、学校や教会など気を使うべき公共の場の近くでは商売をしないことになっていた。同様の理由から、ヴォワザンは町の北にあるタバコキャンプに近接したテントのなかで売春婦に商売をさせようと考えた。この場所は兵士たちにとっては「都合のよい」ものだったろうが、その本当の目的は、アメリカ兵を近隣の住宅や町の中心部から遠ざけておくことにあった。要するに、セックスを見なくてすむようにすることが狙いだったのだ。ヴォワザンはこう述べている。「礼節をはなはだ欠いた光景が日夜、個人の家で発生し、さまざまな近隣住民の平穏を妨害するのみならず、広場や庭園、歩道や廃墟となった建物でも生じている。このような醜態が青少年の目に触れるなど言語道断であり、まったくもって耐え難いことだ」。ウィードに対し、ヴォワザンは「良識をはなはだ欠いた行為が、いつどこででも、誰の目の前でも起きないようにすることが絶対に必要である」と明確に伝えていた。[148] 従来からのフランス人の分別を求める思いは、戦後に売春婦が果たした象徴的な役割によっていっそう強まった。売春婦が敗北や敵への協力を象徴するものになったのなら、視界の外に押しやっておくのがいちばんだ。

ところがヴォワザンの提案にアメリカは耳を貸そうとしなかった。ウィードの反応は、セックス専用区域の提案をまじめに考えようとすらせず、この危機的状況をヴォワザンだけの問題にした。「この深刻な状況は、貴国の若者たちの道徳観や安全、さらには地域全体の厚生に」影響を与えるだろう、とウィードは綴った。ウィードの話のどこにもアメリカの兵士は登場しなかった。責任を負うかわりに、ウィードは保護者然とした口調で市長をおだてた。「港湾地区に現在蔓延している売春を抑制する決定には、貴殿が確かにお持ちであるあらゆる先見の明と慎重な判断が必要となりましょう」。そして最後にウィードは、何千人もの兵士をル・アーヴルに先導し出入りさせなければならない「骨の折れる」仕事で自分は時間も精力も使い果たしていると言い切った。つまり、自分にはこの問題の責任はないし、問題の解決に手を貸すこともできない、というわけだ。[149] ウィードの手紙からは、ル・アーヴルの地域社会にアメリカが及ぼす影響についてほとんど頓着していないことがうかがえる。それから数日後、アメリカ軍の憲兵司令官と連絡を取り合ったフランス警察高官が、ヴォワザンに対して、すでにおおよそわかっていたことを、あらためてはっきり伝えた。「アメリカ軍当局は『軍公認の売春宿』と呼び得るものの創設には断固反対である」[150]。かわりに軍は女性たちの治療に当たるアメリカ人医師を四〇人派遣すると約束した。[151] さらに港に水上病院を係留し、必要な物資を供給することも約束した。[152] どちらの約束も同じ問題、すなわち地元の性病病棟が患者であふれていることに対処するものだった。けれどもヴォワザンの綿密な書簡記録のなかには、アメリカがどちらの約束を果たした証拠も一切ない。[153]

兵士たちのらんちき騒ぎの舞台

アメリカ軍当局は軍公認の売春宿の件についてヴォワザンに何も書き送っていないため、彼らがなぜこの提案に「断固反対」だったかは想像するほかない。もちろん表面上は、陸軍省の規則に従ったことになる。ただしガーハートの件からわかるように、こと売買春に関しては規則遵守が最優先されるわけではなかった。それに公認の売春宿はすでに太平洋戦域、すなわちハワイで実際に設立され、軍と地元警察と政府が監督に当たっていた[154]。ではなぜフランスでは売春宿が公式に設立されなかったのだろうか？

ホノルルの売春宿は、その答えを知るのに格好の例だ。「ホテルストリート」と呼ばれるこの地区は、軍と警察と政府の協力により、すでに戦前から何年にもわたって存続していた。大規模な軍事基地の近くにある「ホテルストリート」には、戦時の最盛期で一日三万人もの客が訪れた。テイラーリズム〔科学的経営管理〕を実践するかのごとく兵士たちは効率よく誘導され小部屋を出入りし、衛生的な環境のもとにセックスを行った。売春婦は定期的に健康診断を受け、適切な治療を受けた。性病の罹患率を低く抑えることができたため、軍はこの方式に満足していた。白人のエリート層もこれを気に入ったが、その理由はいかがわしい連中を近隣から遠ざけておけたからだし、警察がこれを支援した理由は、性的暴力を防ぐ効果があると考えたからだった。この方式がうまくいったさらなる理由は、軍・エリート層・警察の三者の各代表が、この方式を効率的に働かせるべくお互いに知り合い、信頼し合ったことにある。とはいえホテルストリートは壊れやすい性の生態系だった。売春婦は相当な稼ぎを得たが、ホノルルのエリート層が住む地域に入ることは許されなかった。そのため、彼女たちは半年ほどしか町にとどまらなかった。売春婦がこの規制に反発しはじめ、富裕層の住む地域に不動産を買うようになると、売春宿はただちに閉鎖された[155]。

ホノルルの状況はフランスの場合とまったく異なるが、この対比はいろいろなことを教えてくれる。まず重要な違いの一つは、人種の問題に関するものだ。アメリカ軍の指揮官は、非白人種がいるアメリカの領地内の売買春にはより寛大だったのだろうか？　人種がセックスの規制に関与していたのは疑いないが、ホテルストリートで働く売春婦の大半は、サンフランシスコから来た白人女性だった。[156]彼女たちは不動産を買うことで、人種の境界と同じくらい階級の境界を侵害した。というのも近隣には現地のエリート層が住んでいたからだ。それでもなおハワイの場合には、寛容な態度を支持する状況がほかにもあった。それは軍や警察、ぽん引き、売春婦が長らく協力して築いてきた半永久的な制度だったことだ。たとえば憲兵司令官はすべての女将の名前を知っていた。[157]対照的にフランスでは、フランス警察とアメリカ軍当局は話す言葉も違っている。しかも軍当局は地元の医療・警察当局に敬意を表していなかった。信頼の絆は時間をかけて結ばれるものだが、状況からしてそれは無理なことだった。ホノルルはアメリカ軍の基地だが、ウィードに長期の計画を立てる気はなかった。ヨーロッパでの戦争は終わっていたのだ。兵士たちは帰還の途につきはじめ、とりわけ日本に勝利すると、軍は性病感染の予防に取り組む動機を失った。そのうえ売春婦にじゅうぶんな医療が施されていたホテルストリートと違って、フランスの制度は崩壊の危機に瀕していた。一九四五年の夏になると、医療計画担当者はすでにフランス政府の政策をよく見てきたため、かかわりを持ちたくないと考えた。[158]そうこうするうちにヨーロッパ戦域でペニシリンが広く使われ出した。SHAEF本部はいくらか優柔不断な態度でその使用を傍観していた。というのもこの薬は見せかけの安心感を与えたからだ。とはいえ、これは転機をもたらした。軍医はフランス人に煩わされることなく性病感染に対処できるようになったからだ。

最後に、軍の指揮官には規制に乗り出さない、何より重要な動機があった。フランス人と同じく、彼らも思慮分別の問題に特段に気を使っていたからだ。軍はフランス人の性労働を隠したがったが、それは陸軍省高官の目からだけでなく、故郷アメリカの一般市民の目に触れることを嫌がってのことだった。アメリカ陸軍軍務局長R・B・ラヴェットは、全部隊指揮官に向けた一九四五年五月の覚書でこう述べた。軍隊が海外戦域で売買春を黙認したとわかれば、陸軍省は「部隊の健康と福利を害する状況を支持したことで非難を浴びる恐れがある。その結果、陸軍省は、職員の心身の健康への配慮を怠り信頼を容認できないほど裏切ったかどで、軍職員の家族から訴えられるという不祥事に発展しかねない」[159]。

　セックスにまつわる軍のこうした二枚舌的態度の核心には、不祥事への恐れがあった。サラ・コブナーが戦後の日本における性労働へのアメリカ軍の対応について、「本国と現地の方針はまったく別物だった」と述べたが、それと同じだった[160]。アメリカの一般大衆を「保護する」ためには、表向きの方針を尊重する必要があったのだ。フランスの都市や軍基地に据えられた性病予防所の写真は、戦時を通して検閲を受けた[161]。ロバート・シールは「アイドル・アワーズ（暇な時間の）・アスレチッククラブ」というアメリカ軍の売春宿が、「故郷にいる兵士の妻や恋人たちが快く思わないだろう」という理由で閉鎖されたことを覚えている[162]。アメリカ兵マレー・シャピロは、憲兵が予定の時刻きっかりに売春宿を巡回し、関係者全員が逃げて逮捕を免れた様子を目撃した。なぜこんな「茶番」を演じるのかとシャピロが将校に尋ねると、こう説明された。「市民の気持ちを逆なでしないためだ……アメリカの母親や恋人は、こんなことが公式に許されているなんて知りたくもないだろう」[163]。許されないものを非難するよう強いられたアメリカ軍は、管理できないものを大目に見ることもまた余儀なくされたのだ。

　こうしたジレンマによって、問題は人目を引くかどうか、という点に帰着した。言い換えれば、私的なことの意味をめぐる対立から問題が生じたのだ。合衆国内では、私的なことであり、それゆえ人目に触れないようにされていたものが、フランスではきわめておおっぴらな人目に触れるものになった。この点でル・

アーヴルの状況は、プライバシーというものを、国内はもとより、ときに国境を越えた視点から理解する必要があることを教えてくれる。どんな形であれ制度化された売買春は性労働をアメリカの大衆の目にさらしかねないので、性的乱交は秘密裏に行わなければならなかった。性病は相変わらずアメリカの偽善に対する代償となった。戦争は何百万人もの若者を家族から引き離し、故郷でも海外でも彼らに新たなセックスの機会をもたらした。この状況の変化により、変容する道徳観への不安が生じるのも当然のことだった。[164] 一九二〇年代以降、「最後の一線を越える」ことは次第に許されるようになったが、ヴィクトリア朝的な道徳観は、とりわけ中流階級において縛りをすっかり緩めたわけではなかった。実際、アメリカ軍の表向きの非難と裏での黙認という使い分けは、アメリカ人の性生活の多くに見受けられた。アメリカ人は婚前あるいは婚外交渉を表向きには非難することも多いが、裏ではごく普通のこととされていた。[165] 性労働を人目につかないものにする軍当局の方針は、このよくある使い分けを再現したにすぎない。さらにこの秘密主義の方針のおかげで、アメリカ兵は昔から規律を守り自制心のある男らしい男である、という神話を軍は守り抜くことができた。[166]

けれどもアメリカ人の目から隠しておくべきセックスは、フランス人にとっては相変わらず否応なく目に飛び込んでくる現実だった。アメリカ人の男らしさという無垢のイメージを守りたい将校たちには、おそらく見落としていることが一つあった。それはフランス市民が払う犠牲である。多くの大都市や小さな町でフランスの家族は家を出るや、ヴォワザンがよく言い得た「良識をはなはだ欠いた光景」を目撃するはめになった。ノルマンディーの小さな町のフランス人警官によれば「健全な住民は、子どもたちの目の前でさえこうしたらんちき騒ぎが起こることにうんざりしている[167]」。

乱交の光景に耐えねばならなかったのは、ル・アーヴルだけではなかった。アメリカ軍の大規模な基地があったマルヌでも、地元のフランス政府の報告によれば「住民たちはあきれかえった目で乱交の現場を見るほかなかった」。一九四五年の春から夏にかけて、「売春婦が束になって」ムールムロンの市街にやって来たが、この町にはホテルがないため彼女たちは野原や公園で商売を始めた。[168]墓地は「兵士たちのらんちき騒ぎの舞台」になった。[169]近隣のシャロン・シュル・マルヌでは、「すべて売買春が発端となるか、売買春に帰結する」不法侵入やけんか、窃盗、暴行が横行し、市民にとっても警察にとってもこの夏はまさに生き地獄となった。後者は指揮権を維持するのに「あまりに人員が不足し、じゅうぶんな保護も受けられず無力」だった。[170]

こうした苦情には子どもについて触れたものも多かったが、これは大人の側の気遣いを表すだけでなく、市民の道徳観、さらに貞操観念をも再確認させてくれる。カーンに近いリゾンの地元当局は、鉄道駅周辺でアメリカ兵と一緒にいた売春婦について苦情の手紙を受け取った。「子どもたちは女たちの愛の叫びに気づいており、こうした場面へのその反応には時折ぞっとさせられる」。[171]同様にランスでも、住民たちは「子どもたちの目にさらされる光景に苦情を訴えていた」。地元当局は女性たちが通りで声をかけられていると報告した。[172]アメリカ軍に売春婦を一五〇人用意し、専用の売春宿を建て、立ち入り禁止令が出ていた売春宿を再開するなど、当局はアメリカにさまざまな策を提案した。当局は「できる限り内密に……将官方のお気に障らないように」ことを運ぶとまで約束した。[173]一切が徒労に終わったものの、アメリカ軍は憲兵隊を送り地元警察の強化に力を貸した。[174]

永久不変の無秩序がはびこる

アメリカ兵が帰郷したあとも、かならずしも問題が消えたとは言えなかった。一九四六年の前半までに、大半のアメリカ兵がル・アーヴルから船に乗り、故郷の町や地域社会に戻っていった。とはいえ同年の一月、ヴォワザンは、アメリカ人に「奉仕する」売春婦がル・アーヴルにまだ一〇〇〇人も残っていると、郡長《スプレフェ》に報告した。[175] 性を売るこの女性たち――この土地の農家の娘たち――は戦時中よりもさらに世間知らずだった。彼女たちは、アメリカ人の夫を見つけようと町に出てきたはいいが、「恋人」が出航すると売春に手を染めるのがオチだった。こうした女性たちは衛生面でも無知だったので予防策も取らず、そのためかなりの割合で病気になった。ある売春婦は一〇回以上も入院したとうわさされた。[176] 性病の病棟は患者であふれ、四〇人収容の病棟に二〇〇人近くが無理やり押し込まれた。あるフランス当局の役人によれば、こうした病棟では「永久不変の無秩序」がはびこっていた。女たちはベッドを奪い合い、ベッドシーツやシャツを使って窓から脱走を図り、さらにはお互いにセックスして楽しんだ。しかも病院は安全とは言えず、治療効果もあまりなく、治療費も高くついた。「アメリカ軍は、できるだけ多くの女性たちを頻繁に入院させるべきだと主張した」とヴォワザンは書いたが、これにはひと月約八五〇万フランの費用がかかった。この調子なら本年度の医療費予算は三月までに底をつくだろう、とヴォワザンは訴えた。[177] 市長が追加の資金を獲得すべく上司に手紙を書いたことを考えれば、おそらく問題を大げさに伝えていた可能性はある。それでも、この状況の不公平さにはやはり驚かずにはいられない。アメリカ軍にとってここはフランスに二つある最も重要な港の一つ（もう一つはマルセイユ）であるにもかかわらず、ヴォワザンは衛生に対するアメリカ軍の法外な要求に、市の限られた予算内でなんとか対応しようとしていたのだから。

ヴォワザンの立場が不当なものであること――そしてフランスの場合が特例的であること――は、アメリカ軍がヨーロッパ戦域の他の国々で性的関係にどう対処したかを見るとよりはっきりする。イタリアでは、内戦の混乱と敵との「交際《フラタニゼーション》」について軍が懸念を抱いたことから、一般女性との関係は込み入ったものになった。ドイツではなおのことで、女たちはスパイで、売春婦が持っているかもしれない性病は「ドイツ兵の最強の生物兵器《ジェリー》」だと兵士は警告された。[178] これらの国では敵への対応が多分に影響し、性的関係を軍が管理するのは当然のことと思われた。一方、よりフランスと似ていたのはイギリスだった。フランスと同様に、イギリスもアメリカ軍が大規模に駐留する同盟国だった。アメリカ軍の駐留の結果、大英帝国でも、とりわけロンドンやその郊外で性病は危険なまでに拡大した。この危機を受けて一九四三年の四月、アメリカ、カナダ、イギリスの軍および保健当局の間で会議が開かれた。冒頭でアメリカ代表の軍医総監ポール・ホーリーが、この状況はイギリス人のせいではないと関係者一同に諭した。「合衆国と同じく、この国に道徳的緩みはなかった」と彼は言う。「これは保健当局の問題である」[179]。ホーリーの提案に従い、合同委員会が設立された。そしてアメリカ、イギリス、カナダの保健当局が召集され、性病の罹患率の上昇に対処すべく協力し合うことになった。

ホーリーがフランスについて同様の発言をするとは思えないし、また当地で性病に対処するためこうした委員会が設立されることも想像できない。凝り固まった固定観念のせいで、アメリカ軍当局は、役に立つときはフランス人女性の身体の管理を横どりし、必要ないとわかればその管理を放棄した。アメリカ兵には性病の治療を受けられない不安もなければ、妻や恋人が「良識をはなはだ欠いた光景」を目にする心配もなかった。ル・アーヴルにおける軍の性病への対応は、アメリカ政府が大西洋の向こうの同盟国で非対称的な力関係を――意識的に、あるいは不作為によって――築くことにますます自信を強めていたことを明確に表していた。すなわち、ある国の人びとの健康は重要だが、もう片方の国の人びとの健康はどうでもよく、ある国の家族は保護され、もう片方の国の家族は放っておかれる[180]。アメリカ人がル・アーヴルの公共の場で売買春が行われていても気にしなかったとすれば、それはつまり道徳観のない社会では人前でセックスしても混乱など起きないと思っていたからではないか？　それともル・アーヴルの市民が――共同体の構成員であり、主権国家の国民であるにもかかわらず――単に軍にとって目に入らなかったというのだろうか？

どちらにしてもフランス国民は、アメリカの控えめな態度のせいで犠牲を強いられた。また衛生的なセックスを保証する積極的な行動を取らなかったことで、アメリカ軍はフランスの売春婦を犠牲にして故郷の「高潔な」アメリカ人女性を保護していた（この非対称性はおそらく、一九世紀の純潔な中流階級の女性と労働者階級の売春婦間の階級区分をいくらか踏襲しているに違いない）。最後に、ル・アーヴルの売春婦には、大胆不敵なイメージと服従のイメージの二つが見てとれる。市長のヴォワザンは一九四六年に上司に宛てた手紙で、アメリカ兵に病気をうつされた売春婦は、「金を払うくらいなら破るかドブに捨てるほうを選んだ」と書いている[181]。治療代の支払いを拒否することで、売春婦は自分の儲けが医療費に使い果たされる状況を回避した。要するに彼女たちは自分の商売を守っていたのだ。ただし支払いを拒むことは、病気が自分たちだけの責任ではないという信念をも表している。これは挑戦的な勇気ある行動でもあった。

とはいえ、こうした女性の多くが自らの健康と自由を奪われた。ヴォワザンが地元の病院の混雑を緩和すべく最後に打った手は、町の北部のトワネヴィル要塞に、性病に感染した売春婦のための施設を確保することだった。皮肉にもこの要塞は戦時にアメリカ軍の本部として使われていたもので、兵士が町を去った今、利用可能になったのだ。[182]アメリカ軍による水上病院が実現しなかったため、ヴォワザンはこの要塞に医療施設をつくろうと考えた。しかし上司に数通の手紙を送ったものの、ヴォワザンの要求は拒否された。[183]アメリカ人がフランスに「さよなら《アデュー》」を告げて以来、ノルマンディーではどこの地方当局も同じ問題に悩まされていた。病気の女たちをどうしたらいいのか？　性病の病棟はあふれていた。カニー・バルヴィルにあったフランスの医療施設は女たちを小型トラックに乗せてルーアンまで運んだが、病院に空部屋がないために送り返された。そこで今度はル・アーヴルに運んだが、またも同じ理由で女たちは当局からルーアンに送り返された。なかにはルーアンで受け入れてもらえた者もいたが、大半はディエップに送られ、ディエップから再びル・アーヴルに連れ戻された。[184]厄介者扱いされ住む家もない病気の女たちは、町から町へとたらい回しにされた。こうした売春婦はノルマンディーにおけるアメリカの占領のいわば負の遺産だった。

アメリカが兵士たちの性的活動の影響を徹底的に管理するか、あるいは徹底的に無視することにこだわったことを、単に戦争遂行の努力に対する基本的要請という見方で片付けることはできない。それでは男性の性的欲求を当然のものとしたり、戦争の年表を無視したりするのも同然である。ル・アーヴルやマルヌなどの「問題地域《ホットスポット》」では、戦争に勝利した後になって売買春に関連したトラブルが頂点に達した。実際、一九四四年から四六年にかけてのフランス人女性の性的搾取は、アメリカの傲慢と絶対的な権力の行使にかかわっていた。アメリカ軍将校は性病の責任をフランスという国そのものに転嫁していた。フランスはすでに女性的で放蕩な国として彼らの脳裏に刻まれていた。こうして責任を転嫁することにより、フランス人女性の身体の管理をアメリカ軍が担うことが正当化され、さらには兵士たちの行動に対する責任をも回避することができたのだ。

アメリカの戦場での勝利に劣らず、性的な規制もまた、戦争というもの――すなわち国民と領土をめぐる戦い――の中核をなしていた。フランス人売春婦の身体を管理するうえで問題となったのは、アメリカ兵の健康だけでなく、誰がフランス市民の移動の自由や健康、福利を管理するかという点だった。さらに陸軍省の規則にアメリカ軍があからさまに違反したことは、それ自体が権力の誇示と言えた。フランス当局は、アメリカ軍が故郷の一般市民にのみ体裁をつくろっていたことはもちろん、セックスに関する軍の二枚舌的態度をも苦々しく思っていた。アメリカ軍はフランスの地で性的・社会的規範をこれ見よがしに無視することで、彼らのフランス人観について強力なメッセージを伝えていた。つまりアメリカ兵にとって、フランス人は礼儀正しい態度を取るに値しないのだ、と。フランス人がセックスを見せつけられることは――セックスを抑圧することよりも――アメリカによる支配を示すしるしになった[185]。アメリカ人の軽蔑心に嫌というほど気づいていたフランス人は、そのお返しとして、アメリカ人に騒々しい無作法者というレッテルを貼った。そして最後に、セックスをめぐるフランスとアメリカの衝突は、私たちに戦後フランスの反米主義の起源を探ることを強いている[186]。一九五〇年代の「醜いアメリカ人」〔大声・傲慢・要求がましい・礼儀知らずといったアメリカ人の振る舞いを侮蔑する総称で、一九五八年に同名の書物がベストセラーとなる〕に先立つ一〇年の間に、好色なアメリカ兵が、がさつで無分別な行動を軽蔑するフランス人にじゅうぶんな根拠を与えたのだ。

Ⅲ レイプ

7 無実の受難者

一九四四年の一〇月、ヨーロッパ戦域（ＥＴＯ）のアメリカ軍憲兵隊長は、フランスの地でアメリカ兵が犯した犯罪のリストを上司の憲兵司令官に提出した。リストの筆頭に挙がったのはレイプだった。隊長の統計によれば、一五二人のアメリカ兵がレイプの容疑で裁判にかけられたが、そのうち一三九人が「有色人種」だった。「ヨーロッパ大陸に派遣された兵士のうち、有色人種は約一割しかいないことを考えると、上記の数字には愕然とする」と隊長は意見した。彼は、アメリカ軍の軍事法廷において不釣り合いな数の黒人兵士が有罪判決を受けた点を指摘はしたものの、この件についてとくに何の説明もしなかった。それよりもっぱら懸念を示したのは、こうした犯罪が仏米関係に影響を及ぼしかねないという点だった。そこで、アメリカ軍が性的暴行を厳しく処罰していることをフランス国民に示すため、「犯罪の起きた場所の近隣で公開処刑を行う」ことを提案した。[1] この案を、憲兵司令官は採用することにし、こうして一九四四年から四五年にかけて、ヨーロッパ戦域でレイプの罪による二九件の絞首刑が公開で執り行われた。

ロープでつるされた者たちのうち、二五人がアフリカ系アメリカ人の兵士であった。[2]

隊長の発言のなかで正しいことが一点あった。それは、フランスにおけるレイプの統計が、確かにその人種的特徴において「愕然とする」ものだったということだ。当局の軍事史家たちは、このレイプの罪での起訴について、とりわけその人種的な特徴についてだんまりを決め込んできた。[3] ごく最近になって学者たちはこの記録に光を当て、その人種的特徴をアメリカ軍当局側の差別によるものとした。[4] アフリカ系アメリカ人兵士の処遇において、とりわけ兵士が凶悪犯罪で起訴された場合、アメリカ軍が相変わらず根深い人種的偏見を示したことはほぼ間違いない。

けれども、この説明にはまだ足りない点が二つある。第一に、性的暴力の申し立てをしたのがアメリカ人ではなくフランス人であった点を考慮していない。フランスはアフリカ系アメリカ人の間で人種に寛容なオアシスだと評判だった。[5] にもかかわらず、驚くほどの数の告発が、「有色人《ソルダ・ド・クレール》」「黒人《レ・ノワール》」「黒人兵士《デ・ソルダ・ド・ラス・ノワール》」に対してなされていた。フランス当局もまた黒人アメリカ兵にすぐさま非難の目を向けた。たとえばル・アーヴルの市長は、「アメリカ軍の黒人が犯した忌むべき行為」について、さらに「わが町の市民、とくに女性に対する数々の暴行がアメリカ軍の有色人兵士によってなされている」ことについて、数度にわたりアメリカ軍当局に書き送った。[6] 第二に、このレイプの人種化がアメリカの人種差別によるものだとすれば、なぜヨーロッパ戦域のほかでもないこの場所でその傾向がひどかったのか？ 性的暴行事件における人種的特徴はヨーロッパ戦域全体で見られたが、フランスではそれがとくに顕著だった。同戦域内で軍法会議にかけられ有罪判決が下されたレイプのうち、七七パーセントはアフリカ系アメリカ人兵士が関与したものだった。ところがドイツでは、その数字はわずか二六パーセントだった。[7]

本章と次の第8章では、憲兵隊長が憲兵司令官に統計報告する際に触れなかった疑問点を取り上げていく。なぜこれほど多くのレイプの告発がアフリカ系アメリカ人兵士に対してなされたのか？　いかにしてレイプはフランスの地で「黒人《ニグロ》」の犯罪になったのか？　そして、なぜ白人よりもはるかに多くの黒人がレイプの罪で死刑になったのか？　軍は、黒人部隊の任務と所在地に関する重要な要因をあえて説明しなかったことで、このレイプの罪を人種化した、と本書は主張する。不釣り合いな数の黒人が、実際にレイプをしたのかどうかを判断するのは不可能だ。そして黒人兵士たちに一部のレイプの責任があったことは確かである。これは物理的・医学的証拠が豊富にあることに加え、被告人の信頼できる自白によって立証されている。[8] けれども多くの場合、黒人兵士に対する告発は、人種的嫌悪や恐怖が広まるなかでのうわさや「目撃」に基づいたものだった。アメリカ軍はレイプの告発をじゅうぶんには調査せず、容疑者が黒人だとあまりに性急に結論し、レイプ犯なる人物をやけに簡単に特定し、告発者や目撃者の評判をきちんと確かめず、黒人の側による計画的な性的暴力である、と誤って決めつけた。

それと同時に、黒人兵士に対するフランス市民の態度もまた、レイプの容疑で黒人兵士が告発され有罪判決を受ける確率を高めた。次章で見ていくが、黒人兵士はすぐさま、フランス市民が戦争の混乱や占領下の緊張のなかで抱えた不安の矛先となった。一九四四年の夏の間ノルマンディーとブルターニュは混乱と破壊の場と化し、アメリカ兵はもとよりフランスの避難民も都市や小村になだれ込んだ。市民はこの混乱状態のなかで黒人兵士と意思疎通を図るのに苦労し、やはり性急に黒人兵士を性的加害者だと決めつけた。フランス市民の側の誤解やいい加減さが、多くのレイプ告発の核心にあった。

結局のところ、性犯罪を起訴するうえでフランス市民とアメリカ軍当局が協力したことが、黒人兵士に対する告発の急増を招いたのだ。アメリカ側では、小隊長から連合国派遣軍最高司令部に至るまで、さまざまな指揮レベルでこうした協力がなされていた。フランス側も同じく、レイプを告発した女性から犯罪を報告した警察、すべての黒人男性をレイプ犯と見なす地元当局まで、さまざまなレベルでこうした協力が働いていた。ごくありふれた「合理的な疑い」が勝ると思われた例〔刑事裁判において被告人を有罪にしてはならない場合のこと〕でも、そうはいかない場合が多かった。こうしてフランスとアメリカは人種差別において忌むべき同盟を結んだのだ。

一九四四年の夏、西部戦線においてレイプは黒人の犯罪になった。[9] 一般にレイプはヨーロッパ戦域でおそらく最も広まった戦争犯罪かもしれない。ただしその暴力の意味するものは地域によって違っていた。東部戦線ではドイツ国防軍がスラブ民族を隷属させる目的の一環として、とがめを受けることなくレイプに及んだ。[10] 一九四四年のハンガリーを皮切りに、ソヴィエト軍は報復の手段としてレイプを用いた。[11] 戦争終結時には何千人ものドイツ人女性がレイプの被害者となったが、襲ったのは赤軍〔旧ソ連軍〕の兵士だけではなかった。アメリカ軍の法務総監（JAG）統計によれば、少なくとも五〇〇人のドイツ人女性がアメリカ兵にレイプされていた。[12]

法務総監室はヨーロッパ戦域において二度の深刻なレイプの波を報告した。最初の波は一九四四年の夏の終わり、そして第二の波は一九四五年の春に起きた。どちらも戦時の強硬突破の時期に発生したが、この時期は前線の移動が速く、そのため憲兵が兵士たちを管理することも犯罪捜査を行うこともいっそう困難になっていた。[13] こうした時期に、軍の統制がやや弱まるなかに置かれた女性たちは、ますます性的暴行の被害に遭いやすくなっていた。[14] ところが、こうした環境下でのレイプを、法務総監室は次のように楽観的に見ていた。「この報告件数を、おそらく人類史上最も偉大な計画に取り組む男性の総数と比較し、また多くの者たちが置かれている尋常でない極限状況を考慮すれば、この記録は通常予想されるよりも暗澹たるものではなく、むしろかえってよいようにも見える」[15]。

一九四五年の春に起きたレイプの波は、敗者に対する暴力の最後の爆発と見ることができるが、一九四四年の夏の波については解釈が難しい。確かに、レイプが戦闘の重圧から生じたものであることはほぼ間違いない。ノルマンディー作戦は熾烈な戦いだった。とくにコタンタン半島沿いの生け垣の続く田園で、八月の強行突破までに相当な数のアメリカ兵が命を落とした。こうした状況のなか、レイプは領土の支配権を主張する手段の一つになった。ただしベルリンとは異なり、ノルマンディー作戦で戦いの場となったのは、敵国ではなく同盟国の民が住む領土だった。またこのレイプの波は、さらに次の二つの点で際立っていた。第一に、前述の通り容疑者の大半が黒人兵士だったこと[16]。そして第二に、この波には、最終的に無罪の評決が下る場合が極端に多いという特徴があったことである。たとえば七月にはレイプの告発件数の四一パーセントが、審議途中で虚偽であることがわかった[17]。この二点を合わせて考えると、一九四四年の波の正体は、少なくともいくらかは黒人男性にまつわる不安にフランス人女性がヒステリックに反応した結果だと言えるだろう。

レイプの人種化

ヨーロッパ戦域におけるレイプ犯罪の人種化は、アメリカ陸軍の分離政策にその起源を有する[18]。分離することと以外は白人と黒人を区別していない、と陸軍省が息巻いたのは有名な話だが、実際のところ、入隊した黒人たちは軍隊生活のあらゆる面で差別を受けた。歴史家スティーヴン・アンブローズが述べたように、軍は「黒人を戦闘部隊の試験で落とすためにあらゆる手を使った。それでもなお黒人兵士が申し分のない成績をあげると——しかもとびきりよい成績のことも多かった——軍も世間もその記録をひたすら無視した[19]」。

一九四〇年に戦争の暗雲がワシントン上空に立ちこめると、黒人活動家はアメリカが戦争にある程度かかわることを予期し、軍の人種差別を廃止するようローズヴェルト政権に働きかけた[20]。一九四〇年のアメリカ大統領選挙では、退役軍人や黒人向けの出版物はもとより、ウォルター・ホワイトやロイ・ウィルキンズなどの全米黒人地位向上協会（NAACP）のリーダーたちも、黒人兵士による兵役義務のボイコットを計画し、分離政策を全国的な論争に発展させた[21]。こうした努力にもかかわらず分離政策は相変わらず陸軍省の公式の方針にとどまったが、ローズヴェルトは一九四〇年の選挙で黒人の票を集めるための懐柔策として、裁判官で公民権運動家のヘンリー・ヘイスティを陸軍長官の民間補佐官に任命した[22]。ヘイスティは空軍の分離政策をめぐって衝突し一九四三年に辞職するまで、軍隊内のアフリカ系アメリカ人の処遇における監視役を務めた。ヘイスティは、屈辱を受け不満を募らせた黒人兵士から何百通もの手紙を受け取り、そのなかに詳細に綴られた苦情の数々を検討した。兵士たちは手紙のなかで、自分たちが不公平な扱いを受け、不十分な施設や設備に甘んじ、人種差別主義者であり虐待さえする指揮官に耐え、軍法会議で過度の懲罰を受けることを嘆いていた[23]。アメリカ軍基地内や周辺での人種間の暴力は戦時には日常茶飯事となり、黒人兵士は白人の将兵や憲兵による、ありとあらゆる差別に苦しんでいた[24]。

弾圧や暴力に苦しめられたうえ、アフリカ系アメリカ人は戦闘に備えたじゅうぶんな訓練を一貫して受けられなかった。軍は南部出身の将校を黒人兵士の指揮官として任命したが、それは黒人差別で名高い南部から来た白人将校なら「黒人《ニグロ》を扱う」やり方を「いちばんよく」心得ていると考えたからだ。[25]黒人兵士、なかでもとりわけ北部出身の者は、こうした将校のせいで心に傷を負うことも多かった。ハーレムの裁判官ジェイムズ・ワトソンの息子は父親に宛てた手紙で、どんなコネを使ってでも自分をジョージア州の訓練所から出してほしいと懇願した。息子の手紙によれば、そこは「人種的偏見や偏狭な考えがはびこっているところです。黒人《ニグロ》はここでは徹底的に虐げられ、軽蔑され見下されているのです[26]」。同様に、訓練中に名誉を傷つけられたという有力な証言が、ハーレムの元教師で活動家レイル・レインのもとに届いた黒人兵卒たちの手紙に綴られていた。「この訓練所は、あなたのご想像通り、巨大な刑務所です」と兵士の一人がレインに書き送った。「この三六日間、徹底的に虐げられてきたので、ぼくたちはまさに大砲の餌食〔戦争で消耗品とされる兵士〕にぴったりに違いありません[27]」。

黒人兵士は基本的な訓練を一通り受けることなく、下働きの任務に就かされることも多かった。[28]「昇進の機会はほとんどありませんでした」と別の兵士がレインに書いてよこした。「ぼくたちは不満でした。永久に家政婦のままなんてまっぴらです[29]」。割当制度のせいで、昇進の見込みがある者はまずいなかった。それでも、ある兵卒は自分のＩＱは一二九だから幹部候補生学校に出願するつもりだ、とレインに書き送った。ところが彼の手紙によると、不思議なことに「二〇〇ある大学のうち、私が選択できたのはノースカロライナのＡ＆Ｔカレッジだけでした。黒人《ニグロ》はそこにしか行けないという条項を見せられました。そしてその学校には学期ごとに五〇〇人しか行けないのです[30]」。卒業の一学年前に将校になった者でさえ昇級は一貫して見送られた。[31]

さらに黒人兵士が軍隊に入ると、軍の分離政策のせいで判断に迷い、まごつくことになった。黒人が利用してよいのはどの床屋か？　どの電話か？　食堂のどのテーブルか？　駐屯地ごとにかなり異なる、この分離にまつわる暗黙のルールに違反してはいないかと不安に駆られ、兵士たちは疲労困憊した[32]。ある兵士はレインに「疲労感」を訴えたが、それは「必ずしも身体的なもの」ではなく、むしろ「有色人の男が、明らかに逃げられない現状のなかで浴びせられる嫌みや当てこすり」から生じたものだった[33]。黒人兵士は街に行くことのできる外出許可証を持っていても、基地から出られないこともしょっちゅうあった。最初にバスに乗るのを認められている白人の同僚たちが、後部に黒人兵の乗るスペースを残しておかなかったり、そもそも黒人兵の乗車を拒んだりしたからだ。街に出かけたとしても、くつろいで夜を過ごせる保証はなかった。探せど探せど「有色人種用」のレストランもバーも劇場も見つからないこともよくあった[34]。そんなことがあると、ひどく士気がくじかれた。ある若い兵士は「立派な家の出」の「すこぶる聡明」な新兵たちと最近知り合いになった、とレインに書き送った。けれども彼が苦々しく言うには、すぐに「軍隊が彼らをこわばらせ、心を畏縮させてしまうでしょう[35]」。

分離政策の毒牙はヨーロッパ戦域にも及んだ。「本当なのです。こちらでも同じでした」。サルヴァドール・トマスはコルシカ島からレインに書き送った。「黒人恐怖中毒《ジム・クロウ・フォビア》の連中は、共通の敵への嫌悪以上に有色人の男に対し、やみくもな偏見を持っていました[36]」。イギリスからレインに手紙をよこしたアメリカ兵は、イギリスの女の子たちから、白人の青年たちが言っていたのは本当かと聞かれたという。「あなたってしっぽがあるの？」と[37]。黒人はイギリスのパブで門前払いを食らうこともあった。ボイコットしてやるぞ、と白人兵士たちが店主を脅したからだ[38]。

あらゆる戦域で、資源へのアクセスの問題が人種間の緊張の火種となったが、最も危険な人種の境界線は、紛れもなく白人女性との性的関係にあった。[39] ある兵士は、侵攻の数カ月前にイギリスの小さな町で開かれたダンスパーティーのことをレインに報告した。「白人のアメリカ人も来ているダンスパーティーに行けば、決まって黒人《ニグロ》がスターになるのですが、それはダンスがうまく、社交の才があるからです……ある晩、とうとう対決の瞬間がやって来ました。それでダンスの最中に、数人の黒人《ニグロ》が女の子たちと踊ろうとしたのですが、白人はそれが気に食わなかったのです。それでダンスの最中に、黒人と白人の間で喧嘩になりました。友人の一人がナイフで刺されました」[40]。ウィリアム・G・ウィーヴァー少将がチェルトナムで黒人部隊を指揮していた当時、最優先したのは、「わが有色人部隊のために女性の同胞との交流の場を設ける」目的で、黒人の陸軍女性部隊（WAC）を近隣に呼び寄せ、それにより人種間の敵意を回避することだった。[41] これから見ていくが、こうした衝突は、アメリカ軍がフランスに上陸した途端に黒人兵士に対するレイプの告発が急増したことの大きな要因になった。

分離政策は屈辱的で不満を募らせるものだったが、黒人兵士にとって最もつらかったのは、ほぼ例外なく戦闘任務から外されたことだった。[42] 一九四四年の一二月、バルジの戦いによりアメリカ軍の兵力は大幅に失われ、ようやく指揮官たちは戦闘部隊の統合を検討することを余儀なくされた。この危機のさなか、アメリカ黒人は前線で急増する戦死者の欠員を埋めることを許可された。[43] ただし、たいてい黒人兵士は兵站や軍需品補給、輸送、洗濯、戦死者記録といった戦務部隊に配属された。フランスでの黒人部隊による任務として最も有名なのは、おそらく「火の玉急行《レッド・ボール・エクスプレス》」と呼ばれた輸送部隊だろう。鉄道に大きな被害が出たことから、五〇〇マイルにわたる補給線がもっぱらトラックを使って維持された。急行輸送の運転手（六割が黒人）は三六時間ぶっ通しで運転し、砲撃や機銃掃射、地雷にたびたび見舞われながらも、動きの速い前線にガソリンや軍需品を供給することに成功した。[44] また黒人兵士は、ヨーロッパ戦域でたいてい最も古く、最も旧式の装備を使って、荷揚げをし、電話線を取りつけ、橋を建設し、食事を用意し、シャツを洗濯し、死体を埋めた。[45] 最後の任務は、おそらく最も厄介だった。あるフランス人男性は、黒人兵士たちが死体の身元を確認し、遺体を袋に詰め、所持品を取っておくのを見たことがある。この「ぞっとするような仕事」の度胸づけに、兵士たちはブランデーをあおらなくてはならなかったという。[46]

黒人兵士がもっぱら戦務部隊で活動していたことは、レイプを黒人の犯罪として人種化する一つの鍵となった。こうした部隊の多くは、東に移動する前線部隊を追いかける後方部隊に属し、前線部隊の補給を任されていた。[47] この編制は一九四四年一〇月に形作られ、後方支援担当部門を管理する兵站機関として後方連絡地帯（ＣｏｍＺ）が設立された。この後方連絡地帯に所属する、とりわけ前線に最も近い前方の兵站地帯の部隊は、ドイツを目指し東に進軍する部隊を追って移動を続けていた。ただしシェルブールやル・アーヴルのような兵站基地地区では、後方連絡地帯はその場にとどまり、常設の補給基地を設立した。シェルブールが解放された日（一九四四年六月二六日）の翌日から、アメリカ軍はすでに港の再建に着手し、まもなく数トンもの弾薬や食料、その他の補給品が連日荷揚げされるようになった。[48] アメリカ陸軍はレイプの告発件数の統計を取りはじめると、この後方連絡地帯で任務に就く兵士に対する告発にとりわけ注目した。軍が収集した後方連絡地帯でのレイプの件数は黒人兵士と白人兵士に分けられていたが、その告発件数は黒人が白人を圧倒的に上回り、九五対五の割合だった。ヨーロッパ戦域の憲兵司令官は一九四四年の一〇月に憲兵隊長から統計を受け取ると、戦域の全指揮官にこれを配布し、（憲兵隊長が以前にそうしたように）またしても「有色人部隊が犯した犯罪の比率が異常に高いこと」に指揮官の注目を誘導した。[49]前述のように、アフリカ系アメリカ人に対するレイプの告発が驚くほど高い割合で起きたことを解釈するに当たって、軍は黒人兵士が軍隊のわずか一割しかいないという点を重視した。

この統計を読み解くうえで、軍は黒人部隊に関する三つの重要な緩和要因を考慮に入れていなかった。第一に、黒人兵士はおもに戦務部隊に配属されるため、後方連絡地帯の黒人兵士の割合はもともと不釣り合いなものだった。ヨーロッパ戦域の軍隊で黒人がわずか一割しかいないとしても、後方連絡地帯での黒人兵士の割合がそれよりはるかに高かったのは、戦務部隊に所属する黒人の数がそもそも圧倒的に多かったからだ。後方連絡地帯には工兵や通信兵、衛生兵など黒人以外の部隊も含まれていた。だが、輸送や補給、救難、工兵資材輸送、通信建設、軍需品補給などを担う多くの黒人部隊も含まれていた。歴史家のユリシーズ・リーによれば、オワーズの兵站基地地区（ランスを含むフランス中北部の後方連絡地帯の一部）では、白人兵士が総勢二万九一五四人、黒人兵士が総勢一万四〇六〇人おり、黒人兵は全体のおよそ三三パーセントを占めていた。[50]『スターズ・アンド・ストライプス』の記者アラン・モリソンは、（シェルブールとル・アーヴルの）港湾施設部隊の五分の四に、アフリカ系アメリカ人が配属されていたと説明している。[51]アメリカ兵によるレイプの告発の七八パーセントが戦務部隊の兵士に対してなされたものだが、戦務部隊の黒人兵士の割合は不釣り合いなものだったのである。[52]

軍が考慮しなかった第二の点は、後方連絡地帯、とりわけシェルブールのような常設の兵站基地地区にいる部隊が、その所在地や任務の性質上、戦闘部隊よりもはるかにフランス市民と接触していたことだ。後方部隊の兵士のほうが女性と知り合う機会が多い、と歩兵たちはよく文句を言った。[53]「白人兵士は、戦闘をぜんぶ自分たちに押し付けられた気がしたもんさ」。歩兵部隊の伍長はこう振り返る。「黒人たちは、後方梯隊の（安全な）任務に就いて、女たちと仲良くなりにパリに行けるっていうんでかなり恨まれてたね。白人は戦闘をぜんぶ引き受けて死んでいかなきゃならないってのに[54]」。接触が多かったということは、黒人兵士はレイプを告発される（あるいは犯す）可能性がより高かったことになる。その理由については後で見ていこう。軍が考慮しなかった最後の一点は、一九四四年の夏、戦務部隊は歩兵部隊ほど移動しなかったため、この部隊によるレイプ被害が正式に告訴・審議され得たという点だ。ある晩、一人の歩兵が近くの村で女性をレイプしたが、女性が憲兵に訴える暇もなく、翌朝早々に逃げさった[55]。一方、常設基地の黒人兵士には、そうやすやすと逃げるすべはなかった。そのため戦務部隊の黒人兵士に対する不釣り合いな数の告発が捜査され、起訴されることになったのだ。

こうした三つの決定的な事情――後方連絡地帯における黒人兵の数の多さ、黒人兵と市民の接触の濃さ、移動の少ない黒人戦務部隊での起訴のしやすさ――を一切考慮することなく、軍はレイプという犯罪を人種化したのだ。これらの要因を考慮しても、人種とレイプの相関関係を除去することはできないかも知れないが、それでもいくらか限定し得ただろう。ところが軍当局はレイプの容疑をかけられた黒人兵士が圧倒的な数にのぼったことを説明するために、道徳的に堕落した黒人男性という従来の人種差別的なステレオタイプを持ち出した。法務総監室のある将校は、「有色人兵士」は単に「より重い犯罪を犯しやすい」と結論した[56]。

将校たちはたいていレイプの告発を、黒人男性は性欲過剰だから、と説明した。この固定観念はアメリカ南部に深く根付いており、マーサ・ホーディスによれば、「黒人男性は性への情熱が激しい」と、南部では植民地時代から白人の間で信じられ、おおっぴらに言われてきた[57]。こうした偏見はアメリカ陸軍の将校たちにも広く浸透していた。黒人男性は「生まれながらの」レイピストだから性病の罹患率が高いのだと信じられた[58]。黒人兵士とフランス市民の接触は白人兵士との場合よりも厳しく監視しなければならないと憲兵隊は指示を出した。その理由は、黒人兵士のほうが性に積極的だからだという[59]。一九四四年八月の情報報告では、黒人兵士たちが真っ昼間から裸で走り回るさまを見たフランスの市民が、どれほど「困惑した」かが報じられている。あるアメリカ人将校はこう説明した。「これは合衆国に戻ったときの黒人《ニグロ》たちの癖だから、この地でもその習慣は変えられない……この件については大変気の毒に思った」[60]。後方連絡地帯の将校たちが思うに、アルコールは状況をいっそう悪化させるが、それは黒人の攻撃性を誘発し、「人間を獣《けだもの》に変えてしまう。黒人は酒に強くないので、大量に飲みほすと正気を失うからだ[61]」。

黒人兵士に対する軍法会議の判決について審議した法務総監室の裁判官たちもまた、黒人男性の性欲過剰と道徳的堕落を信じていた。裁判官らは黒人兵士が犯したとされるレイプを「はめをはずしたパーティー」や「らんちき騒ぎ」で、加害者の「獣《けだもの》のような欲望」や「色欲」の表れだと説明した[62]。一九四四年一一月に法務官によって回覧された覚書は、レイプという犯罪を「まったく類のない野蛮で残忍な行為であって、性欲を満足させる手段へのいかなる制限をも不当に無視するもの」であり、さらには「犯罪者の側の基本的な性格上の欠陥および顕著な動物的本能を露呈するもの」だと断言した[63]。裁判官らはフィニステールで起きたとされるレイプを「アメリカの法律史をひも解いてもほとんど例のない残酷でみだらな蛮行の現場」と呼んだ[64]。九月二五日にムシャールで黒人兵士にレイプされたと訴えた原告について、裁判官はこう述べた。「彼らの性器（黒人男性のもの）は不釣り合いな大きさであるがゆえ、完全な性交には至らなかった」[65]。

犯人確認の問題

性犯罪の人種化がヨーロッパ戦域で起きた理由は、アメリカ軍が後方連絡地帯のレイプに関する統計を解釈する際に、黒人部隊の特殊な所在地と任務を考慮することを怠ったからだ。このような失態が生じた原因は、アフリカ系アメリカ人は性欲過剰で、生まれながらに性的な暴力性を持つといった偏見が広くはびこっていたことにある。けれどもレイプが「黒人《ニグロ》」の犯罪になった事実を、アメリカ軍将校による統計の読み誤りのみからは説明できない。レイプの疑いをかけられるや黒人は有罪となり、その罪で死刑に処せられる確率は白人よりもはるかに高かった。そこで、フランス人女性がいかにこうしたレイプを告発したのか、そして容疑者がその後どのように軍法会議にかけられ、有罪判決が下されたのかについても、注意深く見ていく必要がある。

フランス警察の報告とアメリカの裁判記録を批判的に吟味するとわかるのは、レイプは確かに起こっているのだが、当のフランス人女性が不確かな、ときに疑わしくさえある状況で告発を行うこともよくあった、ということだ。加害者と意思疎通を取れないか、あるいは加害者を確認できないことも多く、告発を行った動機が怪しまれる場合さえあった。ところがレイプ事件を起訴する軍法会議や法務官も、この問題にじゅうぶんな対応は取らなかった。こうした場合の多くは、黒人兵士の容疑を裏付ける証拠がほとんどないことも多かった[66]。証拠がないという点は、当時の軍の裁判制度によってある程度説明がつく。当時は被告のための弁護人も、大陪審による正式な起訴も、裁判官の公平性の保証も義務付けられていなかった[67]。

ある軍の手引書によれば、このような制度下では、地元民に対して明らかに罪を犯した兵士を無罪放免にするのは、もともとの犯罪よりもまずいことと思われた。軍と合衆国の信用が問われるからだ。したがって証拠が少ないときでさえ有罪判決を下すよう裁判官には圧力がかけられていた[68]。

レイプの裁判にはたいてい市民の証人がいるので、被告はその土地で軍による裁判にのぞまなければならず、まともな弁護人がついたら儲けものであまり期待できなかった。兵士たちは犯行現場とされる場所に近い小さな町の、急ごしらえの軍事法廷で裁判にかけられた。とりわけ一九四四年の八月、連合国軍がドイツ軍と戦いながらフランス北部を急ピッチで進軍していた間、裁判の準備に悠長に時間をかけることなど許されなかった。被告人が裁判でじゅうぶんな弁護を受けられなかったことを示す驚くべき証拠、それは、被告が裁判にかけられるまでの時間である。第三三二六補給輸送部隊に所属していたアーサー・E・デイヴィスとチャールズ・H・ジョーダンは、一九四四年の八月一〇日頃、サン・ピエール・デ・ランドで女性をレイプした容疑で訴えられた。八月一三日に正式に告訴され、それから三日後に（三五キロメートル離れた）ポワレーで裁判が開かれた[69]。裁判はわずか一日で終わり、二人とも絞首刑による死刑を宣告された。告訴から裁判までの期間がこれほど短かったのも、さほど珍しいことではなかった。ウィルフォード・ティトンとアーサー・ファレルがレイプの容疑で告訴され裁判にかけられるまではわずか九日だった[70]。同様に、ユージン・ヒューストンは告訴から一五日後に裁判にかけられた。ジェイムズ・サンダーズ、フローリン・ウィルソン、ロイ・アンダーソンは告訴から二五日。ジョージ・ファーガソンとヘンリー・ローリーの場合は告訴から裁判まで二八日。レオナルド・ベルは逮捕されてから三〇日で裁判にかけられた[71]。白人男性の容疑者も同様だったので、裁判までの期間が短いこと自体は差別的なものではなかった。

ただし地元の町で裁判を迅速に進めてほしいという要望を受け、じゅうぶんな弁護を行うための準備がなかなかできず、もっと時間をかけて慎重に起訴手続きを行っていたなら抑制できたかもしれない人種差別的傾向が野放しにされてしまった可能性はある。[72]

被告人に代弁者がついた場合も、たいていは被告人の上官が選んだ人物で、法律家ではなく将校その他の軍人であることが多かった。将校たちは正式な法律教育を受けるかわりに軍法会議の手順を教える手引書を手渡されたが、こうした手順はかなり不評を買った。将校の無知や誤解は、軍事裁判において大きな問題となった。[73] フランスに駐留していた白人アメリカ兵ジョン・デイヴィスは大学で商事法を学び、法律業務を多少かじっていたという理由から、本部に呼ばれいくつかの事件を任された。刑法に関しては何の経験もないというのに、被告が死刑判決を受けることも珍しくないレイプやレイプ殺人を自分が担当するはめになり驚いた。[74] 一九四四年の秋、一部の陸軍将校が被告人に弁護士がつかないことに不快感を表し、重大な犯罪の場合は被告の黒人兵士を代弁する「黒人《ニグロ》の補佐弁護人」をつけるよう提案した。けれどもこの提案は、軍の法務を管轄する法務総監室によって却下された。その理由は、この提案が「実用に適さず」「法の執行を弁明の余地なきほどに遅らせる」からとのことだった。[75]

ちゃんとした法的代弁者がいないうえに、上官たちの偏見が問題に輪をかけた。戦後に『スターズ・アンド・ストライプス』の黒人記者アラン・モリソンは、「有色人兵士はとくに軍法会議の場で偏見のある将校の攻撃を受けやすい」と述べた。その理由はこうした将校たちが「黒人《ニグロ》は誰もがレイプ犯になってもおかしくないと確信して」おり、それゆえ「黒人《ニグロ》の有罪を、まだそれが証明されないうちから喜んで信じる」からだ。[76] 軍法会議の手順に関して言えば、ある黒人兵士は、被告を有罪にしたがっている――そうでないと不満である——ことを指揮官らがはっきり伝えて裁判の結果に不当な影響を与えたのを覚えている。[77] まさしくこうした偏見から、調査官や裁判所事務官には、フランスのレイプ事件の起訴に生じた複雑な三つの問題——被告人の確認、証人の信頼性、そして原告と被告の間で生じた誤解——が見えなくなっていた。これらの問題を一つひとつ見ていこう。

レイプの告発の圧倒的多数は小さな町や村でなされた。[78] 一九四四年の夏、ノルマンディーの田園で暮らす人びとのうち、電気や水道などの文明の利器を享受していた者はほとんどいなかった。当時シェルブールやサン・ローなどの比較的大きな町でさえ、こうした贅沢を味わえるのはかなり裕福な者に限られた。さらに連合国軍の爆撃により、公共インフラが大幅に損傷するか破壊され、その修復については市民の利便よりも前線の必要によって指示が出された。ノルマンディーの電力網がようやく再建されたのは、一九四五年の二月のことだ。[79] そのため大多数のノルマンディーの住民はろうそくやガス灯の明かりで我慢しなければならず、こうした不十分な照明のもとでレイプの容疑者が確認されることも多かった。ただし、たとえ真っ昼間でも、兵士たちは全員が同色の同じ制服を着ているので、犯人の特定は難しかったことだろう。しかもヨーロッパ戦域全体において、大半のレイプは暗くなってから発生していた。[80]

原告と証人は犯人を確認するのが難しいことを重々承知していた。自ら進んでこう認めることも多かった。「ろうそく一本の明かりだけであの人たちを見ました」。「あの出来事は暗がりのなかで起きました」。あるいは、「取り乱していたし、暗闇のなかで起きたことなので、犯人の見分けはつかないと思います[81]」。にもかかわらず、アメリカ軍当局は暗やみがもたらした問題をはねつけた。サン・ローの南で八月二六日に起きた事件では、ある女性が夜の一〇時に家の近くの野原で黒人男性にレイプされたと訴えた。被告と証人は法廷の場で初めて被告のジェイムズ・P・ルデサルを犯人だと指さしたが、この被告は、事件の晩に野営地からの外出記録があったというだけで嫌疑をかけられていた。[82] ロバート・スキナー二等兵は、八月一日にブリックベック近辺の暗がりで起きたレイプ事件で有罪判決を受けた。被害者とされる女性は被告を襲ってきた男だとしたが、襲われたときは「かなり暗かった」とも認めていた。だが審議した裁判官によれば「彼女の混乱は明らかに暴行による動揺と驚きによって生じたもので、容易に理解できることから、被告の確認の信憑性を疑うものではない」[83]。L・C・ウィリアムズ二等兵の事件では、審議した裁判官はこう主張した。「その晩は月明かりはなく、家にも明かりはついていなかった。あるのはかすかな星の光だけだった。けれども兵士らは家の周りの道を照らそうとマッチやライターをつけたため、ブロシェ夫妻には彼らがはっきりと見えた」[84]。正式に告訴され三日後に裁判にかけられたデイヴィスとジョーダン二等兵をはじめ、ヨーロッパ戦域の多くの兵士たちはレイプのかどで有罪判決を受け、死刑に処せられた。彼らが犯したとされる犯罪はろうそくや懐中電灯の明かりのなか、あるいは真っ暗闇のなかで起きたというのに。[85]

ノルマンディーのレイプ被害者は犯人を特定する際に間違いを認めても、襲って来た男が黒人だったことは露ほどの疑いもなく断言した。一九四四年の七月から一〇月にかけて、フランス警察はシェルブール地区で報告された計一二件のレイプ事件の犯人として、黒人の兵士たちを起訴した。一二件のうち七件が暗くなってから発生し、夜のかなり遅い時間のものも多かった。市民のなかには、単に人種差別的な偏見から犯人を黒人だと証言した者もいた。たとえば真っ暗なかで起きたとされるサン・マロ近隣のレイプ事件では、被害者は裁判で被告を特定できなかったにもかかわらず、「話し方や大きな唇、つやのある肌から」レイプ犯は黒人だと言い張った。さらに裁判での証言から、この女性の眼鏡をかけないときの視力が「きわめて弱く」、襲われた際に眼鏡が壊れていたこともわかった。[86]

アフリカ系アメリカ人兵士の全部隊が被害者と証人の前で面通ししたが、最初のレイプの波が来た時期に、シェルブール警察が報告した一二件のレイプのうち犯人が特定できたのはわずか二件だけだった。ジョン・デイヴィッド・クーパーとJ・P・ウィルソンに対する訴訟では、犯人を確認するため証人の前で黒人部隊の面通しを三度にわたり行ったが、このレイプ事件もろうそくと懐中電灯の明かりのなかで起きていた。一度などは総勢六〇〇人の大隊全員が行進した。この三度の面通しに立ち会った一六人の目撃者のうち、たった一人が、ある一度の行進のときにクーパーを確認した。さらに四度目に、コメルシでもっと小規模な面通しを行ったところ、六人の目撃者がクーパーを確認したが、そのうちの一人は「ウィルソンを指さしたものの、確信が持てなかったので彼を選ぼうとはしなかった……少し伸びていた髪を剃って丸刈りにしていたからだ」[87]。やはりマッチとろうそくの明かりのもとで行われたとされるレイプ事件の容疑者ジェイムズ・パロット、グラント・スミス、ウィリアム・ダウンズの裁判では、ダウンズだけが原告のマリー・ルポトヴァンによって犯人と確認されたが、彼女が確信に至った理由は、ダウンズが単に他の者たちより「はるかに大柄だった」からだ。ダウンズをこの犯罪と結び付ける物理的な証拠はなく、単に犯行現場の周辺にいたところを見つかったというだけのことだった。にもかかわらずダウンズには絞首刑による死刑が宣告された。[88] L・C・ウィリアムズ二等兵の件では、裁判で一人の証人が被告を犯人だと確認したと主張した。けれども前回の裁判のときに、この証人は補佐弁護人を被告人と間違えて指さしていた。[89] フレッド・ウェストフィールドの件では、数度の面通しが行われたが、それでも裁判が始まるまで原告も証人も犯人を特定できなかった。証人の一人ローランは「法廷では被告人を確認できたが、それは彼しかいなかったからだ」。被告は死刑を宣告されたが、それは被害者の近くで見つかった弾丸が被告の銃から発射されたことが、専門家による弾道試験で証明された、という根拠のみに基づいていた[90]。

これらの事件とかなり対照的なのは、第一〇一空挺師団の白人兵卒ジョセフ・ストリッグルの一件だ。ストリッグルは一九四五年の初秋、ジョワニで一人の女性をレイプしたかどで検挙された。告発した女性は面通しのための行進でストリッグルが犯人だと訴えたが、レイプされた裏通りの明るさについて裁判でたびたび質問を受けた。検察官は尋問を通して、被害者が正確に加害者を特定するには周囲が暗すぎたことを再三ほのめかした。友人と事件現場の周辺にいたとされたストリッグルは、実際はその晩カードゲームをしていたと主張した。ゲームに参加していた別の二等兵は、最初ストリッグルがその場にいたか覚えていないと宣誓証言したが、最後には被告の主張を認める宣誓供述書に署名した。結局、被害者によって犯人だと確認されたにもかかわらず、裁判所は「合理的な疑い」が確立されたと結論し、ストリッグルを無罪とした[91]。

この一件はまた、原告の女性に対する裁判所の処遇がいかに人種の問題によって左右されるかを証明している。黒人兵士が関与する事件の場合、女性の告発に疑いが持たれることはまずなかった。黒人は性欲が過剰であると思われたため、原告の女性は残忍な肉欲の歯牙にかかった罪なき犠牲者で、アフリカ系アメリカ人と関係を持つことを「選ぶ」などあり得ないとされた。ところが白人兵士が関与する事件では、裁判所は性的攻撃の責任を女性に負わせがちだった。つまり女性を犠牲者ではなく売春婦と見なしたのだ。女性の側の、抵抗したという主張にも、加害者を特定しようとする試みにも、間違いなく疑いの目が向けられた。このようにレイプの法的処置において、人種差別的な固定観念は性差別主義に勝っていた。

アメリカ軍当局はレイプ犯をもっぱら黒人だと想定したが、その点でフランスの市民や役人とおおむね共犯関係にあった。こうした事件を審議する裁判官のなかには、原告が加害者を特定する方法に疑問を呈する者もいた。たとえばジェイムズ・ヘンドリクスの件で裁判官らは、目撃者による犯人の特定よりも、状況証拠のほうが「説得力がある」とし、その重要性を指摘した。「目撃者が黒人《ニグロ》の特徴や顔つきをよく知らない場合はとくにそうだ」[92]。ところがパリから東南七〇キロのクロ・フォンテーヌで起きた一連のレイプ事件のアメリカ軍による捜査を見ると、ヨーロッパ戦域では犯人特定の問題に軍がほぼ故意に目をつぶっていたことがわかる。被害者とされる一人の女性ウス・スタニスラワは、八月三一日に五人の兵士に輪姦されたと訴えた。もう一人の女性ゾゼ・ロヴリは二人の男が九月二日に彼女を別々にレイプしたとして告発した。どちらの原告も犯人は黒人だったと主張した。どちらの事件も日没後にろうそくの明かりだけがともる家の中で起きていた。ロヴリの場合は、家があまりに暗かったので侵入者はベッドに寝ていた彼女を見つけるのにマッチをすらなければならなかった。どちらの事件も黒人兵士の二部隊全員を集めて面通しの行進をさせたにもかかわらず、原告はいずれも襲ってきた犯人を特定できなかった。スタニスラワは黒人部隊の兵士全員を見て、犯人の候補を九人までしか絞れなかった。担当した司令官によれば、「彼女は誰も犯人だと特定できなかったし、候補をあげるときにもひどくどっちつかずに見えた」[93]。ロヴリは全部隊の行進を見てもレイプ犯を特定できなかったと通訳を介して説明したが、その理由は「みんな同じに見えるから」だった[94]。

こうした事実にもかかわらず、調査官は犯人が黒人だという原告の主張を決して疑わなかった。どちらの被害者も犯人を確認できなかったが、当時クロ・フォンテーヌの近くに駐留していた白人部隊を調べることは調査官の頭になかったようだ。スタニスラワの場合は、ある物理的証拠（レインコート）がレイプを黒人部隊に結び付けた。[95] けれどもロヴリのレイプ事件についてはこうした証拠は一切存在せず、それどころか非黒人部隊に結び付く証拠が一点あった。最初の侵入者はビーフステーキを土産に持って来たことでロヴリの家に入れてもらったのだ。調査官はよくわかっていたはずだが、この地域のどちらの黒人部隊にも、事件が起きる前の数日間、ビーフステーキの食事が出たことはなかった。しかも調査官はロヴリの事件の証言から浮かび上がった奇妙な事実について疑ってみようともしなかった。原告の話によれば、犯人は彼女の夫をカービン銃で脅して部屋に閉じ込めたという。けれども原告が証言したところでは部屋には鍵がかかっておらず、したがって夫は妻が数フィート離れたところでレイプされている間、自分の意思で何時間も部屋にとどまっていたことになる。さらに、レイプ犯が朝の四時頃にようやく去った後、彼は——表向きは仕事に行くために——家を出た。夫が出かけると、原告によれば、裏の窓から侵入してきた別の男に再びレイプされたという。最初のレイプ犯は何らかの理由で裏の窓から逃げざるを得ず、おそらく窓を割って外に出たのだろうが、玄関のドアを使わなかった理由ははっきりわからなかった。[96]

ロヴリの事件ではいくつかの疑問が放置されたが、このことからフランス人によるレイプの告発にアメリカ人が協力した結果、事件の核心について一切尋問が行われなかったことがわかる。ロバート・リリーによれば、一九四四年の夏にヨーロッパ戦域で軍の調査官を務めた者たちは「経験が浅く、証拠を疑ってみることも、また事件にとって重要な手がかりに気づくこともできなかった」[97]。事件発生時に黒人兵士が現場近くにいたところを見つかるか、野営地から外に出ていた場合、起訴され、収監され、あげく死刑に処せられる確率が高かった。

暗闇のなかでの確認に基づく人種差別的な犯罪捜査《プロファイリング》の被害に遭ったのは、アフリカ系アメリカ人兵士だけではなかった。ある晩、ブルターニュでレイプの現場にモーリス・リーヴズ中尉が駆けつけ被害者の話を聞くと、被害に遭ったルシエ・ウアラは襲ってきた男を「背が低くて、ずんぐりしていて、肌の色が浅黒かった」と説明した。そこでリーヴズはレイプ犯が「メキシコ人かインド人のどちらか」に違いないと判断した。基地に戻ると、北米先住民ショショーニ族のウィルフォード・ティトン伍長が見つからなかったため、リーヴズ中尉は伍長をこの事件の犯人として夜半過ぎに起訴した。裁判の審議のなかで法務官はティトンのことを「無表情な顔」を含め「典型的なインディアンの特徴」を持っていると説明した。ティトンは面通しのための行進で近所の数人から選び出されたが、原告は当初、暗かったせいで犯人を確認できないと訴えた。後になってこの男とほかにファレルという男がレイプ犯だと確信するようになったが、その理由は「ただそうに違いないと思ったから」だった。[98] ティトンは有罪となり、終身刑を言い渡された。

証人の信頼性の問題

こうしたレイプの告発の審議には、さらに別の問題があった。それは原告と証人が信頼できるか否かを検討しなかったことだ。これらの事件では往々にして個人の証言が決定的な要因になるが、それは検察側に確実な物理的・医学的証拠が不足しているからだ。軍事法廷におけるレイプの立証基準は、以下の二点の証拠が存在することである。第一に、性的挿入が行われた証拠。そして第二に、原告／被害者ができる限り抵抗したことを示す証拠。このどちらもが軍の検察官にとっては悩みの種だった。まず、第一の挿入の証拠に関してだが、アメリカの医療当局は告発者に検査を行わないことも多く、たとえ行っても、ろうそくの明かりのもとだったり事件から数日経過していたりした[99]。ノルマンディーの医師は精子の痕跡をつねに調べるわけではなく、内診を行うのは女性が処女だったと訴えたときだけだった[100]。さらに法廷でのフランス語による医学的証言は、言葉の問題からときに理解しづらいこともあった。たとえばある事件では、裁判で医師が次のような矛盾した医学的所見を提出した。「少女を指で検査したとき、陰茎の痕跡はまったく見えなかった。指を奥に入れると組織に裂け目ができており……射精を伴う挿入があったと思われる[101]」。精子の存在といった性的挿入の証拠がない場合、軍当局は、原告が実際にレイプされたことを証明するに当たって、個人の証言に頼るほかなかった[102]。医学的証拠から性交があったことを証明できた場合でも、抵抗したことを立証できない、すなわち第二の立証基準を満たさないことも多かった。こうした例は一九四四年の晩夏のフランスでは数知れなかったが、その場合、どちらを信じるか――レイプを告発した原告か、あるいは無実を訴える被告か――で判断が左右された[103]。

シェルブールの事件を見ると、原告と証人の信頼性を証明することの重要性がよくわかる。これはこの地のフランス警察の記録に残るわずか二件のうちの一件で、原告のマドレーヌ・ペロノーは自信を持って犯人を特定した。彼女は一九四四年八月一〇日の夜に四人の黒人兵士に輪姦されたと主張した。被害者の証言によれば、男たちが彼女の家にしばらくいた後に彼女は大声で助けを求めた。彼女は男たちそれぞれと一度ずつセックスし、それから男たちはもう「一周」したがった。けれども隣人の一人は、ペロノーが名の知られた売春婦で、「毎日のように酔っぱらって」「白人でも黒人でも無数のアメリカ兵の客を取って」いたと主張した[104]。ペロノーのような売春婦は、黒人兵士にレイプを告発すると言って脅し、高額の料金を請求することで知られていた。[105] おそらくいちばん考えられるのは、ペロノーが男たちに高い金をふっかけようとして断られ、その腹いせにレイプされたと警察に通報したのだろうということだ。ただし隣人の証言がなければ、この事件はまったく違ったものに見えていただろう。

軍法会議の検察官にとって告発者の信頼性は欠かせないものになった。売春婦ではなく黒人兵士と自ら進んで寝た女性が、自らの「体裁」を保つためにときにレイプの罪で兵士を訴えることもあったのだ。ある七月の朝早く、マリー・ルヴィエールは上の階の住人を起こすと、自分はレイプされたと訴えた。フランス警察が現場に到着すると、問題の兵士ジョン・フェニックスがルヴィエール夫人のベッドでぐっすりと眠っていた。着ていた服はそばのいすにかけてあった。警察がさらに捜査を進めると、女性の夫は町を離れていて、家には無理に侵入した形跡がないことがわかった（フェニックスは窓から入っていた）。[106] アメリカ軍による医学的検査では、性的な外傷の証拠も、さらに挿入を示す身体的証拠さえも見つからなかった。裁判でルヴィエールはフェニックスがナイフを持っていたと証言し、さらにレイプされている間、兵士と一緒に寝室に入って自分で鍵をかけていたのは、「何が起きているか子どもたちに見られたくなかったからだ」と証言した。彼女は兵士に朝五時までには帰るよう頼んだが、夜が明けてもまだ眠っていたため、子どもたちを上の階の住人のもとに連れていって助けを求めたという。

一方フェニックスはと言うと、自分はこの女性と二カ月ほど付き合っているが、いつもは「自分たちが一緒のところを誰にも見られないような、もっと目立たない場所で」会っていたと証言した。彼女の家を訪ねたのはこれが初めてだった。「私には私の言い分があります」と兵士は裁判で発言した。[107] もっぱら沈黙したままだった被告側は、フランス警察の報告書に含まれた重要な記録について追求し損ねた。すなわちフェニックスは、警察が到着したときに「ぐっすりと」眠っていて、起きるのにかなり時間がかかったというのだ。[108]ルヴィエールはおそらくフェニックスと情事を営み、夜が明けるまでに帰らせようとしたものの、その朝、彼を眠りから覚ますことができなかった。夫から情事を隠し、さらに自分の評判も守ろうと必死になった彼女は、レイプされたと訴えるしか道はないと判断したのだ。けれども事件に対するこの解釈は裁判で取り上げられることなく、フェニックスは一〇年の重労働の刑を宣告された。[109]

フェニックスの件が示すように、レイプ事件の結末は往々にして誰を信じるかにかかっていた――誰にもその素性がよくわからない女性か、あるいはアフリカ系アメリカ人兵士か。[110]けれども軍法会議の検察官が仕事をする環境――戦争のさなかに、知らない言葉を話す、よそ者がひしめく異国の地――では、その人物が信頼できるかどうかを確かめるのは尋常でなく難しいことだった。検察官は、自分たちはおろか裁判の場にいた誰もがその素性を知らないような告発者や目撃者の証言に頼らざるを得ないことも多かった。こうした軍法会議の筆記録を読んで驚くのは、告発者が信頼できる人物かどうか立証できないことを、検察官は何とも思っていない節があることだ。

この点に関して言えば、また別の重要な訴訟があるが、それは一九四四年六月二三日にシェルブールの南方のブリックベックで起きたレイプ事件だ。告発者はシェルブールから避難してきたデニーズ・コニィアンという二二歳の女性で、ジュール・ルルエという男と行動をともにしていた。コニィアンは二人の黒人兵士に銃を突きつけられレイプされたと訴えた。兵士の名はジョージ・ファーガソンとヘンリー・ローリーで、場所は彼女が泊まっていた農場近くの野原だった。コニィアンはこの事件を内緒にしておこうと努めた。メイドの女性からなぜ服が破れているのかと聞かれたコニィアンは、暴行はされたがレイプされたわけではなく、このことは誰にも知らせなくていいと答えた。ところが話を聞いたメイドは、これは一大事とばかり警察に通報した。その結果、この二人の兵士がレイプの罪で告訴されることになったのだ。裁判では、合理的な疑いがこれでもかと出てきた。医学的検査によればコニィアンの処女膜は破れていたが、その状態は「通常の性交による結果の可能性もあった」[111]。

その日あったことについてのファーガソンとローリーの説明は一致していたものの、コニィアンとルルエの説明は辻褄《つじつま》が合わず矛盾だらけだった。コニィアンは証言で、自分は被告の一人から五〇〇フラン、もう一人から一〇〇フランをもらい、ルルエもまた一〇〇フランもらっていたと認めた。またルルエは「青年のうち一人」とのセックスは合意の上だった、とも証言した。コニィアンは最初に証言を始めたとき、この二人の兵士のことなど知らないとさえ言ったが、短い休憩の後、すぐにまた告訴を再開した。ファーガソンは寛大な措置を求める手紙をアイゼンハワー将軍に送り、そのなかで次のように綴った。「そのご婦人は私のことを知らないと言ったのですが、裁判官の〇〇（判読不能）が法廷の外に彼女を連れ出して何か話をし、それから彼女が法廷に戻ってくると私のことを知っていると言ったのです。ですから閣下、私は自分が公正な裁判を受けたとは思えません」。ファーガソンによれば、「誓って言えることは」、自分は「フランスのご婦人と性交するために彼女に七〇〇フランを払いましたが、どんな女性もレイプしたことはありません」。

コニィアンとルルエの証言には食い違いがあったにもかかわらず、審議を受け持った裁判官がこの二人の評判を調べた様子は一切見受けられなかった。ある裁判官はルルエについて「彼が売春斡旋人で、あの女性がごく普通の売春婦だと考える以外、納得のいく説明はできない」とまで述べたが、証拠がないため、この結論は引っ込めざるを得なかった。女性の服が破れていたことも、裁判官の説明によれば、ファーガソンが「欲望を抑えきれなかった」証拠であり、「二人が話をでっち上げなければならない理由は取り立てなかった」。けれども実際、理由はあったのだ。コニィアンは貧しく、家もない避難民で、おそらくルルエに売春させられていた。性的暴行を受けたとメイドに話したのは、自分の体裁を守るだけでなく、寝泊まりする場所を失いたくなかったからだ。売春は女性にとってスティグマとなるから、見つかれば農場を追い出されるだろう。けれども一方でコニィアンは、誰にも迷惑はかけたくないと思っていたに違いない。だからこそメイドに内緒にしておくよう頼み、法廷で最初にこの二人のことを知らないと証言したのだ。一方ファーガソンからすれば、彼女は自分たちに不利な証言をするよう強制されていたように見えた。裁判官は合理的な疑いを抱いてもおかしくない状況がこれほどあったにもかかわらず、ファーガソンとローリーに絞首刑による死罪を宣告した。ただしファーガソンがアイゼンハワー将軍に提出した特別抗弁により、彼の刑は終身刑に減刑された[112]。

　こうした裁判では、「欲望を抑えきれない」などといったアフリカ系アメリカ人にまつわる偏見が、彼らの信頼性を――よって彼らの無実の訴えをも――毀損していた。シェルブールの一件からよくわかるのは、黒人兵士は生まれながらのレイピストだと決めつける傾向が検察官にある場合、その判断に大きく影響するということだ。白人兵士の客だけを取る、ある名の知れた売春婦は、九月九日の夜一〇時半、そろそろ店じまいしようかと思ったときに、不法侵入してきた黒人兵士の一団にレイプされたと証言した。裁判では、彼女は部屋にいた男性五人のうち誰が自分を実際にレイプして逃げ去ったのかを特定できなかったが、その「サルみたいな」特徴から犯人と思われる人物を一人だけ確認できた。しかしこれはそもそもろうそくの明かりの下で起きた事件だった。彼女の証言は矛盾だらけで、自分は売春婦ではないという発言を含め、多くは他の証人の証言から信憑性が疑われるものだった。とはいえ彼女は兵士たちを起訴しないよう臆することなく懇願した。自分はただ窓を修理してもらえればそれでいいのだ、と。この事件を審議した法務官は彼女の証言が「説得力がなく矛盾している」と認めたが、「彼女の個人的な道徳基準」は「無関係であり重要ではない」と主張した。被告に関して言えば、その行動は「はめを外しすぎ」で、「自らのみだらな欲望を満たすための残忍で動物的で野蛮な企て」だと形容した[113]。

この事件で被告側は沈黙を守ったが、これは一九四四年の夏にレイプの告訴を審議した軍法会議の多くに共通していた。黒人兵士がレイプで起訴されると、軍法会議での被告の唯一の弁護人はその白人の上官か、あるいはその上官によって選ばれた別の将校が務めた。けれども多くの白人将校はレイプとアフリカ系アメリカ人にまつわる偏見にとらわれていたので、レイプを告発した女性や証人の信頼性を調査する見込みは低かった。

被告の徹底した調査が有益であるのは、ブリックベックで起きたオラ・B・ブローダスの一件を見れば明らかだ。航空技官のブローダスはシェルブールの南のヌイイ・ラ・フォレにて、七月一六日に暴行、さらに七月二四日に強姦未遂の容疑で起訴された。最初の暴行事件を目撃したのはフランス人の少年一人と、被害者を助けにきたアメリカ兵二人だった。この訴訟の際立った特徴は、ブローダスの上官サミュエル・D・ウォートン中尉が熱心に弁護したことにある。この上官は証人の発言の信憑性を判断する仕事を引き受け、さまざまな検証を行った。たとえば少年ロジェ・ラトリエには、暴行の起きた夜に被害者の叫び声を聞いて走った様子を再現させた。ラトリエは被告が立ち上がって女性のもとから歩き去ったのを見たと証言したが、ウォートンはラトリエが犯行現場からかなり離れた場所にいたため、現場に到着して犯行を目撃することは時間的に不可能だと結論づけた。こうして少年の証言は疑われることになった。ウォートンの努力があったうえに、軍もまた証人の信頼性と告発者の人物像を調査し、その結果、告発者の一人は売春婦だと突きとめた。さらにブローダスには医療チームによる精神鑑定も行われた。被告の弁護のために、その人柄や評判について証言する証人も法廷に呼ばれた。ブローダスと同宿の仲間は、彼が「手紙を書いたり、ラジオを聞いたり、カードで遊んでいた。彼が興味を持っていたのはそれだけだ」と証言した。

かなりの入念な調査が行われた以外にも、この訴訟には際立った特徴があった。それは、被告が白人男性だったことだ。少年のほかにこの事件の目撃者とされる二人はアフリカ系アメリカ人だった。彼らは法廷に呼ばれず、調査の過程で話をするよう求められることさえなかった。証拠や証言に対する批判的な吟味によってブローダスは救われた。そして強姦未遂により一二年の重労働の刑だけを宣告され、暴行に対する（売春婦による）告訴では無罪となった。さらに審議の過程で「不正行為」があったという理由で、担当の法務官はさらに刑を五年に減刑した。[114]

軍法会議の制度そのものが黒人兵と白人兵を差別的に扱ってきたことが、アフリカ系アメリカ人に対する謂《いわ》れのないレイプ告発につながった。黒人男性が白人の上官との間に信頼関係の問題を抱えていることに気づいた白人兵士が、自らの罪をかぶせるため、あるいは単に人種的な憎しみから、黒人に無実の罪を着せることもあった。あるノルマンディーの警察官の報告によれば、村人たちは「グランヴィルに駐留していた黒人兵士たちをこれまで長いこと尊敬し、彼らが一切害をなさないと信じており、また『黒人《ニグロ》』を毛嫌いする酔った兵士たちが決まって騒動を起こすのを目撃してきた。実のところ、女の子たちは白人よりも黒人のほうが好きで、そのため白人兵が彼女たちをめぐってたびたびけんかをふっかけていた」[115]。「たとえば、十八歳の黒人兵が十六歳のイギリスの女の子とできたとしますね」。黒人兵のティミュエル・ブラックはイギリスに駐留していたときのことを振り返った。「女の子は強姦されたって言うようにって言われてたんです」[116]。アルフレッド・ダッケットは仲間の黒人兵とル・アーヴル郊外の基地ラッキーストライクにいたときに、「白人の指揮官は、白人の女とのかかわりが起きるんじゃないかって心配してた」と振り返った。ある晩、ダッケットの部隊の一人が赤十字のテントで、コーヒーを給仕していたフランス人女性に話しかけているところを、白人の憲兵が「注意した」。この黒人男性が女性と話すのをやめようとせず、知らんぷりしていたら、背後から撃たれ殺された[117]。

白人兵士は、そばにアフリカ系アメリカ人がいて、自分の身がわりにできそうなら、罰せられずにフランスの白人女性をレイプできた。黒人兵士がレイプ事件の現場近くで発見され、ただそれだけの理由で――犯行現場にいたことを証明する物理的証拠も目撃証言もないままに――起訴された例もいくつかあった[118]。キスや親しげな身振りだけですぐさまレイプ事件に発展しかねなかった。サッコは、コープランドという名の黒人兵士がフランス人の女の子をレイプしようとしたと責められ、部隊の兵士たちからその場で銃殺すると脅されていたのを覚えている。兵士はただその娘とキスしたかっただけだと言って無実を訴えた。幸運にも近くに通訳がいて、コープランドは本当にキスしようとしただけだ、と娘が言っていることがわかった。けれども不幸にして二人を見かけた娘の母親が「逆上して家から飛んでくる」と、娘をレイプしたと兵士を責め立てた[119]。

誤解の問題

犯人の特定と信頼性の問題のほかにも、軍法会議の検察官がレイプの告発において対処を怠った第三の問題があった。それは、黒人兵士と白人のフランス人女性との間に生じる誤解の問題だ。これは明らかに言葉の壁が原因で生じたものだが、人種や国民性についての初歩的な勘違いによるものでもあった。黒人兵士は乱暴で好色だから用心しなければならない、とフランス人女性は教わっていた。[120] 一方アフリカ系アメリカ人兵士のほうも、父親からフランス人の女は性的に奔放だと聞いていた。そのうえ兵士は、自分たちが人種的に寛容だと評判の国にいると信じていた。ロバート・リリーはこう述べている。「フランスは人種による偏見や差別が少ないという印象があるうえに、フランス人女性が現実に、あるいは想像するところ性的に奔放であるため、第二次世界大戦時の黒人兵士のなかには、フランス人の女と性的関係を持ちたいなら、彼女の家のドアをノックするだけでいいと思う者もいた[121]」。

多くの黒人兵士はリリーが言うよりも世間知らずではなかったし、たとえそうであったとしても最初の挑戦でその期待は吹き飛んだ。合衆国と同じくフランスでもレイプの定義はあまりに広く、相手の望まぬ視線を送ったり、偶然身体に触れてしまったりした場合も、一種の性的暴力と見なされる恐れがあったが、多くの兵士たちはそのことを知らなかった。[122] シェルブールの南のブリで、七月一日に女性をレイプしたかどで検挙されたレオナルド・ベルは、川から歩いて帰る女性の洗濯物を持ってあげようとしただけだと証言した。裁判の過程でベルは精神科医から「成熟した、責任能力のある、従順な性格の人物」との評価を受けたが、そのベルによれば自分は「隣を歩いて彼女のひじに手を添え、女の人が通りを渡るときのように手助けしただけです。ところが彼女は洗濯物を落として金切り声をあげました」。裁判で原告は、日頃から黒人兵士に「警戒心を持って」いたことを認め、怖くなった理由はただ「彼があんまり近づいてきて川に落っこちてしまったからです。それで怖くなったのです」と証言した。[123]多くのレイプの訴えは、自分のしていることがいかに危険かわかっていない黒人が、親しげな身振りをしたり、言い寄って迷惑がられたりしたことが発端となった。[124]

　さらに多くのアフリカ系アメリカ人兵士は、「高潔な」フランス人女性を売春婦と勘違いした。レイプの告発につながった出来事の大半は、その場に来た黒人兵士が「マドモワゼル」や「マダム・クシュ（寝室に行く女《マダム・ゴー・トゥー・ベッド》）」はいないかと大声で叫んだり、金やタバコ、チョコレートを差し出したりしたのがきっかけだった。[125]女性がまんざらでもなければ、兵士はセックスしたいと身振りで伝えて、一夜をともにした。[126]フランス人はセックスにだらしがないと思われていたほか、多くの女性が自暴自棄になり売春に走っていることもよく知られていた。アメリカ兵のウォルター・ブラウンは、兵士たちが新しく入ってきた二等兵にこうアドバイスしていたのを覚えている。「故郷にいるときは、ただ見ているだけで平手打ちを食らっただろうよ。だが、ここの連中は育ちが違うんだ。戦時の四年間を無駄に過ごすんじゃないぞ。タバコを渡して『ジグジグ（「セックス」の意）』と言うだけで、女はすぐにイチコロさ[127]」。

　レイプされたと訴えるフランス人女性に、黒人兵士がこの言葉をかけていたことも多かった。ユージン・ヒューストンは自らの裁判でこう証言した。「ジグジグ」と被害者に言って一〇〇フランを渡すと、彼女から、その日遅くの「周りに誰もいない」時間に「また来るようにと言われた」。検察官がヒューストンにそれはフランス語で何と言うのかと尋ねると、兵士はわからなかったが「ジグジグ・ヴー」かもしれないとだけ答えた。[128]別の一件では、トミー・デイヴィソンが原告の夫に五〇〇フランを見せ、マドモワゼルが欲しいと訴え「ジグジグ」と口にした、と証人が証言した[129]。ジョン・ホワイトは、避難民のクレモンティーヌ・ラリシアンを売春婦と勘違いしていたことが判明し、レイプの疑いを晴らした。彼の話によると、彼女は二〇〇フランで「女の子を紹介する」と約束したという。ところが話が違ったので彼が二〇〇フランを返すよう迫ると、彼女は食べる物がないから一〇〇フランはもらっておくと答えた。そこで口論になり、とうとう彼にレイプされたと訴えた[130]。レイプされる前後に金をもらっていたと原告が証言した例もいくつかあった[131]。フォレスト・ワシントン二等兵は友人から、とある家で女性とセックスしてきたと聞いた。それは売春宿に違いないと出かけてみたワシントンは、果たして、その家の階下に住む女性をレイプしたかどで検挙された[132]。

こうしたレイプの告発に対応する際に、検察官は性的暴力以外の可能性を視野に入れて現場を再現することはできなかった。黒人は暴力的で常軌を逸した行動を取るという思い込みがあったため、検察官には黒人が状況を見誤ったり、あるいは良識ある性的関係を持ったりすることなど想像できなかったのだ。黒人兵士が逮捕時に逃げようとしたり、尋問中に不安な様子を見せたりすれば、それは不当な起訴を恐れたからではなく、単に犯人である証拠だと決めてかかった[133]。しかも裁判官や検察官には、女性が黒人の男と自らの意思で性的関係を結ぶなどあり得ないと考える者も多かった。たとえばリチャード・スコットの件で裁判官は、被告の証言――オクトヴィルに住むある人妻と、夫の許しを得て同意の上でセックスした――を一顧だにしなかった。「被告の話を信じるとするならば、その晩、被告は偶然にも堕落した二人の人間の手に落ち、その者たちは金のためではなく、まったくの欲望から人種の異なる兵士を誘惑し、一人は性的行為を行いもう一人はそれを眺めた、ということになる」。こんな話は「信じられないにもほどがある」と裁判官は締めくくった。[134]

首つり縄の再来

恐怖に駆られたか、あるいはやけくそになってか、フランス人女性のなかには不合理な理由でレイプを告発する者もいた。けれどもアメリカ軍の検察官は、こうした訴訟の疑わしい点をじゅうぶんには検証しなかった。この怠慢は、時間と状況から見て致し方のない面もあった。とりわけ一九四四年の夏、軍の調査官と検察官は、異国の地で動きの速い前線に置かれていた。けれどももっと重要なのは、黒人男性が生まれながらに性的な暴力性を持つという偏見をアメリカ人とフランス人が共有していたことが、この怠慢の原因になっていることだ。アメリカ軍とフランス市民の共犯関係は、黒人男性に性的満足の暴力的追求以外の事情があった可能性を両者ともに想像できなかったことに現れている。さらにこの共犯関係により、両者は暗黙の了解のもと、犯罪の流れで浮かび上がった矛盾点を尋問せず、目撃者の信頼性を疑わず、緻密な医学的その他の有罪を示す裏付け証拠が欠けていることを指摘しなかった。両者のこの独善性こそが、なぜこれほど多くの黒人が性的暴力で有罪判決を受けたか、その理由を説明している。

けれども有罪判決についてはこのように理解しても、レイプで有罪となった黒人の処罰についてはまだいくつか疑問が残る。前述のように、白人兵士よりもはるかに多くの黒人兵士がレイプの罪で死刑を宣告された（ヨーロッパ戦域では二九人中二五人）。黒人兵士に下されたこの厳罰はどう説明できるのか？[135] この判決は、黒人兵士が比較的使い捨て可能な存在だったことから、ある程度は理解できる。第一級の訓練を受け、重要な戦闘任務に就く白人兵士に引き換え、黒人兵士は後方支援に就き、その点ではいなくてもそれほど困らない存在と言えた。[136] だがそれだけでは性的暴行に対する処罰が特段に厳しいことの理由にはならない。なぜなら黒人は、ほかのどんな犯罪よりもレイプにおいて、実際はるかに多くの死刑判決を受けていたからだ。一九四四年から四五年にかけて、レイプの罪で一五一人に死刑判決が下されたが、そのうち六四・九パーセントは黒人に対する判決だった。対照的に敵前逃亡の罪の場合は一三〇人が死刑判決を受けたが、そのうち黒人はわずか一四・四パーセントだった。[137] さらに絞首刑による死刑執行はギロチンの国では難儀した。陸軍はこの職務を任せられる適格者を探すのに苦労し、結局、大西洋の向こう側から専門家を呼び寄せるほかなかった。「プロで、テキサスに駐留してた男でした」。アメリカ兵トミー・ブリジィズは振り返った。「自分のロープを持ち歩いていましたよ。口をきこうとはしませんでした」[138]。

それではなぜレイプがこれほど厳しく罰せられたのか？　そしてとくに絞首刑による公開処刑となったのはどういうわけか？　この問いの答えは、一世紀以上前にアメリカ南部で形成されたレイプと人種と絞首刑の陰惨なつながりにある。南北戦争が終わってから数十年間、奴隷制度の消滅により白人至上主義者にとって人種差別を続行する手立てが限られるなか、黒人男性と白人女性のセックスはいっそうタブーになった。アメリカ南部では、白人女性と黒人男性とのいかなる交流もレイプを告発するのにじゅうぶんな証拠と思われた。歴史家のマーサ・ホーディスによれば、白人の人種差別主義者は「黒人男性による白人女性との姦通の疑いを、黒人たちが新たに勝ち取った政治的権利の行使と結び付けた」。とりわけ一八九〇年代、さらに二〇世紀になってもなお、黒人男性に対するレイプの告発が、白人暴徒の手によるリンチ殺害に発展することも珍しくなかった。この私刑は、黒人社会が市民権、あるいはよりよい暮らしを求める主張に対する罰となった[139]。

軍による絞首刑はこうした黒人差別の慣習を取り入れたものだ（ただし、そっくり再現したわけではないが）。多少の関係はあるものの、むしろ連合国派遣軍最高司令部には、また別の目的があった。第一に、黒人兵士によるレイプの抑止効果を期待したのだ[140]。軍が死刑判決を下す際には、黒人部隊の指揮官は「知力の低いほうの兵士たちの目に留まる」ように、この決定を掲示板に貼るよう命じられた[141]。黒人男性の首つり縄に対する恐怖心は、ノルマンディーでの脅し作戦としてじゅうぶんな効果を発揮する、と軍当局は考えた。後方連絡地帯全域の黒人従軍牧師四〇〇〇人に配られた『レイプとは何か』という小冊子には、絞首刑の挿絵が載っていた（図7・1参照）。レイプに関して黒人兵士を教育するのに首つり縄を用いたことで、この犯罪が一九四四年の秋までに、いかに人種化されていたかがはっきりわかる。この小冊子の図像は、ヨーロッパ戦域での黒人アメリカ兵によるとされる性犯罪を、人種差別主義者の暴徒による暴力と巧妙に結び付けている。ただでさえ戦闘任務を奪われた黒人男性は、今度はアメリカの女性と同様、フランスの白人女性もまた勝利の褒美にはなり得ないことを教わった。人種隔離政策の慣習と同じく、ここでも絞首刑が皮膚の色による差別を守るために使われていた。そう考えると挿絵の説明——「無実の受難者！」——はいかにも皮肉としか言いようがない[142]。

アメリカ軍が公開処刑を用いた第二の目的は、法と秩序を維持する自分たちの能力を喧伝するためだった。絞首刑の執行に先立ち、地元の軍当局はレイプの告発がなされた町や村の長にその旨の通達を送った。こうして住民たちは執行に立ち会うよう招待された[143]。また判決は地元の新聞で告知された[144]。ドイツでの軍事司法の手続きと比較すれば、その意図が見えてくる。ドイツでは公開で絞首刑に処せられた兵士は一人もいなかった。「平たく言えば」とリリーは説明する。「ドイツ人女性のレイプは、たった一人のアメリカ兵の命を奪うにも値しなかった」[145]。ではなぜフランスでは処刑に至り、ドイツではそれを免れたのか？一九四五年五月にドイツは敗戦国となり、連合国軍の占領に完全に服従する以外に道はなくなった。対してフランスは一九四四年の夏から秋にかけて、合衆国とのかかわりにおいて、はるかにあいまいな立場に

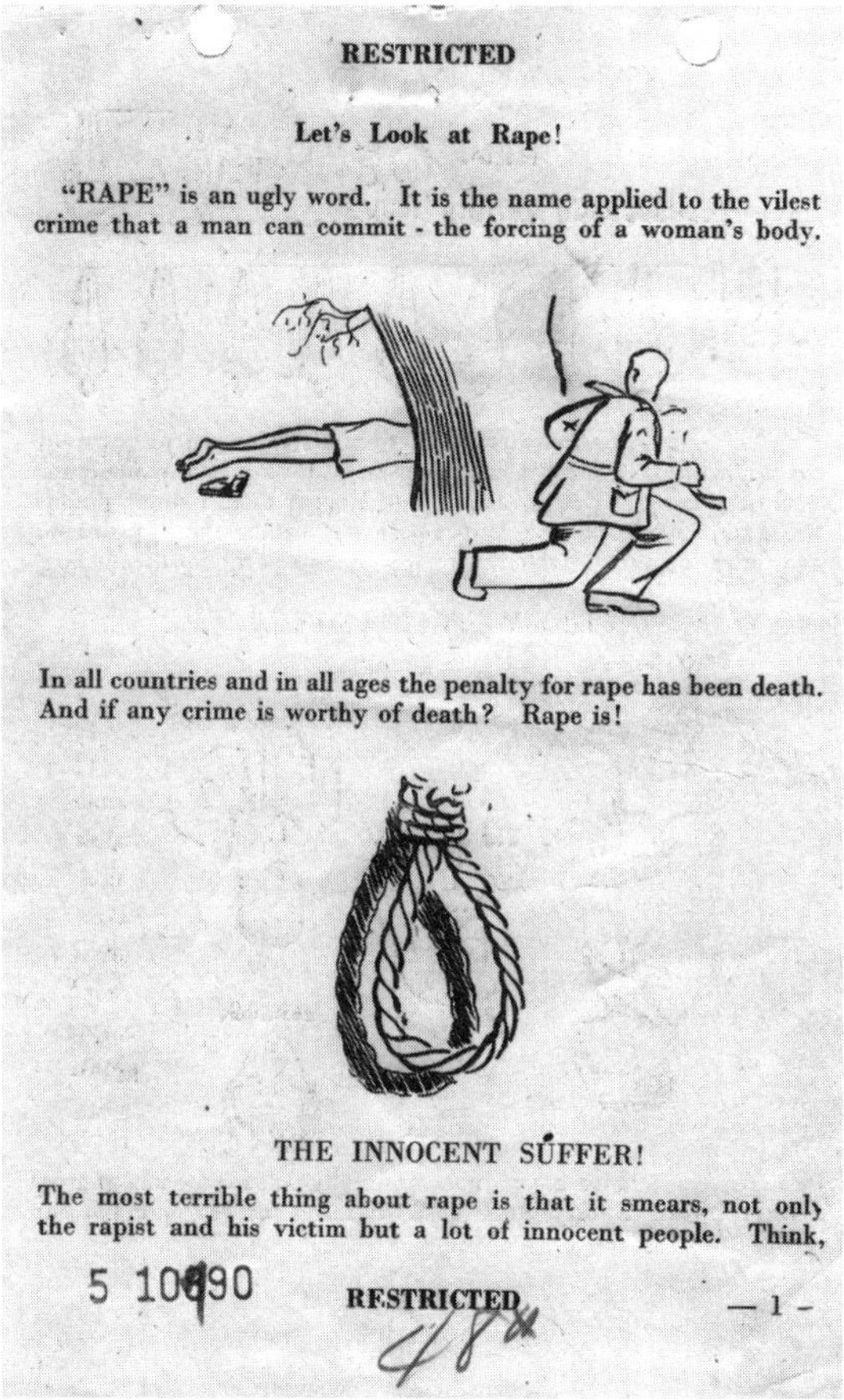

図7･1　『レイプとは何か』という題の小冊子。アメリカ国立公文書館。（日本語訳は以下の通り。標題「部外秘／レイプとは何か」。上段：「『レイプ』とは、実に醜悪な言葉である。これは男性が犯しうる卑劣極まりない犯罪――女性の身体を力づくで奪うこと――につけられた名前である」。中段：「いつの時代にも、あらゆる国々で、レイプは死をもって罰せられてきた。死に値する犯罪があるとすれば、それがまさしくレイプなのだ！」。下段：「無実の受難者！／レイプが何より恐ろしいのは、それが犯人と被害者のみならず、多くの無辜の民の名誉までをも傷つけることだ。考えてみてほしい……」。）

とどまっていた。フランスは同盟国であり、自国の軍隊はアメリカ軍と協力し戦っていた。けれども同時にフランスは敗戦国でもあり、シャルル・ド・ゴールの政府という形での主権は、いまだ正式には認められていなかった。こうした不透明な状況のなか、アメリカ軍はその意志を遂行する権限を示す必要をよりいっそう感じていた。

公開で絞首刑を行った第三の目的は、アメリカ陸軍の評判を守るために、黒人兵士をスケープゴートにしてレイプの罪を負わせることにあった。一九四四年の夏から秋にかけての連合国派遣軍最高司令部の情報報告では、軍当局がレイプをアメリカの問題ではなく黒人の問題とする傾向が強まっていた。軍の情報部は一九四四年の六月後半にノルマンディーから初めて発信した書簡で、人種については一切触れないまま次のように報告した。「不祥事が大量に発生し、そのほとんどは酩酊と略奪だった。四件のレイプが起こり、そのうち一件は絞首刑に処せられた[146]」。ところが以後、何週間にもわたって問題が続くと、情報部はこの問題を一蹴した。「じゅうぶんに厳しい懲戒処分を行わない限り、わが軍隊の行動に改善は望めないと思われる。ただし指揮官がこうした手順を踏むことを嫌がるのも無理はない。したがって遊び好きで元気溌剌としたアメリカの青年たちの到来に、フランス人のほうを慣れさせるのが賢明かもしれない[147]」。ところが七月も半ばになると、アメリカ軍は兵士たちの性的乱交の問題にひどく悩まされることになった。前述のように、もぐりの売春が盛んになり、性病の罹患率は急上昇し、レイプの告発は後を絶たなかった。しかも同じような問題にカナダやイギリスの軍隊が悩まされている証拠はない。手に負えない状態なのはどうやらアメリカ陸軍だけのようだった[148]。

この状況に直面した軍は、前述のように、不釣り合いな数の黒人兵士を裁判にかけ有罪判決を下した。

そしてこれらの訴訟をもとに出した統計を利用して、レイプを黒人の犯罪に見せたのだ。言い換えれば、アメリカ軍は自らの不当な行為の記録を利用し、レイプは人種による堕落だとする「事実」を築いた。このこじつけが行われたのはおそらく一〇月のある時期、ノルマンディーの情報部がシェルブールの地元紙に掲載されたひどく不愉快な記事の釈明を求められたときだった。格式ある『ラ・プレス・シェルブルジョワーズ』はその第一面で、アメリカ軍兵士たちに関する「きわめて重大な警告」を発した。この新聞はアメリカ兵を略奪やレイプ、殺人のかどで告発し、読者に次のように警告した。「安全な場所はどこにもない――通りも、また家のなかでさえ安心できない。きわめて現実的な脅威がわれわれの家庭を徐々に恐怖に陥れている……当局がこれほど無力だとわかった以上、私刑の掟を厳しく科す必要があるだろう」[149]。「私刑の掟」をほのめかした点はとくにトゲを含んでいた。というのも、アメリカの占領者たちがあまりに無力なため、彼らの十八番《おはこ》である人種差別的犯罪行為をもってしか問題を解決できないと宣言していたからだ。このシェルブールの「警告」はフランス陸軍省のお手柄で連合国派遣軍最高司令部の本部に届けられた。フランス陸軍省はこの新聞を、これは「マンシュ県の住民だけでなく、アメリカの兵士たちと接触するノルマンディーの全住民の感情を表している」という注釈を付けてアイゼンハワー将軍に送ってよこした[150]。

シェルブールの「警告」にノルマンディーの情報部は、黒人兵士に罪をかぶせることで対応した。一〇月の情報報告では、憲兵司令官が提出した過去の月ごとの訴訟件数に基づく統計を引き合いに出し、この暴力行為の八〇~八五パーセントはアフリカ系アメリカ人によるものだと主張した[151]。こうした統計は先に述べたように、黒人部隊の任務や所在地を考慮に入れないばかりか、法務総監室の公正さにかなり欠ける記録にじかに基づくものだった。にもかかわらず数字だけが一人歩きしはじめ、レイプはアメリカの犯罪ではなく、紛れもなく黒人の犯罪であるという証拠になった。一一月の初めになると、ノルマンディーの情報部はさらに先の「警告」のなかで使われた恐怖の文言を取り入れるようになった。「市民は黒人兵士《ニグロ》による恐怖の統治下にいくらか置かれている」と報告には綴られている。「大規模な暴力行為がいつ発生してもおかしくない」。一方「アメリカの白人部隊に対する反感を示す証拠はこれまで出てきていない。相変わらずその品行はおおむね優良であると報告されている」[152]。性的暴力の発生率が高い理由を説明するために、ノルマンディーの情報部は憲兵司令官の統計と、『ラ・プレス・シェルブルジョワーズ』で初めて使われた恐怖のレトリックを結び付けた。ここでもまたフランスとアメリカの当局は人種差別において忌むべき同盟を組んでいた。

アメリカ軍は性的暴力の問題が拡大していることを、母国とフランスの一般市民に認めることもできた。だがそうするかわりに黒人兵士をスケープゴートにする選択をしたのだ。実際、危機に瀕していたのは軍隊の評判どころではなかった。レイプの発生により、侵攻に先立つ数カ月前からこのかた入念に育まれてきた合衆国にまつわる神話が崩れつつあったのだ。アメリカ人がオマハビーチに足を踏むはるか以前から、戦時情報局（ＯＷＩ）はナチスに対して「心理戦」を展開していた。その目的は、ナチスの宣伝活動を妨害するだけでなく、フランス人を「アメリカの流儀」に倣わせることにあった。一九四三年以降、市民は連合国軍の飛行機が投下したビラを読んでいたが、そこには、アメリカが戦争に抱く大望は「われわれの国旗が、自由、ならびに自由を守るために捧げられた圧倒的な力の象徴として世界中に認知される」機会を得ることだとはっきり書かれていた[153]。フランスもまた、アメリカが「他国民の生命や政府を支配する権力を奪取または行使して自らを強大化するために戦っている」わけではないと知って安堵した。[154]

このプロパガンダが重視したのは、アメリカのあらゆるマイノリティーの包摂だった。その意図は、合衆国を、戦争の目的を達成するために全国民が協力し合う、活気あふれる民主主義国家として示すことにあった。産業に貢献する「幸せそうな黒人《ニグロ》」の写真が載り、軍隊に入るためポニーに乗って駆けつけたナバホ族インディアンの話が誇らしげに語られた。[155] 侵攻後も、解放された町でこうした宣伝活動は続き、解放者であるアメリカの美徳をたたえる映画が連合国軍により上映された。[156] こうしてフランス国民は、自分たちの占領者は最新の軍事力を誇るだけでなく、国民皆から愛される高潔な政府なのだと安心した。

ところが性的暴力は、上陸前のプロパガンダはもとより『スターズ・アンド・ストライプス』で入念につくられた「男らしいアメリカ兵」のイメージまでもが偽りだったことを示したのだ。性的暴行の恐怖はアメリカという国を、解放者から、征服によるお決まりの特権を享受する帝国主義国家に変えた。レイプ事件はまた、男らしいアメリカ兵を、ピカピカの鎧をまとった騎士から、女性を恐怖に陥れる加害者に変えた。そして最後に、こうした出来事は、アメリカによるいわゆるフランスの救出を、露骨な略奪や手に負えない暴力へと失墜させた。アメリカの政治的支配の拡大を市民に受容させようと用いた異性間の恋愛《ロマンス》のイメージも台無しになった。要するに、性的暴力の代償は計り知れず、なんとしても抑える必要があったのだ。レイプをマイノリティーの犯罪ということにすれば、政治的な影響を弱められるだろう。こうして白人アメリカ兵の容疑を晴らすことで、レイプがアメリカの権威を傷つける力は相殺された。黒人兵士を公開で絞首刑にすることで、性的暴力の問題が適切に対処されていることを市民に知らしめ安心させることができた。一九四五年の二月、連合国派遣軍最高司令部は、「黒人《ニグロ》部隊の不品行」が一部の地域ではまだ続いているが、全体としては「犯罪を犯した兵士に対する軍法会議の結果を広く公開することで、よりよい理解が得られている」といくらか誇らしげに報告した。[157]

ノルマンディーでの「内輪の話」

売春の場合と同じく、レイプに対する軍の対応も矛盾する方針を特徴としていた。ここでもやはり、世間の目に触れるかどうかが重要な問題となった。連合国派遣軍最高司令部の当座の目的は、レイプの容疑で黒人兵士が起訴されたことを、フランス市民になるべくはっきり見せることだったが、アメリカの一般市民に対しては、その反対を狙っていた。性労働と同様に、アフリカ系アメリカ人に軍法会議が下した処罰は、フランス人の目には見せるが、アメリカ人の目からは隠された。『ラ・プレス・シェルブルジョワーズ』が「警告」を発した一〇月の同じ週に、『サタデー・イヴニング・ポスト』はシェルブールの「復興」について楽天的な記事を掲載したが、アメリカ兵の性暴力については一言も触れなかった。[158]その翌年もフランスでのレイプの検挙は、アメリカ国民には一貫して秘密にしておかれた。この件で最も不可解なのは、黒人向けの出版物が沈黙していたことだ。血気盛んな『シカゴ・ディフェンダー』をはじめ多くの黒人向けの新聞が、戦争の大義のために支援を──したがって自己検閲をも──誓っていたが、黒人向けの新聞はイギリスや太平洋戦域での軍法会議の判決については非を鳴らしていた。[159]ところがフランスからは何の声も聞こえてこなかった。

その理由としては極端な検閲があったとしか考えられない。情報統制は陸軍省にとって日常茶飯事のことだったが、レイプ・ヒステリーに人種的要素が含まれている場合はなおさらだった。歴史家のジョージ・レーダーは、写真や映像における戦時の検閲では人種は「最も危険な火種」だと述べ、その理由は「何百万ものアメリカ人が、もっぱら人種間の関係への影響から政府のあらゆる措置を評価していた」からだとした[160]。検閲局の主な目的の一つは、敵に対して一丸となって戦うアメリカ国民像を描き出すことにあったので、検閲局はアメリカ軍基地での激しい衝突をはじめ、人種間の衝突を示すいかなる記事もその報道を制限した[161]。戦時の後方支援に反するプロパガンダに利用されかねない情報は、指針により一切その報道が禁止された。とくに重視されたのは、アメリカ人の人種的態度と戦争に勝利する目標の両立だった。また黒人の「急進的な傾向があるとされる」黒人の通信員は、ヨーロッパ戦域で記者証をもらえなかった。アメリカ兵が白人のイギリス人女性と踊っている写真も検閲を受けた[162]。フランスでのレイプの検挙を取り巻く公的な沈黙は、おそらくこうした規制の結果であり、この規制の目的は、銃後のアメリカ国民の団結を維持するために人種間の緊張を無きものとすることだった。

この沈黙によって、黒人指導者たちは軍の監視役を満足に果たすことも、人種優位主義を背景に人種分離された部隊で戦う戦争の矛盾を突くこともままならなくなった。侵攻前の数カ月、軍の司法関連の守秘義務は、陸軍省にとってますます徹底すべきものとなった。その理由は、多分に黒人社会における好戦的な行動にある。一九四四年の夏、連合国派遣軍最高司令部は、その軍法会議の手続きが世間の目にさらされたことで悪評を買い、すでにかなりのいら立ちを覚えていた。こうした手続きは、通常は軍の内部で秘密裏に行われ、報道規制されるのだが、一九四三年から四四年にかけての一連の有名な判決のせいで、この件を起訴した海外の法務総監室は窮地に立たされていた。その結果、フランスで起きていることを報じないようにいっそう圧力がかかったのだ。

その最初の事件は一九四三年の春、オーストラリア海岸沖のニューカレドニアで発生した。二人の黒人兵が白人の売春婦をレイプした容疑で終身刑を宣告された。[163]この事件が検閲の目をすり抜けられたのは、黒人指導者らが事件をかぎつけ、その起訴過程に法律上の問題点が複数あることを発見したからだ。[164]それから一年後、今度はイギリスでさらに大きなスキャンダルが起き、軍はいっそう窮地に立たされた。この事件はリロイ・ヘンリーという黒人兵が関与したもので、兵士は五月のある晩遅くにバースでイギリス人夫婦の家を訪れた。妻が玄関に出て、兵士と連れ立ち、おそらく野営地に戻る道を教えるために道路を下った。しばらく戻ってこなかったので、夫は妻を捜しに行った。すると道路脇で見つかった妻が、自分はレイプされたと訴えた。その後、レイプの罪で起訴され有罪となり、絞首刑による死刑判決を受けたヘンリーは、自分はもとからその女性を知っていて、以前に幾度か関係を持ったことがあると訴えていた。ヘンリーの主張によれば、その晩は違ったことが一つだけあったが、それは女性がいつもより高い金を請求してきたことだという。[165]

この事件はイギリスの新聞雑誌で白日の下にさらされ、それによりヘンリーの有罪判決は有名な訴訟《コーズ・セレブル》となった。[166]イギリスではアメリカ軍の司法手続きをメディアが攻撃しはじめ、市民はこの判決に反対して草の根の嘆願運動を行った。[167]とうとうニューヨークの全米黒人地位向上協会（NAACP）がヘンリーの嘆願に乗り出し、死刑の執行猶予にこぎつけた。黒人向けの出版物はヘンリーの件を広く報道し、軍法会議が黒人兵士を厳罰に処することでアメリカ当局への地元民の信頼を回復できるとした連合国派遣軍最高司令部の考えに異義を唱えた。むしろ懲罰的行動はアメリカの民主主義の一貫性を損なうものだと黒人向けの新聞は主張した。[168]

黒人向けの出版物は、イギリス人はもとよりアメリカの白人の感情にも働きかけた。戦争の初期に黒人指導者は、海外ではファシズムに、国内では人種差別に打ち勝つことを目指した「ダブルV（二重の勝利）」運動を提案した。戦争が始まると、ローズヴェルトはリンチ殺害に反対する政府権力の行使の機会を増やし、この私刑を行う者は国家の敵を幇助すると主張し、自らの措置を正当化した。一方ドイツのプロパガンダは私刑の事実をダシに使って、アメリカは少なくとも有色人種に対しては自由の価値を信じていないと主張した。[169] そしてアフリカ系アメリカ人は、敵のファシスト国家との戦争に勝利するという大義と、人種の分離を維持したいという願望との間に生じる厄介な矛盾を突いた。けれども、こうした努力はアメリカ人、とくに息子がドイツや日本で戦っている両親の耳には届きはしなかった。ただし戦争が長引くにつれて、白人男性と白人女性は、自分たちの息子が人種的優越性をそのイデオロギーの柱に据える、一つではなく二つの大国を撲滅するための犠牲になっていることに気づきはじめた。[170]

この文化的にはやや明るい兆しのもとで、黒人向けの出版物は人種差別のパターンを主張するために、おもな軍法会議の裁判に見られる類似点をまとめた。一九四四年の三月、『ザ・クライシス』誌はニューカレドニアの事件の被告について、「ただ黒人《ニグロ》というだけの理由で、じゅうぶんな弁護を受けられず、説得力のない証拠をもとに故郷から九〇〇〇マイルも離れた場所で有罪となり、過酷で理不尽な刑を言い渡された」と説明した。[171] これらの事件は、黒人が「黒人《ニグロ》男性と白人女性が関与する事件に対する典型的なアメリカ白人の態度に遭遇する」といかに「公正な裁判すら受けられない」かを示すよい例だった。[172] ヘンリーの事件もまた、「有色人男性によるレイプは、アメリカ軍の精神からすれば白人男性によるレイプとは異なる」ことを示していた。[173] 「『レイプ』の容疑をかけられた黒人《ニグロ》兵士は、どうやら軍法会議の場でだまされ身ぐるみはがされているかのようだ」と『ニューヨーク・アムステルダム・ニュース』でロイ・ウィルキンズは同意した。[174]『シカゴ・ディフェンダー』はこう考えた。「軍全体にどうやら染み付いている昔ながらの南部の偏見が、軍法会議の場に決まって顔を出し、黒人《ニグロ》兵士がその罪に釣り合わない罰を受けるのを見届けるのだ」[175]。「証拠は話にならないほどお粗末だった」と『ピッツバーグ・クーリエ』は社説で論じた。「被告が黒人で、判事と陪審員が白人のアメリカ人で、さらに女性が白人ならお決まりのことだが」[176]。こうして黒人向けの新聞雑誌は監視役を引き受け、レイプの容疑で黒人兵士に「濡《ぬ》れ衣《ぎぬ》を着せる」、いわゆる「スコッツボロ事件〔一九三一年にアラバマ州で起きた九人の黒人少年による二人の白人女性に対するレイプのえん罪事件〕」のパターンがないか目を光らせた。[177]

一九四四年の夏になると、連合国派遣軍最高司令部の広報部は、黒人向けの出版物が軍法会議についてどう思っているかをよく理解し、人種間の関係は如才なく扱うよう本部に進言した。[178]同じく厄介だったのは、全米黒人地位向上協会の会長ウォルター・ホワイトが、その数カ月前の一九四四年一月にイギリスを訪問したことだ。一九四三年にヘイスティ判事が怒りの抗議により陸軍省を辞めた後、同協会は軍の不正の報告に強い関心を寄せ、会長をイギリスに送りこんだ。柔和だが強靭な意志を持つ指導者ホワイトは、黒人社会で有力な人脈を持ち、一目置かれる存在だった。[179]陸軍省は彼をヨーロッパ戦域に案内する手配をしたが、これは訪問中にホワイトが黒人兵士とざっくばらんに話ができないようにするためだった。[180]だがホワイトはそう簡単にはだまされなかった。さまざまな妨害に遭いながらも、ホワイトはイギリスで起きていることの多くをどうにか知ることができた。[181]ツアーが終了すると、ホワイトはアイゼンハワーに多くの勧告を行った。そのうち最も重要なのは、黒人兵士の裁判を審議する目的で黒人と白人からなる公平な委員会を設立することだった。[182]「黒人《ニグロ》の兵士が軽犯罪により軍法会議にかけられ、有罪とされ、長期の禁固刑を言い渡される例に数えきれないほど遭遇した」とのちにホワイトは振り返っている。[183] 一九四五年にホワイトは著書『立ち上る風』を出版したが、これは彼の旅の勇気ある報告であり、軍法会議の手続きは「黒人兵士《ニグロ》の精神を破壊する」ために利用されていたと主張するものだった。[184]

ホワイトの訪問に対する軍の対応を見ると、フランスでレイプの検挙が相次いだ夏に、軍当局は人種差別に没頭しながらも、同時にこれを否定していたことがわかる。ホワイトは、一九四四年にイギリスを去ってまもなく、ヨーロッパ戦域の副司令官ジョン・リー将軍から手紙を受け取った。リーはホワイトの仕事を保護者然とした口調で褒め、「われわれが協力し合った」ときにこそ戦争に勝利できる、というアイゼンハワーの「指針とすべき哲学」について念を押し、ホワイトに対し、「貴殿が『チームの一員』であること――これは、わが国がこの戦争で男女問わず、すべての者に求めることではあるが」を証明するよう迫った。さらに、「ヨーロッパ戦域に黒人《ニグロ》問題はなく、アメリカ陸軍においてもこれまで黒人《ニグロ》問題など起きたことはない」と臆面もなく言い切った。[185] リーはこうして何とかこの問題を否定し、同時にホワイトにこの件について口を閉じておくよう要請した。ホワイトの『立ち上る風』が出版されるや、リーは法務総監室の大佐に目を通すよう命じた。大佐の反応は憤懣《ふんまん》やるかたない、といったものだった。ホワイトは「不誠実で無責任なジャーナリズム」の罪を犯した。彼の本は邪悪な信念をもとに書かれ、「非難されて当然」であり、「利益を得たいがための」もので、「白人将兵には有色人種の部隊に対する明確で悪意ある反感があること」を現に信じさせるものだが、「そんなことがないのは一目瞭然である」。とはいえ大佐は、公式な抗議は控えるようリーに進言したが、これはそんなことをすればさらに注目を集めるだけだ、という理由からだった。[186] 軍はまたもや否定と支配欲の岐路に立たされていた。「黒人《ニグロ》」問題があることを否定しつつ、この問題に注意が向くことを懸念してもいたのである。

一九四四年の夏にフランス人女性がレイプの被害を訴える以前から、連合国派遣軍最高司令部はその司法手続きについて抗議を受けていた。こうした批判への対応は、司法手続きの秘密を守るべくいっそう警戒を強める、というものだった。イギリス当局もアメリカ当局もどちらもレイプに関する後方連絡地帯の統計を報道機関に漏らすつもりはなかった。[187] フランスの黒人記者はどうやら何が起きていたかを知らなかったようだ。黒人向けの新聞はノルマンディーでの黒人兵士の英雄的貢献に注目していた。[188] 監視役であるはずの誰もが見張りの役目を果たしていなかったように見える。ヘイスティは陸軍省との連絡係の職を降り、ホワイトはイギリスの状況に頭がいっぱいだった。一九四四年の夏、この二人の間で交わされた書簡、そしてホワイトと委員会の間で交わされた書簡からは、たとえ全米黒人地位向上協会の指導者がフランスの状況を知っていたとしても、この件について話し合いは持たなかったことがうかがえる。[189] 死刑を宣告された兵士の家族でさえ、身内に迫る運命を知らされていなかった。一九四五年に一人の母親が、息子の判決と死刑執行をなぜ知らせてくれなかったのかと弁護士を雇って軍に問いただした。母親はそのために恩赦を嘆願する機会を奪われたのだ。[190]

事態が発覚するチャンスは七月に一度訪れた。軍のアフリカ系アメリカ人のうち最高位につくベンジャミン・O・デイヴィス准将が、ヨーロッパ戦域を訪問したい旨を表明したのだ。[191] けれども連合国派遣軍最高司令部の広報担当には、ウォルター・ホワイトのときの失態が頭にあった。ヨーロッパ滞在時のデイヴィスのすべての移動を計画した本部宛の覚書で、最高司令部の計画作成者は、他の場所ではほぼ否定されているヨーロッパ戦域での「黒人問題《ニグロ》」に言及した。この視察は報道機関の注目を集めるとわかっていたので、計画者は軍には「白人と有色人種の間に、軍の司法・居住・娯楽・任務の点で一切分け隔てはない」ように見せようと意気込んだ[192]。そして今回、最高司令部はどうやらデイヴィスに真実を知らせないでおくことに成功したようだ。というのも訪問の終わりに准将は、黒人記者のエドワード・トールズに対して「フランスにおけるアメリカ兵士の人種間の関係は、イギリスよりもはるかに良好だ」と保証したからだ[193]。

フランスでのレイプ事件のニュースはようやくアメリカの市民の耳にまで届いたが、それはこの国の悪名高き人種差別主義者でミシシッピ代表上院議員のジェイムズ・O・イーストランドの毒舌を介してのことだった。イーストランドは一九四五年の五月、上院軍事合同委員会のメンバーとしてドイツの破壊状況に関する統計をまとめるためにヨーロッパを回った[194]。そして帰国すると、軍需産業における人種平等を律する目的でローズヴェルトが設立した戦時の公正雇用慣行委員会（FEPC）を潰すための長演説による議事妨害に参加した。このとき、イーストランドは旅の発見を皆に伝えたが、そのなかに「黒人《ニグロ》」は戦線離脱者であり、「怠惰な」労働者だとする「アメリカ陸軍の数多《あまた》の高位の将軍」からの報告も含まれていた。そしてさらに悪いことに、この上院議員はフランスでの黒人兵士にまつわる、本人いわく「内輪の」話までも披露した。

ノルマンディーの侵攻中に、かなり多数の黒人《ニグロ》兵士を武装解除する必要があった。パリの高位の将軍から確かに聞いた話だ。黒人《ニグロ》兵士は農家に出向くと、ドイツ人を捜すかのように「ドイツ野郎《ボーシュ》！ドイツ野郎《ボーシュ》！」と叫び、家のなかにいた男たちを全員庭に出し、銃を突きつけ、その間になかに入ってその家の女たちを暴行した……ノルマンディーの小さな半島で、上陸当日から今年の五月までに暴行事件が三三件発生し、そのうち二六件が黒人《ニグロ》、七件が白人によるものだった……連中はわが軍の一二分の一しかいないというのに、半数以上もの犯罪を犯していたのだ。[195]

この統計は正確なものではなかったが、それでもイーストランドの告発は、一九四四年の夏の性的暴行に関する連合国派遣軍最高司令部の覚書を踏襲したものだった。彼の発言には真実が一つ含まれていた。すなわちフランスでのレイプはいまだに高位の将校たちの間で夕食時の話題にのぼっていた、ということだ。[196] 大規模な徴兵時代の後に、昔ながらの軍隊の暗黙の忠誠とうわさ話によるネットワークが再び顔をもたげていた。レイプの告発が「内輪の話」であり続ける限り、高官らはそれを相変わらず自分たちに都合の良いように——すなわち黒人の堕落を示す証拠として——解釈することができた。

イーストランドの発言は大手の新聞雑誌に取り上げられて物議をかもし、何より軍隊にとっては厄介なことになった。[197] 上院議員はパリの「高位の将軍」について名前を明かしていなかったが、陸軍省はイーストランドが触れた事件については「まったく知らず」、黒人部隊を「誇りに思っている」という声明を出した。[198] 最高司令部はノルマンディーのレイプに関するイーストランドの発言には「ノーコメント」だったが、ノルマンディーで黒人《ニグロ》は戦闘部隊に配属されたことはない、とだけは断った。[199] 黒人社会が最も怒りの声をあげたのはレイプの件ではなく、イーストランドがヨーロッパ戦域での黒人部隊の働きをけなしたことだった。[200] 黒人の編集者たちは上院議員を「たわけたことを言うミシシッピ人」とか、「多くのアメリカ人が疑うに違いないあまりに醜悪な嘘をでっちあげた」まさに「ゲッベルス〔ナチスドイツの宣伝相〕」と呼んだ。[201] 黒人のジャーナリストや指導者はイーストランドの「内輪の話」を、ノルマンディーからの苦悩の合図と受け止めるかわりに、その使者ゆえに許し難い話だと一蹴したのだ。

パリの孤児

イーストランドが暴露したことの意味を黒人社会が見抜けなかった原因は、ほかにもある。敬意と親愛の情が判断の目を曇らせたのだ。フランス、とくにパリは第一次世界大戦以来、黒人にとっての「安全地帯」だった。当時、たくさんのアフリカ系アメリカ人がフランスの海岸に初めて足を踏み入れた。歴史家のエイドリアン・レンツ＝スミスが言うように、当時の黒人兵士は、フランス市民が肌の色による差別など知らず、したがって自分たちを故郷では経験のない敬意を持って扱ってくれるはずだという思いにすがっていた。「理想郷《ユートピア》のごときフランスは、合衆国がアフリカ系アメリカ人から奪ったあらゆるものを、心情的かつ漠然と表すようになった」[202]。戦後、とりわけパリは黒人の音楽家や芸術家、作家を引き寄せた[203]。一九四四年の夏、黒人兵士はノルマンディーを目指して海峡を渡ることを、自分たちが受け入れられ認められる土地への航海だととらえた。だからこそ、レイプの告発により、多くの者は――フランスはもとより本国でも――不意を突かれた形になったのだ。

アフリカ系アメリカ人はフランス人と特別な関係にあると信じていたので、彼らにとってパリの解放は無上の喜びとなった。ニューヨークは、この光の都《パリ》を先に満喫したラングストン・ヒューズ〔ハーレム・ルネッサンスの指導者とも言われた黒人作家〕やフレディ・ワシントン〔ハーレム・ルネッサンス期に活躍した黒人の映画女優〕、エドナ・トーマス〔黒人の映画女優。黒人俳優組合をつくった〕、そのほか多くの黒人の作家、芸術家、音楽家の拠点であったため、解放はハーレムでも祝福された。連合国軍の部隊が解放されたパリに入るや、『ニューヨーク・アムステルダム・ニュース』のエイブ・ヒルはこう宣言した。「かつてパリに暮らしたり訪ねたりしたことのある人びとはフランス語の復習を始めた。このフランスの首都に再び戻れるやもしれぬと思い希望や喜びがとめどなく沸いてきた」。ヒルが推測するに、食べ物やワインはもちろんだが、それ以上に「フランスには、彼らが愛さずにはおれない真の人種平等の感覚が隅々まで広がっているからだ。パリの社会では、ある人の立場は、その人物の個性のみに根差し、人種は副次的なものにすぎない。偏見を持ったフランス人にはめったにお目にかからない」。ヒルは、ヒューズのような黒人芸術家を「パリの孤児」とか「フランスの自由」からの「避難民」と呼んだ。[204]

解放をこの点から見ると、フランス人女性のキスはロマンスや救出よりはるかに大きな意味を持ったのだ。そのうえキスは十全たる男らしさを請け負ってくれるものでもあった。[205]「GIジョディ（黒人アメリカ兵はこう呼ばれることもある）がこれほど偉大な英雄になったことなどいまだかつてなかった」と『ニューヨーク・アムステルダム・ニュース』は誇らしげに述べた。[206]「日焼けした米国人《ヤンク》」がパリの町に入ってくると、「パリの美女たち」はその白い肌を粉おしろいで黒ずませ、ズート服〔長い上着に裾でくくっただぶだぶのズボン〕を身にまとったとうわさが立った。フランスの若者たちは「アメリカの有色人種のスタイルをまねてズート服を着てジルバを踊った」と『リッチモンド・アフリカン・アメリカン』は報じた。[207]モンマルトルでは、ナチスの禁止していたスイング・ミュージックに合わせてパリが再び踊っていたと、黒人記者エドワード・トールズは報じた。「これほど気さくで気心が知れて誠実な人びとは、どこにもいない[208]」。「パリィーはまさに絵で見た通りだった」。黒人軍曹のペイトン・グレイはこう記した。「美しい女性、まさに本物の美人が山ほどいて、ひらひらした薄手のドレスを身にまとい、とりわけ穏やかな春の風に吹かれ自転車に乗っている姿といったら。もちろん、私たちはみんないっせいに左から右、右から左へと首を振り子のように振っていた」[209]。パリは黒人男性に、禁じられたエロティックな世界への扉を開ける鍵をくれた。この鍵はさらに男らしさや平等、そして権力への扉をも開けるものだった。アフリカ系アメリカ人はまさにフランスに対し心情的に——そして大いに政治的に——傾倒していたため、この思いを手放すことは容易ではなかった。だからこそ、ノルマンディーに関するイーストランドの発言で、長らくくすぶっていた懸念が一気に噴出することもなかったのだ。その一年後でさえ『シカゴ・ディフェンダー』は、「日焼けした米国人《ヤンク》」に対し、「老いも若きもフランスの人びとは、合衆国内ではめったにあずかれない寛容で友好的な対応をしてくれた」と相変わらず報じていた[210]。ルーアンの記者は、「黒人《ニグロ》兵士たちがフランス人の女の子たちと肩を抱き合いながら通りを歩いている」のを見かけたと報じている[211]。問題が起きるとしたら、その原因はアメリカ軍の憲兵にあった。憲兵らはこうした兵士を逮捕し、ノルマンディーの住民に人種分離を教えることで、住民を「アメリカ化」した[212]。『シカゴ・ディフェンダー』は、人種間の態度が悪化したとすれば、それは黒人兵士ではなく白人兵士のせいだと主張した。「フランスの誇る偉大なる伝統は、無教養なアメリカ人の邪悪な影響により堕落を許すようなものではない[213]」。アメリカ白人がその黒人差別の流儀をフランスに持ち込んだことは間違いない。けれども次章で見ていくように、フランスの人種的態度もまた、黒人向けの出版物が考えるよりはるかに複雑なものだった。

8 田園の黒い恐怖

一九四四年の一〇月、ノルマンディーの地元紙『ラ・プレス・シェルブルジョワーズ』の一面に「きわめて重大な警告」が掲載された。これは「略奪やレイプ、殺人」といった「暴力的で残忍な場面」がフランスの地方を「荒廃させている」ことについて、男女問わず市民に警鐘を鳴らすものだった。「安全な場所はどこにもない――通りも、また家のなかでさえ安心できない。きわめて現実的な脅威がわれわれの家庭を徐々に恐怖に陥れている」[1]。「きわめて重大な警告」は、この新聞の普段の格式高い論調と慎重な中立姿勢からすると、奇妙なまでに異例のことだった。明らかに深刻な事態であり、特別な対策が求められていたのだ。確かに事態は深刻だった。シェルブールの編集者は、ノルマンディーの女性による多数のレイプの訴えを取り上げていた。この警告は、一九四四年から四五年にかけてアメリカ軍が駐留した間に、ノルマンディー一帯に広まった恐怖とパニックを象徴するものだった[2]。

黒人兵士によるレイプの話やうわさは数知れず、村から村へと伝わっていた。「安全な場所はどこにもない」ことや「きわめて現実的な脅威」が田園に忍び寄っているといった感覚が、アメリカ軍の駐留期間を通して北フランスに広がっていた。あるノルマンディーの市民は一一月にこう綴っている。「ル・アーヴルの住民は、港を完成させるために送り込まれたアメリカ人たちを、黒人白人を問わず怖がっている。連中は女や子ども、男たちを追い回している」[3]。また同じ月にル・アーヴルの市長ピエール・ヴォワザンは、この町の住民が「すっかり怯えきっている」とアメリカ軍当局に書き送った[4]。さらに西ではバイユーの貴族トレネル侯爵が、黒人兵士に追われた一人の女性が「恐怖におののきながら」自宅に駆け込んできた一件を報告した。トレネルはとくにアメリカ人兵士をやり玉にあげた。「ここにイギリス兵やカナダ兵しかいなかったときは、その礼儀正しさにひたすら感服したものだ。ところがアメリカ軍がこの地にやって来てからというもの、女性も少女も、この一帯を恐怖に陥れる連中の餌食になった」[5]。続いてカーンの警察署長もこう報じた。「おもに黒人兵からなるアメリカ軍部隊がこの地域の脅威になった」[6]。知事もまた、レイプの一件が起きた後、人々が「黒人兵に対してはた目にもわかるほどの恐怖」を示していると述べた。近隣のメジドンでは「黒人《ニグロ》兵士が頻繁に女性を追いかけ、住民がひどく怖がっている」と知事が公表した[7]。シェルブールでは、兵士たちに言い寄られて「怖くて震え上がった」と女性たちが訴えた[8]。少なくともル・アーヴルではこうした恐怖が、一九四五年になり、アメリカ兵がヨーロッパ戦域から撤退するため再度ノルマンディーを大挙して通過したときまで続いた。その年の夏が終わる頃になっても、いまだにル・アーヴルの市長は、女性たちが「毎日のように襲われ、恐怖に震えて」おり、これは「制服を着た盗賊による」まさに「恐怖政治」だと訴える、市民からの怒りの手紙を多数受け取っていた[9]。

この時期にノルマンディーを襲ったパニックを、どう説明し得るだろうか？　なぜフランス人は、前章で見てきたような、アフリカ系アメリカ人兵士に対するレイプの告発の急増に一役買ったのか？　なぜイギリス人と違ってフランス人は、お粗末な証拠から黒人兵が有罪になっても抗議しなかったのか？　レイプ事件についてのフランス人の独善性は、おもに人種的偏見から説明できる。アフリカ系アメリカ人の間では人種に寛容と評判のフランス人だったが、西アフリカ植民地の現地住民とのかかわりから身に付けた、根深い人種差別的な感覚をひそかに持っている者も多かった。そして一九四四年、喪失や悲嘆、恐怖がこの人種差別的な態度をいっそう強めた。けれども人種差別だけではこのレイプの告発をじゅうぶんには説明し得ない。それに加えて、怒りや不満、恥辱といった戦後のフランス人の数多《あまた》ある感情が、「レイピストの黒人アメリカ兵」へと投影された。一九四四年の「恐怖」を正しく理解するには、これが政治の過渡期に起きた点を考慮しなければならない。この時期、フランス人の生活を合衆国はますます支配するようになっていた。

一九四四年の大恐怖

レイプの告発はうわさの形でノルマンディーに広まった。一九四四年の夏を通して、実にさまざまなことについてうわさが流れた。なかにはドイツ人にまつわるうわさもあった。たとえばヒットラーが殺害されたとか、ナチスの親衛隊が連合国軍の前線の背後にパラシュート降下してきたとか。[10] 故郷から遠く離れた避難民は、自分の村が破壊されたといった恐ろしいうわさを耳にすることも多かった。[11] ノルマンディーの人びとがうわさに飛びついたのは、今起きていることについて信頼できる情報を一切得られなかったからだ。フランスの新聞がほとんど機能していなかった六月から七月にかけて、ノルマンディーの住民にはニュースがまったくと言っていいほど入らなかった。地域によってはラジオカーが町の中心で最新情報を流すこともあった。[12]だがもっぱらノルマンディーの住民が戦況を知るには、フランス語を話せるアメリカ兵がときたま来るのを待つほかなかった。[13]

住民が何より知りたがったのは、戦争で被害を受けた家族や友人の安否だった。この夏の間じゅう、『ラ・プレス・シェルブルジョワーズ』には、行方不明の家族の情報を求めるいっそう切実な訴えが掲載された。[14]八月中旬になってもまだ、サン・ローの南西部の民事官はこう報じている。「住民はニュースに飢えていた。侵攻以来、うわさだけを頼りに暮らしてきたのだ」[15]。うわさは口づてに広がり、次第に大げさになり、歪められ、いったい何が真実なのか誰にもわからなくなった。[16]ジャック・プティは日記に不満を吐き出した。「いったい何を信じろというのか？……うそと真実を見分けるすべがないのだ」[17]。

ただでさえ情報がないうえ恐怖までが加わるなか、うわさはいっそう勢いを得た。何か混乱する事態が生じても、うわさをもとに一定の法則を当てはめれば、事態を把握できているという錯覚が得られた。皮肉なことにうわさは不安を広めもすれば、また和らげもする。たとえ間違った情報でも、もっと最悪の事態を知ることで、恐ろしい状況にもいくらか対処できる気がしてくる。[18]連合国派遣軍最高司令部の情報部によれば、ノルマンディーの住民は「大のうわさ好き」だった。[19]とりわけレイプのうわさはこの地域を駆けめぐった。たとえばサン・ローでは、ドイツ人が二〇歳の女性二人を連行し、繰り返しレイプして家に送り返したと住民は信じていた。[20]コタンタン半島沿いで何度も浮上したうわさはドヌヴィルの神父にまつわるもので、神父は「女性の気を強引に引こうとした」兵士を止めようとして銃で撃たれたという。[21]このうわさはすぐにバルヌヴィルからさらに東に届き、黒人部隊の到着を住民が懸念することにつながった。

「この地域全体で、アメリカの白人および有色人の部隊によるレイプのうわさが広がっている」と最高司令部は報告した。[22] レイプ事件を起訴した法務総監室とは違って、情報部はうわさの信憑性への疑心を示し、情報提供者の信頼性にお墨つきを与える必要をときに感じていた。「情報提供者には、聖職者といった良識ある信頼できる人物が含まれる」といったように。[23]

フランスの田園でうわさが立つのは、これが初めてではなかった。一七八九年の七月、パリは革命の興奮の真っただ中にあり、フランスじゅうの農村部はうわさにあおられ集団ヒステリーに陥った。革命がもたらした大変動に恐れをなし、農民たちは貴族に雇われた強盗が自分たちの村で穀物を盗み、乱暴を働くといったうわさを広めた。[24] ヒステリーそのものも恐怖という言葉で語られ、大恐怖《ラ・グランド・ポール》またはパニック恐怖《ラ・テルール・パニク》と呼ばれるようになった。[25] 一七八九年の大恐怖と一九四四年のレイプ・ヒステリーのように異なる現象を比べることにはリスクもあるが、時代をさかのぼった視点からこのレイプの告発をとらえることはその理解を助けるだろう。とりわけ、この二つを比較すると、一九四四年の現象が圧倒的に地方特有のものだったことがわかる。一九四四年の夏から秋にかけて、パリ地域の警察の報告によれば、アメリカ兵はこの「光の都」で派手なけんかや盗みはしても、レイピストとしてやり玉には上がってはいなかった。[26] また一九四四年の九月、第一軍および第三軍の兵士によるレイプはパリで一件も報告されていない。[27]

一九四四年のレイプ・ヒステリーが都市部の現象でないことからすると、（一七八九年にも一九四四年にも）フランスの農村でとくに恐怖が社会に伝染したといった考えに説得力が増す。レイプの告発はもっぱら黒人兵士に対してのものだったが、こうした告発はフランスでのアフリカ系アメリカ人の一風変わった歴史からも説明がつく。フランスは二〇世紀前半に人種寛容のオアシスとたたえられていたが、この偏見のない安息の地はパリに限られていたことを歴史家は明らかにしている。たとえばブレット・バーリナーの主張によれば、この寛容な態度とは、一九二〇年代にパリに来た二〇〇〇人足らずのアフリカ系アメリカ人が受けた歓迎をもとにつくり上げられた神話だという。[28]

アフリカ系アメリカ人に対する一般のフランス人の見方は、もっぱらアフリカ人に対する認識から生まれたもので、アフリカ人は野蛮で暴力を振るいやすく、性欲が過剰だと信じられていた。[29]第一次世界大戦時にアフリカ系アメリカ人の兵士たちが初めてフランスに到着するや、人びとはこのアフリカ人に対する偏見をそっくりそのままこの兵士たちに当てはめた。[30]市民はフランスで戦う第九二師団の黒人兵士について教えを受けたが、その内容は、女性に対する彼らの「性欲」や、「抑えの利かない」その性的衝動についてだった。要するに、黒人の男は誰もが「レイピストの可能性がある」と教わったのだ。[31]一九二〇年代から三〇年代にかけてアフリカ系アメリカ人は、パリの外ではせいぜい異色の存在にすぎなかった。シェルブールやル・アーヴルのような大規模な港湾都市に暮らす人びとは、非ヨーロッパ系の人間をいくらか目にする機会があったが、北フランスのその他の場所ではいずこもアフリカ系アメリカ人と遭遇するのは大事件だった。田舎の住民は彼らを初めて見る者がほとんどだった。[32]

都会の人びとはアフリカ系アメリカ人に慣れていたが農村の人びとはまったく無知だったという違いがレイプ・ヒステリーがパリではなく地方の現象だった理由の説明になるだろう。人種にまつわる無知はノルマンディーの住民にあまねく広がっていた。ノルマンディーで当時子どもだったイヴ・ブーディエは、黒人兵士に触ったときにびっくりしたことを覚えている。「そのあと手は汚れなかった」[33]。『アーヴ・レクレール』の記者は、タレイトン基地の黒人兵士についてこう表現した。「えたいが知れず、小枝のたき火を囲んで座り、おそらく知っているはずの荒涼とした草原を夢見ている」[34]。生粋のノルマンディー男性のダニエル・フィリップは、「黒い顔に白い歯を見せて大喜びする」男たちを見て、「あんまり驚いて、言葉もなく恐怖で立ちすくんだ」[35]。「この哀れな者たちを怖がるのも無理はないが」と別のノルマンディーの住人は最高司令部の情報部に語った。「それでも連中は気さくで分別もある」[36]。

アメリカ人によって黒く汚れた

北フランスの市民は駐留するアメリカ人との共存に苦労していたため、人種にまつわる無知は不信や恐怖へと発展した[37]。「この土地はアメリカの有色人兵によって黒く汚れた」とノルマンディーの市民は軍の情報部に語った。「有色人の憲兵がいても連中は平気で窃盗やレイプ、暴行を働き、憲兵のほうもおかまいなしに不良どもと酒盛りをしている」[38]。シェルブールの市民はアメリカ軍にこう訴えた。「ここに上陸してきた侵攻部隊……なかでもとりわけ黒人《ニグロ》たちは、酒が入れば獣《けもの》よりもたちが悪い」[39]。マルセル・アムラトーが覚えているのは、アメリカ兵がヤギをレイプしたことにショックを受けた隣人が、それをしたのが「黒人兵ですら」なかったことに啞然としていたことだ。アムラトーからすれば、当時のノルマンディーに吹き荒れた恐ろしい人種差別は嘆かわしかった。「部隊が何か悪いことをしたらすべて彼ら（黒人兵）のせいにされた」[40]。一九四四年の八月になると、アフリカ系アメリカ人兵に対する恐怖はノルマンディー一帯に広まった。ル・パの小さな村でグルダン一家は、黒人兵士がリンゴ酒を求めて立ち寄った後に、玄関のドアをバリケードで塞いだ[41]。「誰もが黒人を恐れていた」とベルネスクのマルグリット・ギドンは回想する。「姿が見えたら、回れ右をして逃げたものです！」[42]。

こうした空気のなかでうわさはスピードも威力も増した。「黒人《ニグロ》はこっちに来ても野蛮人にかわりない」とル・カトーから来た市民が息巻いた。「連中は少女を七人も、しかも七歳の子どもまでレイプしたのだ」[43]。こうしたうわさはその後、東のヴァランシエンヌまで広がり、そこでは別の市民がこう報告した。一六人の黒人兵士が「昨日若い女の子をレイプし、その娘は亡くなった。やつらこそ本物の獣《けだもの》だ」[44]。「白人部隊の評判はまずまずだが」とカニー・バルヴィルのある警察官は記した。「黒人兵は女たちを粗末に扱い、節操のないことで有名で、住民から忌み嫌われている」[45]。黒人兵士は歩兵ではなく戦務部隊に配属されるから、兵士のようには見えなかったのかもしれない。「ここにはもう兵士はいない。いるのは近隣を脅かす数人の黒人《ニグロ》だけだ」と、一九四五年四月にある市民は語った[46]。

政府当局のなかでは、北アフリカ人とアフリカ系アメリカ人の両部隊の存在に警戒の声があがった[47]。カルヴァドスの知事の発表によれば、一人の黒人兵士が女性を斧で滅多切りにし、「羞恥心のかけらもなく」死体をレイプした[48]。当局は、黒人兵は誰もがレイピストで、その逆もしかりと決めつけるようになった。あるノルマンディーの警察署長は知事にこう報告した。連合国軍の行動は「おおむね品行方正なものですが、ただしアメリカの黒人だけは別です」。けれども当人の管轄区域内の性的暴行の記録によれば、被告はむしろイギリス人か白人か、もしくは人種を特定できなかった[49]。別の警察官はル・アーヴルの市長ピエール・ヴォワザンに、町のある地区の暴行事件を調査した旨を報告した。市民から届いた嘆願書によれば、暴行は近くの「アメリカ軍基地」のせいだとされた。ただし市長への書簡で警察官は、この問題に対する独自の見解を述べた。それは「黒人兵士《ニグロ》が近くのキャンプに宿営していた」というものだった[50]。こうしてアメリカの問題はまたも黒人の問題になった。

この人種的敵意を理解するには、一九四四年から四五年にかけてノルマンディーやブルターニュで暮らすことがいかに恐ろしいことだったかを思い出さなくてはならない。北フランス全体で住民は人種差別主義的な見方をしていたものの、一九四四年の夏、この二つの地域をのぞいてレイプの波は生じなかった。一九四五年の春から夏にかけてアメリカ兵のために大規模な基地が建てられたランスでさえ、レイプは深刻な問題にならなかった[51]。ル・アーヴルで一九四五年の夏に起きたレイプの告発は、その前年ほど激しくはなかった。ノルマンディーとブルターニュでレイプの告発があった場所にとくに法則性はなかったが、圧倒的に農村部で起きていたことは確かだ[52]。レイプ・ヒステリーの起源を探るには、この二つの地方が戦闘のさなかにどんな状況をともに経験したのかに注目する必要がある。

両地方に共通していたのは、戦地で暮らす恐怖を味わったことだった。侵攻から数カ月のうちに爆撃や戦闘により二〇〇万人もの市民が家を失っていた。前述の通り、ノルマンディーの破壊状況はとくにひどかった。爆撃が一週間も続いたカーンでは、町の四分の三が破壊され、住民の多くが犠牲になった。サン・ローもまた廃墟と化し、ヴィール、クータンス、リジュー、ファレーズ、アヴランシュ、アルジャンタン、ドンフロン、アランソンも同じだった。ル・アーヴルはフランス全土で最も破壊された町、というありがたくない名誉を授かり、建物の八五パーセントが破壊され、八万人が家を失った。ブルターニュの町サン・マロとブレストもかなりの被害を受けた。フランスの牧草地は大量殺戮の場と化し、死んだ牛やそのほかの家畜、さらには兵士や市民の死体が散乱した。そして最初はドイツ人、それから次にアメリカ人がこの地にはびこり、住民から身の回りの必需品を奪うとともに精神的な苦痛をもたらした[53]。

解放は密の味がしたが、その後に起こったことで市民の生活はさらに混乱に陥った。「この地域全体が激変したのです」とジョルジュ・ゲルニエ夫人は回想した。[54] 戦争による破壊の結果、よそ者の避難民が村という村になだれ込んだ。一七八九年の浮浪者たちは道を塞いで混乱状態を招いたが、一九四四年の避難民もまた村の生活をかき乱すよそ者だった。その規模は一八世紀には想像さえできないものだった。敵への協力者やドイツ人のスパイもアメリカ兵の軍服をまとって、まだこの地に残っているとうわさされた。[55] そして何より忘れてならないのは、アメリカ軍が入ってきて、大量の財産を徴用し、部隊や物資の移動のために道路を占拠したことだ。[56]

ノルマンディーの住民にとって、アメリカ人は新たな侵入者にすぎなかった。とりわけシェルブールやル・アーヴルの町は迷惑を被った。「ル・アーヴルは文字通り侵攻されたのだ」と当時青年だったロジェ・イリキンは回想する。「ドアからのぞくと決まってジープやダッジ〔米国クライスラー社のトラック〕が行き交い、何百人もの兵士が歩き回っていた」。[57]『アーヴ・レクレール』は、共存による「緊張と不便さ」のせいでル・アーヴル市民のアメリカ人への態度はぎすぎすしたものになった、と報じた。[58] 一九四四年の夏にシェルブールに帰郷した避難民の目に、町はこう映った。「まったく変わってしまった。驚いたのは、同じ通りが今では照明で明るく輝き、アメリカ軍の兵士たちでごった返していることだ」。[59]「殺戮された町、シェルブール」とアンリ・ダブリンは戦時の日記に綴った。「移動しているのはアメリカの物資だけだ。どこに行っても憲兵が何もかも管理し、一切の交通を仕切っている。途切れなく陸揚げされる車両の流れを遅らせることは何があっても許されない……歩道や歩行者のための通路さえまったくない」。[60] 巨大な戦車やその他の車両を市内に通すため、アメリカ軍は建物を取り壊し、道を広げなくてはならなかった。[61] 自分たちの必要に応じて町を文字通りつくりかえたのだ。

この第二の「侵攻」は、さらに人種的な無知を恐怖に変容させた。アフリカ系アメリカ人兵士は二重の意味で脅威となった。単に外国人というだけではない。彼らは白人が圧倒的多数の村に入ることで、人種の境界を踏み越えたのだ。バイユーでは売春を行った女性を住民が罵倒したが、その理由は夫がドイツの収容所に入っていることだけでなく、相手が黒人兵士だったからだ。[62] サン・ローでアフリカ系アメリカ人兵士を相手に商売をしていた売春婦の近隣住民は、黒人男性を自分たちの家の界隈に連れ込む者がいることに憤慨した。[63] 黒人兵士は、アメリカの「侵攻」に伴う悪いこと一切を象徴するようになった。そして、この長く暑い日々に恐ろしいほど情報を遮断されたなか、市民は自分たちの生活を脅かすものが何かを理解するのにうわさを頼りにするほかなかった。「レイピストの黒人兵」はうわさから生まれ、一帯の共同幻想になった。暴力のかどで黒人アメリカ兵を告発することは、市民に事態を収拾できているという錯覚を与えた。アフリカ系アメリカ人は偏見の対象であるだけでなく、戦争の恐怖、さらには軍の占領の緊張にまつわる市民の不安の投影先になっていたのだ。

黒い脅威《ブラック・ペリル》の再来

レイプの告発が人種差別的であったことに疑いの余地はないが、人種とは一切関係のない不安のはけ口や表明にも用いられた。レイプの告発を人種差別だけで説明するのはじゅうぶんではないが、その理由はうわさの力学が働いているからというだけでなく、レイプという犯罪が顕著に性的な性質を持つからだ。レイプにはフランスでも合衆国でも複雑な歴史があり、両国でレイプは何百年もの間、白人による植民地支配を維持する機能を果たしてきた。リンチによる殺害はフランスの本国でも植民地でも一般的ではなかったが、フランスの帝国主義者はアメリカの人種差別主義者と同様、黒人の性行動を白人の政治権力への挑戦と見なす幻想を抱いていた。一九四四年の夏に、市民がこの植民地的幻想をアフリカ系アメリカ人兵士に投影したことが、レイプの告発につながったのだ。

　前述のように、アメリカ人と同様にフランス人もまた、有色人男性は、とくに白人女性に対して過度の性的欲望を持つと考えていた。北アフリカ人が白人女性を性的に所有しようとすることは、白人による植民地支配に対する真っ向からの挑戦と見なされた。フランツ・ファノンがこう表現したのはよく知られている。「私の手がいたるところ愛撫する白人の胸の中で、私がみずからのものとするのは、白人の文明であり、白人の尊厳である」[64]。植民地社会で黒人男性が白人女性をレイプしたといううわさは、フランス政府への挑戦の指標であり、また植民地支配が危機を迎える間にピークに達することが多かった。フランスの帝国主義者は被植民地の男性が白人女性を欲しがるという幻想――これを帝国主義者らは「黒い脅威《ブラック・ペリル》」と呼んだ――を抱いていたので、被植民地の男性を厳しく弾圧することは正当であると考えた[65]。けれども両大戦の期間、アフリカ西部と北部の兵士たちがフランス本国で戦っているさなかに、被植民地の男性を抑圧することはいっそう難しくなった。この兵士たちのなかで最も有名なのはセネガル歩兵《ティラユール・セネガレ》で、もとは奴隷の軍隊だったものが、一九一四年にはアフリカの徴集軍の主力になった[66]。一九四〇年には約七万五〇〇〇人の植民地部隊がフランス本国でドイツ軍を相手に戦った。けれども敗北に転じると、兵士たちは大半が上官から置き去りにされた。何千人もの兵士がドイツ軍に虐殺され、一部の者はドイツの捕虜収容所の悲惨な状況のなか、あるいは帰郷の列車を待つ乗り継ぎ駅で息絶えた[67]。

　両大戦でフランス陸軍が何よりも重視したのは、植民地部隊をフランス本国の国民から隔離しておくことだった。アメリカの人種隔離政策にフランス市民はときおり驚きを見せたが、実際には彼らも自国の軍隊における人種間の緊張はいくらか経験済みだった。軍当局は非白人の部隊には非白人女性のみが働く特別の売春宿を付属させることを主張した。この措置は「ちゃんとした」白人女性のレイプを防ぐ最善の策だと信じられた[68]。一九四〇年四月、フランス陸軍は、北アフリカでの白人女性のレイプのほとんどは、先の大戦で本国の白人女性と交際していた黒人男性によるものだとする文書を回覧した[69]。フランス人の将校たちは、非白人部隊に白人の売春婦をあてがうことに難色を示した。その理由は、ある将校の言葉を借りれば、「白人女性を性的に所有し、ましてや卑猥な商品のように女性に金を払うことで、（有色人男性が）力関係を逆転させ、自分たちのやり方で歴史を書き換えるのを許すことになる」からだ[70]。黒人男性と白人女性のセックスは帝国主義的支配を侵蝕しかねない、と将校らが懸念したことからも、白人の優位性の維持にいかにセックスが重要な意味を持つかがうかがえる。

この権力の力学を頭に入れて一九四四年のレイプの告発に再び目を向けると、この告発は、フランス人男性による戦時のジェンダー・ダメージへの対処の一環だとわかる。一九四四年の夏、フランス当局はその男らしさと、その大国としての地位を奪還しようと奮闘していた。そうしたなかで、レイプは一九四〇年の敗北とドイツによる占領を、屈辱とともに想起させるものになった[71]。レイプされた女性の身体は、フランスの男性が自分たちの女性を外敵から守れなかったことを象徴していた。白人女性の身体の所有を黒人が主張することは、フランスが性的特権を失っただけでなく、その政治的立場までもが下落したことを表した。

衰退の兆しは一九四四年の夏、至る所に現れた[72]。アメリカ軍が侵入し、大量の財産を徴用し、市営の建物に自国の旗を掲げた[73]。アメリカ軍情報部による報告から、フランスの国家としての弱さをノルマンディーの人びとがいかに懸念していたかが見てとれる。アメリカによる爆撃は「フランスを破壊し、アメリカの植民地にするために」行われているのだと信じられた[74]。カーンの警察署長によれば、「大国の経済帝国主義」は地元民にとって、とくに心配の種になった[75]。別の警察官はこう報じた。「連合国軍の明白なる権力に対抗して、強力なフランス陸軍を迅速に創設することで、フランスは威信ある大国の立場を奪還しなければならない、と市民は感じている[76]」。サン・ローの南のアムビエで住民に聞き取り調査をした情報官は、フランスの運命に人々はかなり大きな不安を抱えていると報告した。「フランスの未来はどうなるのか？」と肉屋の主人ネルは尋ねた。「連合国軍はフランスに植民地をそのまま持たせてくれるだろうか？　わが国にはもはや力がなく、自国を守ることもできないのだ[77]」。こうした不安を抱いていたのはノルマンディーの住民だけではない。たとえばマルヌでは次のような不安が広まっていた。「アメリカが戦争に勝ちたいのは、単に戦いが終わった後に連中の経済の法則を押し付けるためだ[78]」。

フランスの将来に関する懸念は黒人部隊にまつわる恐怖と入り交じっていることもよくあった。この二つの不安は一見関連がなさそうに見えるが、警察の報告ではよく並んで見受けられた。たとえば一九四四年の九月、ある警官の記載によれば、市民は「フランスが、その歴史から、そして共通の大義のために計り知れない犠牲を払ったことから当然与えられるべき立場に就くことを、連合国軍が拒否したと知って心を痛めている」。そしてさらにこう非難した。「黒人兵には重大な暴行事件の責任があり、とくにレイプ事件が数件起きたノルマンディーではなおさらのことだ」。なぜ警官はこうした嘆きを綴った後に、続いてレイプのかどで黒人兵を非難したのか？

その数カ月後、フランス当局の情報部がカーンで作成した報告書には、この問いに対する答えが載っていた。知事に宛てた書簡で情報官は、アメリカが「フランスを二流国家、大国の単なる属国」にすべく尽力していると説明した。ノルマンディーの人々がそう思うのは、近くに駐留するアメリカ軍の「有色人」部隊に住民がひどい目に遭わされたからである、と情報官は主張した[79]。この情報官にとって、黒人兵士によるレイプは「大国の単なる属国」としてのフランスの新たな立場を暗示していた。ここでもまた性的暴力は、白人の政治的権力における危機のほどを知る目安となったのだ。レイプと権力を市民もまた同一視していた。スザンヌ・ビジョンはシェルブールで戦時の日記にこう綴った。「とくに地方では、アメリカ黒人は自分たちが『解放してやった』のだから大勢の女たちを汚しても許されると思っている」。ビジョンにとって、レイプ犯を「即刻、名誉法廷〔個人の名誉に対する侵害などを扱う軍事裁判所〕の木に高くつるす」ことはまったく理屈に合った処罰だった[80]。

要するにレイプの人種差別的な性質は、国家の屈辱という痛みをいっそう強めたのだ。「黒い脅威《ブラック・ペリル》」は激烈なる逆転を遂げ、フランスの不名誉という精神的な重荷をレイプの告発に転嫁した。「レイピストとしての黒人兵」は、白人権力に挑む植民地下の有色人では断じてなかった。むしろフランス人からすれば、支配者の特権を主張する征服者のアメリカ人だったのだ。それは敗北と占領によってフランスの威信がいかに傷つけられたか、勢力関係がいかに逆転されたか、そして歴史がいかに書き換えられたかをはっきりと象徴するものだった。そしてレイプされたフランス人女性の身体は、従属するフランスという新たな世界を象徴していた。ノルマンディーの市民が震えおののくのも無理はなかった。

レイプは数年前の「ラインの黒い恐怖」というプロパガンダによって、ヨーロッパの人びとの脳裏に国家の屈辱の隠喩《メタファー》として刷り込まれていた。両大戦の間にライン地方を占領すべく、フランス軍はセネガル人部隊を投入した。フランス陸軍は、兵士が足りないという現実的な理由からこの決断を下したと主張したが、歴史家のキース・ネルソンによれば、陸軍はドイツ軍に対して「巧妙な心理戦」を仕掛けてもいたという。[81] この兵士投入をドイツ人は屈辱ととらえることを、フランスは意識していたに違いない、とネルソンは主張する。白人兵士による占領でさえじゅうぶんに不名誉なことだというのに、まして黒人兵による占領とは踏んだり蹴ったりの話というわけだ。一方ドイツのほうも、セネガル兵によるドイツ白人女性のレイプに注目し、「黒い恐怖」と呼ばれるプロパガンダで応酬した。アフリカ兵は映画や小冊子のなかで、ドイツの若い白人女性をレイプしたり売春宿に連行したりするジャングルの野蛮人として描かれた。こうした事実があったことは一つも立証されていないが、この作戦はそれでも国際的な反響を呼ぶ出来事となった。[82] この「黒い恐怖」作戦で攻撃を受けたフランスは、ドイツを侮辱する意図は一切ないと否定した。[83] ところが、それからわずか数年のうちに、今度はフランスが田園で自らの黒い恐怖をつくり出したのだ。[84]

ここは有色人用の特別な刑務所か?

イギリスの報道とは違ってフランスの新聞は、アフリカ系アメリカ人兵のレイプの告発に対する軍法会議の判決に抗議はしなかった。またイギリス国民がリロイ・ヘンリーの場合に行ったような、草の根の嘆願運動に乗り出す気配もなかった。どうしてこれほどまでに沈黙したのだろうか? 一般のフランス人の道徳心はいったいどこに行ったのか?

海峡の向こう側での沈黙は、市民の道徳的な堕落というよりも歴史的な状況と関係していた。第一に、一九四四年の夏にフランスの報道機関はほとんど機能していなかった。シェルブールやル・アーヴル、ブレストなどの大都市でさえ、報道関係者は日刊紙を出すための資本や用紙の確保に四苦八苦していた。パリが解放された八月末までは、全国紙に匹敵するものも存在しなかった。したがってフランスの人びとは、軍法会議の内容を知り、抗議する決定的手段を欠いていた。その夏、裁判に関するニュースは、ほかのあらゆる情報と同じくうわさの形で伝わった。ただし、たとえ抗議デモを行うのにじゅうぶんな情報を市民が得ていたとしても、情報伝達網――何より地域社会自体――が戦争によりひどく破壊されていたのだが。

第二に、フランスはイギリスと状況が異なっていた。敗戦国としての立場から、フランスはアメリカに食料と安全保障をよりいっそう依存していた。一九四四年の夏、アメリカ軍の判断に疑いを挟むことは、罰当たりはおろか、ときに無謀なことでもあった。そして最後に、ノルマンディーの住民はイギリス人とは違って、自分たちの裏庭で起きた戦争に我慢を強いられた。フランス北東部の住民はすでに二回の侵攻に耐えてきたが、ノルマンディーの住民は戦争がどんなものかすらよくわかっていなかった。殺戮や破壊、混乱に人びとは不意打ちを食らった。フランスの歴史上、悲しいことだが、この夏の精神的苦痛が悲惨な人種差別という実を結んだのだ。イギリスもまた同じく多くの問題を抱えてはいたが、自分たちの国がこれほど破壊され誇りを傷つけられる目には遭っていなかった。

軍法会議の判決にフランス人が沈黙していたのは、アメリカの人種差別的慣習におもねっていたからだとするのも公正な解釈ではないだろう。市民のなかには根深い人種差別を表した者もいたが、一方でアメリカの不当な差別に驚きあきれる者もいた。侵攻から間もない混乱のなかでも、黒人兵士たちが異例の速さで判決を受け死刑に処せられたことを、ノルマンディーの『リベラトル』は見逃さず、「事件があったとされたわずか六日後に」黒人兵士がレイプの容疑で裁かれ有罪判決を受けたと報じた。この新聞の論調は控えめだったが、編集者は「アメリカの正義の迅速さ」に明らかにショックを受けていた[85]。フランスの別の地でも、連合国派遣軍最高司令部の情報部がアメリカの人種隔離政策に対する「フランス人の驚きと非難の意」を報告し、物議をかもした[86]。「性急な正義」について、作家ジャン・ゴルティエ＝ボワシエールは一九四四年一〇月八日の日記に綴った。彼はラ・シャリテ・シュル・ロワールでのレイプの告発の一件を振り返った。憲兵が被害者の前に一二人の黒人兵士を並ばせ、ただちに確認するよう迫った。女性がようやく一人の兵士を指さすと、兵士は即刻、彼女の庭で絞首刑に処せられた。「そんなことするなんてひどすぎます！」。恐怖におののいた彼女は叫んだ[87]。

フランス人の激しい怒りは回想録や物語にも綴られていた。あるノルマンディーの市民は、レイプ事件で憲兵が「残忍とも言える」行動を取ったことを回想した。彼はレイプの罪で絞首刑になった黒人兵と、性的暴行を働いたのに起訴を免れた白人兵との著しい違いを腹立たしげに振り返った[88]。ル・アーヴルにまつわるジル・モリスの自伝的小説では、登場人物のペドロ・ディアズが、レイプが発生すると何が起きるか予測した。憲兵が「おそらく無実と思われる黒人《ニグロ》」に罪をかぶせるのだ。メキシコ人のディアズにはわかっていた。「黒人の血が一滴でも体に流れている者は、白人が百パーセント割ったに違いない壺でも、弁償させられるのを覚悟しなきゃならない」。この小説に出てくるフランスの警官も同じ意見だった。「上のほうで騒ぎが大きくなったら、黒人を縛り首にすればいいだけさ！」[89]

ルイ・ギユーの自伝的小説『OK、ジョー』もまた、軍事裁判を辛辣に批判している。ギユーはブルターニュ出身の英語に堪能な小説家で、アメリカ軍に雇われ軍事裁判で証人の通訳を務めた。一九四四年の夏に書いたギユーの日記に基づく『OK、ジョー』では、フランス市民に対するアメリカ兵の犯罪を起訴するうえで法務総監室が用いた公判前と裁判時の手続きを取り上げた。なかでも、あるレイプ殺人事件で被告の弁護士と検事が一緒に事件現場を調べたことをギユーは詳しく綴っている。二人の法律家は仲の良い友人同士で、車で帰る道すがら意気投合したのは、黒人の男は白人の女のためにいつでも喜んで地獄に落ちる「まぬけ」で「ひどい嘘つき」だということだった[90]。別の一件では、同じ法律家二人が真夜中に農場を訪れ、被害者をたたき起こし、真っ暗ななか黒人容疑者を確認するよう迫った[91]。被害者はひどくためらいながら言う通りにしたが、それはただ怖くてそうしただけだった。

　ギユーは軍事裁判を正義の茶番として描いた。ブルターニュの刑務所を初めて訪れたとき、ジープの運転手にこう尋ねた。「なあアメリカ兵《ジョー》さん、ここは有色人用の特別な刑務所なのかい?」。「いいや」と、兵隊は答えた。「ただの刑務所ですよ[92]」。黒人をどう思うかと別の兵士に尋ねると、「奴らは始末に負えないね」と兵士は言う。「あの連中は作法を知らない。自分を律するってことができないんだ[93]」。ギユーの小説はアメリカの使命に陰鬱な疑問を投げかけて終わる。この「世界で最も偉大な民主主義国家」（彼は軍の宣伝文句にならって合衆国を皮肉たっぷりにこう呼んだ）が、なぜ道徳心を問われることなくアフリカ系アメリカ人を縛り首にできるのか?[94]

　ギユーにとって田園の真の恐怖はアメリカ軍の気まぐれにあった。前述の通り連合国派遣軍最高司令部は、レイプの告発をアメリカの任務にまつわる神話——アメリカの民主主義の活力やアメリカ兵の男らしい名誉といったもの――を根底から覆すものだと考えた。そこでアメリカ軍はレイプをあらゆる次元でアメリカの問題ではなく黒人の問題とし、人種的スケープゴートを立てることで兵士による暴力が及ぼす影響を回避しようとした。いずれにせよギユーの断固たる意見では、黒人兵士の有罪判決と死刑執行は、男らしいアメリカ兵というロマンスを修復するどころではなかった。むしろ軍の不正は、世界で最も偉大な民主主義国家の醜い裏の顔をさらすことになったのだ。レイプを人種化し、アメリカ白人は統治者として適格であると証明しようとしたあげく、アメリカ軍はまさにその真逆のことを不覚にもにおわせることになったのである。

おわりに
二つの勝利の日

一九四五年五月八日、ヨーロッパでの戦いは終わった。その日パリに近いドランシーで、ドイツの降伏を祝うサイレンや祝砲が響くなか、シモーヌ・ルヴァスールは友人のフランソワーズと自転車をこいでいた。二人がペダルを踏んで道路を下っていくと、突然、シモーヌが背中の痛みを訴えた。自転車の速度を緩めて調べてみると、フランソワーズはシモーヌの上着の左肩付近に小さな穴が開いているのを見つけた。シモーヌは数フィート進み、それから気を失って自転車から転げ落ちた。近くのカフェにいた人びとがあわてて二人のもとに駆け寄り、シモーヌを近くの病院まで運び、緊急手術が行われた。一発の弾丸が背中の左肩下から体内に入り、腹部にとどまっていた。手術の途中でシモーヌは亡くなった。フランス警察は殺人容疑で捜査を開始した。すると現場から半マイルほど離れたアメリカ軍の基地が浮上した。数人の目撃者によれば、戦争終結を喜んだアメリカ兵たちが、人通りの多い場所にもかかわらず鉄道の線路に向けて銃を発砲していたという。シモーヌの体内から摘出された弾丸はアメリカ兵の銃から発射されたものだとわかったが、結局、犯人が見つかることはなかった。[1]

シモーヌの殺害は、当時のフランス市民を襲った不幸の典型的な例である。彼女の死は悪意からではなくアメリカ兵の不注意がもとで起きたものだが、彼女にとって勝利の瞬間は悲劇に変わった。無数の市民と同じく、彼女もたまたま巻き添えを食らったのだ。アメリカ軍はフランスの主権を奪いはしなかったが、この国を自分たちの戦場に、駐屯地に、娯楽場にした。アメリカ人がこの地を通過したことは、フランスの文献や回想録に苦悩のつめ跡を残している。それらを見るかぎり、多くのフランス国民にとって解放は危険で屈辱的な経験だったことがうかがえる。アメリカ兵には、一九四〇年の惨禍や、続くドイツによる占領の責任は一切ないが、彼らがときおり市民に取った無神経な態度はフランス人の誇りをいっそう傷つけた。さらに性的関係の劇的な変化もまたフランスの屈辱感を強めた。戦地や収容所から戻った男たちは、アメリカ兵がフランス人女性を口説くことを自分たちの性的特権の侵害と受け止めた。この侵害は、さらに国家の威信が衰退したことを証明していた。多くの市民にとって、売春婦は不名誉を表す、とりわけ露骨な象徴になった。売春婦が象徴する性的関係は、アメリカの権力に対するフランスの屈従の痛ましい証拠になった。

シモーヌの悲劇は、同じく喜びが苦悩をもたらした前年夏のノルマンディーの戦いを想起させる。ただしシモーヌが遭遇した危険は、その一年前にノルマンディー市民が遭遇したものとは違っていた。この田園で、市民は戦争から逃れることだけを考えていた。だが一年たった今、今度はアメリカ人を避けることにますます気をもむことになった。この変化は少なくとも次のことからいくらか説明がつく。つまり一九四五年にフランス北部を通過して戻ってきたアメリカ兵は、その一年前に東方に向かった兵士とはまるで違う人間になっていた。死を免れ勝利を収めた兵士たちは、今度は生きながら幻想に悩まされた。失った友が夢のなかにこれでもかと現れ、兵士たちは罪悪感により疲弊した。酒をあおりフランスの女たちと遊べば苦悩を忘れられたが、それもつかの間のことだった。兵士たちにとって戦闘は人生そのものになっていた。

そしてまたこの世界を自分たちのやり方に——アメリカ式に——従わせることも彼らの日常になった。前に述べたが、その数カ月前に著名な政治学者アンドレ・シーグフリードは、合衆国が世界の舞台で新たな地位にのぼりつつあると語っていた。その主張によれば、アメリカは「大国」としての新たな立場を担わなければならない。つまり世界のリーダーとしての新たな役割にふさわしい成長を遂げる必要がある。[2]一九四五年の夏、アメリカ兵はまさにその通りのことをしていた。大国になるべく学習していたのだ。その過程で、彼らはフランス人が主権国家のれっきとした市民であることをときとして忘れていた。

アメリカ兵がこの世界を自分たちのやり方に従わせるべく学習していたとすれば、その学び舎の一つがフランスの売春宿だった。売買春は両国の関係に徹底的な力の不均衡をもたらした。売春婦は自分の身体をアメリカ兵の快楽に委ねることで、最も親密なやり方でアメリカ兵に支配の何たるかを教え込んだ。この授業はさらに上のレベルでも行われた。アメリカ軍当局は売買春を管理し、医療衛生処置を課し、女性の身体の支配権を担うことで、フランスにおいて新たな勢力の境界を引いた。フランス人は退廃的で不道徳だという考えを売買春は助長し、アメリカ軍はフランスに対する優越性を正当化できた。こうしてアメリカ軍はフランス人女性を性的に搾取することで、世界的な権力を行使するための予行演習をなし得たのだ。

さらに、ノルマンディーでのレイプ事件に対するアメリカの対応は、この国の大国への台頭と切り離しては考えられない。軍が売買春に対して無頓着に見えたとしたら、レイプに対してはまったく逆の対応をした。レイプの代償については一点の曇りもなかったのだ。ゆえに断固たる取り組みがなされ、無実の黒人兵が一人と言わず処刑された。レイプの告発は、男らしいアメリカ兵に象徴されるアメリカの使命という神話を脅かすものだった。たとえじゅうぶんな証拠がなくとも、性的暴行の容疑はアメリカ兵を、誇り高き戦士から性的略奪者に変えた。レイプの告発は、アメリカによる救出という神話を支える、異性間の恋愛《ロマンス》という考えを台無しにした。そしてアメリカの支配による残酷なまでの現実を暗示させた。また同じく重要なのは、こうした告発が、アメリカは自らが征服した土地で法と秩序を打ち立てる意志も力もないことをにおわせている点だ。要するにレイプの代償は売買春の場合とは異なり、あまりに大きく無視できないものだったのだ。

そこで対応に乗り出したアメリカ軍将校らは、黒人兵士をスケープゴートにし、レイプを黒人の犯罪だと宣言することで、自らの評判をできるかぎり傷つけないよう苦心した。そしてこの作り話を喧伝する際に、軍はフランス国民の全面的な協力を得た。西アフリカの植民地に関する人種差別的なプロパガンダや印刷物を通じて、フランス国民はまたもアメリカ人と同様に、黒人男性は性欲が激しく暴力的だと信じるようになっていた。人種的偏見から、女性たちはレイプを訴えるべく、また地元警察は積極的に検挙すべくたきつけられた。そしてひょっとしたらもっと重要なのは、売買春よりもレイプのほうが、日常生活におけるアメリカの支配を痛感させられることにフランス人が気づいていたことだ。フランスとアメリカの両当局は売買春をめぐって反目したとしても、ことレイプに関しては協力し合った。その結果、無実の男たちが死に追いやられたのだ。

フランスでの勝利から数カ月後に、アメリカは第二の勝利――今回は日本に対して――を勝ち取った。八月の祝祭では、戦争に勝利した日のシモーヌの物語と同じくらい人目を引く出来事が起きた。ニューヨーク市で一人の水兵が、この最高の瞬間に乗じて看護師の女性を抱き寄せ唇に熱いキスをした。近くにいた写真家アルフレッド・アイゼンスタットがその瞬間をとらえていた[3]（図おわりに・1参照）。その数日後、アイゼンスタットが撮影した「タイムズスクエア・キス〔勝利のキス〕」が『ライフ』誌に掲載されると、この写真は日本に対する勝利を象徴するイメージとなった。

一九四五年の夏までに性的親密性がいかに政治的なものになったかを知ると、この「タイムズスクエア・キス」に新たな意味が見てとれる。戦時を通してずっと征服はエロティック化されてきた。ピンナップガールの色っぽい脚は爆撃機の胴体に華を添えた。ヨーロッパの解放はフレンチキス〔舌をからませる熱烈なキス〕として描かれた。ラルフ・モースが撮影したフランス人女性を抱くアメリカ兵の写真は、ちょうど一年前にセンセーションを巻き起こした（図2・5参照）。そして今、アメリカの最も輝かしい瞬間に、あのうわさに高いキスが母国のタイムズスクエアに戻ってきたのだ。今度のキスは水兵が持ち帰り、看護師が母国で応じたものだったが。セックスとロマンスは、戦争を遂行する過程できわめて重要な働きをしてきた。そして今、アイゼンスタットの写真によって、戦争に勝利するうえで不可欠なものとなったのである。

「タイムズスクエア・キス」が証明するのは――本書の研究の大半もそうだが――戦争の歴史は身体の歴史と切っても切れない関係にある、ということだ。オマハビーチに上陸したアメリカ兵は、身体に関するフランス人への偏見を持ち込んだ。つまりフランスの女の子たちは美人で、しかもお手軽だ。それに身

図おわりに・1　「タイムズスクエア・キス」。アルフレッド・アイゼンスタット撮影。©Alfred Eisenstaedt/Getty Images.

体にまつわる恥じらいもない。セックスは至る所で行われる。快楽は最も優先され、フランスは巨大な売春宿だ。衛生やセックスにまつわる農民の慣習はアメリカ兵のひんしゅくを買い、フランス社会は原始的で堕落しているという思い込みが強まった。今もアメリカの文化に根付く、フランス人は性欲が激しすぎるとの幻想は、権力の明確な線引きをはかろうとしていたノルマンディーのアメリカ軍の態度を形作ったのである。

フランス人の道徳面での評価は、転じて政治面での評価を惹起《じゃっき》させ、フランス人は自制に欠け、近代民主主義を再建できないとされた。すべての女性が売春婦とも言える「フランスのような場所に」いるからには、兵士たちの性的欲求も致し方ない、と軍の将校たちも大目に見た。さらにセックスは経済関係にも重要な意味を持つようになり、売春婦はすぐれたフランス産の商品と見なされた。アメリカ兵の頭のなかでは、売春婦は闇市場での価格以外、タバコとさほど変わらなかった。こうして気を大きくした兵士たちは、この国そのものを好き勝手にできる——それも手頃な値段で——と思いはじめた。アメリカ兵はル・アーヴルなどの駐屯地でフランスの社会規範を無視し、売春婦と公共の場でセックスし、街なかで女性を暴行した。女性の身体は、仏米関係を新たに仕切る重要な手立てとなった。

軍事史家は、性的関係を歴史に無関係な戦闘の枝葉末節として片付けていないか、と本書は問いたい。そして彼らに、国民国家という枠組みから離れた視点で、あらためて歴史を語るよう強く求める次第だ。歴史家のキャロル・グラックが述べたように、世界大戦についての私たちの記憶は、不幸にして世界のほとんどを考慮に入れていない。確かに国民国家が戦争を行い、国民を総動員し市民に犠牲を強いたのだから、国家の枠組みでとらえた正史が歪むのは避けられないことだ。ただしフランス、アメリカ両国の場合とも、「世界大戦を国境の内側に閉じこめる」ことには明らかに代償が伴う。[4] たとえば、一九四四年から四六年までの重要な時期におけるアメリカ軍の存在を考慮に入れなければ、フランス社会の戦後復興を理解することは不可能だ。いわゆる国内情勢のいくつかも――フランスの男性性の「危機」、公娼制度の終焉、人種的偏見の噴出など――国境を越えた枠組みのなかでとらえないと理解できない。またフランスが国家の衰退を見せつけられて受けた精神的苦痛を把握するには、市民がアメリカ兵とのかかわりで味わった屈辱的な経験を無視することはできない。自分たちがもはや一流の大国ではないことをフランス人が悟ったのは、ひとえにアメリカ人との交流を通してだった。

西ヨーロッパでの作戦について国境を越えてとらえることで、アメリカの歴史家が教わることは多い。一九二〇年代から三〇年代にかけて多くのアフリカ系アメリカ人が信じていたのとは裏腹に、フランスは人種に寛容なオアシスではなかった。そしてノルマンディー作戦もまた、運命〔米国の領土拡張を自明とする運命説〕に捧げられた一大叙事詩ではなかった。それは品行方正とは言えない人間くさい者たちによる勇敢な戦いだった。そして国境を越えた視点を持てば、連合国軍だけが戦っていたわけでは決してなかったこともはっきりする。市民がやすやすと解放されるのを待っていたといった見方は払拭され、フランス人は一人残らず抵抗したというド・ゴールのお決まりのせりふ同様、フランス人の消極性もまた錯覚だとわかる。各地で市民は悲惨な敗北を喫しながらも、大なり小なり何らかの形で戦闘を支援していたのだ。

最後に大事なことをもう一つ。国境を越えた視点から考えると、この作戦は世界で優勢に立つための学習の機会だったと理解できる。アメリカが超大国の地位にのぼりつめたのはテヘランやヤルタだけでない。田園のたこ壺壕もしかりだった。ここでアメリカ兵は『スターズ・アンド・ストライプス』を読み、世界は「アメリカに助けを求め、リーダーシップを期待している」と思うようになった。アメリカがフランス市民にぶつけた暴力は、戦時の精神的苦痛から生じたものでもあるが、それと同じくらい成長期の痛みから生じたものでもあった。いかなる国も、品位あるやり方で権力の座に就くことはまずないものだ。この本の狙いの一つは、偉大な者たちに、自らが残した不格好な破壊のつめ跡を突きつけることにあった。「よい戦争」として記憶することは、それをそのままに忘却してきたということだ。それでも、国家の枠組みを越えた景色を歴史家が見せることで、戦争の記憶はもっと事実に即した、そしてもっと複雑なものとなり得るのだ。

謝辞

最初に、本書の調査と執筆のための資金をご提供いただいた諸機関に心よりお礼を申し上げたい。まずジョン・サイモン・グッゲンハイム記念財団には、二〇〇七年から〇八年度に調査のための休暇をいただいたことに感謝する。ウィスコンシン大学人文科学研究所には、二〇〇五年の春に客員研究員として、また過去二年間は上級研究員として、本書の執筆にあてるためのこのうえなく貴重な時間をいただいた。とりわけ恩義を感じるのはウィスコンシン大学マディソン校大学院から並々ならぬ支援を賜ったことだ。二〇〇五年にはヴィラス・アソシエイト研究奨学金を、二〇一〇年の春には研究休暇《サバティカル》を、さらに研究期間を通して寛大な夏期研究助成金を提供いただいた。同大学院からの支援のおかげで私の学者としての人生は充実したものになり、研究の視野も著しく広がった。とくにジュディス・コーンブラットとスーザン・クックには、その支援に感謝している。そのほかウィスコンシン大学のヨーロッパ研究センターからは、研究の重要な時期に渡航資金の提供を受け、また同大学女性学研究センターからは、二〇〇九年春の大事な時期に休職をお許しいただいた。最後に、ウィスコンシン大学人種・民族システム研究所から賜った助成金により、アメリカ陸軍司法部からかなり高額な軍法会議の公判記録を入手できた。

本書を執筆するうえで楽しかったことの一つは、フランスの地方自治体の公文書館を発見できたことだ。

すこぶる丁寧に、温かく、かつ専門的なご指導をいただいたル・アーヴル市公文書館のシルヴィ・バロ、マルヌ県公文書館のマノンマニ・レスティフ、フィニステール県公文書館のブルーノ・コールとファブリス・ミシュレ、モルビアン県公文書館のパトリック・エリエ、そしてカルヴァドス県公文書館のルイ・ル・ロック・モルジェルに感謝したい。とりわけ時間と資源を惜しみなく提供いただいたマンシュ県の遺産公文書館のアラン・タロンにはお世話になった。またノルマンディーでは、カーン記念館の科学部長ステファン・シモーネから、このうえなく温かい歓迎を受け助けていただいた。またパリでは、パリ警視庁記録保管所のフランソワ・ジケルとグレゴリー・オーダ、そして現代史研究所のアンヌ＝マリー・パテに並々ならぬご指導を賜った。また合衆国では、アメリカ国立公文書館のケニス・シュレシンジャー、アメリカ陸軍軍史研究所のデイヴィッド・キーオ、そしてショーンバーグ黒人文化センターのスティーヴン・フルウッドから並々ならぬご協力をいただいた。

本書はときにフランスとジェンダーという私自身の専門から離れることもあり、したがってウィスコンシン大学マディソン校のアメリカ史研究者の協力がなければ、かなりの部分が執筆不可能だったと思われる。きわめて重要な指摘と批判を賜ったジョン・クーパー、ナン・エンスタッド、ジョン・ホール、スーザン・ジョンソン、そしてウィル・ジョーンズに感謝する。スタン・カトラーは、アメリカ国立公文書館の担当者を紹介し、また本書の企画を早いうちから熱心に応援してくれた。彼のおかげで、私は自信を持ってまったく新たなことに挑戦できた。さらに本書を批判的に読み支援してくれたスーザン・デサン、フラン・ハーシュ、フロレンシア・マロン、デイヴィッド・マクドナルド、デイヴィッド・ソーキン、スティーヴ・スターン、そしてジョン・トルトリスにも感謝したい。スタン・ペインは本書の草稿全体に目を通し、第二次世界大戦に関するその膨大な知識を分け与えてくれた。レアード・ボズウェルもまた細心の注意と的確さをもって原稿を最後まで読み通してくれた。彼の同僚であり友人であることはたいへん幸運なことで、ありがたく思う。

マディソン校のほかにも、シカゴ大学出版局とオックスフォード大学出版局の匿名の査読者の方がたにも感謝を申し上げる。皆さまからの鋭いご指摘によって本書ははるかに優れた本になった。ここでもまたスーザン・ビルスタインが素晴らしい編集者として、広範な英知と詳細な批判精神を等しく発揮してくれた。彼女が本書に寄せる信頼に心から感謝している。また、マルク・レシュケと辣腕で機知に富むアンソニー・バートンとともに仕事をするのはとても楽しかった。そしてドール・ヘッセルグレイブは病の身にもかかわらず、人生の最後の数カ月に、私にパリの思い出を語ってくれた。彼に、そして私たちを結び付けてくれたグウィネス・クロートンに心から感謝する。アンドレ・ランブレ、エイドリアン・レンツ＝スミス、ブロンソン・ロング、レベッカ・プルジュ、そしてタイラー・ストーヴァルからは、研究上貴重なご指導を賜り原稿を批判的に読んでいただいた。ウィスコンシン・フランス史グループのエレン・アムスター、ホーリー・グラウト、ジェフリー・メリック、ダン・シェアマンは『フレンチ・ヒストリカル・スタディーズ』誌の匿名査読者の皆さまと同様、第5章の草稿にきわめて有益なコメントを下さった。第6章のもとになった原稿は『アメリカン・ヒストリカル・レビュー』誌に掲載された。この雑誌の匿名の査読者から受け取った鋭く緻密な批判にはたいへん感謝している。また、草稿を読んだり講演を聴いたりして、提案や意見、質問を寄せてくださったフランスやアメリカの読者・聴衆の皆さまから、本書ははかりしれない恩恵を受けた。こうした出会いの場を設けてくれた主催者、アンドリュー・アイゼンバーグ、マリー・チェッセル、J・P・ドートン、ローラ・リー・ダウンズ、R・ダグラス・ハート、ヒラリー・ミラー、マラキ・ハイム・ハコエン、ロイド・S・クレイマー、パトリシア・ローシン、サラ・マザ、レイチェル・ヌーニェス、スティーヴン・シュロッサー、ジェニファー・セッションズ、ジュディス・サーキス、ティモシー・シュナイダー、ドン・リード、ホイットニー・ウォルトンに感謝する。さらに同胞として温かい協力を賜ったフランス人研究者の面々、パトリス・アルノー、ブルーノ・カバネ、ギョーム・ピケティ、ジャン・ケリアン、ファブリス・ヴィルジリ、そしてとりわけローラ・リー・ダウンズとパトリック・フリーデンソンに心よりお礼申し上げる。アンディー・ミスゼウスキ、ジェフ・ホッブズ、そしてケリー・ジェイクスは優れた研究補助をしてくれた。またウィスコンシン大学の大学院生たちは、間違いなく私のアカデミックな世界の中心を占めている。私の人生において彼らと出会えたことをとても幸運に思う。おしまいに、そして何よりも、研究者として私のキャリアを応援してくれたジョーン・スコット、ボニー・スミス、クリスティン・スタンセル、そしてウィリアム・レディーに感謝したい。彼らがいなければこの本が世に出ることはなかっただろう。

本書の執筆作業は、もっぱら孤独な道のりだった。その道中で、心身ともにすこぶるお世話になったのは、ジェフ・リゴン、ケイティ・ネルソン、そしてフィットネスクラブ「ズッカ・パイレーツ」の元気溌剌な女性たちだ。メイ・フレイダスは日曜の朝、それから平日も一日おきに朝起きるきっかけをつくってくれた。三人の姉、エリザベス・ベアー、パメラ・ボニーナ、キャサリン・ゴーデットの存在は、かつてないほどありがたかった。スーザン・ゼイスケは、アメリカ国立公文書館で何日もかけて調べ物をしてくれ、また数えきれないほどの時間を本書の編集に費やしてくれた。歴史家および編集者としての彼女の技量は驚くべきもので、彼女がこの本に果たした貢献は計り知れない。彼女からの信頼を得たことで、私の人生はまったく違ったものになった。

本書を私の両親、エミーとジム・ロバーツに捧げる。執筆の最中、二〇〇六年と〇七年に二人は相次いでこの世を去った。この本で私が取り上げた年月は、両親にとっても転機となった時期だった。一九四四年は二人が出会い、恋に落ちた年で、そのとき父は海軍にいた。翌年二人は結婚し、一九四六年三月に最初の子どもがこの世に生まれた。父は「ノルマンディーでの過ち」についての本に疑問を抱いていたものの、私のことをよくわかってくれていたので、私の愛国心を問うたりはしなかった。本書を執筆するうえで、父と母が生涯をかけて手本を見せてくれた公平で誠実な姿勢に恥じない仕事をしようと心がけた。そして何事にもユーモアを見いだす父の才能にならって、私もまたこの厳粛な事実を伝える書物に、楽しめる部分を含めるよう努力した。

監訳者解題

佐藤 文香

本書は、*Mary Louise Roberts, What Soldiers Do: Sex and the American GI in World War II France*(Chicago: University of Chicago Press, 2013) の全訳である。

著者メアリー・ルイーズ・ロバーツは、一九七七年にリベラル・アーツの名門ウェズリアン大学で歴史学を学び優等で卒業した後、一九八〇年にサラ・ローレンス大学で女性史の修士号を、一九九〇年にブラウン大学で歴史学の博士号を取得した。その後、スタンフォード大学の助教、准教授を経て、二〇〇二年よりウィスコンシン大学マディソン校の歴史学教授を務めている。

本書は、フランス史およびジェンダー史を専門とする著者にとって三冊目[1]の単著であり、米仏の公文書館や軍隊・警察の膨大な一次史料を用いて、第二次世界大戦下のフランスで米軍兵士たちが何をしたのかを、ジェンダーとセクシュアリティの視点から読みなおした労作である。米兵とフランス人女性との性的な関係が米仏関係といかに密接にかかわっていたのかが本書を貫くテーマであり、著者はその関係を恋愛《ロマンス》、売買春、レイプという三つの位相に分けて記述している。

本書の内容

第Ⅰ部「恋愛《ロマンス》」は三つの章からなる。第1章「兵士、解放者、旅行者」は、ノルマンディー上陸作戦をDデイに先立つ連合国の爆撃にさかのぼり、現地のフランス人の視点もまじえてとらえなおそうとする章である。

米兵はフランスで武器を携え膨大な権力を行使する一方、土地の地理や言葉や習慣に不慣れな旅行者でもあった。権力と依存、支配者と弱者の間を行き来する彼らは、フランス人を遅れた存在としてまなざすことで自らの不安や動揺を抑えようとした。一連の性的習慣は特に、フランス人が未開の人間で、社会的・政治的に統制が必要だという揺るがぬ証拠になった。こうして、アメリカは自治能力の欠如したフランスにかわって、自らの統治を正当化できたのだ。

フランスの女性たちに熱狂的に迎えられた笑顔の救済者としての米兵は、解放を象徴する偶像《アイコン》だった。第2章「男らしいアメリカ兵（GI）という神話」は、フランスの解放時に大量生産されたこのイメージが生み出した神話を解析する章である。写真のなかのフランス人女性は「自国の男たちに見捨てられた国」を表す。アメリカの使命は「救出」として表象され、フランスを「めめしく」従属的な国として描くことで、自らの新たな支配権を正当化した。

さらに、こうした写真は兵士の性的幻想を満たし、戦争の目的をエロティックなものにした。上陸作戦はロマンスのチャンスに仕立てられ、米仏関係は単純化され、脱政治化された。この神話はまた米兵がフランス市民に犯した凶悪犯罪を、故郷の人びとの目から隠す役割も果たした。戦争が終わったあとでさえ、アメリカ人の心に深く刻み込まれ続けたのは、女性的な国の幸福な救出というイメージだったのである。

一方、突如として二流国家として生きることを強いられたフランスの人びとにとって、解放は屈辱的な瞬間でもあった。第3章「一家の主人《あるじ》」では、家長としての自身の役目を失い、自国の女性に対する性的所有権を失ったのではないかと危惧していたフランス人男性に焦点が当てられる。

米軍が駐屯していた地域では、米仏の男性間のセックスをめぐる緊張関係が深刻な問題になっていた。戦時には、地元女性への性的なアクセスが勝利や敗北を象徴する。米兵が女たちをあさる光景は、すでに戦争で傷ついていたフランス人男性の威厳をさらに貶めた。そして、この「女性問題《ガール・プロブレム》」は征服者たるアメリカへのフランスの新たな従属の前兆だった。米軍が自国の使命を神話化するために異性間のロマンスを用いたとすれば、フランスの男性は、戦後の新たな世界と折り合いをつけるための手段として、こうしたロマンスにこだわったのだ。

第Ⅱ部「売買春」には三つの章が収められている。第4章「アメリロットと売春婦《ハーロット》」では、米兵と売春婦との私的な関係が、米仏という国際関係に影響した様子が描かれる。アメリロットとは、何でも大量《ロット》に持っているように見えた米兵をフランス人が呼んだ名称である。軍の余剰品がアメリカの豊かさを象徴したのと同じように、売春婦もまたフランスの不道徳の象徴として国民化された。

商品としてのセックスは、それを買う米兵たちに、尊大な、帝国主義的とさえ言える態度を育んだ。一方、売春婦が彼らにサービスを提供するのを目にしたフランス市民は屈辱を覚えた。こうして売春婦は、その身体を享受する者と、それを見て恥辱に耐えるしかない者との間にはっきりと特権の境界を引いたのである。

一九四六年四月に公認の売春宿の閉鎖を宣言するまで、フランスには公娼制度が存在し、売春婦は定期的に性病検査を受ければ合法的に商売ができた。だが、解放後のパリでは、米兵による非合法売春の需要が合法売春の供給を上回り、もぐりの売春が繁盛していく。第5章「ギンギツネの巣穴《シルバー・フォックスホール》」では、アメリカ軍の侵攻と、それによって引き起こされた性労働の変化が、フランスの公娼制度の消滅に多大なる貢献をしたことが明らかにされる。

売春宿のなかでも最上級のものは連合国軍将校用とされ、兵士用の「愛の工場」は、一日一〇〇〇人から一五〇〇人の客を一人の女性が六〇人近くさばく大量生産方式だった。だが連れ込みホテルはそれ以上に繁盛し、売春婦は、渡り労働者としてパリをはじめとする米軍駐屯地を回り生計を立てていた。若く貧しい女性労働者と、ポケットに現金と拳銃を持った男性客との売買春は、アメリカ人とフランス人の力の不均衡をいっそう強めた。

一九四四年から四五年の冬のパリは、多くの兵士にとって夢に見た場所、女たちのいる性の楽園だった。パリと戦地はあらゆる面で真逆の世界である。一方は光と快楽の巨大娯楽施設、もう一方は闇と死、恐怖と苦悩の世界。戦時について書き記した兵士たちの切なる願いからは、戦争が性を意味あるものとし、性が戦争を耐え忍べるものにする、その濃密な関係がにじみ出ている。「気持ちがほぐれるものなら何でもいい。ほんのつかの間、一、二時間でいいから忘れたいのだ。戦争が今も続き、明日には戦死者登録係に札をつけられるかもしれないことを」（二〇三頁）。

一九四四年九月、一人の将軍が部下の兵士のために売春宿を設けるよう指示を下した。現地のぽん引きを使ってつくられた「畜舎《コラール》」は営業開始後わずか五時間で閉鎖されている。だが、フランスで設立された

GI用売春宿はこれだけではなく、一九四三年から四五年の間にフランスとイタリアでおよそ一二の師団が自前の売春宿を開設した。

将校たちは兵士の性的活動を制御することはできないと判断し、表向きはこれを非難しつつも裏では大目に見ていた。陸軍省がGI用売春宿を禁じたのは、商業的な売買春を抑止するという公式の方針に抵触するという以上に、母国のメディアが大騒ぎするのが目に見えていたからだ。軍はこうした無分別な性行動からアメリカの一般大衆を「守る」ことを望んでいた。第6章「危険で無分別な行動」が扱うのは、片方の国民が守られたその結果、フランスの町じゅうでもう片方の国民が目にすることとなる米兵の乱交のさまである。市民の生活を守ろうとしたル・アーヴルの市長は一九四五年八月、米軍に一般市民を立ち入り禁止にした軍専用の売春宿を設けてはどうかと提案した。この提案は取り立てて新しいものではなかったし、アメリカに対して初めてなされた提案でもなかったが、米軍は耳を貸そうとはしなかった。「アメリカ軍当局は『軍公認の売春宿』と呼び得るものの創設には断固反対である」(二三六頁)。

将校たちは性病の責任をフランスという国そのものに転嫁した。そうすることで、フランス人女性の身体の管理を米軍が担うことが正当化され、さらには兵士たちの行動に対する責任を回避することができたのだ。加えて、米軍はフランスで性的・社会的規範をこれ見よがしに無視することにより、自分たちにとって、フランス人は礼儀正しい態度を取るに値しない存在であるというメッセージを送ってもいた。セックスを見せつけられることは、セックスを抑圧すること以上に、アメリカによるフランス支配を示すしるしだったのである。

最後のカテゴリーである第Ⅲ部「レイプ」は二つの章からなる。一九四四年から四五年にかけて、ヨーロッパ戦域ではレイプの罪による二九件の絞首刑が公開で執り行われたが、うち二五人がアフリカ系アメリカ人の兵士だった。第7章「無実の受難者」が扱うのはレイプの人種化の問題である。

レイプは、アメリカという国を解放者から征服者に変え、男らしい米兵を騎士から性暴力加害者に変え、フランスの救出物語を略奪と暴力の物語へと貶めるものである。その代償は計り知れず、なんとしてもこれを抑える必要があった。政治的な影響を弱めようとして、米軍が行なったのがレイプの人種化だ。白人米兵の容疑を晴らし、黒人米兵を公開で絞首刑にすることで、アメリカの権威を傷つけず、フランス市民を安心させようとしたのである。

多くの場合、黒人兵士のレイプ告発は、人種的偏見によるうわさや「目撃」に基づくものだった。米軍はその告発をじゅうぶんに調査することなく、レイプを黒人の計画的な性暴力だと決めつけた。フランスとアメリカは人種差別において忌むべき同盟を結んだのである。

フランスは人種に寛容な国だという評判にもかかわらず、多くのフランス人は根深い人種差別的感覚を有していた。だが、人種差別だけでこのレイプ告発をじゅうぶんに説明することはできない。第8章「田園の黒い恐怖」は、レイプ・ヒステリーが都会ではなく田舎のものであったことに注目する。「レイピストとしての黒人兵」は、フランスの威信が敗北と占領によって傷つけられ、勢力関係が逆転され、歴史が書き換えられたことを突きつけるものだった。レイプする黒人兵は、地元フランスの人びとにとって、戦後の怒りや不満、恥辱の投影対象としてのアメリカの兵士であった。一方、米軍はレイプをアメリカのではなく黒人の問題にすることでその影響力を弱めようとして、人種的スケープゴートを立てたのである。

「おわりに 二つの勝利の日」では、戦争の歴史が身体の歴史と不可分であることが再び強調される。

性的関係を戦闘の歴史の枝葉末節と片付けることを退け、国民国家の枠組みを離れた視点で歴史を語ることを呼びかけ、「よい戦争」の記憶が自らの破壊のつめ跡を忘却することでもあったことに注意を促すことで、本書は閉じられる。

本書の反響

「兵士とセックス」——この一見私的でミクロな性的関係が公的でマクロな国際関係と密接不可分に絡み合っていることはこれまで数多くの研究が明らかにしてきた[2]。本書はこの意味で未知の領域を開拓したというよりは、第二次世界大戦下フランスを事例にこの系譜の研究にさらなる貢献をしたものとしてある[3]。本書は、二〇一三年五月に刊行されるや否やただちに反響を引き起こした。当月の間に *New York Times* をはじめ、*Guardian Liberty Voice*[4]、*Prospect Magazine*[5]、*Times Higher Education*[6]、*H-Net Reviews*[7]、*NPR* 等で広く報じられ、学術誌においても *Dissent*[9]、*American Historical Review*[10]、*Reviews in American History*[11]、*Chicago Journals*[12] といった主要ジャーナルが書評を掲載。なかでも *Journal of Women's History* では五人の評者のレビューに著者本人のリプライを含む特集が組まれるなど、反響の大きさをうかがわせる[13]。

キャロル・グラックが言うように、公式の記憶は常に自らの過去の見苦しい部分から目を逸らしてきた[14]。記憶の書き換えが常に争いにさらされ、公然と拒絶されてきたように、第二次世界大戦の記憶から取りこぼされてきたものを突きつけた本書もまた、英雄物語への挑戦として強い反応を引き起こした。海軍に所属した父を持ち、「愛国的」な家庭に育ったという著者は、米兵の勇敢な行動や犠牲への感謝の気持ちを口にし、自らの意図は兵士を非難したり侮辱したりすることにはないと語っている。[15] だが、試みにAmazon.com を見てみれば、そこでは学術書としては異例の数のコメントがついており、本書が「よい戦争」としての記憶を書き換えるものとして一部のアメリカ人にかなりの感情的な反応を引き起こしたことがうかがえるのである。[16]

実は日本でも、APF通信の日本語による国際ニュース配信サイトが本書を五月のうちに取り上げ、一部の人びとの間で注目を集めていた。[17] なぜかと言えば、本書が「慰安婦」問題を抱える日本の人びとにもさまざまな示唆に富むからである。この本の出版は橋下徹大阪市長が二〇一三年五月に「慰安婦制度ってのは必要だということは誰だってわかる」[18]と発言した直後のことであり、実のところわたしが本書の存在を知ったのも、橋下発言をめぐる騒動がきっかけだった。[19]

大阪市の姉妹都市であるサンフランシスコ市の市議会が六月に「慰安婦制度正当化」を非難する決議を出すと、橋下市長は市議会に反論の公開書簡を送った。そのなかで彼は「戦場において、日本だけでなく、世界各国の軍によって、女性が性の対象とされてきたこともまた、厳然たる歴史的事実です。メアリー＝ルイーズ＝ロバーツ（引用ママ）教授の研究が明らかにしたノルマンディー上陸作戦時における米兵の蛮行や、朝鮮戦争やベトナム戦争の時に米兵が利用した慰安所などの例をみれば、アメリカ軍も決して例外ではありません」と綴ったのである。[20]

わたしはいったい彼の背後にはどんなブレインがいるのかと驚嘆しつつ、優れた研究成果がこのような形で使われることに陰鬱な気持ちを抱いていた。おそらく読者のなかには橋下氏と同じような動機（本書を、日本だけが「慰安婦」問題で責められるのは不当だという証拠として用いたい）で手に取った方もいるだろうから、この「陰鬱な気持ち」のありかを以下で記してみようと思う。

兵士とセックス――普遍性と特殊性

先に挙げた*Journal of Women's History*では、評者たちから、本書におけるフランスの事例を日本やドイツと比べた場合についての疑問が出されている。[21] フランスの特殊性を強調するよりも、「無力な女性を救う男らしい男性」というレトリックの利用やセックスによる兵士の恐怖心の克服など、政治的イデオロギーにかかわらず世界中のリーダーたちの抱いていた考えとの共通性が示唆され、[22] 戦時の歴史的文脈に位置づけつつ、現代にも繰り返し現れる「兵士とセックス」をめぐる諸現象の普遍性へと目を向けさせようとするのである。[23]

日本軍「慰安婦」問題の解決を目指す研究者の間でも、その特殊性はおさえつつ、比較史へと問いを開いていくような動きはすでに始まりつつある。[24] たとえば、永原陽子は「戦時中の日本の『慰安婦』制度が強制性の度合と規模や組織性において一つの極にあることは間違いない。しかしその中には、諸外国の、とりわけ植民地における管理売春との共通性もまた多く見出される」[25] として、「慰安婦」を含む戦争と性暴力の比較史を提唱する。

こうした研究動向を参照しながら、まずは本書の当事国でもあるフランスを見てみよう。[26] フランスでは、一九世紀初頭のナポレオン時代から、性病の統制を目的として、国家による娼婦の登録許可と強制的な性病検診を基軸とする管理売春の制度が始まった。

一八三〇年、アルジェリアの侵攻と同時にフランスはメゾン・ド・トレラーンスを設けた。既存の売春宿を軍が管理することもあった。戦地やサハラ砂漠地帯の占領地には「軍用野戦売春宿」（BMC）が設けられた。BMCは軍と契約を結んだ経営者が指定地域から娼婦を募集して運営したが、彼女たちへの支払いは軍が直接行った。第一次世界大戦が始まるとBMC制度は植民地からフランスに移転された。

フランスの管理売春制度のもとで働く公娼は貧しい女性たちであったが、娼家に対する独立性は強かった。公娼制度と言っても、親を連帯保証人として金を借り、前借金を返済するまで廃業の自由なく抱え主に隷属するような奴隷的状態を国家が公認していた日本の公娼制度との違いに留意する必要がある。[27]

その後の制度廃止の顚末は本書第5章で述べられているとおりであるが、一九四六年のマルト・リシャール法の後、BMCは公式には廃止されたとはいえ、アルジェリア独立戦争やインドシナ戦争で活用され続けたし、ベトナム戦争時にもフランス軍はアルジェリアから女性を動員・従軍させた。

次に、第二次世界大戦時に日本とならび、軍が組織的かつ大規模に慰安所を開設・利用したと言われるドイツである。[28]

ドイツ軍は第二次世界大戦時に慰安所の設置を始め、一九四二年には五〇〇カ所以上もの軍用慰安所がつくられた。設置の目的は性病対策、スパイ防止のほか、混血防止もあったとされる。フランスなどの西部占領地では既存の売春宿をそのまま利用し、ソ連やポーランドなどの東部占領地では慰安所を新設した。ナチスドイツはポーランド侵攻の際にユダヤ人女性を大量にレイプし、ロシア人女性を慰安所に強制連行するなど、占領地での女性集めを暴力的な形で行った。既存の売春宿を利用したフランスやオランダ以外の占領地では、国防軍用・親衛隊用の慰安所とも、施設の設備、監督、物資供給を現地軍司令官が担当し、占領地のすべての兵站に軍付属として置かれた。占領下のフランスでは住民女性全体を強制売春の対象としたような例もあったとされるが、本書では女性の強引なナチスの制度への組みいれにもなお、「東南アジアで日本が設立したものほどの強制性はなかった」と述べられている（一七七頁）。

続いて、本書のもう一方の当事国アメリカであるが、ヨーロッパ諸国と異なりアメリカは公娼制度を持たずにきた国であり、軍が兵站として管理売春を行うことを公式に禁じていた[29]。

本書でも、パリ入りした米軍がフランス警察と一緒にやってきて売春宿を人種・階級別に分けてまわったその直後、すべての売春宿を米兵の立ち入り禁止にしたという話や（一八〇頁）、地元のぽん引きに仕切らせてサン・ルナンにGI用売春宿を開設するも、従軍牧師の勧告を受けてわずか五時間で閉鎖された話が書かれている（二〇六頁）。これらが女性の人権を慮ってのことではなく、本国アメリカ人にこの不祥事が発覚することを恐れてのことであったとは言え（二三九頁）、社会と軍隊のなかにブレーキがあり抑制が働いた点は日本との大きな違いであろう。

一方、陸軍省は米兵と売春婦の接触を禁止する方針をとりながら、現地部隊は民間の売春宿を指定し、売春婦の性病検査を行った。つまり、中央レベルでは売買春を原則禁止としながらも、出先の部隊レベルでは黙認ないし容認されていたのだ。本書でも述べられているとおり、陸軍省は指揮官に売春をそそのかしてはいけないと言いながら、コンドームを配ることを命じた（二一九頁）。売春宿に行くことを想定し、コンドームを支給され、性病予防所を用意された兵士に、何が合法で何が非合法かの区別がつかなかったのは当然だろう（二二二頁）。

しかし、それでもなお、アメリカ軍が主導して売春施設を設置・運営したわけではなかったし、管理の目的や対策は性病予防に集中しており、経理に介入したり女性を物理的に拘束したりといった強権的な監督統制を伴っていたのではない。この点で、日本軍「慰安婦」制度とは大きく異なるのである。

占領下の日本に目を転じれば、敗戦直後から日本は自発的に占領軍向け慰安施設の設置を始めた。フランスの場合と同じように、アメリカは最初は黙認、後に禁止という表向きの姿勢をとりながら、実質的には黙認を続けたし、なかには設置の要請や奨励もあったとされる。それでも、慰安所のもとになっていると見なした公娼制を、民主主義の理想と、個人の自由に反すると考え、一九四六年には公娼制度を廃止させ、慰安所は閉鎖されたのである[30]。

このように、軍の管理売春を認めずにきた米軍だが、周囲を住民に囲まれ外出もままならなかったベトナム戦争では数カ所の売春施設を設置している。管理したのはもっぱら衛生面で、人員の調達や利用料金などはベトナムの民間人にゆだねられていたが、施設は基地内で軍の監督下に置かれた。

では、これらの諸国に対し、日本軍「慰安婦」制度の特徴とはいかなるものであったのか？　林博史によれば、その特徴の第一は設置理由にあり、他国では主に性病予防を理由に軍が関与したのに対し、日本の場合には、日本軍将兵による地元女性へのレイプを減らすという理由で組織的に慰安所がつくられたことだった[31]。だが、慰安所をつくってもレイプが減ったわけではなかった。むしろ、慰安所内での性暴力の許容と助長が、慰安所外での性暴力の凶暴性を増すという補完関係があり、女性を拉致・監禁しレイプする「慰安所もどき」がつくられるなど、組織的な慰安所の設置がかえって兵士の性的欲望を歪め・肥大化させたことが指摘されている[32]。

日本軍の特徴の第二は、慰安所設置計画の立案から、業者選定・依頼・資金斡旋、女性集め、女性の輸送、慰安所の管理、建物・資財・物資の提供に至るまでの過程がすべて軍の管理下に置かれ、それらがしばしば軍により直接実施されたことである。[33] 軍の命令により設置された慰安所で、軍もしくは軍の命令を受けた業者により暴力や詐欺的手段で集められ、辞める自由のなかった女性たちの境遇は、一応は廃業の権利を明記した娼妓取締規則のもとにあった公娼制度下の女性たちとも異なっている。[34] 軍慰安所の女性に自由廃業の権利はなかったし、とくに中国や東南アジアの占領地では文字通りの強制連行、拉致・監禁・輪姦があった。このような日本軍「慰安婦」制度は、公娼制度の非人道性をふまえながらも、それと区別して論じる必要がある。[35]

第三の特徴は、軍が公然と慰安所を設置・運営していたことである。日本軍「慰安婦」制度は、日本の公娼制を土台として形成され、設置地域が広範で数も多く、「慰安婦」として犠牲にされた女性の数、出身地も広範囲に及ぶ点で際立っていた。[36] 占領地の売春宿利用だけでは到底足りず、売春にかかわりのなかった女性・少女をも植民地だった朝鮮と台湾から大量に「慰安婦」として動員し、戦場に連れて行った。[37] 先述のとおり、第二次世界大戦時にこれほど組織的かつ大規模に軍慰安所を開設・利用したのは、日本軍とドイツ軍だけだと言われている。[38] 占領地で暴力的・強圧的な徴集方法がしばしばとられた点においても、侵略戦争で占領地を一気に拡大していった日本とドイツが突出していた。[39]

それにしても、そもそも兵士はなぜこんなにもセックスを必要とするのか？ 軍隊が男性兵士の性を鼓舞することで彼らを戦わせようとするからである。大越愛子は、「常時死の危機にさらされている兵士は、無化されるかもしれない男性性を誇示するために、必要以上に暴力的になる」と言う。[40] そして、この暴力性が戦場で求められるからこそ、多くの軍隊が買春を通じた兵士の女性に対する暴力的性行為を看過してきたのだ。

また、田中利幸は、上官の命令への絶対服従という軍の厳格な階級制度と「敵を支配し従属させる」という兵士の責務との矛盾に注目する。実戦の場とは「数分先の自分の命がどうなるかわからない、自分で自分の命と運命をコントロールできないという非常に不安な『自己無力感』」を感じる場面であり、この矛盾が激化するなかで、多くの兵士が「支配力」を渇望し、攻撃的なセックスに向かい女性を支配しようとするのだ、と。[41] こうした説明は、本書で綴られた売春婦の凄惨な殺害事件のみならず、既に引用した買春へと突き動かされる兵士の叙述とも響き合っている――「気持ちがほぐれるものなら何でもいい。ほんのつかの間、一、二時間でいいから忘れたいのだ。戦争が今も続き、明日には戦死者登録係に札をつけられるかもしれないことを」(二〇三頁)。

恋愛《ロマンス》・売買春・レイプ――連続と断絶

本書が「兵士とセックス」の形態を三つのカテゴリー――恋愛《ロマンス》・売買春・レイプ――に分けて叙述したことに対しては、恋愛と商売、同意と暴力の間にしばしば境界は明確に引けないという批判がなされている。[42]

まず、第I部「恋愛《ロマンス》」では、ノルマンディー上陸作戦がエロティックな冒険のごとく喧伝され、ナチスの邪悪な手からフランスの女性たちを救い出す任務として神話化され、疲れて萎えた男らしさを奮い立たせ、兵士に世界のリーダーたる「大国」の立場を学ばせるお手軽で魅力的な方法として用いられたこと、すなわち恋愛の象徴的な機能についてもっぱら紙幅が割かれている。一方、現実問題として、米兵とフランス人女性がどのような恋愛を享受したのかはあまり伝わってこない。

欧米の帝国列強による植民地支配から今日の国際平和活動に至るまで、兵士が現地の売春宿を利用するだけでなく、地元女性を「現地妻」にするケースは多々あり、そこでは恋愛と売買春の境界は時に流動的なものとなろう。

本書では、一九四四年のパリ解放時には「解放者の兵士の気を引こうと躍起」になっていた女たちとの合意によるセックスを無料《ただ》で堪能できたのに、売春が栄えるにつれ「無料《ただ》で手に入ったものになぜ金を払わなければならないのか」と憤る兵士についての記述がある（一七九頁）。ここには恋愛から売買春への移行がほのめかされている。けれども、恋愛が成就し、結婚にいたった何千ものケースには不思議なほどに言及がないのである[43]。

第Ⅱ部「売買春」では、戦闘を戦うべくかき立てられた兵士の性衝動が容易には抑えられず、米兵がフランスのありとあらゆる場所で買春におよび、性病罹患率が上昇したこと、にもかかわらず、アメリカ側がその責任をフランス人女性（と地方自治体）に押し付けたことが記述される。

恋愛から売買春への移行はこの第Ⅱ部にも垣間見える。売春女性のなかでも「ボニシュ」と呼ばれた女性たちのなかには、恋人や婚約者としてアメリカ兵と交際していた者も多かったと言われているし（一六九頁）、アメリカ兵との結婚を夢見て町に出てきた農村の娘たちが、「恋人」の出航後に売春に手を染めるようになるといった記述があるからだ（二四二頁）。

米兵と関係を持った「ボニシュ」は日本の「パンパン」と同じく、敗北と堕落の象徴として蔑まれたとされる。日本の場合にはレイプをきっかけに「パンパン」になった女性たちが少なくなかったことが知られているが[44]、本書では売買春とレイプの間を行き来するような事例についての記述も不足しているように思われた。

第Ⅲ部「レイプ」では、救出に駆けつけた戦士を乱暴な侵入者に変えてしまうレイプがアメリカにとって売買春を上回る脅威であり、自身のプロパガンダが煽動した過剰なセックスへの対応を迫られて、米軍がアフリカ系アメリカ人をレイプ犯としてスケープゴートにしたことが暴かれていく。

黒人兵士のレイプ事件では女性は罪なき犠牲者で、自ら性的関係を選ぶことなどあり得ないとされたのに対し、白人兵士が関与する事件では女性は売春婦と見なされ、抵抗したという主張も加害者特定の試みも疑いの目を向けられた。第7章の「証人の信頼性の問題」という項で、著者は、売春婦が黒人兵士に高額の料金をふっかけて断られた腹いせに警察へ通報したり、自ら進んで黒人兵士と寝た女性が自らの「体裁」を保つためにレイプの罪で兵士を訴えたりすることもあったと述べている。

レイプの人種化にフランスの女性たちも加担したことを示すため、著者は七六件の訴訟のうち、証拠や被告の特定、原告の信頼性に疑問があるように見えた一五件の軍法会議裁判記録を選んで第7章を書いた。注66では、検証した事例にバイアスがかかっているため、これが代表的なものだと主張するつもりはないと述べられてはいるものの、この章には「セカンド・レイプ」に該当するような記述が多く、読んでいてつらかった[45]。レイシズムの問題の重要性は認めつつ、この第Ⅲ部ではなぜかジェンダーの問題が後景に退き消えかかっていることも気にかかる。

売買春とレイプの境界がしばしば曖昧なものであるのは確かなことだが、その区別の基準は自由意思の有無にあるはずだ。たとえ、原告が売春婦であったとしても、どんなに過去の性の経歴が「派手」であったとしても、当該の性行為が自由意思に反してなされたものならばそれはレイプだ、とフェミニズムは訴えてきたのではなかったか。

売春婦だったからレイプを告発するにふさわしくないと見なす発想は、女性を、レイプ被害を訴えることの許される善良な淑女と、救済に値しない汚れた売春婦に二分化する発想に極めて近い。そして、売春を商売とするような女性ならば何をされてもしかたないというこの見方こそ、前身が「売春婦」だった日本軍「慰安婦」の女性を、そうではない「慰安婦」被害者と区別することにつながるものである。[46] それは当時の軍部や内務省が日本人「慰安婦」候補者として最初に芸妓・娼妓・酌婦の女性たちをターゲットにしたのと同じ発想だ。[47] 売春婦であろうがなかろうが国家が女性を「慰安婦」にして人権を蹂躙してよいことにはならないし、売春婦だったとしてもその意思に反して性行為を強制すればそれはレイプであること、[48] このことを何度でも確認しておきたい。

おわりに

前述した橋下氏のサンフランシスコ市議会への書簡の引用文の前には、「戦時という環境において、日本を含む世界各国の兵士が女性の尊厳を蹂躙する行為を行ってきた、という許容できない普遍的構造自体をこそ、私達は問題にすべきなのです。日本を含む世界各国は、戦場における性の問題について、自らの問題として過去を直視すべきです」とある。そしてその後は「旧日本兵の慰安婦問題を相対化しようというような意図は毛頭ありませんが、戦場の性の問題を旧日本兵のみに特有の問題であったかのように扱い、日本だけを非難することによってこの問題を矮小化する限り、世界が直視しなければならない過去の過ちは正されず、今日においても根絶されていない兵士による女性の尊厳の蹂躙問題は解決されないでしょう」と続き、「共同調査」が呼びかけられている。[49]

この文章を額面通り受け取るならばわたしには何一つ異論はない。だが、その後の彼の発言を聞けばやはり「相対化の意図はない」との言をそのまま信じることはできない。[50] 二〇一四年九月一二日の登庁会見で、橋下氏は「慰安婦」問題が国連安保理決議一三二五号の第一一項における「人道に対する罪」にあたらないと考えるが、もしあたると言うのなら世界各国も同様だし、世界各国があたらないと言うのなら日本も「それでは申し訳ないけれど、うちもあたりませんね」と主張すべきだ、と言うのだから。[51]

一九九一年の金学順さんの「慰安婦」としての名乗りに端を発した「慰安婦」問題は、一九九〇年代の戦争における性暴力が国際法のなかでついにその「不可視性」を失うに至る過程に寄与した。[52] 九〇年代とは旧ユーゴスラビアやルワンダなど各地で凄惨な戦時性暴力が繰り返され、「戦争につきもの」だと性暴力を放任し続けてきたことがこうした事態を招いたのであり、厳しく処罰すべきだという認識が国際的に広まっていった時代であった。国際社会が戦時下の性暴力にきちんと対処してこなかったことへの反省が広がり、そのなかで日本軍の「慰安婦」制度の不処罰がクローズアップされるようになったのである。[53]

「戦場における性の問題」はヴァリエーションを持ちながらも、橋下氏の言うとおり、世界各地に過去も現在も存在し、その克服は世界共通の課題である。[54] そして、「兵士とセックス」をめぐる問題は軍隊や戦場を離れた平時の日常を生きるわたしたちの性をめぐるありようとも深く結びついている。偏狭なナショナリズムによる「慰安婦」バッシングのかわりに、性的搾取・暴力に苦しんだ人びとへの共感を育むこと、「日本だけが責められるのは不公平だ」と叫ぶかわりに、世界中で苦しむそうした人びとを支えているさまざまな運動の輪に加わること——本書が日本社会にそのような動きをもたらすよう使われることを、心から願っている。

謝辞

本書は多くの方がたに支えられて形になった。[55] 二〇一三年のジェンダー史学会による招待講演でこの本の重要性に注意を促してくださったクラーク大学のシンシア・エンローさん、日本での刊行の必要性にいち早く気づき急いで翻訳権をとった明石書店の前任担当者の赤瀬智彦さん、その仕事を引き継いでくださった大野祐子さん、そして監訳者の細かな要求に終始お付き合いくださった柴村登治さんに特別な感謝の気持ちを捧げたい。

一橋大学社会学部および同大学院社会学研究科のゼミ生たちは、本書の下読み作業に付き合い、時に鋭い問題提起で刺激を与えてくれた。大学院生の大島岳、大庭万里奈、川口遼、岸野幸枝、島袋景由、関根里奈子、徳安慧一、中垣内麻衣子、兪炳完、ノーラ・ワイネクさん、リサーチ・アシスタントの三好文さん、特任講師の平井和子さん、デラウェア大学大学院に留学中の箕輪理美さんには、注の作成や解題執筆の過程においてとくにお世話になった。また、困ったときの「知恵袋」として頼りにしているジェンダー社会科学研究センター（CGraSS）の同僚たちにも感謝している。とくに、貴堂嘉之さん、伊藤るりさんの存在なくして、アメリカもフランスも専門ではないわたしがこの翻訳にチャレンジすることはできなかった。

訳者の西川美樹さんからは、その緻密な仕事ぶりにプロの翻訳家の仕事とはこういうものかと多くを学ばせていただき、ともにこの翻訳に携われたことを光栄に思っている。そしてご多忙のなか、簡にして要を得た力強い推薦文を帯に寄せてくださった上野千鶴子さんにも心から感謝申し上げたい。この素晴らしいチームワークでできあがった本書が、一人でも多くの方の手に届きますように。

戦後七〇年目の夏、孫たちの生きゆく未来を案じつつ病床にいる父と母に、本書を捧げる。

注

1 *Civilization without Sexes: Reconstructing Gender in Postwar France, 1917-1927* (Chicago: University of Chicago Press, 1994), *Disruptive Acts: The New Woman in Fin-de-Siècle France* (Chicago: University of Chicago Press, 2002).

2 本書はじめにの注 21参照。ほかにも、韓国における米軍基地の女性売春婦に焦点を当てた Katharine H. S. Moon, *Sex Among Allies: Military Prostitution in U.S. - Korea Relations*(New York: Columbia University Press, 1997) や第二次世界大戦から今日に至る韓国、日本・沖縄、ドイツにおける米兵と女性たちとの関係を扱った論文集 Maria Höhnand Seungsook Moon eds., 2010, *Over There: Living with the U.S. Military Empire from World War Two to the Present* (Durham, NC: Duke University Press, 2010) がある。また、日本占領期における米兵と「パンパン」と呼ばれた女性たちの関係に迫る仕事としては、平井和子『日本占領とジェンダー――米軍・売買春と日本女性たち』（有志舎、二〇一四）や茶園敏美『パンパンとは誰なのか――キャッチという占領期の性暴力とGIとの親密性』（インパクト出版会、二〇一四）を参照のこと。

3 http://www.nytimes.com/2013/05/21/books/rape-by-american-soldiers-in-world-war-ii-france.html?_r=0

4 http://guardianlv.com/2013/05/what-soldiers-do-an-american-wwii-gi-expose/

5 http://www.prospectmagazine.co.uk/arts-and-books/what-soldiers-do-review-france-second-world-war

6 http://www.timeshighereducation.co.uk/books/what-soldiers-do-sex-and-the-american-gi-in-world-war-ii-france-by-mary-louise-roberts/2003931.article

7 http://www.h-net.org/reviews/showrev.php?id=39434

8 http://www.npr.org/2013/05/31/187350487/sex-overseas-what-soldiers-do-complicates-wwii-history

9 *Dissent*, 60(4): 107-111. 評者は Linda Gordon。

10 *American Historical Review,* 119(3): 996-997. 評者は Margaret H. Darrow。

11 *Reviews in American History*, 43(1): 156-160. 評者は Shannon L. Fogg。

12 *Chicago Journals,* 87(2): 460-461. 評者は Laura L. Frader。

13 *Journal of Women's History*, 26(3): 129-157. 評者は Judith Surkis、Joanne Meyerowitz、Elizabeth Heineman、Sabine Frühstück、Sarah Kovner で、Mary Louise Roberts の応答あり。

14 Carol Gluck, "Operations of Memory: 'Comfort Women' and the World," in *Ruptured Histories: War, Memory and the Post–Cold War in Asia*, eds., Sheila MyoshiJager and Rana Mitter (Cambridge, MA: Harvard University Press, 2007)（＝二〇〇一、梅崎透訳「記憶の作用――世界の中の『慰安婦』」『岩波講座近代日本の文化史８感情・記憶・戦争』岩波書店）。

15 著者による謝辞および注３、６、８における著者のコメントを参照のこと。

16 二〇一五年七月二六日現在、四二のカスタマー・レビューがついており、五点満点で平均は三・五点。評価は真二つに分かれており、低評価のレビューには「真実ではない」「わたしはそこにいた」「今まで読んだなかで最悪の本」「フェミニスト歴史修正主義者」といった文言がならんでいる。また、彼女のもとには人びと、とくに退役軍人からすさまじい抗議のメールがきたという。彼らにとって、セックスとはエロスの解放、戦闘の犠牲に対する報い支払い、生存者への報償であって、権力の概念ではない。ロバーツは、それをどう説得するかが課題だと語っている（Roberts, p.156）。

17 http://www.afpbb.com/articles/-/2946474

18 http://synodos.jp/politics/3894

19 橋下発言には多くの批判が寄せられたが、発言の根幹にある、兵士は性欲を満たすためにレイプするという「レイプ神話」「男性神話」への批判、「狭義の強制」概念への矮小化に対する批判に加え、米占領期の売春女性を追いかけてきた女性史・ジェンダー史家として「なぜ日本だけが世界から非難されるのか？」「米軍もやっていたではないか？」という疑問に応答したものとして、平井和子「軍隊と性差別の深い関係——『橋下発言』をめぐって」『インパクション』190（インパクト出版会、二〇一三）を参照せよ。

20 http://www.city.osaka.lg.jp/keizaisenryaku/page/0000232705.html

21 これに対し著者は、特殊性を無視することは、かえって「兵士とセックス」の問題を自然化してしまう危険があると主張しており、この禁欲は意図的なものなのだということがわかる（Roberts, p.155）。実際、本書においてドイツや日本についての記述はごくわずかであり、かつ、いずれも差異が強調された書き方になっている（本書第5章一七七頁、一九二頁）。

22 Frühstück, p.143.

23 Meyerowitz, p.137.

24 「慰安婦」問題を、戦場における性暴力と女性の人権の問題に普遍化しようとする熊谷奈緒子『慰安婦問題』（筑摩書房、二〇一四）、日本軍特有の制度であることを認めつつこれを戦時性暴力の視座でとらえようとする高良沙哉『「慰安婦」問題と戦時性暴力——軍隊による性暴力の責任を問う』（法律文化社、二〇一五）にも同様の志向性が見られる。

25 永原陽子「『慰安婦』の比較史に向けて」歴史学研究会・日本史研究会編『「慰安婦」問題を／から考える——軍事性暴力と日常世界』（岩波書店、二〇一四）、七七頁。

26 フランスについては、永原、熊谷、高良のほか、林博史『日本軍「慰安婦」問題の核心』（花伝社、二〇一五）のまとめを参照した。

27 小野沢あかね「『慰安婦』問題と公娼制度」「戦争と女性への暴力」リサーチ・アクションセンター編『「慰安婦」バッシングを超えて——「河野談話」と日本の責任』（大月書店、二〇一三）、五一頁。

28 ドイツについては、永原、熊谷、高良、林のまとめのほか、Susan Brownmiller, *Against Our Will: Men, Women, and Rape*(New York: Simon & Shuster, 1975)（＝二〇〇〇、幾島幸子訳『レイプ――踏みにじられた意思』勁草書房）の第3章を参照した。

29 アメリカについては、熊谷、高良、林のまとめに加え、平井を参照した。

30 ただし、慰安施設の閉鎖後には街娼があふれ、米兵の買春はやむことがなかったし、彼女たちへの「刈り込み」と強制的な性病検診という暴力は続いた（平井、茶園）。また、軍政下にあった沖縄はもちろんのこと、基地周辺でのレイプは今日に至るまで継続的に起こり続けている。

31 だが、これを日本軍「慰安婦」制度の特殊性と片付けることには慎重でありたい。軍事当局者がレイプと売買春をまとめて考えていることについては、本書第6章及びCynthia Enloe, *Maneuvers: The International Politics of Militarizing Women's Lives* (Berkeley, CA: University of California Press, 2000)（＝二〇〇六、上野千鶴子監訳・佐藤文香訳『策略――女性を軍事化する国際政治』岩波書店）の第3章を参照のこと。

32 林、六〇～六一頁、三二一頁、高良、二〇〇頁。

33 林、六一頁、三二一～三二二頁、高良、二〇〇頁。第一次安倍政権の「強制連行を直接示す記述は見当たらなかった」という二〇〇七年答弁書をタテに、強制性を否定する言説は後を絶たず、二〇一四年八月朝日新聞が吉田清治氏の証言に基づく「慰安婦」強制連行関連の記事を取り消した後は、あたかも「慰安婦」問題に関するすべてがなかったかのようなキャンペーンが展開されている。そのような考えに共感する読者にはFight for Justice の web サイト（http://fightforjustice.info/）および日本軍「慰安婦」問題 web サイト制作員会編『Q&A「慰安婦」・強制・性奴隷――あなたの疑問に答えます』（御茶の水書房、二〇一四）や、軍と警察の公文書に基づいて日本軍慰安所が軍の設置した施設であることを実証した永井和「日本軍の慰安所政策について」「戦争と女性への暴力」リサーチ・アクションセンター編『日本人「慰安婦」――愛国心と人身売買と』（現代書館、二〇一五）を読むことを薦める。

34 小野沢、四八～四九頁。

35 小野沢、五二頁。ただし、その差異に細心の注意を払う小野沢あかねが指摘するとおり、軍の命令を受けた業者等が軍からのお金で娼妓や芸者・酌婦などに前借金を支払い、期間を定めてその期間中廃業を厳しく戒めて「慰安婦」として働かせるケースもあり、「慰安婦」と公娼制度は連続してもいる（小野沢 四八頁、日本軍「慰安婦」問題 web サイト制作員会編二一九〜二三三頁)。

36 高良一九四頁、田中利幸「国家と戦時性暴力と男性性──『慰安婦制度』を手がかりに」宮地尚子編『性的支配と歴史──植民地主義から民族浄化まで』(大月書店、二〇〇七)、九五〜九六頁。

37 林、三二八頁。

38 林、三二二頁。

39 林、三二八頁。なお、韓国軍もまた朝鮮戦争時に軍管理慰安所をつくっており、ベトナム戦争時にはサイゴンにも慰安所を設けた。これは当時の韓国軍幹部に旧日本軍や旧「満州国」軍の軍人が多数いたことが大きな理由であり、彼らは日本軍「慰安婦」制度を模倣したのである(林、三二四頁)。

40 大越愛子「『国家』と性暴力」江原由美子編『フェミニズムの主張4 性・暴力・ネーション』(勁草書房、一九九八)、一一三頁。

41 田中、一〇四〜一〇六頁。

42 Frühstück, p.144. また、本書がヘテロセクシュアルな関係に特化していることも批判されているが(Frühstück, p.144, Meyerowitz, p.136)、著者によれば、フランスの警察報告でフランス人とアメリカ人の男性間の関係は一例しか見つからず、アメリカで見つかったのはもっぱら米兵間での同性間関係のみだったとのことである(Roberts, p.152)。

43 Kovner, p.148.

44 平井、茶園。

45 Joanne Meyerowitz からの同様の批判に答え、著者は、疑義のある黒人兵士の裁判記録に依拠することで、分析が女性の証言を虚偽や誤りだとするような見方に近接してしまったことを率直に認め、「これらの章を書くことはフェミニストとしてのわたしをとても苦しめた」と述べている(Roberts, p.153)。

46 公の場で経験を語るにふさわしい「慰安婦」とそうでない「慰安婦」に分かれ、後者が沈黙を強いられるのも同じ構造だ。とはいえ、その責めを負うべきは、二分法を利用して「慰安婦」全般をもともと「売春婦」だったと歪曲することで免責をはかろうとする者たちであり、それを許してしまっている日本社会全体であることは言うまでもない。

47 注33の「戦争と女性への暴力」リサーチ・アクションセンター編、二五九頁。

48 林、三三八頁。

49 注20を見よ。

50 安保理決議一三二五号とは平和と安全保障をめぐるあらゆる活動に女性の参加とジェンダー視点の導入を要求する決議であり、その第一一項は「すべての国家に対し、ジェノサイド、人道に対する罪、女性・女児に対する性暴力を含む戦争犯罪の責任者への不処罰を断ち切り、訴追する責任があることを強調する。またこれらの犯罪を恩赦規定から除外する必要性を強調する」となっている（http://ajwrc.org/1325/1325-trans-AJWRC.pdf）。

51 https://www.youtube.com/watch?v=c9McwEZljOo

52 Gluck, p.229.

53 林、六四～六五頁。

54 国連は職員の性的搾取と虐待は許さないとの方針を繰り返し確認してきたが、つい先日もハイチの女性二〇〇人以上がPKO隊員から支援物資を受け取るために「取り引きの性交渉」に応じたと証言し、今なお続く性的搾取の常態化が問題になっている（『朝日新聞』二〇一五年六月一一日夕刊）。

55 本書の解題にあたる研究に際しては、JSPS科研費（23710317, 15K01911）の助成を受けている。

sombres, de la Libération à nos jours (Paris: Éditions du Seuil, 2010), 262. 2つ目は、シュトゥットガルトでセネガル人兵士がドイツ人女性をレイプしたとされるうわさが広まったもの。アメリカの上院議員ジェームズ・イーストランドは公正雇用慣行委員会 (FEPC) に反対する長演説の中でこれらのレイプに言及した。本書第7章を参照せよ。

85. ADC, 13 T II/44, *Liberator*, 24 June 1944. 問題の事件については以下を参照せよ。HOBR, CMC 7518, 8:351–61.
86. SHAEF Intelligence report dated 21 October 1944, quoted in Andrew A. Thomson, "'Over There' 1944/45, Americans in the Liberation of France: Their Perceptions of, and Relations with, France and the French" (PhD thesis, University of Kent at Canterbury, 1996), 206–7.
87. Jean Galtier-Boissière, *Mon journal depuis la Libération* (Paris: La Jeune Parque, 1945), 35.
88. Lucien Lepoittevin, *Mémoire de guerres* (1692–1993) (Cherbourg: Isoète, 1994), 107–8.
89. G. Morris, *Assasin, mon frère* (Monaco [Paris]: Éditions de Rocher, 1990), 22, 59.
90. Louis Guilloux, *Ok, Joe* (Chicago: University of Chicago Press, 2003), 7–9.
91. Ibid., 67–70.
92. Ibid., 41.
93. Ibid., 78.
94. 合衆国を「世界で最も偉大な民主主義国家」だとうたった戦時のプロパガンダについては以下を参照せよ。Institut d'Histoire du Temps Présent, ARC 074-61 Alliés (1) and (2); ARC 074-62 Alliés (2); and ARC 074-67 Alliés (7)—États Unis.

おわりに

1. Archives de la Préfecture de Police, Paris, F.446.559. フランスの法律にのっとり、この事件に巻き込まれた者の氏名は変えている。
2. André Siegfried, "Les États-Unis à la croisée des chemins," *Le figaro*, 26 March 1945.
3. 大衆文化の一形態としての写真の分析については以下を参照せよ。John Louis Lucaites and Robert Hariman, "The Time Square Kiss: Iconic Photography and Civic Renewal in U.S. Public Culture," *Journal of American History* 94, no. 1 (June 2007): 122–31.「タイムズスクエア・キス」と関連して想起するもう1枚の写真は、ロベール・ドアノーの「パリ市庁舎前のキス」である。同じく有名なこの写真は、パリ市庁舎前でフランス人男性がフランス人女性とキスしているところを写したものだ。戦後5年たった1950年に撮影されたこの写真は、フランス人女性とキスするGIを写したラルフ・モースの1944年の写真と、アイゼンスタットの「タイムズスクエア・キス」の両者に図像的に対応するものとも解釈できる。ドアノーは『ライフ』誌の仕事のためにポーズを取らせて撮影したが、他の2枚の写真も同誌に最初に掲載された。
4. Carol Gluck, "Operations of Memory: Comfort Women and the World," in *Ruptured Histories: War, Memory and the Post–Cold War in Asia,* eds., Sheila Myoshi Jager and Rana Mitter (Cambridge, MA: Harvard University Press, 2007), 48 (=2002, 梅崎透訳「記憶の作用——世界の中の『慰安婦』」小森陽一ほか編『岩波講座　近代日本の文化史 8　感情・記憶・戦争』岩波書店、191-234、本文での引用は同論文の訳文による).

Sons: West African Veterans and France in the Twentieth Century (Durham, NC: Duke University Press, 2006), 111–16; Myron Echenberg, *Colonial Conscripts: The Tirailleurs Sénégalais in French West Africa, 1857–1960* (Portsmouth, NH: Heinemann, 1991), chap 6; Ndiaye, *La Condition noire*, 148–61.

68. Jean Yves Le Naour, *Misères et tourments de la chair durant la Grande Guerre: Les moeurs sexuelles des Français, 1914–1918* (Paris: Aubier, 2002), 204–5; Christelle Taraud, *La prostitution coloniale: Algérie, Tunisie, Maroc (1830–1962)* (Paris: Éditions Payot, 2003), 341–42, 346–47; Fogarty, *Race and War in France,* chap. 6. 北アフリカ部隊のあとを売春宿がついていったと記憶する米兵もいた。以下を参照せよ。Robert Adleman and George Walton, *The Champagne Campaign* (Boston: Little, Brown and Company), 219.
69. Vincent Joly, "Sexe, guerres et désir colonial," in François Rouquet et al., eds. *Amours, guerres et sexualité, 1914–1945,* ed. François Rouquet et al. (Paris: Gallimard, 2007), 67.
70. Taraud, *La Prostitution coloniale*, 351–52.
71. Tony Judt, *Postwar: A History of Europe since 1945* (New York: Penguin Press, 2005), 112–13（＝2008, 森本醇訳『ヨーロッパ戦後史 上・下』みすず書房）; Maurice Larkin, *France since the Popular Front, Government and People, 1936–1986* (Oxford: Clarendon Press, 1988), 119–21.
72. 第 3 章を参照せよ。
73. Alice Kaplan, *The Interpreter* (New York: Free Press, 2005), 151.
74. ADM, 13 num 3054, 13 num 3068. 以下も参照せよ。ADMa, 132 W 276, Mission militaire française de liaison après de l'Armée américaine.
75. ADC, 9 W 53, Police, rapports journaliers, reports dated 21 April and 26 April 1945.
76. ADM, 13 num 3128.
77. ADM, 13 num 3039; NARA, RG 331, Entry 54, Box 111, reports dated 1 August and 14 August 1944.
78. 以下を参照せよ。ADMar, 130 W 9, Rapports mensuels sur la situation générale adressés, report dated 28 December 1944.
79. ADC, 21 W 16, Rapports mensuels du préfet: documents préparatoires de synthèse, report dated 3 March 1945.
80. Suzanne Bigeon née Arnault, "Journal tenu pendant les jours précédant la Libération de Cherbourg: Le Débarquement. Les Allemands. Les Américains." MDC, TE 207. ビジョンの日記は 1944 年に書かれ、その後 1979 年から 80 年に Colette Arnault により修正・編集された。
81. Keith Nelson, "The Black Horror on the Rhine: Race as a Factor in Post–World War Ⅰ Diplomacy," *Journal of Modern History* 42 (December 1970): 613. 以下も参照せよ。 Jean-Yves Le Naour, *La honte noir: l'Allemagne et les troupes coloniales françaises, 1914– 1945* (Paris: Hachette Littératures, 2003).
82. Nelson, "Black Horror." 以下も参照せよ。Julia Roos, "Women's Rights, Nationalist Anxiety, and the 'Moral' Agenda in the Early Weimar Republic: Revisiting the 'Black Horror' Campaign against France's African Occupation Troops," *Central European History* 42, no. 3 (2009): 473–508; Ruth Simms Hamilton, "Orchestrating Race, Nation, and Gender: African Peacekeepers in Germany, 1919–1920," and Dana S. Hale, "Brothers in Arms? African Soldiers in Interwar France," in *Routes of Passage: Rethinking the African Diaspora*, ed. Ruth Simms Hamilton, 2 vols. (East Lansing: Michigan State Press, 2007), 1:337, 361.
83. Nelson, "Black Horror," 613, 619.
84. レイプの告発が起きた次の 2 例にも、この時期の性的暴力と国家の屈辱のつながりが示されている。1 つは 1943 年から 44 年のイタリアでの戦闘において、フランス軍により住民が解放された後に、モロッコの兵士がレイプを犯したとするうわさが広まったもの。以下を参照せよ。Olivier Wieviorka, *La mémoire désunie: le souvenir politique des années*

(マルヌ県公文書館、以後 ADMar), 16 W 268, Affaires réservees: Incidents avec les troupes alliées, report dated 20 September 1944. だが圧倒的に、警察の報告は窃盗と比較的軽い暴行事件に関するものだった。

52. 第 7 章を参照せよ。
53. 第 1 章を参照せよ。
54. Herval, *Bataille de Normandie*, 1:70.
55. ADM, 13 num 3047.
56. ル・アーヴルでのアメリカによる財産徴用に対する苦情については以下を参照せよ。AMH, FC H4 14-15; FC I1 68-4; FC H4 15-5. マルヌについては以下を参照せよ。ADMar, 16 W 266, Relations avec les autorités alliées; ADMar, 132 W 276, Mission militaire française de liaison après de l'armée américaine. カーンについては以下を参照せよ。ADC, 21 W 16, Rapports mensuels du préfet: documents préparatoires de synthèse, report dated 19 February 1945; ADC, 726 W 16 905, Correspondance avec les autorités militaires alliées au sujet de sépultures alliées et enemies.
57. Roger Hilliquin, *Les années de guerre d'un adolescent havrais, 1939–1945* (Luneray: Éditions Bertout, 2002), 118.
58. *Le Havre-éclair,* 12 August 1945.
59. ADM, 1366 W, *MT*, memoir of Raymond Avignon, 30.
60. ADM, 1366 W, *MT,* diary of Henri Dabrin, 175.
61. Footitt, *War and Liberation*, 72, 86.「住民は解放者の存在に打ちのめされた」と著者は結論した。
62. ADC, 726 W 16, 865 Prostitution, report dated 5 March 1945. 1944 年 11 月、シェルブールで売春をした容疑で警察に検挙された Yvette Mesnil は、近くの基地で黒人兵士とセックスするのが「嫌でできなかった」と主張することで容疑を逃れる手を知っていた。以下を参照せよ。ADM, Séries 3 U, Justice, Fonds du Tribunal de première instance de Cherbourg, procès-verbal (hereafter Séries 3 U), report dated 14 November 1944.
63. ADM, Séries 3 U, reports dated 24 January 1945 and 26 July 1945.
64. Frantz Fanon, *Black Skin White Masks* (New York: Grove Press, 1967), 63（= 1998, 海老坂武・加藤晴久訳『黒い皮膚・白い仮面』みすず書房、本文での引用は同書の訳文による）. 二次文献については以下を参照せよ。Richard Fogarty, *Race and War in France: Colonial Subjects in the French Army, 1914–1918* (Baltimore, MD: Johns Hopkins University Press, 2008), chap. 6.
65. Pamela Scully, "Rape, Race, and Colonial Culture: The Sexual Politics of Identity in Nineteenth-Century Cape Colony, South Africa,"*American Historical Review* 100, no. 2 (April 1995): 338. 1857 年のインドの大反乱はひょっとしたら政治的抵抗と性的違反行為とが結び付いた最も有名な例かもしれない。以下を参照せよ。Jennie Sharpe, *Allegories of Empire: The Figure of Woman in the Colonial Text* (Minneapolis: University of Minnesota, 1993), 57–84. 歴史家 Ann Stoler は、両大戦間のアルジェリアで、政治的緊張と、アルジェリアの男性が性的に過度に積極的であるとするイメージの拡散が同時発生したと述べている。以下を参照せよ。Stoler, *Carnal Knowledge and Imperial Power: Race and the Intimate in Colonial Rule* (Berkeley: University of California Press, 2002), 58–59（2010, 永渕康之・水谷智・吉田信訳『肉体の知識と帝国の権力――人種と植民地支配における親密なるもの』以文社）.
66. 以下を参照せよ。Pap Ndiaye, *La Condition noire: Essai sur une minorité française* (Paris: Calmann-Lévy, 2008), 130–33. Ndiaye によれば、13 万 4000 人のセネガル人兵士が第一次世界大戦時にフランスで戦った。以下も参照せよ。Marc Michel, *Les Africains et la Grande Guerre: l'appel à l'Afrique (1914–1918)* (Paris: Éditions Karthala, 2003).
67. 以下を参照せよ。Raffael Scheck, *Hitler's African Victims: The German Army Massacres of Black French Soldiers in 1940* (Cambridge: Cambridge University Press, 2006); Gregory Mann, *Native*

(Cambridge, MA: Harvard University Press, 2009); Régine Torrent, "L'image du soldat américain en France, de 1943 à 1945," in *Les américains et la France, 1917–1947: engagements et représentations*, ed. F. Cochet et al. (Paris: Maisonneuve et Larose, 1999), 237; Jean Bazal, *Marseille galante* (Marseille: Éditions Paul Tacussel, 1980), 63.

32. Claude Malon, *Le Havre colonial de 1880 à 1960* (Caen: Presses Universitaires de Caen, 2006), 516–17, 532, 545.
33. ADM, 1366 W, *MT*, Yves Bouder, "La rédaction imaginaire," 101.
34. Pierre Aubéry, "Le Camp Tareyton," *Le Havre-éclair*, 12 June 1945.
35. Danièle Philippe, *J'avais quinze ans . . . en juin 44, en Normandie* (Paris: Éditions France-Empire, 1994), 144. 以下も参照せよ。*Front National*, 12 September 1944.
36. NARA, RG 331, Entry 6, Box 11, report dated 16 March 1945.
37. 1789年との対比がここでも役立つ。恐怖は1789年にフランスの田園で広まっていたが、その原因は政治の変動だけでなく穀物供給の不足にもあった。
38. NARA, RG 331, Entry 6, Box 11, report dated 28 November 1944.
39. 以下より引用。Footitt, *War and Liberation*, 91.
40. Mémorial de Caen (カーン記念館、以後MDC), TE 277, Marcelle Hamel-Hateau, "Des mémoires d'une petite maîtresse d'école de Normandie: souvenirs du Débarquement de juin 1944," 19.
41. HOBR, CMC 3859, 10:391–407.
42. MDC, Séries FN–France Normandie, Trevières, "Américains—Normands— Omaha—1944," 35. マルグリット・ギドンは1944年に26歳だった。ベルネスクはコタンタン半島のふもとにある小さな村。この文書中の以下も参照せよ。*The témoignage* of Madame Marie Jeanne Leneveu, 43.
43. NARA, RG 331, Entry 6, Box 11, report dated 15 December 1944.
44. NARA, RG 331, Entry 6, Box 11, report dated 21 November 1944.
45. Service Historique de la Gendarmerie Nationale (国家憲兵隊史編纂部、以後SHGN), 76E 200, Brigade territoriale de Cany-Barville, registres de correspondance courante au départ, 7 September 1944 to 11 December 1946, report dated 8 February 1945. すべての市民が黒人兵士を否定的に見ていたわけではなかった。たとえば以下を参照せよ。MDC, Séries FN–France Normandie, "Grancamp-Les-Bains-Maisy, 1939–1945, témoignages, ouvrage réalisé par l'association Grexpo," 1994, témoignage of Madame Claude Anquetil.
46. NARA, RG 331, Entry 6, Box 11, report dated 1 April 1945.
47. ADC, 9 W 45, Rapports du préfet, rapports mensuels et bimensuels, 1945, reports dated 30 April, 20 May, 24 May, 10 June, 25 June. 以下も参照せよ。ADC, 9 W 55/2 Police, rapports bimensuels de gendarmerie, report dated 3 May 1945; ADC, 21 W 17, Rapports mensuels de préfet, documents préparatoires de synthèse, 1945, reports dated 20 April, 19 June.
48. ADC, 9 W 45, Rapports du préfet, rapports mensuels et bimensuels, report dated 23 December 1944. 以下も参照せよ。Ibid., reports dated 23 February, 28 February 1945; and ADC, 21 W 16, Rapports mensuel du préfet, documents préparatoires de synthèse, report dated 19 March 1945.
49. ADC, 21 W 16, Rapports mensuels du préfet: documents préparatoires de synthèse, report dated 19 February 1945.
50. AMH, FC H4 15-6, letter dated 19 September 1945. ヴォワザン自身はアフリカ系アメリカ人兵士をひどく嫌っていたため、ル・アーヴルの解放1周年を祝う行事を開く際に、式典には「白人兵士のみ参加を認める」ことを知らせるよう、部下に命じて地元の米軍当局に電話をかけさせた。以下を参照せよ。AMH I1 46-7, letter dated 6 September 1945.
51. マルヌではレイプの検挙があった。以下を参照せよ。Archives Départmentales de la Marne

種になると主張している。フランスの歴史文献については以下を参照せよ。Marc Bloch, "Reflexions d'un historien sur les fausses nouvelles de la guerre," *Mélanges historiques*, 2 vols. (Paris: S.E.V.P.E.N., 1963), 1:41–57; Alain Corbin et al., eds., *De bouche à oreille: naissance et propagation des rumeurs dans la France du xixe siècle; collection historique* (Paris: Aubier, 2003).

19. NARA, RG 331, Entry 54, Box 111, report dated 25 June 1944. うわさが広まっているというフランス人の認識については以下を参照せよ。Marcel Leveel, *Rails et haies: la double bataille de l'Elle et de Lison* (Marigny: Éditions Eurocibles, 2004), 126.
20. ADM, 13 num 3051.
21. ADM, 13 num 3046.
22. ADM, 13 num 3045.
23. ADM, 13 num 3084.
24. Timothy Tackett, "La grande peur et le complot aristocratique sous la Révolution française,"*Annales historiques de la Révolution française* 333 (2004): 15–17.
25. Georges Lefebvre, *The Great Fear of 1789: Rural Panic in Revolutionary France* (Princeton, NJ: Princeton University Press, 1973), 159. フランス史上、うわさが重要な歴史的役割を果たした、その他の例については以下を参照せよ。Alain Corbin, *Le village de "cannibales"* (Paris: Flammarion, 1999)（= 1997, 石井洋二郎・石井啓子訳『人喰いの村』藤原書店）; Jean-Yves Le Naour, *Le corbeau: histoire vraie d'une rumeur* (Paris: Hachette Littératures, 2006).
26. Les Archives de la Préfecture de Police, Paris (パリ警視庁記録保管所、以後 APP), BA 1822 Libération. この分厚いファイルには、米兵を告発した多数の警察報告が含まれるが、その内容は窃盗やけんかであり、レイプは1件もなかった。この文書庫にはさらに、殺人の罪に問われたアフリカ系アメリカ人に関する資料(違反者記録)もあるが、やはりレイプでの検挙は存在しなかった。以下も参照せよ。 AN, F1a 3350, report dated 12 December 1945; *Louis Chevalier, Les ruines de Subure: Montmartre de 1939 aux années 80* (Paris: Éditions Robert Laffont, 1985), 82, 91–92（= 1999, 大島利治ほか訳『落日のモンマルトル 上・下』筑摩書房）.
27. US Army, *Twelfth Army Group, Final After-Action Report,* 15 vols. ([Bad-Hamburg?]: Twelfth Army Group, 1945), 10:225.
28. Brett A. Berliner, *Ambivalent Desire: The Exotic Black Other in Jazz-Age France* (Amherst: University of Massachusetts Press, 2002), 237.
29. Antoinette Oriot, *La fille du boulanger* (Charenton-Le-Pont: Presses de Valmy, 1998), 351. 以下も参照せよ。Elizabeth Coquart, *La France des G.I.s: histoire d'un amour déçu* (Paris: Albin Michel, 2003), 77; André José Lambelet, "'*Liaison Factice*' and '*Schwarze Schande*': Black Soldiers, French Officers, and the Ideology of Conscription," *Proceedings of the Annual Meeting of the Western Society for French History* 28 (2002): 271–81; Christian Koller, "Race and Gender Stereotypes in the Discussion on Colonial Troops: A Franco-German Comparison," in *Home/front: The Military War and Gender in Twentieth-Century Germany*, ed. Karen Hagemann and Stephanie Schaler-Springorum (New York: Berghahn, 2002), 141.
30. Tyler Stovall, "Love, Labor and Race: Colonial Men and White Women in France during the Great War," in *French Civilization and Its Discontents: Nationalism, Colonialism, Race*, ed. Tyler Stovall and Georges van den Abbeele (Lanham, MD: Lexington Books, 2003), 299–300. 以下も参照せよ。William H. Schneider, *An Empire for the Masses* (Westport, CT: Greenwood Press, 1982), chap. 7.
31. Arthur E. Barbeau and Flotette Henri, *The Unknown Soldiers: Black American Troops in World War I* (Philadelphia: Temple University Press, 1974), 143. 第一次世界大戦時、ロレーヌ出身のフランス人女性が黒人兵士をレイプの容疑で告発した。以下を参照せよ。Adriane Lentz-Smith, "Settling Mr. Negro: African Americans at War in the Terrestrial Heaven," unpublished ms., 2. 以下も参照せよ。Lentz-Smith, *Freedom Struggles: African Americans and World War I*

人のアフリカ系アメリカ人兵士 Milbert Bailey、JohnWilliams ならびに James L. Jones が、ラ・ペルネルで 1 人の女性をレイプし、さらに娘を守ろうとした父親を殺害した容疑で検挙された。3 人は 1944 年 12 月 14 日に軍法会議により有罪判決を受け、1945 年 4 月 19 日にラ・ペルネルで死刑が執行された。以下を参照せよ。*Holdings and Opinions, Board of Review, Branch Office of the Judge Advocate General, European Theater of Operations: Judge Advocate General Corps. Board of Review* (Washington, DC: Office of the Judge Advocate General, 1943–46) (hereafter HOBR), Court Martial Case (hereafter CMC), 7518, 18:157–65; Archives Départmentales de la Manche (マンシュ県公文書館、以後 ADM), 145 W 26, Relations avec les autorités alliés, letter dated 16 October 1944; Hilary Footitt, *War and Liberation in France* (New York: Palgrave Macmillan, 2004), 85.

3. National Archives and Records Administration (アメリカ国立公文書館、以後 hereafter NARA), Record Group 331, Records of Allied Operational and Occupation HQ, World War Ⅱ (SHAEF) (hereafter RG 331), Entry 6, General Correspondence, 1944–45, Box 16, "Extracts of Censorship Submissions on Relations of Allied Personnel with Civilians" dated 24 November 1944.
4. Archives Municipales de la Ville du Havre (ル・アーヴル市公文書館、以後 AMH), FC H4 15-6, letter of 18 November 1944.
5. Archives Départmentales du Calvados (カルヴァドス県公文書館、以後 ADC), 726 W 16 905, letter dated 5 November 1944. この同じ書類に含まれる 1944 年 9 月 15 日付および 10 月 3 日付の手紙も参照せよ。手紙はラ・カンブとメジーの一帯に「恐怖と懸念の空気」があったことに触れている。
6. Archives Nationales, (フランス国立公文書館、以後 AN), Séries AJ 384, Gendarmerie, synthèse pour la période du 15 octobre au 15 novembre 1944.
7. ADC, 9 W 45, Rapports du préfet, rapports mensuels et bimensuels, 1945, report dated 23 December 1944.
8. US Army Judiciary, Arlington, Virginia (アメリカ陸軍司法部、以後 USAJ), CMC 4194, Richard Scott, 4.
9. AMH, FC H4 15-6, letters dated 10 September 1945 and 8 October 1945.
10. ADM, Rapports américains, 13 num (hereafter 13 num) 3051 and 13 num 3136.
11. ADM, 1366 W, Comité vérité historique, *Liberté 44, la Manche témoigne: de l'occupation à la libération; les Manchois se souviennent* (hereafter MT), témoignage de Madame Dold-Lomet, 285.
12. ADM, 1366 W, *MT*, Colette l'Hermitte, "La bataille de Carentan," 625. 以下も参照せよ。ADC, 13 T II/44, *Liberator,* 30 June 1944.
13. NARA, RG 331, Entry 54, General Staff, G-5 Division, Information Branch, Historical Section, Numeric-Subject Operations File, 1943–July 1945 (hereafter Entry 54), Box 111, Relations with General and Special Staffs, Psychological Warfare Division (hereafter Box 111), report dated 25 June 1944. 以下も参照せよ。ADM, 13 num 3039 and 13 num 3105.
14. Footitt, *War and Liberation,* 76.
15. NARA, RG 331, Entry 54, Box 111, report dated 14 August 1944.
16. René Herval, *Bataille de Normandie: récits de témoins recueillis et présentés par René Herval,* 2 vols. (Paris: Éditions de "Notre Temps," 1947), 1:191, 195. 以下も参照せよ。1:204.
17. Jacques Petit, *Au coeur de la bataille de Normandie: souvenirs d'un adolescent, de Saint-Lô à Avranches, été 1944* (Louviers: Ysec, DL, 2004), 20, 23, 98. 以下も参照せよ。Herval, *Bataille de Normandie,* 1:38.
18. Prashant Bordia and Nicholas DiFonzo, "Problem Solving in Social Interactionson the Internet: Rumor as Social Cognition," *Social Psychology Quarterly* 67, no. 1 (March 2004): 34. 以下も参照せよ。Warren A. Peterson and Noel P. Gist, "Rumor and Public Opinion," *American Journal of Sociology* 57, no. 2 (September 1951): 160. このなかで著者は「性的倒錯」は頻繁にうわさの

の幻想は、アフリカ系アメリカ人にとどまらず、フランス帝国の人々にも適用された。この上院議員はシュツットガルトでの大規模レイプの申し立てに言及するに至り、フランス軍のセネガル兵が「キリスト教徒で良家出身のドイツ人少女」を性的に暴行したと主張した。フランスはイーストランドの話をすぐさま否定した。以下を参照せよ。*Chicago Defender*, 30 June, 7 July, 18 August 1945; *New York Amsterdam News*, 7 July 1945; *Chicago Daily Tribune*, 8 July, 18 July, 25 July, 27 July 1945; *New YorkAmsterdam News*, 14 July 1945.

197. 主要メディアの反応については以下を参照せよ。*Los Angeles Times*, 30 June 1945; the *New York Times*, 30 June 1945.

198. *Atlantic Daily World*, 6 July 1945; *Chicago Daily Tribune*, 3 July and 6 July 1945; *Chicago Defender*, 14 July 1945; *Pittsburgh Courier*, 14 July 1945.

199. *Atlantic Daily World*, 8 July 1945. この声明はどう考えても不誠実なものだった。イーストランドはノルマンディーで申し立てられたレイプを、黒人兵士に銃を与えたことと結び付けていた。黒人部隊が戦闘に従事しなかったと言うことと、彼らが武装していなかったと言うことはまた別の話だ。以下を参照せよ。*The Crisis*, August 1945.

200. イーストランドの発言は、南部の新聞にも広く転載された。チャールストン、サウスカロライナ、コロンビア、ミズーリのような場所では検閲が行われ、イーストランドの最も攻撃的な陳述は削除された。以下を参照せよ。*Atlanta Daily World*, 17 July; *Chicago Defender*, 21 July 1945. 8 月に *The Crisis* は、黒人兵を「残忍でぞっとする」と表現したイーストランドの発言を転載した。1945 年 12 月には *Negro Digest* が「ニグロはよい兵士か?」と問う議論の形で行われたイーストランドの長演説を編集して再掲載した。

201. *Pittsburgh Courier*, 7 July 1945; *Atlanta Daily World*, 1 July, 5 July, and 8 July 1945; *New York Amsterdam News*, 7 July 1945. ナチスとの比較については以下も参照せよ。*New York Amsterdam News*, 14 July 1945.

202. Adriane Lentz-Smith, *Freedom Struggles: African Americans and World War I* (Cambridge, MA: Harvard University Press, 2009), 99. 第一次世界大戦時のアフリカ系アメリカ人に対するフランスの反応の個人的な説明については以下を参照せよ。SCRBC, William Holmes Dyer Memoirs, 1917–18.

203. フランスにおけるアフリカ系アメリカ人の典型的な説明は以下を参照せよ。Tyler Stovall, *Paris Noir: African Americans in the City of Light* (Boston: Houghton Mifflin, 1996). 以下も参照せよ。Marc Hillel, *Vie et moeurs des GI's en Europe, 1942–1947* (Paris: Balland, 1981), 136.

204. *New York Amsterdam News*, 2 September 1944. 以下も参照せよ。Ollie Stewart's account of the Liberation in the *Richmond African American*, 2 September 1944.

205. レンツ=スミスが第一次世界大戦に関して主張するように、「女性は、黒人白人問わずアメリカ人が男らしさと市民権について自らの考えを表現する手段となった」(Lentz-Smith, *Freedom Struggles*, 99)。

206. *New York Amsterdam News*, 2 September 1944.

207. *Richmond African American*, 26 August and 14 October 1944.

208. *Chicago Defender*, 30 September 1944.

209. *Baltimore African American*, 7 July 1945.

210. *Chicago Defender*, 11 August 1945.

211. *Chicago Defender*, 11 August 1945.

212. *Chicago Defender*, 18 August 1945.

213. *Chicago Defender*, 21 July 1945.

第8章

1. *La presse cherbourgeoise*, 17 October 1944.
2. とくにこの新聞は、シェルブールの東のラ・ペルネルで発生した事件に注目した。3

Benson and Janice Sumler-Edmond (Atlanta: Clark Atlantic University Press, 1999), 456–57.

181. Walter White, *A Man Named White, the Autobiography of Walter White* (New York: Viking Press, 1948), 246.

182. Hachey, "Walter White," 463.

183. White, *A Man Named White*, 244. ホワイトの回想によれば、アイゼンハワーは、ヨーロッパ戦域の法務総監に対し、特定の事件を調査し、それらと軍法会議の手順一般に対し是正措置を取るよう命じた。ホワイトによれば「極端な不正は是正された」。

184. White, *A Rising Wind*, 24, 48–49. 以下も参照せよ。 SCRBC, Committee against Jim Crow in Military Service and Training, Sc MG98, Folder 2, 8 May 1948.

185. NARA, RG 498, Judge Advocate Section, Decimal File, 1942–45, 250–250.1, Letter dated 3 April 1944.

186. Ibid., memo dated 4 April 1945.

187. NARA, RG 498, Box 27, memo dated 21 November 1944.

188. 1944 年から 1945 年にかけて、アフリカ系アメリカ人のメディアに関して綿密な調査を行ったが、フランスでのレイプの告訴と軍法会議の裁判に関する記述を見つけることができなかった。だが、黒人向けの新聞のなかには、ドイツで黒人兵士が性的暴行を働いたことに対する告訴を報じているものがあった。以下を参照せよ。*Pittsburgh Courier*, 16 June 1945, and *Chicago Defender*, 28 March, 21 April, 26 May, and 21 July 1945.

189. Papers of the NAACP, 1940–55, General Office File, Part 16, Board of Directors, Correspondence; ibid., William Hastie, 1943–45. ヘイスティは少なくとも夏の一時期ニューヨークに滞在し、NAACP の改革に努めた。書簡ファイルのなかでも、ヘラルド・トリビューンからフランスに派遣された記者 Lewis Gannett にホワイトが送った 1944 年 8 月 25 日付の手紙を参照せよ。ホワイトはフランスで黒人が成し遂げたことを誇りに思っていると伝え、「私が準備段階でしか見られなかった成果のただなかにいるあなたのことをうらやましく思います」と書いている。

190. USAJ, CMC 3858, Davis and Jordan. そのうえ母親には、「高価な腕時計と戦時公債」を含む息子の所持品も返却されなかった

191. ベンジャミン・O・デイヴィス大佐は、ローズヴェルトと黒人指導者の間で取り交わされた協定の結果、准将に昇進した。この協定で、ウィリアム・ヘイスティ判事も陸軍省へ異動となった。軍隊内の人種分離政策を終わらせることを拒否した後、ローズヴェルトは 1940 年の選挙で黒人票を再び得ることに心を砕いた。以下を参照せよ。McGuire, *Taps*, xxxi. デイヴィスは自身の回想録のなかで、フランスへの視察については言及していない。以下を参照せよ。*Benjamin O. Davis, Jr.: An Autobiography* (Washington, DC: Smithsonian Institution Press, 1991).

192. NARA RG 331, Entry 82, Box 6, memo dated 7 July 1944.

193. *Chicago Defender*, 19 August 1944. トールズはフランスにおいて第 1 軍と行動を共にした黒人記者だった。だが、フランスで従軍したアフリカ系アメリカ人の回想録を見つけることはできなかった。ヨーロッパ戦域に関する黒人作家の小説については以下を参照せよ。William Gardiner Smith, *The Last of the Conquerors* (New York: Farrar, Strauss, 1948); Avery Kolb, *Jigger Witchett's War* (New York: Simon and Schuster, 1959).

194. イーストランドの欧州視察については以下を参照せよ。Chris Myers Asch, *The Senator and the Sharecropper: The Freedom Struggles of James O. Eastland and Fannie Lou Hamer* (New York: New Press, 2008), 105–6.

195. *Congressional Record*, 29 June 1945; Asch, *Senator and Sharecropper*, 114–18. イーストランドの長演説に対する NAACP の反応については以下を参照せよ。Papers of the NAACP, 1940–55, General Office File, Part 18, Special Subjects, Series B, "James Eastland."

196. *Congressional Record*, 29 June 1945. 暴力的で過度に性的な黒人男性というイーストランド

アでは、1944年3月に、6人の黒人兵が2人の白人看護士をレイプしたかどで有罪判決を受け、絞首刑に処された。この件については以下を参照せよ。Ray Luszki, *A Rape of Justice: MacArthur and the New Guinea Hangings* (Lanham, MD: Madison Books, 1991); Moore, *Fighting for America*, 214–16. オーストラリアの黒人兵に関しては以下を参照せよ。*Chicago Defender*, 3 June 1944.

164. McGuire, *Hastie*, 87–88によれば、こうした問題には、自白の強要、さらには告発者に不誠実や性的乱交の評判があることを裁判所がじゅうぶんに認識していなかったことも含まれる。フランスの植民地だったニューカレドニアは、第二次世界大戦時、空軍基地として利用するため米軍に占領された。もともと2人の黒人兵に対して告発を行ったのは、フランス人の植民地総督で、彼はメディアに対し「有色人種の部隊はカレドニアの白人女性にとって脅威である」と述べている。以下を参照せよ。*Chicago Defender,* 8 January 1944.

165. この一件の詳細については以下を参照せよ。Moore, *Fighting for America*, 211–15.

166. イギリスのメディアの役割に関する黒人コミュニティの論評については以下を参照せよ。*New York Amsterdam News*, 24 June 1944; *Atlanta Daily World*, 14 June 1944; *Pittsburgh Courrier*, 17 June and 1 July 1944; *Richmond African American and Baltimore African American*, 17 June 1944; *Chicago Defender*, 30 September 1944; *Crisis,* July 1944.

167. この嘆願運動に関しては以下を参照せよ。*Pittsburgh Courier*, 24 June 1944, and *New York Amsterdam News*, 29 July 1944.

168. 戦時の黒人向け出版物の果たした闘争的な役割については以下を参照せよ。Lee Finkle, "The Conservative Aims of Militant Rhetoric: Black Protest during World War Ⅱ," *Journal of American History* 60 (1973): 692–713, and Finkle, *Forum for Protest: The Black Press during World War II* (Rutherford, NJ: Fairleigh Dickinson University Press, 1975).

169. Christopher Waldre, *African Americans Confront Lynching: Strategies of Resistance from the Civil War to the Civil Rights Era* (Lanham, MD: Rowman and Littlefield Publishers, 2009), 86.

170. Glenda Gilmore, *Defying Dixie: The Radical Roots of Civil Rights, 1919–1950* (New York: W. W. Norton, 2008), 394, 397.

171. *The Crisis*, March 1944.

172. *The Crisis,* June 1944.

173. *The Crisis*, July 1944.

174. *New York Amsterdam News*, 8 July 1944.

175. *Chicago Defender,* 14 October 1944.

176. *Pittsburgh Courier*, 1 July 1944.

177. NAACP'S *The Crisis* (March 1944).NAACPはニューカレドニアの事件を「陸軍のスコッツボロ事件」と名付け、これをアラバマ州のスコッツボロで1931年に起きた、黒人男性9人が白人女性2人をレイプしたとする有罪判決が覆された事件と結び付けた。スコッツボロ事件では、告訴人のうち1人がレイプの申し立てに関してうそをついたことを認めたことから、Glenda Gilmoreが呼ぶところの「地殻変動」が南部で起こった。これ以降、レイプがあったと主張する白人女性は裁判で男性中心主義から逃れるべく黒人の人種主義的なステレオタイプに頼れなくなった。(*Defying Dixie*, 125)。*The Pittsburgh Courier*も1944年7月22日付の紙面で同じくカレドニアの事例をスコッツボロ事件と比較している。

178. NARA, RG 498, Entry 82, Special Staff, Public Relations Division, Executive Branch, Decimal File, 1943–45 (hereafter Entry 82), Box 6, Folder "Negroes."

179. Brandt, *Harlem at War,* 164.

180. Thomas Hachey, "Walter White and the American Negro Soldier in World War Ⅱ: A Diplomatic Dilemma for Britain," in *Freedom's Odyssey: African American History Essays from Phylon*, ed. Alexa

(Caldwell, ID: Caxton Printers, 1949), 163.

146. ADM, 13 num 3133.

147. ADM, 13 num 3135.

148. イギリス軍とカナダ軍の側の暴力に関しては、調査したすべての文書館において、ほとんど事例を見つけることができなかった。また大規模な問題を示唆するいかなる証拠も見つからなかった。

149. ADM, 13 num 3172.

150. NARA, RG 331, Entry 6, Box 11, letter dated 3 November 1944. Alphonse Juin 少将はこの記事を、当時ルーアンのフランス軍第 3 部隊指揮官だった Legentilhomme 中将の書いた覚書とともにアイゼンハワーに届けた。この覚書で、Legentilhomme は以下のように主張した。「もしアメリカ人が、自国の男性の必要を満たすだけの女性を連れてくることができないとしても、せめてフランス人女性には敬意を払っていただきたい」。アイゼンハワーが受け取ったこの「警告」の翻訳は、ノルマンディーの情報部が提供したものとはまた違っていた。どちらの翻訳も悪かったため、筆者（ロバーツ）が自分で訳したものをここで用いた。

151. ADM, 13 num 3172.

152. ADM, 13 num 3177. イギリス人もまた恐怖に関する『シェルブルジョワーズ』のレトリックを使って、アフリカ系アメリカ人部隊を説明した。たとえば以下を参照せよ。ADC, 726 W 16 905, "Correspondance avec les autorités militaires alliées au sujet de sepultures alliées et enemies," undated memo titled "Violation of French Women by American Black Soldiers."

153. Institut d'Histoire du Temps Présent (現代史研究所、以後 IHTP), ARC 1074–62 Alliés (2), *Voici nos alliés, Les États-Unis*, no. 2; and ARC 074 Alliés (7), Saint-John de Crèvecoeur, *Qu'est-ce qu'un américain?* [reprint of 1774 text] (Washington, DC: OWI, 1943).

154. IHTP, USA, 1, 2, nd; ARC 1074-62 Alliés (2), *Voici nos alliés, Les États-Unis*, no. 2 (nd); *L'Amérique en guerre*, 12 April 1944.

155. *Voici nos alliés*, no. 2 (nd); USA, 1, 2.「赤い肌をしたアメリカ人」のことを、「自分の祖先が最初のアメリカ人であることを誇りに思っている」、まさに「典型的な」アメリカ人兵士だとする描写が以下の文献に含まれている。*Les combattants des États-Unis* (Washington, DC: OWI, 1944).

156. たとえばレンヌでは、8 月 11 日にダウンタウンの王立劇場、ケルト劇場、セレクト劇場で「ガーラ・シネマ・ナイト（Gala Cinema Night）」が開催された。ここで一般市民は米国のジープやテキサス州を横断するパイプラインに関する映画、そして連合国軍の軍事的勝利に関するニュース映画に拍手喝采した。以下を参照せよ。*Ouest France*, 11 August 1944.

157. NARA RG 331, Entry 6, Box 11, memo dated 17 February 1945.

158. *Saturday Evening Post*, 21 October 1944.

159. Harvard Sitcoff, "African American Militancy in the World War Two South," in McMillen, *Remaking Dixie*, 72–74.

160. Roeder Jr., *The Censored War*, 44.

161. この件については以下を参照せよ。Nelson Peery, *Black Fire: The Making of an American Revolutionary* (New York: New Press, 1994), 52.

162. Roeder Jr., *The Censored War*, 4, 8, 44–47, 56–57.

163. Kim Munholland, "Donald Duck in the South Pacific, or the Americanization of New Caledonia, 1942–1945" (unpublished ms.). Munholland の主張によれば、1943 年の 2 月から 11 月にかけて、ニューカレドニアでは 25 件の強姦や強姦未遂、もしくは強姦目的の暴行が発生した。告訴された 25 件のうち、18 件はアフリカ系アメリカ人によるものだった。ニューカレドニアに関してはさらに以下も参照せよ。Peery, *Black Fire*, 233. ニューギニ

1964), 75–77.
121. Lilly, *Taken by Force*, 90, 93.
122. Hodes, *White Women, Black Men,* 201–2.
123. USAJ, CMC 3750, Bell, 10, 14. ベルは20年の重労働に処せられた。刑罰軽減の要請は繰り返し却下された。
124. 以下も参照せよ。USAJ, CMC 3740, Sanders, Wilson, and Anderson, 22.
125. 以下を参照せよ。HOBR, CMC 3707, 10:195–99; CMC 4309, 12:277–83; CMC 4775, 13:281–89; CMC 5009, 14:53–65; CMC 10103, 22: 91–95. 以下も参照せよ。USAJ, CMC 4309, McCann.
126. 以下を参照せよ。USAJ, CMC 3740, Sanders, Wilson, and Anderson; USAJ, CMC 8163, Davison. さらにほかの例については以下も参照せよ。HOBR, CMC 3691, 9:183–87; CMC 3707, 10:195–99; CMC 3858, 10:385–89; CMC 4294, 12:239–59; CMC 4775, 13:281–89.
127. Walter Brown, *Up Front with U.S.* (np: Author, 1979), 46, 369.
128. 以下を参照せよ。USAJ, CMC 3691, Houston, 32. ヒューストンは終身刑に処せられた。
129. USAJ, CMC 8163, Davison.
130. HOBR, CMC 6227, 16: 233–38.
131. 以下を参照せよ。USAJ, CMC 309176, Wilbur Starr. Starr はウィスコンシン州フォンデュラクのチペワ・インディアンだった。以下を参照せよ。USAJ, CMC 3740, Sanders, Wilson, and Anderson; HOBR, CMC 3691, 9:183–87; CMC 4072, 11:337–43; CMC 5009, 14: 53–65.
132. HOBR, CMC 10103, 22:91–95.
133. USAJ, CMC 3750, Bell; USAJ, CMC 4775, Teton and Farrell.
134. USAJ, CMC 4194, Scott.
135. Peter Schrijvers は、ベルギー人女性のレイプに対するアフリカ系アメリカ人の起訴は、白人兵士の起訴の場合と比べて、厳しい罰に帰結したと述べている。以下を参照せよ。Peter Schrijvers, *Liberators: The Allies and Belgian Society, 1944– 1945* (Cambridge: Cambridge University Press, 2009), 229–30.
136. Lilly, *Taken by Force*, 61–63. この点については以下も参照せよ。Barbeau and Henri, *The Unknown Soldiers*, 144.
137. HBO-JAG, 10.
138. Terkel, *The Good War*, 391–92（= 1985, 中山容ほか訳『よい戦争』晶文社、本文での引用は同書の訳文による); NARA, RG 338, Box 75. この書簡は、熟練の絞首刑執行人を見つけようとする米軍の試みを明らかにしている。
139. Hodes, *White Women*, 2–3, 6, 147–48, 157, 175–208.
140. 抑止効果を期待した動機については以下を参照せよ。NARA, RG 498, Box 27, memo dated 16 November 1944.
141. NARA, RG 498, Adjutant General's Section Administration Branch, General Correspondence (1944–45), Box 28, 250.1–250.4 (hereafter Box 28), memo dated 31 August 1944.
142. NARA, RG 498, Box 27, "Let's Look at Rape." 小冊子に日付の記載はないが、このファイルに収められており、おそらく1944年の秋に黒人従軍牧師に回覧されたものと思われる。このファイルに保管されているベンジャミン・O・デイヴィス准将の手紙によれば、この小冊子は第64軍需品補給部に所属していた従軍牧師の Beverly War によって書かれた。デイヴィスが主張するには、小冊子は黒人兵士から好意的な反応を得たという。
143. 以下を参照せよ。ADM, 145 W 26, Relations avec les autorités alliés.
144. Ibid.
145. 以下を参照せよ。Lilly, *Taken by Force*, 163. 以下も参照せよ。Frank Irgang, *Etched in Purple*

CMC 3141, 8:351– 61; CMC 4072, 11:337–43; CMC 4253, 12:185–87; CMC 6224, 16:217–23; CMC 6545, 17:87–91; CMC 7869, 18: 291–301; CMC 11589, 24:219–25; CMC 11590, 24:227–33.

104. ADM, Séries 3 U, report dated 17 August 1944. ペロノーは兵士の認識票を預かったために、彼らを特定できた。

105. それから数カ月後にル・アーヴルで、ある売春婦が彼女と性的関係を結びたがった黒人兵士に自宅で暴行されたと申し立てた事件は、法外な金額をふっかけたことで説明できるだろう。両者の間で争いが生じると、兵士は彼女を銃で撃って逃亡した。以下を参照せよ。AMH, FC H4 15-6, letter dated 11 May 1945.

106. ADM, Série 3 U, report dated 12 June 1945.

107. USAJ, CMC 14986, John Robert Louis Phenix. ルヴィエールを診察したところ、「暴力を受けた証拠や外傷は認められなかった」。

108. ADM, Séries 3 U, report dated 12 June 1945.

109. USAJ, CMC 14986, Phenix. フェニックスの原判決は重労働の終身刑であった。しかし、再審理を行う裁判官らは、ルヴィエール側の（性行為の）合意がなかったとする強力な証拠が何も見つからないと主張して、罪を「レイプ」から「レイプ企図」に変更し、フェニックスの刑罰を 10 年に減らした。フェニックスは 1947 年と 1948 年にさらなる刑罰軽減を請求したが棄却された。

110. 法務総監室によれば、「証人は比較的信頼できる」ということに帰着した別の訴訟はデイヴィソンに対するものだった。USAJ, CMC8163, Davison. デイヴィソンは絞首刑を宣告されたが、絞首台で自分は無実であると宣言した。

111. USAJ, CMC 3933, Ferguson and Rorie, 23–25. 避難民が原告となった別の訴訟で、その裏付けのない証言が被告の有罪の決め手となったものについては、以下を参照せよ。USAJ, CMC 4309, Theron McCann.

112. USAJ, CMC 3933, Ferguson and Rorie.

113. USAJ, CMC 4589, Powell, Clay, Sweet, and Ketchum. 矛盾する証言が軍法会議によって原告に有利なように解決されると、上告再審委員会でそれを変更することはできなかった。以下を参照せよ。USAJ, CMC 8163, Davison; HOBR, CMC 9246, 20:157–63. 黒人兵士がレイプで起訴された際に、「はめを外しすぎ」という言葉が使用された他の 2 つの訴訟については以下を参照せよ。USAJ, CMC 3740, Sanders, Wilson, and Anderson; and USAJ, CMC 3933, Ferguson and Rorie.

114. USAJ, CMC 4155, Ora Broadus.

115. Service Historique de la Gendarmerie Nationale (国家憲兵隊史編纂部、以後 SHGN), 76E 200, Brigade territoriale de Cany-Barville, registres de correspondance courante au départ, 7 September 1944 to 11 December 1946, report dated 8 August 1945. 黒人の態度に関する他の市民の肯定的な評価については以下を参照せよ。SHGN, 76E 173, Section Yvetot, registres de correspondance courante au départ, 16 July 1945 to 12 April 1946, report dated 11 August 1945; NARA, RG 338, Box 14, Folder "Race; Walter White, *A Rising Wind*."

116. Terkel, *The Good War*, 276（= 1985, 中山容ほか訳『よい戦争』晶文社、本文での引用は同書の訳文による）.

117. Ibid., 369（= 1985, 中山容ほか訳『よい戦争』晶文社、本文での引用は同書の訳文による）.

118. 以下を参照せよ。HOBR, CMC 3749, 10:283–287; CMC 4775, 13:281–89; CMC 5170, 14:227–39; CMC 5363, 14:357–65.

119. Jack Sacco, *Where the Birds Never Sing: The True Story of the 92nd Signal Battalion and the Liberation of Dachau* (New York: Harper Collins Publisher, 2003), 193–96.

120. 以下を参照せよ。Marie-Thérèse [Cointré], *Histoire d'une prostituée* (Paris: Éditions Gonthier,

〜23巻に報告されている1944年の8月と9月の発生場所の地図を作成した。この期間中に検挙された70件のレイプのうち、5件のみがシェルブールで発生した。この時期に米兵が駐在していたレンヌやブレスト、サン・ローやサン・マロ、クタンスといった小さな町では、レイプの訴えはまったくなかった。ル・マンでは1件、モルレーでは2件、ヴァローニュでは1件の告発があった。そのほか小規模であまり知られていない田舎の村でも発生した。レイプの訴えは、戦争による被害が大きく、カトリシズムに熱心であり、戦争協力が活発な地域で起こったのかもしれない。しかし、ほとんどのレイプが発生した小さな町村についての情報が不足していることから、こうした違いを体系的に分析するのは困難である。

79. Marcel Leveel, *Rails et haies: la double bataille de l'Elle et de Lison* (Marigny: Éditions Eurocibles, 2004), 182.
80. Lilly, *Taken by Force*, 94.
81. ADM, Séries 3 U, reports dated 11 July, 17 August, 5 September, and 2 October 1944.
82. HOBR, CMC 5170, 14:227–39.
83. HOBR, CMC 5363, 15:357–65.
84. HOBR, CMC 7209, 18:7–13.
85. USAJ, CMC 3858, Davis and Jordan, 30. 原告は、加害者の1人は小柄で、もう1人は大柄だったと主張したが、デイヴィスとジョーダンは同じ身長だった。暗くなってから起きた犯罪の他の例は以下を参照せよ。HOBR, CMC 5362, 14:339–55; CMC 6585, 17:153–61; CMC 8166, 19:65–69; CMC 9246, 20:157–63.
86. HOBR, CMC 3859, 10:391–407. 以下を参照せよ。USAJ, CMC 3740, Sanders, Wilson, and Anderson.
87. HOBR, CMC 5362, 14:339–55.
88. HOBR, CMC 6193, 16:157–73.
89. HOBR, CMC 7209, 18:7–13.
90. HOBR, CMC 7867, 19:269–83.
91. USAJ, CMC 18599, Joseph E. Striggle.
92. HOBR, CMC 4292, 12:221–31.
93. NARA, RG 338, Box 75, "Report," 12.
94. Ibid., 23.
95. 被告の1人は、犯行現場に自分の名前と部隊名を記したレインコートを置き忘れていた。しかし、レインコートの持ち主は、レイプが起きたとされる日の数日前にそれを紛失したと報告していたため、この事件で容疑者にはならなかった。
96. Ibid., 22.
97. Lilly, *Taken by Force*, 38.
98. USAJ, CMC 4775, Teton and Farrell.
99. 医学的証拠が存在しなかった3件については以下を参照せよ。USAJ, CMC 3740, Sanders, Wilson, and Anderson; HOBR, CMC 3141, 8:351–61; HOBR, CMC 3749, 10:283–87. 医学的検査が数日後に実施された2件については以下を参照せよ。HOBR, CMC 5362, 14:339–55; HOBR, CMC 6545, 17:87–91. ろうそくの明かりのもとで医学的検査を行った1件については以下を参照せよ。HOBR, CMC 10103, 22:91–95.
100. たとえば以下を参照せよ。ADM, Séries 3 U, report dated 4 November 1944. 筆者（ロバーツ）が調べた限りでは妊娠が問題になった例は1件もない。
101. USAJ, CMC 3933, Ferguson and Rorie, 23–24.
102. たとえば以下を参照せよ。USAJ, CMC 8163, Tommie Davison; ADM, Séries 3 U, report dated 28 August 1944.
103. 以下を参照せよ。USAJ, CMC 4194, Scott; USAJ, CMC 3750, Bell. 以下も参照せよ。HOBR,

66. 1944年から1945年のフランスにおけるレイプの告発について調べる目的で、筆者（ロバーツ）は陸軍法務総監室の判決を再調査し、上告再審委員会による判決理由および法廷意見（HOBR）に記述された76件の訴訟の概略に目を通した。これらは被告が強姦、強姦未遂、強姦殺人の罪で裁判にかけられた訴訟であった。情報公開法に基づき、これらの訴訟から軍法会議裁判15件の記録を米陸軍に請求した。証拠や被告の特定、原告の信頼性に関して答えられていない疑問があるように見えた訴訟を選んだ。事例には「問題のある」訴訟というバイアスがかかっているため、これが代表的なものだと主張するつもりはない。これらの訴訟の大多数は、最初のレイプの波が起こったとされる1944年7月から10月の時期に報告されたものである。レイプの告訴がフランス当局によってどのように処理されたのかを知るために、ル・アーヴルの警察と知事の報告（AMH, FC H4 15-6）を読んだ。その他の地域は以下を参照した。サン・ローはADM, Séries 3 U, Justice, Fonds du Tribunal de première instance de Cherbourg, procès-verbal [hereafter Séries 3 U]; カーンはADC, Cabinet du préfet, 9 W 52–55 Police; ランスはArchives Départmentales de la Marne [マルヌ県公文書館、以後ADMar], 8 U 180, 196–97.
67. 以下を参照せよ。US War Department, *A Manual for Courts-Martial* (Washington, DC: Army, Judge Advocate General's Department, 1943).
68. Frederick Bernays Wiener, *Military Justice for the Field Soldier* (Washington, DC: Infantry Field Journal, 1943), 25. Wienerの著書は*A Manual for Courts-Martial*に加えてさらにわかりやすい案内書とされた。以下も参照せよ。John A. McComsey and Morris O. Edwards, *The Soldier and the Law* (Harrisburg, PA: Military Service Publishing Co., 1941).
69. USAJ, CMC 3858, Arthur E. Davis and Charles H. Jordan. 正式な起訴から公判までの法的に最低限必要な期間は、軍の事情でやむを得ない場合を除き5日間だった。法務総監室による訴訟の審議において裁判官は正式な起訴から公判までの期間が短いことを認めたが、「抗弁の準備にじゅうぶんな機会が与えられたため、実質的に規則を遵守したものと思われる」と主張した。この2人には弁護人として、法務総監室の将校と大尉がついたが、どちらの弁護人も弁護士のようではなかった。2人の兵士は1944年11月22日に処刑された。
70. USAJ, CMC 4775, Wilford Teton and Arthur Farrell.
71. USAJ, CMC 3691, Eugene Houston; CMC 2740, Sanders, Wilson, Anderson; CMC 3750, Leonard Bell. 以下も参照せよ。 CMC, 4589, Edward Powell, Andrew Clay, Ebbie Sweet, and J. B. Ketchum.
72. この問題は以下で取り上げられている。Gail Williams O'Brien, *The Color of Law: Race, Violence, and Justice in the Post–World War II South* (Chapel Hill: University of North Carolina, 1999).
73. Wiener, *Military Justice*, xi–xii.
74. Hilary Kaiser, ed., *Veteran Recall: Americans in France Remember the War* (Paris: Graphics Group, 1994), 108.
75. NARA, RG 498, Box 27, carrier sheet dated 16 November 1944.
76. SCRBC, Alan Morrison Papers, "Armed Forces," unpublished mss., nd, 7–8. モリソンはここで「多くのニグロ兵士たちが厳罰を当然のこととする刑事犯罪で有罪となったことは否定できない」とも述べている。
77. MHI, WW II Survey, Box Quartermaster, Companies, Unprocessed, William R. Preston survey. 以下も参照せよ。The testimony of MP Alvin Bridges in Studs Terkel, ed., *The Good War: An Oral History of World War Two* (New York: Ballantine Books, 1985), 390（= 1985, 中山容ほか訳『よい戦争』晶文社）.
78. このレイプの告発が地理的なパターンにしたがっているかどうかを明らかにするため、筆者（ロバーツ）は上告再審委員会による判決理由及び法廷意見（HOBR）の16

記者だった。

45. Morehouse, *Jim Crow Army*, 4; Lee, *Employment of Negro Troops*, 348–79, 437.
46. *L'Occupation et la Libération de Saint-Clair-Sur-Elle: témoignages de ses habitants* (Saint-Lô: Ateliers Beuzelin/Esnouf, 1984), np.
47. 後方連絡地帯(ComZ)がいかに機能していたかの明確な説明は以下を参照せよ。Steven R. Waddell, "The Communications Zone (ComZ): American Logistics in France" (PhD thesis, Texas A&M, 1992).
48. シェルブールの解放と、主要な補給港としてのその機能については以下を参照せよ。Robert Lerouvillois, *Et la liberté vint de Cherbourg: la bataille logistique de la Libération* (Cherbourg: Isoète, 1987); André Picquenot, *Cherbourg sous l'Occupation* (Rennes: Éditions Ouest-France, 1983), 95–96.
49. 統計については以下を参照せよ。NARA, RG 498, Box 27, "Offenses by Colored Soldiers." 憲兵司令官の発言については以下を参照せよ。Ibid., "Recapitulation of Major Crimes."
50. Lee, *Employment of Negro Troops*, 631.
51. SCRBC, Alan Morrison Papers, "Negro Service Troops Overseas," 14.
52. Régine Torrent, *La France américaine: controverses de la Libération* (Brussels: Éditions Racine, 2004), 236.
53. Ernie Pyle, *Brave Men* (New York: Henry Holt, 1944), 318（=1969, 村上啓夫訳『勇敢な人々——ヨーロッパ戦線のアーニー・パイル』早川書房）.
54. US Military History Institute, Carlisle Barracks (アメリカ陸軍軍史研究所、以後 MHI), World War Two Veterans Survey (hereafter WW Ⅱ Survey), Box 18th Infantry Division, Warren E. Eames survey.
55. この懸念については以下で発せられている。*Twelfth Army Group, Final After-Action Report*, 10:28.
56. NARA, RG 498, Box 27, "Offenses by Colored Soldiers" dated 22 August 1944.
57. Hodes, *White Women, Black Men*, 2. 以下も参照せよ。John D'Emilio and Estelle B. Freedman, *Intimate Matters: A History of Sexuality in America* (New York: Harper and Row, 1988), 297. この書籍で著者は、1930 年から 1964 年の間にレイプの罪で死刑執行を受けた兵士の 9 割はアフリカ系アメリカ人だったと述べている。
58. SCRBC, Committee against Jim Crow in Military Service and Training, Sc MG98, Folder 2.
59. Ambrose, "Blacks in the Army," 183; NARA, RG 338, XV Corps Subject Files, 1942–46, Box 75 (hereafter Box 75), "Report of Investigation Concerning Alleged Cases of Rape Occurring at Closfontaine, France, on 31 August and 2 September 1944" (hereafter "Report"), 12–13.
60. Archives Départmentales de la Manche (マンシュ県公文書館、以下 ADM), Rapports américains, 13 num (hereafter 13 num), 3045. この「13 num」シリーズはノルマンディーから届いた SHAEF 情報部の報告として収集されたもので、アメリカ国立公文書館（NARA）にてマンシュ県公文書館（ADM）の職員が自身の文書館に保管すべく写真に撮った。
61. NARA, RG 498, Box 27, memo dated 24 October 1944. フランスの文書については以下を参照せよ。ADC, 21 W 15/2, Rapports mensuels du préfet: documents préparatoires de synthèse, 1944, reports dated 16 December 1944, 3 February and 1 March 1945.
62. US Army Judiciary, Arlington, Virginia (アメリカ陸軍司法部、以後 USAJ), CMC 3740, James B. Sanders, Florine Wilson, and Roy W. Anderson, 5; and ibid., CMC 3933, George Ferguson and Henry Rorie, 3, 6.
63. NARA, RG 498, Box 27, "Recapitulation of Major Crimes."
64. HOBR, CMC 4172, 11:53–63.
65. HOBR, CMC 8270, 19:161–69.

31. SCRBC, Committee against Jim Crow in Military Service and Training, Sc MG98, Folder 2, Hearings before Commission of Inquiry into the Effects of Segregation and Discrimination on the Morale and Development of the Negro Soldier (hereafter Folder 2). このフォルダーには1948年5月に開催された、ニグロ兵士の士気および育成に対する分離政策の影響を調査した会議の事前の聴取記録が含まれている。この資料には第二次世界大戦における訓練や配置に関する黒人兵士からの証言も含まれている。
32. Lee, *Employment of Negro Troops*, 300. 以下も参照せよ。Kenneth Rose, *Myth and the Greatest Generation: A Social History of Americans in World War II* (New York: Routledge, 2008), 135.
33. SCRBC, LLP, 1.1 Corr., letter dated 6 April 1944.
34. SCRBC, Committee against Jim Crow in Military Service and Training, Sc MG98, Folder 2.
35. SCRBC, LLP, 1.1 Corr., letter dated 10 March 1943.
36. Ibid., letter dated 14 August 1944.
37. Ibid., letter dated 24 December 1944. イギリスでの軍隊内の人種差別主義者に関するウォルター・ホワイトの説明は以下を参照せよ。Walter White, *A Rising Wind* (Garden City, NY: Doubleday, Doran and Company, 1945), 16; and excerpts from *Militant*, 30 September 1944; "Britons Reject Racist Indoctrination," in *Fighting Racism in World War II*, ed. C. L. R. James et al. (New York: Monad Press, 1980), 311. 二次文献については以下を参照せよ。Smith, *When Jim Crow*, 133–34, 139–41; Neil R. McMillen, "Fighting for What We Didn't Have," in *Remaking Dixie: The Impact of World War Two on the American South*, ed. McMillen (Jackson: University Press of Mississippi, 1997), 97.
38. SCRBC, LLP, 1.1 Corr., letter dated 24 December 1944.
39. イギリスにおけるこの種の人種間の敵意については以下を参照せよ。NARA, RG 338, Records of US Army Operational, Tactical and Support Organizations, V Corps Adjutant General Section, Central Decimal File, 1940–45 (hereafter RG 338), Box 14, reports dated 18 and 22 May 1944; Samuel Stouffer et al., *The American Soldier: Adjustment during Army Life*, 2 vols. (Princeton, NJ: Princeton University Press, 1949), 1:544–50; Lawrence Cane, *Fighting Fascism in Europe: The World War II Letters of an American Veteran of the Spanish Civil War* (New York: Fordham University Press, 2003), 64. 二次文献については以下を参照せよ。Smith, *When Jim Crow*, 150, 188–89; Lee, *Employment of Black Troops*, 440; Wynn, *The Afro-American*, 29; Christopher Paul Moore, *Fighting for America: Black Soldiers, the Unsung Heroes of World War II* (New York: Ballantine Books, 2005), 173.
40. SCRBC, LLP, 1.1 Corr., letter dated 24 December 1944.
41. William Weaver, *Yankee Doodle Dandy* (Ann Arbor, MI: Edwards Press, 1958), 216–19; 以下も参照せよ。George H. Roeder Jr., *The Censored War: American Visual Experience during World War II* (New Haven, CT: Yale University Press, 1993), 56–57.
42. 戦闘におけるアフリカ系アメリカ人兵士の役割については以下を参照せよ。Alexander Bielakowski, *African American Troops in World War II* (Oxford: Osprey Publishing, 2007); Charles Sasser, *Patton's Panthers: The African American 761st Tank Battalion in World War II* (New York: Pocket, 2005); Kareem Abdul-Jabbar, *Brothers-in-Arms: The Epic Story of the 761st Tank Battalion* (New York: Broadway Books, 2005); Morehouse, *Fighting in the Jim Crow Army*, 160; Paul Goodman, *A Fragment of Victory in Italy: The 92nd Infantry Division in World War II* (Nashville, TN: Battery Press, 1993).
43. Wynn, *Afro-American*, 35–36; Mary Motley, *The Invisible Soldier: The Experience of the Black Soldier, World War II* (Detroit, MI: Wayne State University Press, 1975).
44. SCRBC, Alan Morrison Papers, "Negro Service Troops Overseas," unpublished ms., nd, 12–18. モリソンはヨーロッパ戦域における『スターズ・アンド・ストライプス』の最初の黒人

15. 以下を参照せよ。HBO-JAG, 1:10–13, 237.
16. この最終報告では、第12軍集団が1944年8月に、レイプ犯罪の「判明している加害者と容疑者は断然最多で戦務部隊の有色人種」だと述べている。以下を参照せよ。US Army, *Twelfth Army Group, Final After-Action Report*, 15 vols. ([Bad-Hamburg?]: Twelfth Army Group, 1945), 10:223.
17. HBO-JAG, "Introduction," 1: np. このパーセンテージは6月の23パーセントから上昇し、8月には28パーセントに下がった。これらの数値はヨーロッパ戦域全体のものだが、そのほとんどは、夏期後半に大半の米軍部隊が戦闘に従事していたフランスに関係している。ベルギーでのレイプの数値は最も低かった。
18. Maggie M. Morehouse, *Fighting in the Jim Crow Army: Black Men and Women Remember World War II* (Lanham, MD: Rowman and Littlefield Publishers, 2000), 3.
19. Stephen E. Ambrose, "Blacks in the Army in Two World Wars," in *The Military and American Society: Essays and Readings*, ed. Stephen E. Ambrose and James A. Barber Jr. (New York: Free Press, 1972), 178, 182–83.
20. 以下を参照せよ。Richard Dalfiume, *Desegregation of the US Armed Forces, Fighting on Two Fronts, 1939–1953* (Columbia: University of Missouri Press, 1969), 31–33, 64–81.
21. Phillip McGuire, ed., *Taps for a Jim Crow Army: Letters from Black Soldiers in World War II* (Santa Barbara, CA: ABC-Clio, 1983), xxx–xxxvi; McGuire, *He, Too, Spoke for Democracy: Judge Hastie, World War II and the Black Soldier* (New York: Greenwood Press, 1988), 31; Graham Smith, *When Jim Crow Met John Bull: Black American Soldiers in World War II Britain* (London: I. B. Tauris & Co., Ltd., 1987), 21–24. このボイコットと黒人向け出版物の役割については以下を参照せよ。Neil Wynn, *The Afro-American and the Second World War* (New York: Holmes & Meier, 1975), 22–26; Allan Brandt, *Harlem at War: The Black Experience in World War II* (Syracuse, NY: Syracuse University Press, 1996), 109.
22. ヘイスティの任命については以下を参照せよ。McGuire *Taps*, xxxi; McGuire, *Hastie*, xiv.
23. ヘイスティが陸軍省にて受け取った苦情の手紙については以下を参照せよ。William Henry Hastie Papers, Harvard Law School Library, Part IX, Segregation, Discrimination: Armed Services, Boxes 102-8 to 102-14. ヘイスティが全米黒人地位向上協会（NAACP）を介して受け取った苦情の手紙については以下を参照せよ。Papers of the NAACP, Part 18, Special Subjects, 1940–55, Series B, General Office Files, William H. Hastie, and Part 9, Series A, Discrimination in the US Armed Forces, 1918–55, General Office Files on Armed Forces' Affairs. こうした苦情のほとんどは1940年から41年の日付が記されており、訓練や昇進における差別をも取り上げていた。二次文献については以下を参照せよ。Clayborne Carson et al., *African American Lives: The Struggle for Freedom* (New York: Pearson Longman, 2005), 406.
24. Wynn, *The Afro-American*, 27; Brandt, *Harlem at War*, 137.
25. 白人将校に与えられた小冊子は、黒人兵士を指揮するという「特別の」問題に対処するためのものだった。以下を参照せよ。*Command of Negro Troops*, War Department Pamphlet No. 20-6, 29 February 1944.
26. The Schomburg Center for Research in Black Culture, New York Public Library(ショーンバーグ黒人文化センター、以後SCRBC), James Watson Papers, Sc MG 464. 以下も参照せよ。Ruth Wilson, *Jim Crow Joins Up* (New York: William J. Clark, 1944), 10; Brandt, *Harlem at War*, 101–2; McGuire, *Hastie*, 67.
27. SCRBC, Layle Lane Papers, Sc MG 54 (hereafter LLP) Box 1, Folder 1, Correspondence, Soldiers, 1942–46 (hereafter 1.1 Corr.), letter dated 26 February 1943.
28. Ibid., letter dated 9 May 1943.
29. Ibid., letter dated 27 April 1943.
30. Ibid., letter dated 9 May 1943.

3. 重要なことに、レイプの罪によるアフリカ系アメリカ人の起訴および死刑執行は、第二次世界大戦中の黒人部隊に関する権威ある公的な軍事史において言及されていない。Ulysses Lee, *The Employment of Negro Troops* (Washington, DC: Office of the Chief of Military History, US Army, 1966).
4. 以下を参照せよ。Alice Kaplan, *The Interpretor* (New York: Free Press, 2005); Lilly, *Taken by Force*.
5. こうした告発はもっぱらアフリカ系アメリカ人に集中した一方で、植民地の西アフリカ人その他の非白人兵士に矛先が向かったこともあった。たとえば、「問題」が明らかに北アフリカ人兵士にかかわっていた例については以下を参照せよ。Archives Départmentales du Calvados (カルヴァドス県公文書館、以後 ADC), 9W 45, Rapports du préfet, rapports mensuels et bimensuels, 1945, reports dated 10 April, 30 April, 10 May, 24 May, 10 June, and 25 June.
6. Archives Municipales de la Ville du Havre (ル・アーヴル市公文書館、以後 AMH), FC H4 15-6, letters dated 18 November and 21 November 1944, 25 June 1945. 以下も参照せよ。letters dated 14 June, 19 June, and 19 July 1945.
7. HBO-JAG, 1:13.
8. この例については以下を参照せよ。HOBR, Court Martial Case (hereafter CMC) 5017, 14:53–63.
9. 当然ながらレイプは合衆国ですでに大いに人種化されていた。以下を参照せよ。Martha Hodes, *White Women, Black Men: Illicit Sex in the Nineteenth-Century South* (New Haven, CT: Yale University Press, 1996), 2–3, 176–208; and Diane Miller Sommerville, *Rape and Race in the Nineteenth-Century South* (Chapel Hill: University of North Carolina Press, 2004).
10. 東部戦線におけるレイプの処置については、以下を参照せよ。Wendy Jo Gertjejannsen, "Victims, Heroes, Survivors: Sexual Violence on the Eastern Front during World War II" (PhD thesis, University of Minnesota, 2004); Birgit Beck, "The Military Trials of Sexual Crimes Committed by Soldiers in the Wehrmacht, 1939–1944," in *Homefront: The Military, War and Gender in Twentieth-Century Germany*, ed. Karen Hagemann and Stefanie Schüler-Springorum (New York: Berg, 2002), 255–74. 比較研究には、以下を参照せよ。Raphaëlle Branche et al., eds., *Viols en temps de guerre* (Paris: Éditions Payot, 2011).
11. レイプと旧ソ連軍に関する詳細は以下を参照せよ。Catherine Merridale, *Ivan's War: Life and Death in the Red Army, 1939–1945* (New York: Henry Holt and Company, 2006), chap. 9（= 2012, 松島芳彦訳『イワンの戦争――赤軍兵士の記録 1939 ～ 45』白水社）. ドイツ人女性のレイプについては以下を参照せよ。Atina Grossman, "A Question of Silence: The Rape of German Women by Occupation Soldiers," *October* 72 (1994): 43–63（= 1999, 荻野美穂訳「沈黙という問題――占領軍兵士によるドイツ女性の強姦」『思想』898：136-159）; and Grossman, *Jews, Germans, and Allies: Close Encounters in Occupied Germany* (Princeton, NJ: Princeton University Press, 2007), chap. 3. 以下も参照せよ。Norman Naimark, *The Russians in Germany: A History of the Soviet Zone of Occupation, 1945– 1949* (Cambridge, MA: Harvard University Press, 1995), 69–140; and Anonymous, *A Woman in Berlin: Eight Weeks in the Conquered City* (New York: Metropolitan Books, 2005).
12. HBO-JAG, 1:10.
13. HBO-JAG, 1:249. 太平洋戦域における集団レイプの資料に基づく証拠はない。しかし、田中ユキ（田中利幸）は、目撃証言と日本警察の情報報告を用いて、1945 年 3 月に沖縄で輪姦があり、1945 年 9 月の米軍占領後に日本本土でかなりの数のレイプがあったと論じている。以下を参照せよ。Yuki Tanaka, *Japan's Comfort Women: Sexual Slavery and Prostitution during World War II and the U.S. Occupation* (London: Routledge, 2002), 110–11, 116–17.
14. Lilly, *Taken by Force*, 16, 76–77, 91.

181. AMH, FC I1 49-2, Prostitution, report dated 4 May 1946.
182. Ibid., letter dated 1 April 1946.
183. Ibid., letter dated 3 April 1946.
184. SHGN, 76E6, 200, report dated 5 October 1945.
185. Judith Surkis, "AHR Forum: Sex, Sovereignty and Transnational Intimacies," *American Historical Review* 115, no. 4 (October 2010): 1090.
186. 1950年代の反米主義については以下を参照せよ。Harvey Levenstein, *We'll Always Have Paris: American Tourists in France since 1930* (Chicago: University of Chicago Press, 2004), chap. 8. Philippe Roger はフランスの反米主義が、戦後というよりむしろ両大戦間にピークに達したと論じている。以下を参照せよ。*L'ennemi américain: généalogie de l'antiaméricanisme français* (Paris: Éditions du Seuil, 2002)（= 2012, 大谷尚文・佐藤竜二訳『アメリカという敵――フランス反米主義の系譜学』法政大学出版局）.

第7章

1. National Archives and Records Administration (アメリカ国立公文書館、以後 NARA), Record Group 498, Records of Headquarters, ETO, US Army, 1942–46 (hereafter RG 498), Adjutant General's Section Administration Branch, General Correspondence (1944–45), Box 27, 250.1 (hereafter Box 27), report dated 10 October 1944. これらのレイプには、ベルギーで発生したものも含まれていた可能性がある。この戦域の憲兵司令官はヨーロッパ戦域全体の憲兵隊を監督していた。米軍法務総監室 (JAG) によれば、1942年7月から1945年11月にかけて904件のレイプが検挙され、そのうちの526件は有罪が確定した。以下を参照せよ。*History Branch Office of the Judge Advocate General with the United States Forces, European Theater, July 18, 1942–November 1, 1945* (hereafter HBO-JAG), 2 vols. (St. Cloud, France: Branch Office of the Judge Advocate General, 1945), 1:13. ロバート・リリーは、レイプは過小に報告される犯罪であるため、JAGが報告した上記の件数は、実際にヨーロッパ戦域で発生したレイプの件数を大幅に下回っていると主張している。以下を参照せよ。Robert Lilly, *Taken by Force: Rape and the American GIs in Europe during World War II* (New York: Palgrave McMillan, 2007), 12, 106–7。フランス警察が報告したレイプの件数のまとまった統計は存在しない。それゆえ、憲兵隊とフランス警察で同一のレイプの告発をどの程度報告したのかを知ることは不可能である。本書における調査では、レイプの告発にいくらか重複があるのを発見したが（原告の名前で確認できる）、一方フランス警察の記録に見られる多くの訴訟が、軍事法廷の公式の裁判記録には載っていない。*Holdings and Opinions, Board of Review, Branch Office of the Judge Advocate General, European Theater of Operations: Judge Advocate General Corps. Board of Review* (hereafter HOBR), 34 vols. (Washington, DC: Office of the Judge Advocate General, 1943–46). つまり、こうしたレイプの告発は、それらが憲兵隊の注意を引かなかったか、もしくはレイプの容疑で告発されたものが誰もいなかったために、アメリカの軍事法廷で正式に起訴されなかったということだ。
2. HBO-JAG, 10, 13. ヨーロッパ戦域で死刑に処されたこれらの男性のうち、86パーセントが黒人で、14パーセントが白人であった。米軍法務総監室 (JAG) は、ヨーロッパ戦域での軍事裁判を担当していた。JAGは軍組織のあらゆるレベルに法的業務を提供しており、弁護士資格のある将校らで構成されていた。JAGは軍法会議の裁判を実行して再審理し、ヨーロッパ戦域の犯罪に関する統計をとった。こうした種類の死刑はイタリアでも行われたが、最も有名なのはルイス・ティルへの執行だ。彼はイタリアで戦闘任務につき、1945年7月2日にレイプ殺人の罪で死刑に処された。ティルは、1955年に白人女性と会話したことで殺害され、そのことが公民権運動につながる反響を呼ぶ出来事となったエメット・ティルの父親である。

Military Empire from World War Two to the Present (Durham, NC: Duke University Press, 2010).

156. Bailey and Farber, "Hotel Street," 58–59. すべての女性が白人というわけではない。一部はハワイ、プエルトリコ、日本人であった。また、売春宿は人種で分離されていた。
157. Ibid., 63.
158. Stokes, "A Statement on Prostitution" in Robinson, *Morals in Wartime*, 157.
159. NARA, RG 331, Entry 65, Box 7, memo dated 16 May 1945.
160. 以下を参照せよ。Sarah Kovner, "Prostitution in Postwar Japan: Sex Workers, Servicemen, and Social Activists, 1945–1956" (PhD diss., Columbia University, 2004), 24–25. 以下も参照せよ。"Base Cultures: Sex Workers and Servicemen in Occupied Japan," *Journal of Asian Studies* 68, no. 3 (August 2009): 777–804.
161. Roeder Jr., *The Censored War*, 114. ブルー&グレー・コラールのうわさを聞きつけた第29師団の牧師は、これに対抗すべく、賢明にも兵士たちに故郷の牧師や家族に手紙を書くよう促した。以下を参照せよ。NARA, RG 331, Entry 198, Box 83, Lineman Report, 3.
162. MHI, Robert E. Seale Papers, "WW II as I Remember It," 62.
163. MHI, WW II Survey, 28th Infantry Division, Murray Shapiro, "Memoirs of Murray Shapiro," 87.
164. 以下を参照せよ。D'Emilio and Freedman, *Intimate Matters,* 257, 260.
165. Clement, *Love for Sale,* 242.
166. 男らしいGIの神話については、第2章ならびに以下を参照せよ。Mary Louise Roberts, "Le mythe du G.I. viril: genre et photojournalisme en France pendant la seconde guerre mondiale," *Le Mouvement social* 217 (2007): 35–56.
167. SHGN, 76E6, 200, report of 5 October 1945.
168. ADMar, 162 W 355, Rapports journaliers des relations avec les troupes, report dated 6 July 1945.
169. ADMar, 161 W 323, Incidents franco-américains, rapports, 1944–46, report dated 26 June 1945.
170. ADMar, 162 W 359, Rapports sur la prostitution (hereafter 162 W 359), report dated 2 July 1945.
171. Archives Départmentales du Calvados, 726 W 16 865 Prostitution, letter dated 25 April 1945.
172. ADMar, 162 W 359, report dated 13 October 1945; 16 W 268, report dated 26 June 1945.
173. ADMar, 162 W 359, reports dated 21 April 1945 and 20 July 1945; 161 W 323, Incidents franco-américains, rapports, 1944–46, report dated 26 June 1945; 16 W 266, Relations avec les autorités alliées, notes et correspondance, report dated 6 December 1944, letter dated 11 December 1944.
174. ADMar, 16 W 268, Affaires réservées; incidents avec les troupes alliées, report dated 26 June 1945.
175. AMH, FC I1 49-2, Prostitution, report dated 4 May 1946.
176. Ibid.
177. Ibid., letter dated 31 January 1946. 駐屯都市ランスの規制措置も米軍を満足させるために強化されたという証拠がある。以下を参照せよ。ADMar, 16 W 266, "Exposition de bon voisinage pour les GIs." ランスの売春婦もまた性病病棟から逃げようと試みた。以下を参照せよ。162 W 355, letter dated 3 August 1945.
178. *Stars and Stripes*, 18 October 1944 and 20 October 1944; US Army, Twelfth Army Group, *Report of Operations, Final After-Action Report,* 14 vols. (np, 1945), 10:179–80.
179. 以下より引用。David Reynolds, *Rich Relations: The American Occupation of Britain, 1942– 1945* (New York: Random House, 1995), 206.
180. アメリカ人がフランスで性売買を管理した方法と、Linda Bryderが記述した欧州列強による植民地での性管理のしかたとの類似点に注目せよ。「植民地では、ヨーロッパの男性と先住民の女性とのセックスを規制するシステムが、帝国主義国家によって課されていた。男性は性的エネルギーのはけ口を必要としており売春は都合のよいものと想定された。当該の女性たちの権利や健康についてはほとんど懸念されず、女性たちは性病を蔓延させたと非難された」。Bryder, "Sex, Race and Colonialism: An Historiographical Review," *International History Review* 20, no. 4 (1998): 821.

129. 基地は米軍の領土だったので、フランス警察は管轄権を有していなかった。以下を参照せよ。 SHGN, 76E6, 200, report of 5 September 1945.
130. AMH, FC I1 49-2, Prostitution, letter dated 24 January 1946.
131. AMH, FC H4 15-6, Prostitution, letter dated 14 March 1945.
132. AMH, FC H4 15-6, Agressions, déprédations, méfaits, letter dated 17 November 1945.
133. Ibid., letter dated 4 September 1945.
134. Ibid., letter dated 13 June 1945.
135. Ibid., letter dated 9 October 1945.
136. Ibid., letter dated 6 December 1944.
137. Ibid., letter dated 10 September 1945.
138. Ibid., letter dated 2 July 1945. また、別の人気スポットはドクター・リシャール通りの公衆浴場だった。ある市民によると、そこは米兵が夜に女性を連れてきて早朝まで滞在した場所だった。以下を参照せよ。Ibid., letter dated 8 October 1945; AMH, 15-6, Prostitution, report dated 6 July 1945.
139. André Corvisier, Histoire du Havre et de l'estuaire de la Seine (Toulouse: Éditions Privat, 1983), 272.
140. AMH, FC H4 15-6, Agressions, déprédations, méfaits, letter dated 4 July 1945.
141. AMH, FC H4 15-5, Armée et autorités américains, letter dated 20 September 1945. ウィードは1892 年にテキサスで生まれ、ル・アーヴル港を管理していた当時、すでに軍に 29 年間勤めていた。
142. AMH, FC H4 15-6, Prostitution, memo dated 29 August 1945.
143. Ibid., letter dated 30 August 1945.
144. SHGN, 76E6, 200, report dated 5 October 1945.
145. Rhodes, "No Safe Women," 10; Christelle Taraud, *La prostitution coloniale: Algérie, Tunisie, Maroc (1830–1962)* (Paris: Éditions Payot, 2003), 341–42. 一次文献については以下を参照せよ。Alfred Scheiber, *Un fléau social: le problème médico-policier de la prostitution* (Paris: Librairie de Médicis, 1946), 115.
146. NARA, RG 498, Box 27, Adjutant General's Section Administration Branch, General Correspondence (1944–45), 250.1 Morale & Conduct, translation of letter from Central Commissaire de Police dated 18 [month unclear], 1944.
147. この場合も、性労働の制度化をアメリカが拒絶した核心には、公になることへの恐れがあった。以下を参照せよ。Yves Le Naour, *Misères et tourments de la chair durant la Grande Guerre: les moeurs sexuelles des français, 1914–1918* (Paris: Aubier, 2002), 205–11.
148. AMH, FC H4 15-6, Prostitution, letter dated 30 August 1945.
149. Ibid., letter dated 1 September 1945.
150. Ibid., letter dated 10 September 1945
151. Ibid., letter dated 17 September 1945.
152. Ibid., letter dated 4 January 1945.
153. 米軍がル・アーヴルの病院にペニシリンを供給したという証拠はないが、1945 年の早い時期から連合国派遣軍最高司令部（SHAEF）はフランスの他の場所にこれを供給していた。以下を参照せよ。Schrijvers, *The Crash of Ruin*, 182.
154. Costello によると、交際禁止令が秩序と規律に「問題」を生じさせたため、アイゼンハワーの部下たちはドイツにおいても「公認の売春宿を軍の監督のもとに提供することを真剣に考慮」した。以下を参照。Costello, *Virtue under Fire*, 95
155. ハワイの売春宿に関しては以下を参照せよ。Beth Bailey and David Farber, *The First Strange Place: The Alchemy of Race and Sex in World War II Hawaii* (New York: Free Press, 1992); Bailey and Farber, "Hotel Street: Prostitution and the Politics of War," *Radical History Review* 52 (1992): 54–77. 以下も参照せよ。 Maria Höhn and Seungsook Moon, eds., *Over There: Living with the U.S.*

au jour le jour, de la Libération à la victoire, 1944– 1945 (Paris: Presses de la Cité, 2004); Andrew Knapp, "Introduction: France's 'Long' Liberation, 1944–47," in *The Uncertain Foundation: France at the Liberation, 1944–47* ed. Knapp (New York: Palgrave McMillan, 2007), 9.

107. NARA, RG 331, Entry 47, Box 31, 931 Public Safety: Control of Civil Population, Brothels, Prostitution and V.D., report dated 25 January 1945.

108. Paul Reboux, *Le guide galant* (Paris: Éditions Raoul Solar, 1953), 67; Pinard, "De la propagation des maladies," in Gemähling et al., *Les Scandales de le prostitution réglementée* (Paris: Éditions de l'Union Temporaraire, 1946), 37.

109. Marie-Thérèse, *Histoire d'une prostituée*, 84–85.

110. René Delpêche, *Les dessous de Paris: souvenirs vécus par l'ex-inspecteur principal de la brigade mondaine Louis Métra* (Paris: Les Éditions du Scorpion, 1955), 153. 以下も参照せよ。The testimony of Marthe Richard in *Bulletin municipal officiel de la ville de Paris*, "Débats des assemblées de la ville de Paris et du département de la Seine, Conseil Municipal de Paris, séance du 17 décembre 1945."

111. Parran and Vonderlehr, *Plain Words*, 90.

112. US Army Service Forces, Army Information Branch, *A Pocket Guide to France* (Washington, DC: War Department, 1944), 16.

113. 以下を参照せよ。The report filed by Chef Defrene in Service Historique de la Gendarmerie Nationale (国家憲兵隊史編纂部、以後SHGN), 76E6, 200 Brigade territoriale de Cany Barville, registres de correspondance courante au départ (hereafter 76E6, 200), report dated 5 September 1945.

114. NARA, RG 331, General Staff, G-5 Division, Information Branch, Historical Section, Numeric-Subject Operations File, Entry 54 (hereafter Entry 54), Box 193, "Minutes of Second Meeting on Public Health and Welfare."

115. 強調は筆者（ロバーツ）による。NARA, RG 331, Entry 65, Box 7, memo dated 22 January 1945.

116. Ibid., memo dated 17 November 1944.

117. Clement, *Love for Sale*, 245–46.

118. 第5章を参照せよ。

119. ヨーロッパ戦域の港としてのル・アーヴルに関するさらに詳しい情報は以下を参照せよ。Jean-Claude Marquis, *Les camps "cigarette"* (Rouen: Éditions Médianes, 1994); Moulin et al., *Le Havre 16th Port of Embarkation.*

120. 以下を参照せよ。Gilles Morris, *Assasin, mon frère* (Paris: Éditions de Rocher, 1990), 22.

121. ル・アーヴルの解放に関する詳しい説明は以下を参照せよ。Jean Legoy et al., *Le Havre, 1517–1986; du Havre d'autrefois à la métropole de la mer* (Rouen: Éditions du P'tit Normand, 1987), 43; Eddy Florentin, *Le Havre 44 à feu et à sang* (Paris: Presses de la Cité, 1985); Georges Godefroy, *Le Havre sous l'occupation, 1940–1944* (Le Havre: L'Imprimerie de la Presse, 1965).

122. Roger Gobled, *Voici Le Havre de 1944 à 1963: recueil de documents écrits et photographiques* (Le Havre: Imprimerie M. Etaix, 1963), 12–17; Legoy et al., *Le Havre, 1517–1986*, 44–53. 5000人が死亡し、8万人が家を失い、1万2500軒の家屋が破壊された。

123. 以下も参照せよ。Archives Municipales de la Ville du Havre (ル・アーヴル市公文書館、以後 AMH), FC I1 49-2, Prostitution, letter dated 7 November 1944.

124. Ibid.

125. SHGN, 76E6, 200, report of 5 October 1945.

126. AMH, FC I1 49-2, Prostitution, letters dated 30 January 1945 and 2 February 1945.

127. Armand Frémont, *La mémoire d'un port, Le Havre* (Paris: Arléa, 1997), 115.

128. Archives Départmentales de la Marne (マルヌ県公文書館、以後 ADMar), 16 W 266, report dated 9 August 1945.

2 September 1944. 売春によりレイプを防ぐことができるという考えは当時広く行き渡っていた。たとえば以下を参照せよ。Philip S. Broughton, *Prostitution and the War,* Public Affairs Pamphlet No. 65 (Washington, DC: Public Affairs Committee, 1942), 19.

91. ADM, Rapports américains, 13 num, 2766–68.
92. Balkoski, *Beyond the Beachhead*, 45–46, 48; Perret, *There's a War to be Won*, 471. コラールが強制的に閉鎖されて1週間もたたないうちに、ガーハートはブレストに再び売春宿を設立しようとした。しかしながら今回、民事官エイサ・ガーディナーは、もしもその事業を「それに関する情報が海外でうわさにのぼることのないよう処理」できない場合、「自分はその件について責任を持たない」ことを明らかにした。以下を参照せよ。NARA, RG 331, Entry 198, Box 83, Lineman Report, 39. ガーハートは「ブルー&グレー・コラール」について罰を受けなかった。戦後は大佐の階級に格下げされたが、軍事史家は、彼の降格はあらゆる道義的な過失よりもむしろ彼の部隊の高い死傷者率に起因したと推測する。以下を参照せよ。http://www .arlingtoncemetery.net/chgerhardt.htm.
93. NARA, RG 331, Entry 198, Box 83, Letter from Gerhardt to General Bradley. ガーハートは衛生とレイプ防止に関して、ブラッドリーに同じ主張を繰り返した。たとえば彼は、コラールに大挙して訪れた兵士たちに性病が1例も報告されていないことを得意げに語った（売春宿が5時間しか開いていなかったことを考えると、これは大した業績ではない）。
94. Ibid.
95. Benjamin, "Morals versus Morale," 199. 以下も参照せよ。Brandt, *No Magic Bullet*, 166.
96. Allan Berube, *Coming Out under Fire: The History of Gay Men and Women in World War Two* (New York: Free Press, 1990), 192. 以下も参照せよ。John D'Emilio, *Sexual Politics, Sexual Communities: The Making of a Homosexual Minority in the United States, 1940–1970* (Chicago: University of Chicago Press, 1983), 31–32, 38. *Wartime*, 109（= 1997, 宮崎尊訳『誰にも書けなかった戦争の現実』草思社）において Fussell は、同性愛は収容所の捕虜たちの一般的な慣習であったと論じている。
97. Rose, *Myth and the Greatest Generation*, 150. Rose は年におよそ5万人の男性が同性愛の容疑により除隊となったと主張する。同性愛者の除隊に関する軍の公式な立場については以下を参照せよ。NARA, RG 498, Records of Headquarters, ETO, US Army, 1942–46 (hereafter RG 498), Box 363, Adjutant General's Section Administration Branch, Classified General Correspondance, 1945, 250–50.2, memo dated 31 October 1945.
98. Peters, *For You, Lili Marlene*, 21–22.
99. NARA, RG 331, Entry 198, Box 83, Lineman Report, 7, 50, 81. Comments made by the Commanding General to Assembled Chaplains, 29th Infantry Division, October 1944.
100. Ibid., 2; Costello, *Virtue under Fire*, 97, 245. 以下も参照せよ。Ben Tumey, *G.I.'s View of World War II : The Diary of a Combat Private* (New York: Exposition Press, 1959), 24.
101. Edward M. Coffman, *The Regulars: The American Army, 1898–1941* (Cambridge, MA: Harvard University Press, 2004), particularly chap. 10,
102. NARA, RG 331, Entry 198, Box 83, Testimony of Edward H. McDaniel, np.
103. この協力の別の例は以下を参照せよ。MHI, Robert E. Seale Papers, "WW Ⅱ as I Remember It," 62.
104. Valérie Moulin, Daniel Baccara, and Jean-Michel Harel, *Le Havre 16th Port of Embarkation, Northern District Normandy Base Section* (Le Havre: Maison des Gens de Mer, 1997), 35.
105. 以下より引用。Rose, *Myth and the Greatest Generation*, 36.
106. 以下を参照せよ。*Complete War Memoirs*, 669–77, 771–98. 以下も参照せよ。Antony Beevor and Artemis Cooper, *Paris after the Liberation, 1944–1949* (New York: Doubleday, 1995), 103–5（= 2012, 北代美和子訳『パリ解放 1944-49』白水社）; Raymond Ruffin, *La vie des Français*

69. Archives de la Préfecture de la Police (パリ警視庁記録保管所、以後 APP), DB409, *Qui? Police l'hebdomadaire des faits divers,* 7 August 1947.
70. これがフランスのバーなのか売春宿なのかは、モールディンの風刺画からは明確ではない。その両方ともがアメリカ人に対して立ち入り禁止になっていることもあった(多くのバーは売春宿の役目も果たしていた)。米軍の憲兵に加えて、モールディンは米軍の制服を着ているフランスのレジスタンスのメンバー数人を描いている。
71. ADM, Rapports américains, 13 num 2770–71, report dated 10 August 1944. 以下も参照せよ。The statement of Adj. Gen. T. J. Davis in NARA, RG 331, Entry 65, Box 7, memo dated 13 December 1944.
72. たとえば以下を参照せよ。NARA, RG 331, Entry 198, Box 83, Lineman Report. この回覧の重要性については以下も参照せよ。Heaton, *Communicable Diseases*, 241.
73. NARA, RG 331, Entry 56, Box 121, Circular 49 dated 2 May 1944.
74. Sonya Rose はイギリスにいた米兵に焦点を当てているが、ヨーロッパ戦域の兵士に与えられた矛盾したメッセージにも注目している。以下を参照せよ。"The 'Sex Question,'" 899–900.
75. NARA, RG 331, Entry 56, Box 121, memo dated 31 December 1943 and 5 June 1944.
76. 「部隊の兵士たちが心身ともに清潔で活発で健康であることが、性病予防の努力にとって最も重要である」と、ある軍務局長は記した。以下を参照せよ。NARA, RG 331, Entry 56, Box 121, memo dated 12 September 1944; and also NARA, RG 331, Entry 100, Box 40; NARA, RG 331, Entry 65, Box 7, memo dated 22 April 1944; and Cosmas and Cowdrey, *The Medical Department,* 143.
77. Heaton, *Communicable Diseases,* 224.
78. Wisconsin Veterans Museum, Oral History Collection, OH29, Transcript of an oral history interview with John W. Dunn, 1994.
79. Schrijvers, *The Crash of Ruin*, 181.
80. Wisconsin Veterans Museum, Oral History Collection, OH74, Transcript of an oral history interview with William C. Brunsell, 1994.
81. Cosmas and Cowdrey, *The Medical Department*, 540.
82. 以下より引用。Heaton, *Communicable Diseases,* 249. 12 月になると、連合国派遣軍最高司令部は空軍の指揮官にかなりの不信を抱いた。空軍では性病罹患率がきわめて高かったため、医療関係者でない性病担当顧問を置いたが、その任務は性病を予防する方法について、「他の将校、とりわけ下級将校ら」を含めた「他者に非公式に説いてきかせる」ことだった。以下を参照せよ。NARA, RG 331, Entry 65, Box 7, memos dated 17 November 1944 and 15 December 1944.
83. Harry Benjamin, "Morals versus Morale in Wartime," in Robinson, *Morals in Wartime*, 193.
84. NARA, RG 331, Entry 198, Box 83, Lineman Report, 1. このコラールは、1944 年 11 月のフランシス・B・ラインマン陸軍中佐率いる公式調査の対象となった。
85. Ibid., 2, 76; 実際には、ガーハートが売春宿について指示を与えた 8 月最後の週に参謀長を務めていたのは Louis Gosom であり、マクダニエルはその創設に関与していなかったが、それでも彼は調査で証言した。
86. Ibid., 4, 6, 50, 90.
87. Ibid., 2.
88. Ibid., 1, 26, 60.
89. Ibid., 1.
90. たとえば以下を参照せよ。NARA, Record Group 338, Records of US Army Operational, Tactical and Support Organizations, XV Corps Subject Files, 1942–46, Box 75. Report of Investigation Concerning Alleged Cases of Rape Occurring at Closfontaine, France, 31 August and

46. Michel Renouard and Manonmani Restif, eds., *Les malouins et la Libération: combats et vie quotidienne* (Saint-Malo: Éditions Cristel, 2006), 192; Claude Boisse, *Jeunesse ardente, 1943–1945* (Montségur-sur-Lauzon: C. Boisse, 1997), 28.
47. Fussell, *Wartime*, 256（= 1997, 宮崎尊訳『誰にも書けなかった戦争の現実』草思社）.
48. Cosmas and Cowdrey, *The Medical Department*, 144–45.
49. NARA, RG 331, Entry 65, Box 7, memo dated 2 May 1944.
50. Heaton, *Communicable Diseases*, 143. 1943年1月に陸軍省は、空軍パイロットが、性病にかかっていることを報告せずサルファ剤を使いながら任務を遂行していたことを発見した。この薬は飛行機を操縦する能力を損なうことが知られており、すでに無酸素血症によってパイロットが1名命を落としていた。空軍の軍医からの強い要請を受け、陸軍省は、兵士が性病に感染したら給料をカットするという規則を廃止し、かわりに性病にかかっていることを隠すことを処罰に値する違法行為とした。
51. NARA, RG 331, Entry 65, Box 7, memo dated 9 September 1944; NARA, RG 331, Entry 100, Box 41, memo dated 11 March 1945.
52. NARA, RG 331, Entry 65, Box 7, memo dated 20 September 1944 and memo dated 8 November 1944.
53. Ibid., memo dated 13 December 1944.
54. 以下より引用。Clement, *Love for Sale*, 248.
55. NARA, RG 331, Entry 56, Box 121, memo dated 13 September 1944.
56. NARA, RG 331, Entry 65, Box 7, memo dated 20 September 1944. 性病予防ポスターは地元で作成してガリ版印刷するほかなかったため、お粗末なデザインのものになった。陸軍はポスターコンテストを開催したが、おそらく景品に休暇が用意されていたから盛り上がったにすぎなかった。Heaton, *Communicable Diseases*, 226. 以下も参照せよ。NARA, RG 331, Entry 65, Box 7, memo dated 17 November 1944; Cosmas and Cowdrey, *The Medical Department*, 143.
57. Heaton, *Communicable Diseases*, 227.
58. John Costello, *Virtue under Fire: How World War Two Changed Our Social and Sexual Attitudes* (Boston: Little Brown, 1985), 98–99.
59. Elizabeth Coquart and Philippe Huet, *Le jour le plus fou: 6 juin 1944, les civils dans la tourmente* (Paris: Albin Michel, 1994), 22.
60. Cosmas and Cowdrey, *The Medical Department*, 144–45.
61. MHI, WW II Survey, Box 28th Infantry Division, "Memoirs of Murray Shapiro," 87. 以下も参照せよ。MHI, Robert E. Seale Papers, "World War II as I Remember It," 62; and Peters, *For You, Lili Marlene*, 60.
62. 以下を参照せよ。NARA, RG 331, Entry 56, Box 121, ETOUSA Circular 49 dated 2 May 1944. 報告書のコピーとして以下を参照せよ。NARA, RG 331, Entry 100, Boxes 40, 41. 以下も参照せよ。Cosmas and Cowdrey, *The Medical Department*, 173, 541.
63. ドイツの制度については以下を参照せよ。Insa Meinen, *Wehrmacht et prostitution sous l'Occupation* (Paris: Éditions Payot, 2006), 112.
64. Heaton, *Communicable Diseases*, 249.
65. NARA, RG 331, Entry 100, Boxes 40, 41.
66. Heaton, *Communicable Diseases*, 246; Costello, *Virtue under Fire*, 247. 売春宿はシェルブールその他のもっと小さな町でも同様に分離されていた。以下を参照せよ。Archives Départmentales de la Manche (マンシュ県公文書館、以後ADM), Rapports américains, 13 num 2521.
67. NARA, RG 331, Entry 65, Box 7, letter dated 15 September 1944.
68. Costello, *Virtue under Fire*, 95.

なわち低い教育レベル、黒人社会での売買春の抑制が不十分だったこと、「問題の深刻さの認識の欠如、ならびにその事実に直面するのを嫌がること」。彼はまたこうも述べた。「軍隊内のニグロにおいて性病のコントロールに失敗したことは、少なくともいくらかは、個人レベルならびに政府の努力を通して白人とニグロ間に満足な人種関係を築くことができなかったことを反映している」。Ibid., 196. Ulysses Lee は、「性病の存在は、ニグロ部隊を訓練し利用するうえでの個人的な偏見を擁護した」と主張する。以下を参照せよ。Ulysses Lee, *The Employment of Negro Troops* (Washington, DC: Center of Military History, 1966), 277. 黒人兵士の間での高い性病罹患率の問題に関しては以下も参照せよ。Samuel A. Stoffer et al., *The American Soldier: Adjustment during Army Life* (Princeton, NJ: Princeton Univer- sity Press, 1949), 545–50; Sun Yom, "Sex and the American Soldier," 85–86. Sun Yom は、白人医師が、黒人男性の性病を公的に記録することで（白人ではなく）黒人男性に汚名を着せたと論じる。性病にかかっている白人男性はしばしば入隊を拒否されたが、黒人男性は「ほとんどすべての黒人が仮病を使うか病気を持っているという確信をもとに」入隊を許可された。Sun Yom は以下の統計値を提示する。1930 年代後期の最初の 200 万人の徴募兵では、1000 人のうち 48 人の白人男性が梅毒にかかっていることが判明した一方、1000 人のうち 272 人の黒人男性が梅毒にかかっていると記録されている。

32. NARA, RG 331, Entry 56, Box 121, memo dated 24 May 1944.
33. John Hinchman Stokes, "A Statement on Prostitution in Venereal Disease Control," in *Morals in Wartime*, ed. Victor Robinson (New York: Publishers Foundation, 1943), 155–56.
34. Rose, "The 'Sex Question,'" 901.
35. NARA, RG 331, Entry 65, Box 7, memo dated 22 April 1944.
36. Ibid., memo dated 4 May 1944. この文献の例は以下を参照せよ。Eliot Ness, *What about Girls?* (Washington, DC: Office of Community War Services, Federal Security Agency, 1943); *Important! Venereal Disease Information for Military Personnel* (Atlanta: Atlanta Army Air Base, Office of the Base Surgeon Army Airport, 1944); RG 331, Entry 100, Special Staff, Headquarters Command, Decimal File, 1944–45 (hereafter Entry 100), Box 40. 二次文献においては以下を参照せよ。Elizabeth Alice Clement, *Love for Sale: Courting, Treating and Prostitution in New York City, 1900–1945* (Chapel Hill: University of North Carolina Press, 2006), 248–58; Brandt, *No Magic Bullet*, 163; George H. Roeder Jr., *The Censored War: American Visual Experience during World War II* (New Haven, CT: Yale University Press, 1993), 52–53.
37. Susan Gubar, "'This Is My Rifle, This Is My Gun': World War Ⅱ and the Blitz on Women," in *Behind the Lines: Gender and the Two World Wars*, ed. Margaret Higonnet et al. (New Haven, CT: Yale University Press, 1987), 249–50.
38. MHI, WW Ⅱ Survey, Box 1st Infantry Division, Bert Damsky, "Shipping Order___ APO___," 98.
39. Robert Peters, *For You, Lili Marlene* (Madison: University of Wisconsin Press, 1995), 60.
40. Thomas Saylor, *Remembering the Good War: Minnesota's Greatest Generation* (St. Paul, MN: Historical Society Press, 2005), 246.
41. Jack Plano, *Fishhooks, Apples and Outhouses: Memories of the 1920s, 1930s, 1940s* (Kalamazoo, MI: Personality Press, 1991), 255.
42. Paul Fussell, *Wartime: Understanding and Behavior in the Second World War* (New York: Oxford University Press, 1989), 256（= 1997, 宮崎尊訳『誰にも書けなかった戦争の現実』草思社）.
43. NARA, RG 331, Entry 56, Box 121, memo dated 24 May 1944.
44. Cosmas and Cowdrey, *The Medical Department*, 143; NARA, RG 331, Entry 56, Box 121, Circular 49 dated 2 May 1944.
45. Raymond Gantter, *Roll Me Over: An Infantryman's World War II* (New York: Ivy Books, 1997), 5.

にわたる歴史としては以下を参照せよ。Cynthia Enloe, *Bananas, Beaches and Bases: Making Feminist Sense of International Politics* (Berkeley: University of California Press, 1990).

19. Charles M. Wiltse, *The Medical Department: Medical Service in the Mediterranean and Minor Theaters* (Washington, DC: Center of Military History, 1987), 60.
20. Heaton, *Communicable Diseases*, 208, 213–16, 220.
21. NARA, RG 331, Entry 65, Box 7, memos dated 22 April and 13 December 1944; Wiltse, *The Medical Department*, 258–59; Cosmas and Cowdry, *The Medical Department*, 172.
22. 以下より引用。Wiltse, *The Medical Department*, 258.
23. NARA, RG 331, Entry 47, General Staff Divisions, G-5 Division, Secretariat, Numeric File, August 1943–July 1945 (hereafter Entry 47), Box 47, 2514/2 Public Health Branch: Venereal Disease (hereafter Box 47), Extract from the minutes of the Sixth Meeting of the Combined Civil Affairs Committee, 16 May 1944.「保護（protection）」という言葉については以下を参照せよ。NARA, RG 331, Entry 47, Box 28, 850/6 Internal Affairs Branch: Weekly Report Civil Affairs Summary No. 6, 21 July 1944.
24. NARA, RG 331, Entry 65, Box 7, memo dated 22 April 1944.
25. 男らしい性的な自制心を重視するヴィクトリア朝的規範については以下を参照せよ。John D'Emilio and Estelle B. Freedman, *Intimate Matters: A History of Sexuality in America* (New York: Harper and Row, 1988), 69–72, 179–80; George L. Mosse, *Nationalism and Sexuality: Respectability and Abnormal Sexuality in Modern Europe* (New York: H. Fertig, 1985), 13（= 1996, 佐藤卓己・佐藤八寿子訳『ナショナリズムとセクシュアリティ――市民道徳とナチズム』柏書房）.
26. 男性性と軍事力の関係については以下を参照せよ。Christina S. Jarvis, *The Male Body at War: American Masculinity during World War II* (Dekalb: Northern Illinois University Press, 2004), 10–55; and Mosse, *Nationalism and Sexuality*（= 1996, 佐藤卓己・佐藤八寿子訳『ナショナリズムとセクシュアリティ――市民道徳とナチズム』柏書房）.
27. 第一次世界大戦中および戦後の類似の例については以下を参照せよ。Judith Surkis, "Enemies Within: Venereal Disease and the Defense of French Masculinity between the Wars," in *French Masculinities: History, Culture and Politics,* ed. Christopher E. Forth and Bertrand Taithe (New York: Palgrave Macmillan, 2007), 116.
28. NARA, RG 331, Entry 56, Box 121, memo dated 2 June 1944.
29. アフリカ系アメリカ人兵士に、過度に性的であるという汚名を着せる問題については以下を参照せよ。Sue Son Yom, "Sex and the American Soldier: Military Cinema and the War on Venereal Disease, 1918–1969," (PhD diss., University of Pennsylvania, 2003), 91–92.
30. NARA, RG 331, Entry 56, Box 121, memo dated 2 June 1944. ボナーは黒人兵士における高い罹患率が、「混み合った居住環境、医療施設の欠如、教育機会のとぼしさ、社会的な人種差別、一般的な貧困など」によって引き起こされたと論じた。黒人部隊の性病の問題については以下も参照せよ。The Schomburg Center for Research in Black Culture, Layla Lane Papers, 1933–51, Sc MG 54, Correspondance, Box 1, Folder 1, letter from Norridge S. Maylan dated 17 August 1945.
31. この非難についての例は以下を参照せよ。NARA, RG 331, Entry 65, Box 7, memo dated 28 April 1944. 公式の陸軍の歴史においてさえ黒人男性についての性病に関する統計には不一致がある。Cosmas と Cowdrey は、戦争全体を通じて、黒人部隊は白人部隊のおよそ 4.5 倍の性病罹患率を示したと論じている。以下を参照せよ。Graham A. Cosmas and Albert E. Cowdrey, *The Medical Department: Medical Service in the European Theater of Operations* (Washington, DC: Center of Military History, 1992),147. Heaton は、黒人部隊の罹患率が 8 倍から 12 倍も高かったとした。以下を参照せよ。Heaton, *Communicable Diseases, 188–189.* Heaton は「ニグロ」兵士の間で性病罹患率が高かった理由を次のように考える。す

得て設立した。市長はパリから売春婦を集めるのを手伝ったという。以下を参照せよ。US Military History Institute, Carlisle Barracks, (アメリカ陸軍軍史研究所、以後 MHI), Robert E. Seale Papers, "WW Ⅱ asI Remember It," 62. このような売春宿の存在を当局が否定するのはよくあることだった。たとえば以下を参照せよ。NARA, RG 331, Entry 65, Special Staff, Medical Division, Decimal File, January 1944–July 1945 (hereafter Entry 65), Box 7, memo dated 16 May 1945.

8. NARA, RG 331, Entry 198, Box 83, Lineman Report, 5.
9. Peter Schrijvers, *The Crash of Ruin: American Combat Soldiers in Europe during World War II* (New York: New York University Press, 1998), 181.
10. 第一次世界大戦で、フランス当局は女性を病原菌の危険なキャリアであり、男性の健康に対する脅威であるとして非難した。以下を参照せよ。Michelle Rhodes, "'No Safe Women': Prostitution, Masculinity and Disease in France during the Great War" (PhD thesis, University of Iowa, 2001), 14, 138. 第二次世界大戦中のヴィシー政権における同様の態度については以下を参照せよ。Fabrice Virgili, *Naître l'ennemi: les enfants de couples franco-allemands nés pendant la seconde guerre mondiale* (Paris: Éditions Payot, 2009), 77. ベルギーでの同様の例については以下を参照せよ。Peter Schrijvers, *Liberators: The Allies and Belgian Society, 1944–1945* (Cambridge: Cambridge University Press, 2009), 217.
11. これはド・ゴールが 1945 年 1 月にローズヴェルト大統領の特使ハリー・ホプキンスと対談したときの、ド・ゴールの見方だった。以下を参照せよ。*The Complete War Memoirs of Charles de Gaulle* (New York: Collins, 1955), 761.
12. 冷戦時のヨーロッパにおけるアメリカの政治的・軍事的・文化的な支配に言及するうえで、本書では近年登場してきた「アメリカ化」という概念を支持する。この概念は、アメリカの支配をより微妙な差異を孕んだものとしてとらえ、欧米間での流用と文化的共同制作の双方向プロセスとして理解するものだ。ほかにも多くの資料があるが、たとえば以下を参照せよ。Heidi Fehrenbach and Uta G. Poiger, eds., *Transactions, Transgressions, Transformations: American Culture in Western Europe and Japan* (New York: Berghahn Books, 2000), xiii–xl; Jonathan Zeitlin, "Introduction," in *Americanization and Its Limits: Reworking US Technology and Management in Post-War Europe and Japan,* ed. Jonathan Zeitlin and Gary Herrigel (Oxford: Oxford University Press, 2000); Richard Pells, *Not Like Us: How Europeans Have Loved, Hated, and Transformed American Culture since World War II* (New York: Basic Books, 1997), particularly 278–324; Oliver Schmidt, "No Innocents Abroad: The Salzburg Impetus and American Studies in Europe," in *"Here, There and Everywhere": The Foreign Politics of American Popular Culture*, ed. Reinhold Wagnleitner and Elaine Tyler May (Hanover, NH: University Press of New England, 2000), 64–79; Malachi Haim Hacohen, "The Congress for Cultural Freedom in Austria: *Forum*, the Rémigrés, and Postwar Culture," *Storiografia* 11 (2007): 135–45.
13. NARA, RG 331, Entry 56, General Staff Divisions, G-5 Division, Information Branch, Historical Section, Numeric-Subject Planning File, 1943–July 1945 (hereafter Entry 56), Box 121, memo dated 31 December 1943.
14. NARA, RG 331, Entry 65, Box 7, memo dated 22 April 1944.
15. Cosmas and Cowdrey, *The Medical Department*, 72–73, 137–38, 143.
16. Heaton, *Communicable Diseases*, 141.
17. Thomas Parran and R. A. Vonderlehr, *Plain Words about Venereal Disease* (New York: Reynal and Hitchock, 1941), 1.
18. メイ法については以下を参照せよ。Allan M. Brandt, *No Magic Bullet: A Social History of Venereal Disease in the United States since 1880* (New York: Oxford University Press, 1985), 162–63; Sonya O. Rose, "The 'Sex Question' in Anglo-American Relations in the Second World War," *International History Review* 20, no. 4 (1998): 890. 商業的セックスと軍についてのより長期

178. Aramais Hovsepian, *Your Son and Mine* (New York: Duell, Sloan and Pearce, 1950), 114.
179. Giles, *The G.I. Journal of Sergeant Giles*, 73.
180. Gimlette, *Panther Soup*, 169.

第6章

1. チャールズ・H・ガーハート将軍(1895-1976)は、ウエスト・ポイントで教育を受け1917年に卒業した。彼は1943年7月に第29師団の指揮を引き受けた。ガーハートについては以下を参照せよ。Geoffrey Perret, *There's a War to be Won: The United States Army in World War II* (New York: Random House, 1991), 311; Andy Rooney, *My War* (New York: Random House, 1995), 180; A. J. Liebling, *Normandy Revisited* (New York: Simon and Schuster, 1958), 72–73. フランス人は、ブレトンの町を解放したことでガーハートを称賛した。たとえば、以下を参照せよ。Bernard Festoc's memoir, *La vie à Airel et Saint-Fromont pendant la seconde guerre mondiale* (Périers: Imprimerie X. Garlan, 1994). ガーハートの個人的な文書はペンシルベニア州カーライル・バラックスのアメリカ陸軍軍史研究所にある。売春宿がいかに短時間で設立されたかについては、以下も参照せよ。Joseph Balkoski, *Beyond the Beachhead: The 29th infantry Division in Normandy* (Harrisburg, PA : Stackpole Books, 1989), 48.
2. National Archives and Records Administration (アメリカ国立公文書館、以後 NARA), Record Group 331, Records of Allied Operation and Occupation, Headquarters, World War Ⅱ (SHAEF) (hereafter RG 331), Headquarters Twelfth Army Group, Special Staff, Adjutant General Section, Administrative Branch, Decimal File, 1943–45, Entry 198 (hereafter Entry 198), Box 83: 250.1 to 250.2, Morals and Conduct (hereafter Box 83), Report of Investigation to Determine the Facts Surrounding the Establishment of a House of Prostitution for Members of the 29th Division, Conducted by Lt. Col Francis B. Lineman, IGD, 14–17 November 1944 (hereafter Lineman Report), 31.
3. NARA, RG331, Entry 198, Box 83, Lineman Report, 28. 第29歩兵師団は、アメリカ南北戦争でお互いに戦った南北両方の男性たちで構成されていたため、「ブルー & グレー」というニックネームがついていた。
4. Ibid., 20. ある将校によれば、この新しい「キャットハウス（売春宿）」のうわさは「火事のようにまたたくまに広がった」という。
5. この5時間の間に、76人の兵士がこのコラールを利用し、1人の女性につき平均19人の兵士がサービスを受けた。
6. Perret, *There's a War to be Won*, 471 によれば、第12軍集団のG-2分隊が、同様に自前の売春宿を開設した。フランスは、米軍が非公式に売買春を監督した唯一の国ではなかった。田中ユキ（田中利幸）によれば、類似の売春宿がカリブ海、エクアドル、オーストラリア、北アフリカ、リベリア、エリトリア、ニューカレドニアで設立されていた。以下を参照せよ。Yuki Tanaka, *Japanese Comfort Women: Sexual Slavery and Prostitution during World War II and the U.S. Occupation* (London: Routledge, 2002), 92, 99–100, 102, 106, 107.
7. Graham A. Cosmas and Albert E. Cowdry, *The Medical Department: Medical Service in the European Theater of Operations* (Washington, DC: Center of Military History, 1992), 540; Leonard D. Heaton, *Communicable Diseases Transmitted through Contact or by Unknown Means*, vol. 5 of *Preventive Medicine in World War II*, 9 vols. (Washington, DC: Office of the Surgeon General, Department of the Army, 1960), 5:243. いわゆるGI用売春宿のさらなる証拠は、1944年の予防医学報告で確認できる。この報告のなかでフランスの保健当局はその不満を「アメリカ陸軍によるコメルシやその他の地域での売春宿事業」と関連づけて報告した。以下より引用。Heaton, *Communicable Diseases*, 5:249. パラシュート隊員ロバート・E・シールの記憶によれば、彼の歩兵連隊の医療スタッフが、「アイドル・アワーズ（暇な時間の）・アスレチッククラブ」と彼らが呼ぶスワソンの売春宿を、地元の女性市長の全面的な協力を

History of Company A," 48.

152. この問題については以下を参照せよ。APP, A1949/1 (H.428.877).

153. 過去の貨幣の換算表によれば、1945 年のフランは 2008 年の 0.11 ユーロに相当する。そのため、1945 年におけるセックスの値段と等しいのは、2008 年では 22 ～ 33 ユーロである。1945 年の 5 ドルは 2010 年の 59.91 ドルに相当する。

154. MHI, WW Ⅱ Survey, Box 71st Infantry Division, Ichelson, "I Was There," 62.

155. MHI, WW Ⅱ Survey, Box 28th Infantry Division, Shapiro, "Memoirs of Murray Shapiro," 87. マリー＝テレーズがアメリカ人を相手に商売を始めたときは、「一回」につき約 100 ～ 200 フランを請求した。だが彼女ともう 1 人の女性がルーアンについたとき、2 人は 250 フランを請求し、そのうち 50 フランはぽん引きに渡した。以下を参照せよ。*Histoire d'une prostituée*, 74.

156. *112 Gripes about the French*, 44.

157. APP, CB 39.98, entry 1976.

158. Marie-Thérèse, *Histoire d'une prostituée*, 89. アフリカにおける同種の売春については以下を参照せよ。Luise White, *The Comforts of Home: Prostitution in Colonial Nairobi* (Chicago: University of Chicago Press, 1990).

159. APP, DB409, *Qui? Police l'hebdomadaire des faits divers*, 9 September 1946 and 7 August 1947. 以下も参照せよ。APP, CB 39.98, 702, 1259, 1699.

160. 売春婦が警察に贈賄を試みたシェルブールの一件については以下を参照せよ。ADM, Séries 3 U, report dated 19 May 1945.

161. Marie-Thérèse, *Histoire d'une prostituée*, 85; Scheiber, *Fléau*, 13. 以下も参照せよ。Delpêche, *L'hydre aux mille têtes*, 46.

162. APP, CB 39.98, 734, 1326. Marie-Thérèse, *Histoire d'une prostituée*, 83–84.

163. MHI, WW Ⅱ Survey, Box 28th Infantry Division, Shapiro, "Memoirs of Murray Shapiro," 87.

164. APP, DB409, *Qui? Police l'hebdomadaire des faits divers*, 7 August 1947.

165. Service Historique de la Gendarmerie Nationale (国家憲兵隊史編纂部、以後 SHGN), 76E173, Section Yvetot, registres de correspondance courante au départ, 16 juillet 1945 au 12 avril 1946, report of 29 November 1945. 以下も参照せよ。ADM, Séries 3 U, report dated 4 November 1944; ADC, 726 W 16 865, Prostitution, police reports dated 22 December 1945 and 9 October 1944.

166. *La marseillaise*, 21 November 1945.

167. APP, BA 1822, Libération, report dated 4 June 1945.

168. APP, BA 1822, Libération, report dated 1 July 1945.

169. 以下を参照せよ。APP, BA 1822, Libération, reports dated 1 July and 1 November 1945.

170. SHGN, 76E173, Section Yvetot, registres, report dated 29 November 1945.

171. Heaton, *Communicable Diseases,* 248. このマルヌの状況については以下を参照せよ。ADMar, 130 W 9, Rapports mensuels sur la situation générale adressés par le Sous-Préfet au Préfet septembre–décembre 1944 (hereafter 130 W 9), letter dated 7 December 1944, and 162 W 355, Rapports journaliers des relations avec les troupes, report dated 22 October 1945.

172. APP, DB409; *La marseillaise*, 21 November 1945.

173. Dor Hesselgrave, "Paris Recollections."

174. *La marseillaise*, 21 November 1945; ADMar, 130 W 9, letter dated 7 December 1944.

175. Brown, *Up Front with U.S.,* 366.

176. Raymond Gantter, *Roll Me Over: An Infantryman's World War II* (New York: Ivy Books, 1997), 11. 以下も参照せよ。Whiting, *The Battle of Hurtgen Forest*, 63.

177. Nat Frankel and Larry Smith, *Patton's Best: An Informal History of the Fourth Armored Division* (New York: Hawthorn Books, 1978), 75.

下を参照せよ。NARA, RG 331, Entry 100, Boxes 40, 41. タバコキャンプについては以下を参照せよ。MHI, WWⅡ Survey, Box 1st Infantry Division, Damsky, "Shipping Order," 98.

127. APP, A-1949/1 (H.428.877). 以下も参照せよ。*La marseillaise*, 21 November 1945. 黒人兵士を専門にした売春婦については以下を参照せよ。ADM, Séries 3 U, report dated 18 February 1946.

128. たとえば、シェルブールのトゥール・カレ通りのカフェについては以下を参照せよ。ADM, Séries 3 U, report dated 18 February 1946.

129. *Stars and Stripes*, 16 December 1944.

130. MHI, WWⅡ Survey, Box 71st Infantry Division, Ichelson, "I Was There," 64.

131. バーやカフェで米兵を誘った売春婦については以下を参照せよ。APP, A-1949/1 (H.428.877) and A-1945/3 (H.7.002).

132. このようにして売春婦になったウエートレスについては以下を参照せよ。APP, A-1945/5 (F.486.741); Scheiber, *Fléau*, 178.

133. Delpêche, *Les dessous de Paris*, 159.

134. APP, A-1945/3 (H.7.002).

135. APP, A-1946/8 (H.95.707).

136. Whiting, *Battle of Hurtgen Forest*, 64; Boesch, *Road to Heurtgen*, 103.

137. Scheiber, *Fléau*, 185.

138. Marie-Thérèse, *Histoire d'une prostituée*, 77.

139. NARA, RG 331, Entry 100, Boxes 40, 41.「リリー」という名前については以下を参照せよ。APP, A-1945/10 (F.459.164). ドイツ人女性は米兵にとって最もなじみがなかった。それは言葉の問題だけでなく、フランスと違って、1945年の春までドイツには売春の公共施設が存在しなかったからだ。米兵は公園や森林、小麦畑、爆撃で廃墟と化した家屋、高速道路脇でセックスした。

140. APP, DB 409, *Qui? Police l'hebdomadaire des faits divers*, 7 August 1947; Jean Bazal, *Marseille galante* (Marseille: Éditions Paul Tacussel, 1980), 205.

141. Marie-Thérèse, *Histoire d'une prostituée*, 74.

142. Faubus, *In This Faraway Land*, 450.

143. MHI, WWⅡ Survey, Box 5th Infantry Division, Karl Clarkson, "The Story of G.I. Joe (Karl): A Combat Infantryman in World War Ⅱ," 13. 以下も参照せよ。 Leder, *Thanks for the Memories*, 121. Paul Fussellによれば、「ヴレ・ヴ・クシェ・アヴェク・モワ（私と一緒に泊まりませんか）」は米兵にとってかなり有名なフレーズだった。彼の以下の著書を参照せよ。*Boy's Crusade*, 239.

144. WWⅡ Survey, Box 71st Infantry Division, Ichelson, "I Was There," 61.

145. Peters, *For You, Lili Marlene*, 57; Walter Brown, *Up Front with U.S.*, 46, 369.

146. Pierre Aubéry, *Les américains au Havre* (Paris: La Bibliothèque Française, 1948), 34–35.

147. *Oxford English Dictionary*, 2nd ed., 1989, vol. 20, sv "zigzag."

148. この言葉が使われたのはフランスだけに限られない。オーストリアのザルツブルクでは、米軍部隊が上演した猥褻なショーで「ボクー・ジグザグ（たくさんのジグザグ）」という看板が使われた。以下を参照せよ。NARA, RG 498, Records of Headquarters, ETO, US Army, 1942–46, Adjutant General's Section Administration Branch, Classified General Correspondance, 1945, 250–50.2, Box 363, "Report of Investigation with Regard to Allegedly Indecent Show Produced by the 798th AAA Automatic Weapons Battalion."

149. Plano, *Fishhooks, Apples and Outhouses*, 253.

150. Vernon McHugh, *From Hell to Heaven: Memoirs from Patton's Third Army* (Ardmore, PA: Dorrance and Company, 1980), 8.

151. 以下を参照せよ。MHI, WWⅡ Survey, Box 5th Infantry Division, Mark Goodman, "Unit

いたとき、米兵は娼婦の耳の後ろを撃ち、彼女の金を盗んだ。傷は重傷ではなく、彼女は命拾いした。

101. この事件については以下も参照せよ。APP, BA1822, Libération, report dated 30 September 1945. さらにピクピュス通りのカフェ Le Campi で売春婦が男たちの集団に撃たれた別の事件については以下を参照せよ。APP, A-1945/4 (F.480.001).
102. Orval Eugene Faubus, *In This Faraway Land* (Conway, AR: River Road Press, 1971), 450.
103. 協力して働いていた売春婦については以下を参照せよ。APP, CB39.98, 1836–37, 98–99, 100, 1008–9, 1211–12, 1254–55, 1259–60, 1305–6, 1408–9, 1456–57. CB36.43, 575–77, 1127, 1132, 791–92. 姉妹については以下を参照せよ。CB 39.98, 1657–58, 1241–42, 1397–98, 1657–58, さらに以下も参照。Peters, *For You, Lili Marlene,* 58–59. パリの外については、シェルブール警察に記録された以下の事件を参照せよ。ADM, Séries 3 U, report dated 19 may 1945.
104. AMH, FC H4 15-6, Letter dated 17 November 1945.
105. APP, CB 39.98, 914.
106. Marie-Thérèse, *Histoire d'une prostituée*, 73.
107. 以下を参照せよ。APP, CB 36.43, 1596–98, arrests made at L'Hôtel Crétet.
108. APP,BA1822,Libération,Undated report signed by policemen René Lhermite and Pierre Bihan.
109. Whiting, *Battle of Hurtgen Forest*, 65
110. Chevalier, *Les ruines de Subure*, 82（= 1999, 大島利治ほか訳『落日のモンマルトル 上・下』筑摩書房、本文での引用は同書の訳文による）. フランス人にとって憲兵だけが大きく見えたという考察は、戦時にパリで米軍の憲兵を務めた Dor Hesselgrave による。
111. Meinin, *Wehrmacht et prostitution*, chap. 4.
112. APP, A-1946/8 (H.95.707).
113. APP, BA1822, Libération, "Declaration par soldat américain de suspicion d'entôler."
114. APP, CB 39.98, 1427; APP, CB 36.43, 1224.
115. MHI, Pleas B. Roberts Papers, 1917–45, letter dated 17 November 1944. 以下も参照せよ。NARA, RG 331, Entry 100, Box 40. 兵士たちは経験した日付について並外れた記憶力を持っていたが、それはおそらく休暇が取れた日を記憶していたからだろう。
116. Brown, *Up Front with U.S.*, 561.
117. Peters, *For You, Lili Marlene*, 57. 売買春に関するパリの地政学については以下も参照せよ。Louis Chevalier, *Histoires de la nuit parisienne* (Paris: Fayard, 1982), 65–83.
118. MHI, WW Ⅱ Survey, Box 28th Infantry Division, "Memoirs of Murray Shapiro," np.
119. Whiting, *Battle of Hurtgen Forest*, 64.
120. Capell, *Surviving the Odds*, 214; MHI, WW Ⅱ Survey, Box 71st Infantry Division, Lewington S. Ponder, "Recollections of World War Ⅱ," 133.
121. これらの大通りについては以下を参照せよ。APP, A-1949/1 (H.428.877); ピガールについては以下を参照せよ。MHI, WW Ⅱ Survey, Box 9th Infantry Division, Jordan, "Bull sessions," 161; オペラ大通りについては以下を参照せよ。APP, BA1822, Memo 4 juin 1945.
122. Peters, *For You, Lili Marlene*, 57–58.
123. APP, BA1822, Libération, unsigned letter dated 4 June 1945.
124. MHI, WW Ⅱ Survey, Box 1st Infantry Division, Leroy Stewart, "Hurry Up and Wait," 75.
125. NARA, RG 331, Entry 100, Box 40. 軍の性病調査表に記入した米兵たちの記録によれば、彼らは「赤十字のクラブの外」で女性たちと会った、あるいは「米国赤十字の近くにあるバーの上の部屋で」セックスしたという。パリの赤十字、ならびに赤十字が米兵に提供したサービスについては以下を参照せよ。MHI, Payne Templeton Papers, "A Complete Change of Life," 63.
126. APP, DB409, *Libération soir*, 26 and 28 September 1946. ヴェルサイユの売春婦については以

79. MHI, WW Ⅱ Survey, Box 9th Infantry Division, Jordan, "Bull Sessions," 84–85.
80. MHI, John J. Maginnis Papers, untitled memoir, 224.
81. MHI, Robert E. Seale Papers, "WW Ⅱ as I Remember It," 58.
82. 解放時の経済については以下を参照せよ。Antony Beevor and Artemis Cooper, *Paris after the Liberation*, 1944–1949 (New York: Penguin Books, 1995), 103–5（= 2012, 北代美和子訳『パリ解放 1944-49』白水社）; Raymond Ruffin, *La vie des français au jour le jour, de la Libération à la victoire, 1944–1945* (Paris: Cheminements, 2004).
83. Andrew A. Thomson, "'Over There' 1944/45, Americans in the Liberation of France: Their Perceptions of, and Relations with, France and the French" (PhD thesis, University of Kent at Canterbury, 1996), 201.
84. APP, DB 409, *Qui? Police l'hebdomadaire des faits divers*, 31 July 1947. 以下も参照せよ。APP, A-1945/1 (F.477.872).
85. APP, CB 39.98, 636, 1008, 1066, 1067. 以下も参照せよ。APP, CB 10.43, 1508.
86. APP, CB 39.98, 36, 1945; ADM, Séries 3 U, Justice, Fonds du Tribunal de première instance de Cherbourg, procès-verbal (hereafter Séries 3 U), report dated 16 April 1945.
87. APP, A-1946/8 (H95.707).
88. Plano, *Fishhooks, Apples and Outhouses*, 254. シェルブールについては以下も参照せよ。ADM, Séries 3 U, reports dated 14 November 1944 and 1 March 1945.
89. *112 Gripes about the French* (Fontenay-aux-Roses: US Army, 1945), 43.
90. MHI, WW Ⅱ Survey, Box 28th Infantry Division, "Memoirs of Murray Shapiro," np.
91. Dor Hesselgrave, "Paris Recollections, ca. 1944–1946," unpublished mss., 2008.
92. Marie-Thérèse, *Histoire d'une prostituée*, 115–16. 恋人兼ヒモの別の例は以下を参照せよ。APP, A-1945/10 (F.459.164).
93. APP, DB409, *Libération soir*, 2 October 1946. ヒモについては以下を参照せよ。Pénaud, *La Prostitution*, 24–25; van der Meersch, *Femmes à l'encan*, 18（= 1956, 大塚幸男訳『自由なき女たち』大日本雄弁会講談社）. 戦時のぽん引きの魅力的な外見については以下を参照せよ。Cyril Olivier, "Un proxénète écrit à Suzy en 1941," *clio* 17 (2003): 115–36.
94. APP, DB409, *Qui? Police l'hebdomadaire des faits divers*, 31 July 1947.
95. Marie-Thérèse, *Histoire d'une prostituée*, 75–76.
96. Ibid., 80, 86–87; Chevalier, *Les ruines de Subure*, 82（= 1999, 大島利治ほか訳『落日のモンマルトル 上・下』筑摩書房）.
97. Chevalier, *Les ruines de subure*, 82（=1999, 大島利治ほか訳『落日のモンマルトル 上・下』筑摩書房、本文での引用は同書の訳文による）.
98. Whiting, *Battle of Hurtgen Forest*, 65.
99. APP, A-1949/1 (H.428.877); A-1945/1 (F.477.872); A-1946/8 (H.95.707); A-1945/5 (F.491.058). 全員が本名とは違った名前を用いていた。この4件の殺人事件が起きた場所は以下の通り。1) 9区ロシュシュアール通り、2) 9区ヴィクトル・マセ通り、3) 2区ボン・ヌーヴェル大通り近くのトレル通り、そして 4) 17区のモン・ドール通り。売買春の場所として2区と9区がいかに重要だったかについては以下を参照せよ。René Delpêche, *L'hydre aux mille têtes: un document sur la prostitution à Paris et en France* (Paris: Éditions Karolus, 1961), 30. この殺人事件4件のうち2件は容疑者が逮捕された。1人の容疑者は自白したが、もう1人の末路は不明である。
100. アンリエットはしばらく意識があったため、警察に事件の顚末を話すことができた。この事件に似た事件が以下に記録されている。APP, DB545, report dated 22 December 1944。この事件は、マドレーヌ大通りで米兵を客に取った娼婦の殺人未遂に関するものである。男は初めに彼女に2000フランを払うと言い、その後モンマルトルに一緒に行ってくれるならさらに3000フランを払うと申し出た。2人がモンマルトルに着

1945. 当然ながら女性たちは既婚者であっても、そのことを警察に報告しなかった場合もあり得るだろう。また、この人物像は戦前の 1936 年にシャイバーが報告した売春婦の特徴ともおおむね合致している (Scheiber, *Fléau*, 27). 以下も参照せよ。Croubois, *Prostitution en Touraine*, 1:125. この文献でも著者は独身の売春婦は既婚の売春婦のおおよそ 2 倍の数だったと述べている。

63. 以下を参照せよ。APP, CB 10.43, June 1945–October 1945; CB 39.98. ノルマンディーの事例については以下を参照せよ。Archives Départmentales du Calvados (カルヴァドス県公文書館、以後 ADC), 726 W 16 865 Prostitution, police report dated 22 December 1945. マルヌについては以下を参照せよ。ADMar, 162 W 359, letter dated 25 June 1945; report dated 2 July 1945.
64. NARA, RG 331, Entry 100, Boxes 40, 41.
65. AP, Registres d'écrou, La Petite Roquette, 1433 W 45, 1945 (30 January–18 April); 1433 W 46, no. 1-903, 1945 (18 April–31 July); 1433 W 47, 1945 (31 July–15 September); 1433 W 48, 1945 (5 September–3 November). これらの地方の状況はほとんど同じだった。たとえばマルヌでは以下を参照せよ。 ADMar, 8 U 197, Tribunal civil de Châlons-sur-Marne, 1945; 162 W 359, report dated 2 July 1945.
66. この女性たちのなかにはわずか 12 歳の少女たちもいた。Paul Gemähling, "Le proxénétisme en France, son organisation, les moyens de le combattre," in Gemähling et al., *Les scandales de le prostitution réglementée*, 18. van der Meersch, *Femmes à l'encan*, 25（= 1956, 大塚幸男訳『自由なき女たち』大日本雄弁会講談社）
67. Jack Plano, *Fishhooks, Apples and Outhouses* (Kalamazoo, MI: Personality Press, 1991), 252. 売春婦が全員若かったわけではない。以下を参照せよ。MHI, WW Ⅱ Survey, Box 9th Infantry Division, Jordan, "Bull Sessions," 127–28; Brown, *Up Front with U.S.*, 153. また売春婦が全員独身だったわけでもなかった。以下を参照せよ。APP, A-1945/3 (H.7.002); APP, BA1822, "Déclaration par soldat américain de suspicion d'entôler."
68. APP, CB, 39.98 and 10.43. 以下も参照せよ。*La marseillaise*, 21 November 1945.
69. APP, A-1946/8 (H95.707).
70. APP, DB409, *Libération soir*, 26 September 1946; Scheiber, *Fléau*, 26.
71. 以下を参照せよ。APP, CB 39.98; AP, Registres d'écrou, La Petite Roquette, 1433 W 45, 1433 W 46, 1433 W 47, 1433 W 48, 1945. Croubois によれば、1940 年から 44 年におけるトゥールの売春婦 206 人は売春を始める前に似たような職業についていた。資料によれば、Croubois の調査では服飾デザイナーが職業として頻繁に挙げられたため、彼はそれを「売春の玄関」と呼んだ。服飾デザイナーという職業は、彼の主張では、収入が低く競争が厳しい。以下を参照せよ。Croubois, *Prostitution en Touraine*, 1:127–30.
72. NARA, RG 331, Entry 100, Box 40.
73. APP, CB 10.43, 1778; APP, A 1949/1 (H.428.877); APP, BA1822, Libération "Déclaration par soldat américain de suspicion d'entôler." ある米兵は性の相手を「エレイン、ポーランド人、24 歳、ブルネット」と報告した。以下を参照せよ。 NARA, RG 331, Entry 100, Box 40. マルヌにおけるポーランド人売春婦については以下を参照せよ。ADMar, 161 W 323, report dated 26 June 1945; and 162 W 359, letter dated 6 September 1944.
74. *La marseillaise*, 21 November 1945.
75. ADMar, 162 W 359, undated letter to the prefect [April or May 1945].
76. Scheiber, *Fléau*, 9, 24, 29. 以下も参照せよ。Reboux, *Le guide galant*, 50; and Jean-Charles Bertier, *La prostitution à Bordeaux de 1939 à 1945, son contrôle sanitaire* (Bordeaux: Imprimerie Librairie Delmas, 1945), 11.
77. NARA, RG 331, Entry 100, Boxes 40, 41.
78. NARA, RG 331, Entry 100, Box 40.

46. NARA, RG 331, Entry 47, Box 31, report dated 21 February 1945. フランス側の情報については以下を参照せよ。ADMar, 130 W 11, Rapports mensuels sur la situation générale adressés par le Sous-Préfet, letter dated 28 August 1945.
47. 「屠畜場」については以下を参照せよ。Boudard, *La fermeture*, 31, 127; Maxence van der Meersch, *Femmes à l'encan* (Paris: Éditions Albin Michel, 1945), 20–22（= 1956, 大塚幸男訳『自由なき女たち』大日本雄弁会講談社）; Reboux, *Le guide galant*, 68.
48. Pinard, "De la propagation des maladies vénériennes," 36. 以下も参照せよ。 Marthe Richard's condemnation of the *abbattoirs* in *Bulletin municipal officiel*.
49. Van der Meersch, *Femmes à l'encan*, 20（= 1956, 大塚幸男訳『自由なき女たち』大日本雄弁会講談社）.
50. Pinard, "De la propagation des maladies vénériennes," 36.
51. Marie-Thérèse, *Histoire d'une prostituée*, 78–79. 以下も参照せよ。Scheiber, *Fléau*, 187. 二次文献については以下を参照せよ。Jane Mersky Leder, *Thanks for the Memories: Love, Sex and World War II* (Westport, CT: Praeger Publishers, 2006), 121.
52. Chevalier, *Les ruines de subure*, 81–82（= 1999, 大島利治ほか訳『落日のモンマルトル 上・下』筑摩書房）; Leder, *Thanks for the Memories*, 121.
53. Boudard, *La fermeture*, 139.
54. NARA, RG 331, Entry 100 Special Staff, Headquarters Command, Decimal File, 1944–45 (hereafter Entry 100), Boxes 40, 41.
55. 1945 年のラ・プティット・ロケット刑務所の記録には、自らの職業を「ホテル支配人」「ホテル経営者」「ホテル従業員」と記入した数人のヒモが記載されている。以下を参照せよ。Archives de Paris (hereafter AP), 1433 W 47 1945, 166, 252, 399. 連れ込みホテルについては、以下も参照せよ。APP, DB408, "La ruine des tauliers"; *Delpêche, Les dessous de Paris*, 159.
56. Scheiber, *Fléau*, 183.
57. ホテルのバーやカフェの利用については以下を参照せよ。Scheiber, *Fléau*, 184; NARA, RG 331, Entry 100, Boxes 40, 41.
58. ホテルで暮らしていた売春婦については以下も参照せよ。APP, A 1949/1 (H.428.877). 以下に逮捕記録のある 145 人の売春婦のうち、21.4 パーセントの女性に家がなく、ホテル暮らしをしていた。そのほかの女性は友人や親戚と住んでいると語り、パリの外に定住所がある者もいた。APP, CB 39.98, 39ème commissariat de police du quartier de la porte Saint-Martin, 31 October 1944–22 October 1945 (hereafter CB 39.98) and APP, CB 10.43, 10ème commissariat de police des Enfants Rouges, June 1945–October 1945 (hereafter CB 10.43).
59. Corbin, *Women for Hire*, 343（= 1991, 杉村和子監訳、内村瑠美子ほか訳『娼婦』藤原書店）; Adler, "Reading National Identity," 51. Sarah Fishman の主張によれば、フランスの役人たちは、財務省から反対されると、フランス人捕虜の妻にもっと多くの配給を獲得する策として既婚の売春婦の数の多さを示したという。以下を参照せよ。Sarah Fishman, *We Will Wait: Wives of French Prisoners of War* (New Haven, CT: Yale University Press, 1991), 47–50.
60. *Bulletin municipal officiel*. 以下も参照せよ。Archives Nationales, Séries AN F1a 4023, report of 15 June 1945.
61. APP, BA 1822, Libération, report dated 1 July 1945.
62. 当時のパリの売春婦の特徴を明らかにするために、売春婦が収容される一般的な刑務所ラ・プティット・ロケットの記録、ならびに以下の警察の逮捕記録を調べた。AP, 1443 W 45, no. 1-603, 1945 (30 January–18 April); 1433 W 46, no. 1-903, 1945 (18 April–31 July); 1443 W 47, no. 1-603, 1945 (31 July–15 September); 1443 W 48, no. 10600, 1945 (15 September–3 November). 警察の記録における類似の結果については以下を参照せよ。APP, CB 39.98, 31 October 31 1944– 22 October 1945; and APP, CB 10.43, June 1945–October

40–55.

28. Meinin, *Wehrmacht et prostitution*,112. 日本の売春制度に関しては以下を参照せよ。吉見義明 , 1995,『従軍慰安婦』岩波書店（= 2000, Suzanne O'Brien trans., *Comfort Women: Sexual Slavery in the Japanese Military during World War II* (New York: Columbia University Press, 2000).
29. Meinen, *Wehrmacht et prostitution*, 142–48, 151. この法律で何人の女性が実際に起訴されたかはわかっていない。Cyril Olivier が主張するには、この規制は戦争開始時にもぐりの売春が急増した後に施行されたという。Cyril Olivier, *Le vice ou la vertu: Vichy et les politiques de la sexualité* (Toulouse: Presses Universitaires du Mirail, 2005), 232.
30. Philippe Aziz, *Tu trahiras sans vergogne* (Paris: Éditions Fayard, 1970), 271.
31. フランス警察が部屋に入ることをこのしきたりがいかに踏みとどめたかについては、たとえば以下を参照せよ。APP, BA1822, Libération, undated report signed by policemen René Lhermite, and Pierre Bihan.
32. Roxanne Pitt, *The Courage of Fear* (New York: Duell, Sloan and Pearce, 1957), 75–76. 以下も参照せよ。John Costello, *Virtue under Fire: How World War Two Changed Our Social and Sexual Attitudes* (Boston: Little Brown, 1985), 218.
33. ドイツで強制労働についた女性に関しては以下を参照せよ。K. H. Adler, "Reading National Identity," 53.
34. ハンブルグの空襲については以下を参照せよ。Jörg Friedrich, *The Fire: The Bombing of Germany, 1940–1945* (New York: Columbia University Press, 2006), 165–68（= 2011, 香月恵里訳『ドイツを焼いた戦略爆撃――1940 ～ 1945』みすず書房）.
35. Corbin, *Women for Hire*, 343, 347.（= 1991, 杉村和子監訳、内村瑠美子ほか訳『娼婦』藤原書店）.
36. Speech of Marthe Richard, *Bulletin municipal officiel.* マルヌの公娼制度の縮小については以下を参照せよ。ADMar, 161 W 323, report dated 31 August 1945; and 162 W 359, report dated 2 July 1945 and charts titled "Dénombrement des maisons de tolérance."
37. APP, DB409, *Libération soir*, 28 September 1946.
38. Boudard, *La fermeture*, 37–38; Speech of Marthe Richard in *Bulletin municipal officiel de la ville de Paris*; APP, DB409, *Libération soir*, 2 October 1946.
39. このためマルト・リシャールには、亡き夫のシャンパン業を継いで成功を収めたヴーヴ・クリコ（クリコ未亡人）〔シャンパン名としても有名〕にちなんだニックネーム「ラ・ヴーヴ・キ・クロ（閉鎖のやもめ）」がついた。以下を参照せよ。http://fr.wikipedia.org/wiki/Marthe_Richard
40. この話は以下に掲載されている。Andy Rooney in *My War* (New York: Public Affairs, 1995), 215.
41. MHI, WW Ⅱ Survey, Box 71st Infantry Division, David Ichelson, "I Was There," 65. 以下も参照せよ。 MHI, WW Ⅱ Survey, Box 1st Infantry Division, Damsky, "Shipping Order," 38–39.
42. Heaton, *Communicable Diseases*, 246; Costello, *Virtue under Fire*, 247. シェルブールにおける売春宿の分離については以下を参照せよ。Archives Départmentales de la Manche (マンシュ県公文書館、以後 ADM), Rapports américains, 13 num 2521.
43. AMH, FC I1 49-2, "Prostitution, conférence tenue à la mairie du Havre le 9 octobre 1945."
44. 1944 年から 45 年におけるこの制度の問題の一部については以下を参照せよ。Paul Reboux, *Le guide galant* (Paris: Éditions Raoul Solar, 1953), 67; Adolphe Pinard, "De la propagation des maladies vénériennes," in *Les scandales de la prostitution réglementée,* ed. Paul Gemähling et al. (Paris: Éditions de l'Union Temporaire, 1938), 37; Marie-Thérèse, *Histoire d'une prostituée*, 84–85; René Delpêche, *Les dessous de Paris: souvenirs vécus par l'ex-inspecteur principal de la brigade mondaine Louis Métra* (Paris: Les Éditions du Scorpion, 1955), 153.
45. 以下を参照せよ。MHI, John J. Maginnis Papers, untitled memoir, 224.

13. Wisconsin Veterans Museum, Oral History Collection, OH74, Transcript of an oral history interview with William C. Brunsell, 1994. 以下も参照せよ。Jack Capell, *Surviving the Odds* (Claremont, CA: Regina Books, 2007), 213.
14. Charles Whiting, *The Battle of Hurtgen Forest: The Untold Story of a Disastrous Campaign* (New York: Orion Books, 1989), 64.
15. AEF（連合国遠征軍）は、第一次世界大戦に従事した。Omar Bradley, *A Soldier's Story* (New York: Modern Library, 1995), 384.
16. Paul Fussell, *The Boy's Crusade: The American Infantry in Northwestern Europe, 1944–1945* (New York: Modern Library, 2005), 39.
17. Janice Holt Giles, *The G.I. Journal of Sergeant Giles* (Boston: Houghton-MifflinCompany,1965), 85. 以下も参照せよ。PaulBoesch, *Road to Heurtgen: Forest in Hell* (Houston, TX: Gulf Publishing Company, 1962), 103.
18. William M. McConahey, MD, *Battalion Surgeon* (Rochester, MN: Author, 1966), 176.
19. *Bulletin municipal officiel de la ville de Paris* における M. Amiot の以下のスピーチを参照せよ。"Débats des assemblées de la ville de Paris et du département de la Seine, Conseil Municipal de Paris, séance du 17 déc., 1945."
20. *Stars and Stripes*, 6 March 1945.
21. Whiting, *Battle of Hurtgen Forest*, 66.
22. ランスの場合は、たとえば以下を参照せよ。Archives Départmentales de la Marne（マルヌ県公文書館、以後ADMar) 162 W 359, Rapports sur la prostitution (hereafter 162 W 359), letter dated 15 April 1945; 16 W 268, Affaires réservées: incidents avec les troupes alliées, report dated 26 June 1945; 16 W 266, Relations avec les autorités alliées, notes et correspondance, report dated 9 August 1945; and 16 W 323, Incidents franco-américain, rapports 1944–46 (hereafter 16 W 323), report dated 26 June 1945.
23. John Gimlette, *Panther Soup: Travels in Europe in War and Peace* (New York: A. A. Knopf, 2008), 158.
24. フランスの公娼制度の明晰な要約については以下を参照せよ。Jacques-Pierre-Georges Pénaud, *La prostitution (vers un contrôle humain)* (Bordeaux: Delmas, 1945), 13–14. フランスの売春の歴史に関する代表的な研究は以下を参照せよ。Alain Corbin, *Women for Hire: Prostitution and Sexuality in France after 1850* (Cambridge, MA: Harvard University Press, 1990)（＝1991, 杉村和子監訳、内村瑠美子ほか訳『娼婦』藤原書店）. 当時に関しては以下も参照せよ。Insa Meinen, *Wehrmacht et prostitution sous l'Occupation* (Paris: Éditions Payot, 2006); K. H. Adler, "Reading National Identity: Gender and Prostitution during the Occupation," *Modern and Contemporary France* 7, no. 1 (1999): 47–57; Alphonse Boudard, *La fermeture: 13 avril 1946: la fin des maisons closes* (Paris: R. Laffont, 1986); Fabienne Jamet, *One two two* (Paris: Olivier Orban, 1975).
25. Archives de la Préfecture de la Police, Paris（パリ警視庁記録保管所、APP), DB409, *Libération soir*, 27 September 1946; Speech of Amiot, *Bulletin municipal officiel*; Archives Municipales de la Ville du Havre（ル・アーヴル市公文書館、以後 AMH), FC I1, 49-2, "SOS à la santé publique, communication du Docteur Abel Lahille sur la prostitution." 以下も参照せよ。National Archives and Records Administration（アメリカ国立公文書館、以後 NARA), Record Group 331, Records of Allied Operation and Occupation, Headquarters, World War Ⅱ (SHAEF) (hereafter RG 331), General Staff Divisions, G-5 Division, Secretariat, Numeric File, August 1943–July 1945, Entry 47 (hereafter Entry 47), Box 31, memo dated 21 February 1945.
26. 20 世紀におけるフランスの公娼制度の存続については以下を参照せよ。Molly McGregor Watson, "The Trade in Women: 'White Slavery' and the French Nation" (PhD thesis, Stanford University, 2000); and Michelle Rhodes, "'No Safe Women': Prostitution, Masculinity, and Disease in France during the Great War" (PhD thesis: University of Iowa, 2001).
27. この 3 軒の売春宿については以下を参照せよ。APP, DB408, *Paris villages*, no. 9 (1985):

照せよ。
143. *Le figaro*, 15 September 1944.
144. *Havre-éclair*, 6 June 1945. 以下も参照せよ。*Journal de la Marne*, 21 September 1944.
145. Vercors, "A Plea for France: A Nation Weak and Uncertain Needs Our Understanding," *Life*, 6 November 1944. 記事のイメージは文中のものではなく、『ライフ』誌の編集者らが記事の挿絵として、悔恨のうちに目を手で覆い教会で祈る女性の写真を選んで用いたものである。

第5章

1. 解放時に時折見られた売春婦の暴力的な扱いについては以下を参照せよ。Louis Chevalier, *Les ruines de Subure: Montmartre de 1939 aux années 80* (Paris: Éditions Robert Laffont, 1985), 84（= 1999, 大島利治ほか訳『落日のモンマルトル 上・下』筑摩書房）; *La prostitution en Touraine à l'époque des maisons closes* (1920–1946), 2 vols. (Chambray-lès-Tours: C.L.D., 1999–2001), 1:271 において、Claude Croubois は、FFI はプロの売春婦を追い回したりしなかったと論じている。
2. Marie-Thérèse [Cointré], *Histoire d'une prostituée* (Paris: Éditions Gonthier, 1964), 70–73. 解放時の売春婦については以下も参照せよ。US Army Military History Institute, Carlisle Barracks (アメリカ陸軍軍史研究所、以後 MHI), World War Ⅱ Veterans Survey Collection (hereafter WW Ⅱ Survey), Box 9th Infantry Division, Chester Jordan,"Bull Sessions:WorldWar Ⅱ, CompanyK, 47th Inf., 9th Infantry Division fromNormandy to Remagen," 84–85.
3. 「ヨーロッパの売春宿」としてのパリの描写については以下を参照せよ。Alfred Scheiber, *Un fléau social: le problème médico-policier de la prostitution* (Paris: Librairie de Médicis, 1946), 115. 米兵に人気の行き先だったパリについては、以下を参照せよ。 Judy Barrett Litoff, David C. Smith, Barbara Wooddall Taylor, and Charles E. Taylor, *Miss You: The World War II Letters of Barbara Wooddall Taylor and Charles E. Taylor* (Athens: University of Georgia Press, 1990), 147. 米兵が休暇を過ごすもう 1 つの主な目的地はニースであり、終戦までに毎週 6000 人の米兵がここで休暇を過ごした。以下を参照せよ。Harvey Levenstein, *We'll Always Have Paris: American Tourists in France since 1930* (Chicago: University of Chicago Press, 2004), 79.
4. MHI, WW Ⅱ Survey, Box 99th Infantry Division, Roger Foehringer, untitled memoir, 34.
5. MHI, WW Ⅱ Survey, Box 99th Infantry Division, Casmir Rompala, untitled memoir, 47. Leonard D. Heaton, *Communicable Diseases Transmitted through Contact or by Unknown Means, vol. 5 of Preventive Medicine in World War II*, 9 vols. (Washington, DC: Office of the Surgeon General, Department of the Army, 1960), 5:245.
6. *Stars and Stripes*, 27 October 1944; Walter Brown, *Up Front with U.S.* (Oakland, ME: Author, 1979), 558–59; Robert Peters, *For You, Lili Marlene* (Madison: University of Wisconsin Press, 1995), 58.
7. Litoff et al., *Miss You*, 240.
8. Brown, *Up Front with U.S.*, 561.
9. Peter Belpulsi, *A G.I.'s View of World War II* (Salem, MO: Globe Publishers. 1997), 173. 以下も参照せよ。MHI, Payne Templeton Papers, "A Complete Change of Life—into World War Ⅱ," 32.
10. *Défense de la France*, 13 September 1944. MHI, WW Ⅱ Survey, Box 28th Infantry Division, Shapiro, "Memoirs of Murray Shapiro," np, and Box 1st Infantry Division, Bert Damsky, "Shipping Order___APO___," 38.
11. *How to See Paris: For the Soldiers of the Allied Armies* (Paris: Commissariat Général au Tourisme, 1945?), 32. 以下を参照せよ。Bibliothèque Historique de la Ville de Paris, Séries 30, Fonds actualités, Box 35, Guerre 39–45.
12. Belpulsi, *A G.I.'s View*, 174.

115. MHI, WW Ⅱ Survey, Box 18th Infantry Division, Damsky, "Shipping Order," 38–39.
116. *112 Gripes about the French*, 43.
117. *Havre libre,* 13 August 2003. 以下も参照せよ。 Aubéry, *Les américains en France*, 38.
118. Gimlette, *Panther Soup*, 159.
119. MHI, Chester Hansen Collection, diary entry dated 20 September 1944.
120. Frank Costigliola, "The Nuclear Family: Tropes of Gender and Pathology in the Western Alliance," *Diplomatic History* 21, no. 2 (Spring 1997): 170.
121. 以下より引用。Kenneth Rose, *Myth and the Greatest Generation: A Social History of Americans in World War II* (New York: Routledge, 2008), 36.
122. MHI, WW Ⅱ Survey, Box 71st Infantry Division, Ichelson, "I Was There," 62.
123. Jacques-Pierre-Georges Pénaud, *La Prostitution (vers un contrôle humain)* (Bordeaux: Imprimerie Librairie Delmas, 1945), 117.
124. *Ouest-France*, 9 August 1944. 以下も参照せよ。*Havre-éclair*, 6 June 1945.
125. *Journal de la Marne,* 24 January 1945.
126. ADMar, 162 W 359, Rapports sur la prostitution, letter dated 5 October 1945, and letter dated 13 October 1945.
127. ADMar, 162 W 359, letter dated 21 September 1944.
128. Alfred Scheiber, *Un Fléau social: le problème médico-policier de la prostitution* (Paris: Librairie de Médicis, 1946), 195.
129. APP, DB409, Articles de presse, affaires diverses, imprimés, cartes de visites (hereafter DB409), *Qui? Police l'hebdomadaire des faits divers*, 9 September 1946.
130. APP, DB409, *Qui? Police l'hebdomadaire des faits divers*, 31 July 1947
131. Jean-Charles Bertier, *La Prostitution à Bordeaux de 1939 à 1945, son contrôle sanitaire* (Bordeaux: Imprimerie Librairie Delmas, 1945), 12. マルヌにおける同じ懸念については以下を参照せよ。ADMar, 162 W 359, report dated 13 April 1945.
132. *France libre*, 5 September 1944. 以下も参照せよ。*France libre*, 27 September 1944.
133. *Le populaire*, 9 September 1944.
134. *Marie-Claire*, 17 November 1944.
135. Lucie Aubrac, *Cette exigeante liberté* (Paris: Éditions de l'Archipel, 1997), 153.
136. APP, DB409, *Qui? Police l'hebdomadaire des faits divers*, 13 October 1946.
137. John Dower, *Embracing Defeat: Japan in the Wake of World War II* (New York: W. W. Norton, 1999), 135–36（= 2004, 三浦陽一・高杉忠明訳『敗北を抱きしめて 上・下増補版――第二次大戦後の日本人』岩波書店、本文での引用は同書の訳文による）.
138. *Journal de la Marne*, 24 June, 25 June, and 2 July 1945.
139. Scheiber, *Fléau*, 130–31.
140. 歴史家の K.H. Adler が示したように、売春は「国家のアイデンティティの不安定な状態を示す暗喩となった」。以下を参照せよ。K. H. Adler, "Reading National Identity: Gender and Prostitution during the Occupation," *Modern and Contemporary France 7*, no. 1 (1999): 50, 52. 以下も参照せよ。Adler, *Jews and Gender in Liberation France* (Cambridge: Cambridge University Press, 2003), 42–44.
141. Scheiber, *Fléau*, 125. この件については、以下も参照せよ。Sarah Fishman, *We Will Wait: Wives of French Prisoners of War* (New Haven, CT: Yale University Press, 1991), 47–50; Fabrice Virgili, *Naître ennemi: les enfants de couples franco-allemands nés pendant la Seconde Guerre mondiale* (Paris: Éditions Payot, 2009), 71–73.
142. オーベリーは兵士に次のように警告した。「モンマルトルの住人を見てフランスという国を判断してはならない。モンマルトルの住人は猥褻じみたことを求める外国人旅行者の要望に応えるからだ」。Aubéry, *Les américains*, 56. *112 Gripes about the French*, 46 を参

dated 4 June 1945 and 1 July 1945. 以下も参照せよ。Michel Renouard and Manonmani Restif, eds., *Les malouins et la Libération: combats et vie quotidienne* (Saint-Malo: Éditions Cristel, 2006), 192.

93. MHI, WW Ⅱ Survey, Box 1st Infantry Division, Warren R. Eames survey. 歴史家の Louis Chevalier は、売春婦たちがこの時期、タバコやドルを豊富に持っていたと述べている。以下の著書を参照せよ。*Les ruines de Subure: Montmartre de 1939 aux années 80* (Paris: Éditions Robert Laffont, 1985), 82（= 1999, 大島利治ほか訳『落日のモンマルトル 上・下』筑摩書房）.

94. MHI, WW Ⅱ Survey, Box 71st Infantry Division, Ichelson, "I Was There," 64.

95. 以下を参照せよ。Leonard D. Heaton, *Communicable Diseases Transmitted through Contact or by Unknown Means, vol. 5 of Preventive Medicine in World War II*, 9 vols., (Washington, DC: Office of the Surgeon General, Department of the Army, 1960), 5:245; Hillel, *Vie et moeurs,* 147.

96. MHI, WW Ⅱ Survey, Box 18th Infantry Division, Bert Damsky, "Shipping Order___APO___," 45.

97. MHI, WW Ⅱ Survey, Box 71st Infantry Division, William Meissner survey.

98. McConahey, *Battalion Surgeon*, 174.

99. Peter Schrijvers, *The Crash of Ruin: American Combat Soldiers in Europe during World War II* (New York: New York University Press, 1998), 182.

100. MHI, WW Ⅱ Survey, Box 71st Infantry Division, Ichelson, "I Was There" 93–94.

101. Nat Frankel and Larry Smith, *Patton's Best: An Informal History of the 4th Armored Division* (New York: Hawthorne Books, 1978), 77.

102. Brown, *Up Front*, 562; Gimlette, *Panther Soup*, 27.

103. MHI, Chester Hansen Collection, diary entry dated 8 September 1944.

104. ADM, Séries 3 U, Justice, Fonds du Tribunal de première instance de Cherbourg Procès-verbal (hereafter Séries 3 U), report dated 14 November 1944. 以下も参照せよ。APP, Registres de commissariats, CB39.98, Entry 1220.

105. Robert Peters, *For You, Lili Marlene* (Madison: University of Wisconsin Press, 1995), 55. 以下も参照せよ。MHI, WW Ⅱ Survey, Box 9th Infantry Division, Chester Jordan, "Bull Sessions: World War Ⅱ, Company K, 47th Inf., 9th Infantry Division from Normandy to Remagen," 87–88.

106. 1945 年 9 月、ノルマンディーにおける米軍憲兵司令官は、性的なサービスとアメリカの物品が交換される場所を含む大規模な闇取引を摘発した。以下を参照せよ。SHGN, 76E 200, Brigade territoriale de Cany- Barville, registres de correspondance courante au départ, report dated 25 September 1945. 同様の取引がランスにおいて摘発されたが、ここではドイツ人捕虜から買ったガソリンが、フランス人売春婦をひそかに捕虜収容所へと連れ込むために使われていた。以下を参照せよ。Jacques Pernet and Michel Hubert, *Reims: chronique des années de guerre* (Saint-Cyr-sur-Loire: Éditions Alan Sutton, 2003), 73.

107. アラメス・ホヴセピアンは例外で、フランスの娼婦は「とても素敵だった。金だけが目当ての女は誰もいなかった。ぼくたちのような男が何を必要としているか知っている女ばかりだった」と父親に書き送った。以下を参照せよ。Aramais Hovsepian, *Your Son and Mine* (New York: Duell, Sloan and Pearce, 1950), 80.

108. Peters, *For You, Lili Marlene*, 58.

109. MHI, WW Ⅱ Survey, Box 71st Infantry Division, Ichelson, "I Was There," 198–99.

110. Saylor, *Remembering the Good War*, 246.

111. MHI, John McGinnis Papers, untitled memoir, 58–60.

112. *112 Gripes about the French*, 43.

113. Litoff et al., *Miss You*, 204

114. Plano, *Fishhooks, Apples and Outhouses,* 252

以下も参照せよ。 SHGN, 76E112, Section d'Elbeuf, registres de correspondance confidentielle au départ (R/4), report dated 13 October 1944; and 76E113, Section du Havre, registres de correspondance courante au départ (R/2), report dated 10 August 1945.

73. Jack Capell, *Surviving the Odds* (Claremont, CA: Regina Books, 2007), 212.
74. Marc Hillel, *Vie et moeurs des GI's en Europe*, 1942–1947 (Paris: Balland, 1981), 156.
75. ル・アーヴルについては以下を参照せよ。Hamel, "Les américains au Havre," interview with Max Bengston," np; Aubéry, *Les américains,* 52–54; Moulin et al., *Le Havre 16th Port of Embarkation*, 31, 35. ランスについては以下を参照せよ。Clause, *Reims autour du 7 mai*, 391. マルセイユは闇市場の中心地となったもう1つの港湾都市である。
76. NARA, RG 331, Entry 47, Box 28, Civil Affairs Miscellaneous Reports, report dated 27 October 1944. 憲兵はパリの主要な小売店で監視体制を取り、店ではタンクに入ったガソリンのチェックが行われた。連合国軍配給のガソリンで走っていたとわかった車は1カ月没収され、車の所有者は起訴された。チェックを受けた車の約1割が連合国軍のガソリンを使っていると判明し、所有者が起訴された。
77. アフリカ系アメリカ人兵士と闇市場については以下を参照せよ。Aubéry, *Les américains*, 34–38. ドイツ人捕虜については、以下も参照せよ。Laroque Lucie, "Le Ravitaillement des Havrais de 1939 à 1949" (Université du Havre, Maîtrise d'histoire contemporaine, 2001), 105.
78. Lucie, "Le Ravitaillement des Havrais," 105–6.
79. *Ce soir*, 8 September 1944. 似たような状況については以下を参照せよ。*Journal de la Marne*, 6 September 1944.
80. 米兵たちはまた、タバコの販売をめぐる策略に没頭しはじめた。たとえば、ちょうど駅から発とうとしているときに、中身を抜いておがくずを詰めたタバコを売ったりした。列車が駅を出発するや、だまされたと気づいて怒り狂うフランス人を見て大笑いしたものだ。以下を参照せよ。Andrew A. Thomson, "'Over There' 1944/45, Americans in the Liberation of France: Their Perceptions of, and Relations with France and the French" (PhD thesis, University of Kent at Canterbury, 1996), 187; Hillel, *Vie et moeurs*, 156.
81. *112 Gripes about the French* (Fontenay-aux-Roses: US Army, 1945), 21, 68–69.
82. MHI, WW II Survey, Box 71st Infantry Division, Earle, letter with unclear date [1945], np. 以下も参照せよ。 MHI, Payne Templeton Papers, "A Complete Change of Life—into World War II," 63.
83. MHI, WW II Survey, Box 71st Infantry Division, James J. Coletti, "It Made a Man Out of You," np. 法外な価格に関する他の記録は以下を参照せよ。Judy Barrett Litoff, David C. Smith, Barbara Wooddall Taylor, and Charles E. Taylor, *Miss You: The World War II Letters of Barbara Wooddall Taylor and Charles E. Taylor* (Athens: University of Georgia Press, 1990), 236, 240.
84. MHI, WW II Survey, Box 71st Infantry Division, Ichelson, "I Was There," 63–64.
85. Harry L. Coles and Albert K. Weinberg, *Civil Affairs : Soldiers Become Governors* (Washington, DC: Center of Military History US Army, 2004), 747–48.
86. Robert Adleman and George Walton, *The Champagne Campaign* (Boston: Little Brown, 1969), 225.
87. 以下を参照せよ。MHI, WW II Survey, Box 1st Infantry Division, Leroy Stewart, "Hurry Up and Wait," 76.
88. Louis Guilloux, *Ok, Joe* (Chicago: University of Chicago Press, 2003; orig. 1973), 81.
89. Aubéry, *Les américains,* 34–35.
90. G. Morris, *Assasin, mon frère* (Paris: Éditions de Rocher, 1990), 19–20; Morris, *Le forçat de l'Underwood*, 71.
91. Archives Nationales, F1a 4023, Rapports du commissaire de la République, report dated 15 June 1945. 以下も参照せよ。 Mencherini, "Les américains à Marseille."
92. Archives de la Préfecture de la Police, Paris (パリ警視庁記録保管所、以後APP), BA1822, reports

48. Paul Boesch, *Road to Huertgen: Forest in Hell* (Houston, TX: Gulf Publishing Company, 1962), 73.
49. *L'avenir du Nord de l'Aisne*, 10 September 1944. 以下も参照せよ。 Jacques Pernet and Michel Hubert, *1944 il était une fois . . . les américains* (Reims: Éditions de l'Atelier Graphique, 1994), 40–41.
50. ADM, 1366 W, *MT*, témoignage of Christianne Denis, 249.
51. ADM, 1366 W, *MT*, témoignage of Madame Dold-Lomet, 284.
52. ADM, 1366 W, *MT*, Jacques Nicolle, "J'avais quinze ans," 811. ニコルは兵士たちがやって来てからタバコを吸うようになったが、その1年後にきっぱりやめた。彼いわく「ぼくの喫煙はもう過去のことだ」。
53. MHI, The John J. Maginnis Papers, untitled memoir, 227–28.
54. Michel Béchet, *L'attente: (Overlord) vécu à cent kilomètres du front* (Montsûrs: Résiac, 1994), 85.
55. Paul Finance, *Trois ans de ma vie, 1942 à 1945* (Riquewihr: La Petite Imprimerie, 1993), 117.
56. Jacques-Alain de Sédouy, *Une enfance bien-pensante sous l'Occupation, 1940–1945* (Paris: Librairie Académique Perrin, 1998), 171. 以下も参照せよ。Bernard Festoc, *La vie à Airel et Saint-Fromont pendant la seconde guerre mondiale* (Périers: Imprimerie X. Gar- lan, 1994), 89.
57. Danièle Philippe, *J'avais quinze ans . . . en juin 44 en Normandie* (Paris: Éditions France-Empire, 1994), 193. ランスでの同じ状況については以下を参照せよ。Georges Clause, *Reims autour du 7 mai 1945* (Nîmes: Christian Lacour, 1997), 329.
58. Keith Winston, *V . . . -Mail: Letters of a World War II Combat Medic* (Chapel Hill, NC: Algonquin Books, 1985), 107.
59. *Ouest-France*, 9 August 1944.
60. *Journal de la Marne*, 22 August 1945.
61. Archives Départmentales de la Marne (マルヌ県公文書館、以後 ADMar), 130 W 9, Rapports mensuels sur la situation générale adressées par le Sous-Préfet au Préfet septembre–décembre 1944, report dated 11 September 1944.
62. *Le Franc-tireur*, 28 August 1944.
63. *Havre-éclair*, 12 August 1945. 以下も参照せよ。Jacques Kayser, *Un journaliste sur le front de Normandie: carnet de route juillet-aôut 1944* (Paris: Arléa, 1991), 44, 129.
64. Walter Brown, *Up Front with U.S.* (np: W. Brown, 1979), 563.
65. MHI, WW II Survey, Box 7th Infantry Division, John Earle, Letter to his mother, 9 March 1945. 以下も参照せよ。 Box 36th Infantry Division, Harlinski, "The Purple Road Back," 9.
66. MHI, WW II Survey, Box 1st Infantry Division, Karl Clarkson, "The Story of G. I. Joe (Karl): A Combat Infantryman in World War II," 14.
67. William M. McConahey, MD, *Battalion Surgeon* (Rochester, MN: Author, 1966), 176.
68. Peter Belpulsi, *A GI's View of World War II* (Salem, MA: Globe Publishers, 1997), 174. 以下も参照せよ。Thomas Saylor, *Remembering the Good War: Minnesota's Greatest Generation* (Minneapolis: Minnesota Historical Society Press, 2005), 246.
69. Winston, *V . . . -Mail*, 178.
70. National Archives and Records Administration (アメリカ国立公文書館、以後 NARA), Record Group 331, Records of Allied Operation and Occupation, Headquarters, World War II (SHAEF) (hereafterRG 331), Entry 47, General Staff Divisions, G-5 Division, Secretariat, Numeric File, August 1943–July 1945 (hereafter Entry 47), Box 28, Civil Affairs Miscellaneous Reports, report dated 27 October 1944.
71. Grenard, *France du marché noir*, 261.
72. SHGN, 76E162, Section de Rouen, registres de correspondance courante au départ, reports dated 15 November 1944 and 15 December 1944. SHGN, 76E6 Compagnie de la Seine-Inférieur à Rouen, registres de correspondance courante au départ, reports dated 19 October 1944 and 2 August 1945.

25. US Army US Military History Institute, Carlisle Barracks (アメリカ陸軍軍史研究所、以後 MHI), World War Ⅱ Veterans Survey Collection (hereafter WW Ⅱ Survey), Box 71st Infantry Division, David Ichelson, "I Was There," 61. 卵の売買については、以下も参照せよ。John Toole, *Battle Diary* (Missoula, MT: Vigilante Press, 1978), 19.
26. Peter A. Belpulsi, *A G.I.'s View of World War II* (Salem, MO: Globe Publishers, 1997), 94.
27. Lawrence Cane, *Fighting Fascism in Europe: The World War II Letters of an American Veteran of the Spanish Civil War* (New York: Fordham University Press, 2003), 90–91.
28. Service Historique de la Gendarmerie Nationale, Vincennes (国家憲兵隊史編纂部、以後 SHGN), 76E6 Compagnie de la Seine-Inférieur à Rouen, registres de correspondance cou-rante au départ (hereafter 76E6), report dated 19 October 1944. 以下も参照せよ。 76E6, report dated 2 August 1945; and 76E 113 Section du Havre, registres de correspondance courante au départ (R/2), report dated 10 August 1945.
29. MHI, WW Ⅱ Survey, Box 84th Infantry Division, Frank Freese, "Private Memories of World War Ⅱ (A Small Piece of a Big War)," 17.
30. MHI, WW Ⅱ Survey, Box 5th Infantry Division, Mark Goodman, "Unit History of Company A," 48.
31. Janice Holt Giles, *The G.I. Journal of Sergeant Giles* (Boston: Houghton-Mifflin Company, 1965), 80.
32. Ken Parker, *Civilian at War* (Traverse City, MI: Author, 1984), 94; Annette Tapert, ed., *Lines of Battle: Letters from American Servicemen, 1941–1945* (New York: New York Times Books, 1987), 165. 以下も参照せよ。Toole, *Battle Diary*, 19.
33. Ernie Pyle, *Brave Men* (New York: Henry Holt and Company, 1944), 285 (= 1969, 村上啓夫訳『勇敢な人々――ヨーロッパ戦線のアーニー・パイル』早川書房、本文での引用は同書の訳文を参考にした).
34. Belpulsi, *G.I.'s View*, 94. 贈り物としての卵については、以下も参照せよ。Edward K. Rogers, *Doughboy Chaplain* (Boston: Meador, 1946), 158.
35. Béatrice Poule, ed., *Cahiers de mémoire: vivre et survivre pendant la bataille de Normandie* (Caen: Conseil Général du Calvados, 1994), 28.
36. Claude Boisse, *Jeunesse ardente*, 1943–1945 (Montségur-sur-Lauzon: C. Boisse, 1997), 36.
37. Grenard, *La France du marché noir*, 261. Grenard の記述によれば、役人たちは「解放者から脅されたため」物々交換を規制もしくは阻止できなかったという。
38. Vinen, *The Unfree French*, 225; Veillon, *Vivre et survivre*, 178.
39. MHI, WW Ⅱ Survey, Box 71st Infantry Division, David Ichelson, "I Was There," 93.
40. Richard Kluger, *Ashes to Ashes: America's Hundred-Year Cigarette War, the Public Health, and the Unabashed Triumph of Philip Morris* (New York: Alfred A. Knopf, 1996), 112–13.
41. Hamel, "Les Américains au Havre," interview with Mr. Adam, np.
42. MHI, WW Ⅱ Survey, Box 1st Infantry Division, Leroy Stewart, "Hurry Up and Wait," 49.
43. タバコキャンプについては以下を参照せよ。Jean-Claude Marquis, *Les camps "cigarettes"*(Rouen: Éditions Médianes, 1994); Valérie Moulin, Daniel Baccara, and Jean-Michel Harel, *Le Havre 16th Port of Embarkation, Northern District Normandy Base Section* (Le Havre: Éditions USST, 1997), 28–29.
44. Association historique et culturelle de Montbourg et son canton, *Montebourg se souvient, 6 juin–19 juin, 1944* (Condé-sur-Noireau: Éditions Corlet, 1994), 55.
45. MHI, WW Ⅱ Survey, Box 36th Infantry Division, Anthony Harlinski, "The Purple Road Back," 8.
46. MHI, WW Ⅱ Survey, Box 1st Infantry Division, Robert Ryan survey.
47. Abbe H. Dufour, *La guerre chez nous: souvenirs, Le Lorey, 1940–1944* (Coutances: Imprimerie OCEPS, 1986), 43.

4. 以下を参照せよ。T. J. Jackson Lears, *Fables of Abundance: A Cultural History of Advertising in America* (New York: Basic Books, 1994).
5. Philippe Roger, *L'ennemi américain: généalogie de l'antiaméricanisme français* (Paris: Éditions du Seuil, 2002), 359–60（= 2002, 大谷尚文・佐藤竜二訳『アメリカという敵――フランス反米主義の系譜学』法政大学出版局).
6. 戦時の過酷な状況については以下を参照せよ。Richard Vinen, *The Unfree French: Life under the Occupation* (New Haven, CT: Yale University Press, 2006), 223–24, chap. 7; Fabrice Grenard, *La France du marché noir, 1940–1949* (Paris: Éditions Payot, 2008), 227.
7. Jack Plano, *Fishhooks, Apples and Outhouses: Memories of the 1920s, 1930s, 1940s* (Kalamazoo, MI: Personality Press, 1991), 254.
8. John Gimlette, *Panther Soup: Travels through Europe in War and Peace* (New York: Alfred A. Knopf, 2008), 168–69.
9. 日本における類似の状況については以下を参照せよ。Sarah Kovner, "Prostitution in Postwar Japan: Sex Workers, Servicemen, and Social Activists, 1945–1956" (PhD diss., Columbia University, 2004), 24–25; and Kovner, "Base Cultures: Sex Workers and Servicemen in Postwar Japan, *Journal of Asian Studies* 68, no. 3 (August 2009): 777–804.
10. Stephen E. Ambrose, *Citizen Soldiers: The U.S. Army from the Normandy Beaches to the Bulge to the Surrender of Germany, June 7, 1944–May 7, 1945* (New York: Simon and Schuster, 1997), 337.
11. Alan Moorehead, *Eclipse*, (Paris: Coward-McCann,1974),112（= 1992, 平井イサク訳『神々の黄昏――ヨーロッパ戦線の死闘』早川書房、本文での引用は同書の訳文による).
12. Grenard, *La France du marché noir*, 256, 258, 261–63.
13. 1940年の闇市場の起源については以下を参照せよ。Dominique Veillon, *Vivre et survivre en France, 1939–1947* (Paris: Éditions Payot, 1995), 478–79.
14. 以下を参照せよ。Philippe Burrin, *France under the Germans: Collaboration and Compromise* (New York: New Press, 1996), 279–80.
15. Vinen, *The Unfree French*, 223–25.
16. Veillon, *Vivre et survivre*, 180.
17. この変遷については以下を参照せよ。Robert Mencherini, "Les américains à Marseille," in *Marseille et les américains, 1940–46*, ed. Musée d'Histoire de Marseille (Marseille: Musée d'Histoire de Marseille, 1996), 45.
18. Elizabeth Coquart, *La France des G.I.s: histoire d'un amour déçu* (Paris: Albin Michel, 2003), 68.
19. Ludivine Hamel, "Les Américains au Havre et dans sa région, 1944–1946: réalisations et impacts" (Université du Havre, Mémoire de Maîtrise d'histoire, 2001), interview with Max Bengston, np.
20. Archives Départmentales de la Manche, Saint-Lô (マンシュ県公文書館、以後 ADM), 1366 W, Comité vérité historique, *Liberté 44, la Manche témoigne: de l'occupation à la libération; les manchois se souviennent* (hereafter MT), témoignage of Marie-Madeleine Jacqueline, 572.
21. Mémorial de Caen, Séries FN–France Normandie, FN 61 Trévières, "Américains- Normands-Omaha-1944," témoignage of Madame Renée Porrée, 9.
22. Simone Signoret, *La nostalgie n'est plus ce qu'elle était* (Paris: Éditions du Seuil), 82.
23. Christiane Delpierre, *Une enfance normande* (Le Coudray-Macouard: Cheminements, 1999), 150. 以下も参照せよ。ADM, *MT*, Carnet de Monsieur Albert Allix, 11; témoignage of Monsieur Yves Boudier, 101.
24. 「カルヴァドスはよく交換に用いられた」と以下の著者 Norman Marcel は述べている。*Rails et haies: la double bataille d'Elle et de Lison* (Marigny: Éditions Eurocibles, 2004), 141. 以下も参照せよ。René Herval, *Bataille de Normandie: récits de témoins recueillis et présentés par René Herval*, 2 vols. (Paris: Éditions de "Notre temps," 1947), 1:183; Hilary Kaiser, *Veteran Recall: Americans in France Remember the War* (Paris: H. Kaiser, 1994), 79.

158. Archives Nationales, Séries AJ 384, La gendarmerie nationale, synthèse pour la période du 15 janvier-15 fevrier 1945; ADMar, 161 W 323 Incidents franco-américains, rapports, 1944-46, news clip titled "Une délibération du Conseil Municipal"and 162 W 355 Rapports journaliers des relations avec les troupes (hereafter 162 W 355), undated report [August 1945]. 以下も参照せよ。Ludivine Hamel,"Les américains au Havre et dans sa région, 1944-1946: réalizations et impacts" (Mémoire de maîtrise d'histoire, Université du Havre, 2001), np; James Finucane, "What's Wrong with Our GIs Abroad?," *American Mercury*, February 1946, 195.
159. Les Archives de la Préfecture de Police (パリ警視庁記録保管所、以後APP), BA 1822 Libération.
160. ADMar, 162 W 355, undated report [August 1945]. 他の類似した2つの事件については、162 W 355, police reports dated 6 July 1945 and 27 July 1945 を参照せよ。
161. Finucane, "What's Wrong with Our GIs Abroad?,"197.
162. Jean-Pierre Vittori, *Eux, les STO* (Paris: Temps Actuels, 1982), 216.
163. Finucane, "What's Wrong with Our GIs Abroad? ,"195.
164. MHI, WW II Survey, Box 1st Infantry Division, Warren R. Eames survey.
165. Jacques Kayser, *Un journaliste sur le front de Normandie: Carnet de route juillet-août, 1944* (Paris: Arléa, 1991), 119, 164, 187. カイザーはこの女性たちに言及して "filles" という売春婦を意味する言葉を使った。以下も参照せよ。"L'attitude populaire,"*Journal de la Marne,* 21 September 1944; Irgang, *Etched in Purple*, 146-47; René Loisel, "Des liens avec trios GI's,"*Havre libre,* 13 August 2003.
166. "Les réflexions de l'homme de la rue," *Journal de la Marne*, 24 June 1945.
167. ADMar, 162 W 355, letter dated 27 August 1945.
168. Pierre Aubéry, *Les américains au Havre* (Paris: La Bibliothèque Française, 1948), 38.
169. Ibid., 34-35, 85, 119.
170. Gilles Morris-Dumoulin という名前で書かれたモリスの自伝 *Le forçat de l'Underwood* (Levallois-Perret: Éditions Manya, 1993), 66-68, 72. ならびに、彼の自伝的な小説 *Assassin, Mon frère* (Monaco [Paris]: Éditions de Rocher, 1990), 10,19-20, 107 を参照せよ。モリスという仮名は、彼が勤務した米軍キャンプ「フィリップモリス」に由来している（フランスにあった多くの米軍キャンプはタバコのブランドにちなんで名付けられた)。
171. Curzio Malaparte の *The Skin* という小説（これはベストセラーになり、すぐにフランス語に訳された）のなかで、このイタリア人ジャーナリストは、米兵とイタリア人女性の性的な関係がいかにイタリア人の男らしさを傷つけ、アメリカ人の支配を実体化するのかを探究した。Malaparte は「ナポリの処女」が1ドルで脚を開くと記述した。彼女を見るために、米兵は長い列をつくった。これを見た米軍将校が嫌悪の言葉を口にすると、イタリア人の連れが腹立たしげにこう答えた。「もし、あなたがたが戦争に負けていたら、ベッドに寝ているのはこの哀れなナポリの少女ではなく、アメリカ人の処女だったろう」。*The Skin* (London: Alvin Redman Limited, 1952; orig. 1949), 60（＝1958, 岩村行雄訳『皮』村山書店）を参照せよ。
172. 米兵はさらにフランス警察をも尊重していなかった。以下を参照せよ。APP, BA 1822 Libération; ADC 21 W 16, Préfet report dated January to March 1945 and police report dated 5 March 1945; ADMar, 162 W 355 report dated 22 October 1945 and "Programme de measures franco-américaines de Police."

第4章

1. Pierre Aubéry, *Les américains au Havre* (Paris: La Bibliothèque Française, 1948), 14, 16–17. オーベリーは1945-46年にかけて地元紙『アーヴ・レクレール』の記者でもあった。
2. Ibid., 73, 77.
3. Gilles Morris, *Le forçat de l'Underwood* (Levallois-Perret: Éditions Manya, 1993), 74.

130. Raibaud and Henric, *Témoins de la fin*, 329. 以下も参照せよ。 Foncine, *Un si long orage, 275; Caussé Mémoires d'un tarnais S.T.O.*, 159.
131. Conversy, *Quinze mois à Buchenwald*, 203.
132. Cochet and Vaisse, *Les exclus de la victoire*, 49.
133. Cochet and Vaisse, *Les exclus de la victoire*, 52; Robert Cardot, *L'abeille reste indomptée* (Paris: Éditions des Écrivains, 2003), 103; Louis Eudier, *Notre combat de classe et depatriotes, 1934-1945* (Le Havre: L. Eudier, 2001), 122.
134. Cardot, *L'abeille reste indomptée*, 105.
135. Caussé, *Mémoires d'un tarnais S.T.O.*, 159. Jean-Pierre Ganter, *Une jeunesse heureuse assassiné* (Paris: La Pensée Universelle, 1994), 68.
136. Lessafre, *Des bruyéres d'Auvergne*, 184.
137. Vicor Dufaut, *La vie vient de l'ouest* (Paris: Promotion et Édition, 1969), 199. 以下も参照せよ。Foncine, *Un si long orage*, 275. 幸いにして自国のフランス軍によって解放された収容者たちは、温かい歓待と、兵士たちが示す模範的なフランスの男らしさに感謝した。以下を参照せよ。Caussé, *Mémoires d'un tarnais S.T.O.*, 160; Ganter, *Une jeunesse heureuse assassiné*, 68.
138. Bazin, *"Deporté du travail,"* 340-341.
139. Nidub, *Quand les jours noirs proliféraient*, 308-309.
140. このような女性は「DP」とか「難民」ガールと呼ばれた。ドイツ人女性と寝ることが敵と交際すると見なされた一方、米兵は「DP ガール」とは自由に浮かれ騒いだ。以下を参照せよ。Stephen E. Ambrose, *Band of Brothers: E Company, 506th Regiment, 101st airborne from Normandy to Hitler's Eagle's Nest* (New York: Simon and Schuster, 1992), 263（= 2002, 上ノ畑淳一訳『バンド・オブ・ブラザース——男たちの深い絆』並木書房）.
141. Dufaut, *La vie vient de l'ouest*, 202-4.
142. Michel, *Mes moires II*, 113. 以下も参照せよ。Torrent, *La France américaine*, 231.
143. Dufaut, *La vie vient de l'ouest*, 199. 以下も参照せよ。Louis Le Bonniec, *Dans le vent de l'est, journal de route d'un déporté du travail* (Rennes: d'Oberthur, 1954), 238; Castex, *Audelà du Rhin*, 230.
144. Léon Blum, *Le dernier mot* (Paris: Éditions Diderot, 1946), 88-89. ブルームは1936年にフランスの首相を務めた有名な政治家だった。彼の名声と地位がアメリカ人からの待遇をよいものにしたのは間違いない。
145. Arnaud, *Les STOs*, 422
146. Charles Joyon, *Qu'as-tu fait de ma jeunesse?* (Paris: Lacoste, 1957), 54.
147. Raibaud and Henric, *Témoins de la fin du III e Reich*, 352-53.
148. Michel Gerbeaux, *20 ans un deporté se souvient* (Chartres: M. Gerbeaux, 1965), 207. 一部の抑留者は、ロシアのほうが抑留者を故郷に返すのにもっと時間がかかったと主張した。たとえば以下を参照せよ。Yannick Rodrigues, *Le STO en Vaucluse: une jeunesse dechirée* (Mazan: Études Comtadines, 2006), 153.
149. Cochet and Vaisse, *Les exclus de la victoire*, 49-51; Duneau, *Les insoumis du STO*, 427;*Michel, Mes moires II*, 121; Jean-Charles, *Suivez le cancre* (Paris: Presses de la Cité, 1983), 105-6.
150. Bazin, *Deporté du travail*, 351. 以下も参照せよ。Quereillahc, *J'étais STO*, 291.
151. Cochet and Vaisse, *Les exclus de la victoire*, 52; La Javie, *Prêtre ouvrier*, 192.
152. Cochet and Vaisse, *Les exclus de la victoire*, 60.
153. Michel, *Mes moires II*, 121.
154. Oriot, *La fille du boulanger*, 378.
155. Finance, *Trois ans de ma vie*, 119-20.
156. Eudier, *Notre combat de classe*, 125. また、IHTP, ARC 116, untitled memoir of Michael Geoffrey, 33 も参照せよ。
157. Torrent, *La France Américaine*, 231-32.

照せよ。*Dora-la-Mort: de la Résistance à la libération par Buchenwald et Dora* (Tours: C.O.S.O.R., 1947), 142.

107. Jacques Bureau, *Un soldat menteur* (Paris: R. Laffont, 1992), 349.

108. Paul Fourtier Berger, *Nuits bavaroises ou les désarrois d'un STO: chroniques 1943-45* (Romilly-sur-Seine: P. Fourtier Berger, 1999), 335. ある元収容者によれば、イギリス人も同じように愛想のない態度を取った。以下を参照せよ。Paul Assens, Henri Henric, and Jean Raibaud, eds., *Témoins de la fin du III e Reich: des polytechniciens racntent* (Paris: L'Harmattan, 2004), 329.

109. André Nidub, *Quand les jours noirs proliféraient: ma jeunesse 1939-1945* (Paris: La Pensée Universelle, 1981), 308-9.

110. André Castex, *Au-delà du Rhin, 1943-1945* (Bidache: La Ronde, 1945), 95.

111. Cochet and Vaisse, *Les exclus de la victoire*, 51 を参照せよ。

112. Edouard Daladier, *Journal de captivité (1940-1945)* (Paris: Calmann-Lévy, 1991), 350.

113. Cochet and Vaisse, *Les exclus de la victoire*, 52.

114. Robet Lessafre, *Des bruyères d'Auvergne aux ronces du S.T.O.* (Paris: Les Letters Libres, 1986), 184.

115. Georges Caussé, *Mémoires d'un tarnais S.T.O. en Allemagne, 1943-1945* (Toulouse: Graphi Midi-Pyénées, 1997),159.

116. Jean-Louis Foncine, *Un si long orage: chronique d'une jeuness, les eaux vertes de la Flöha*, 2 vols. (Pouilly-sur-Loire: Héron Éditions, 1995), 2:278.

117. Bureau, *Un soldat menteur*, 349.

118. Caussé, *Mémoires d'un tarnais S.T.O.*, 159. 以下も参照せよ。Jean Damascène la Javie, *Prêtre ouvrier clandestine* (Paris: Éditions France-Empire, 1967), 194. この件については以下を参照せよ。Patrice Arnaud, *Les STO: histoire des français requis en Allemagne nazie, 1942-1945* (Pairs: CNRS Éditions, 2010), 418.

119. Foncine, *Un si long orage*, 274.

120. Paul Finance, *Trois ans de ma vie, 1942 à 1945* (Riquewihr: La Petite Imprimerie, 1993), 117.

121. Jacques-Alain de Sédouy, *Une enfance bien-pensantes sous l'occupation, 1940-1945* (Paris: Librairie Académique Perrin, 1998),152.

122. Caussé, *Mémoires d'un tarnais S.T.O.*, 159.

123. Jean-Louis Quereillahc, *J'étais STO* (Paris: Folio, 1991), 291. 以下も参照せよ。Lessafre, *Desbruyères d'Auvergne*,190; Bernard Duneau, *Les insoumis du STO: épopée de la seconde guerre mondiale* (Alençon: Éditions des Vérités, 2005), 427.

124. André Michel, *Mes moires II : en liberté dans cette cage, en cage dans ces libertés* (Gentilly: A. Michel, 1995), 122.

125. Charles-Henri-Guy Bazin, *"Déporté du travail": à la BMW-Eisenach, 1943-1945* (Paris: Cubnezais, 1986), 351.

126. Brigitte Friang, *Regarde-toi qui meurs: 1943-1945* (Paris: R. Laffont, 1970), 307.

127. Michel, *Mes moires II*, 114; Raibaud and Henric, *Témoins de la fin du III e Reich*, 141, 312; Archives Départmentales de la Manche, Saint-Lô (マンシュ県公文書館、以後 ADM), 1366 W, Comité vérité historique, *Liberté 44, la Manche témoigne: de l'occupation à la libération; les Manchois se souviennent* (hereafter MT), Anonymous, "Le débarquement,"1017-18; Béatrice Poule, ed., *Cahiers de mémoire: vivre et survivre pendant la bataille de Normandie* (Caen: Conseil Général du Calvados, 1994), 76. 二次文献は以下を参照せよ。Schrijvers, *The Crash of Ruin*, 236.

128. André Chassaignon, *Retours vers la France: récits de la captivité* (Paris: Éditions Littéraires Artistiques, 1994), 153; René and Christian Taramini, *Villégiature en Thuringe: souvenirs d'un prionnier de guerre* (Coeuvres-et-Valsery: Atelier Ressouvenances, 1999), 205-6.

129. Aimé Bonifas, *Prisoner 20-801: A French National in the Nazi Labor Camps* (Carbondale and Edwardsvill: Southern Illinois University Press, 1987), 129.

Ⅱ ,"26. 以下も参照せよ。Jack Capell, *Surviving the Odds* (Claremont, CA: Regina Books, 2007), 110.

86. Yves Cazaux, *Journal secret de la libération, 6 juin 1914-17 novembre, 1944* (Paris:Albin Michel, 1975), 294. 以下も参照せよ。Faber-Luce, *Journal de la France*, 84.
87. C. L. Flavian, *Ils furent des homes* (Paris: Nouvelles Éditions Latines, 1948), 11.
88. IHTP, Collin, "L'attitude des resistants." 以下も参照せよ。Collin, *L' été des partisan: Les F.T.P. et l'organisation de la Résistance en Meuse* (Nancy: Presses Universitaires de Nancy, 1992); MHI, WW Ⅱ Survey, Box 28th Infantry Division, Charles F. Carré Jr. survey.
89. Guenneau et al., *Résistants et maquisards dans le Finistère*, 33.
90. Archives Départmentales du Finistère（フィニステール県公文書館、以後 ADF), Fonds Roger Bourrières (hereafter FRB), 202J 9, Libération du Finistère après le 6 juin: rapports, récits, témoignages (hereafter 202J 9), Région Centre, reports dated 15 June 1944, 27 June 1944, 22 September 1944, and Anonymous " Les Quimperois dans les Combats de la Presqu'île de Crozon." 以下も参照せよ。Jean-Jacques François and Colette François-Dive, *De la Résistance à la libération* (Luisant: Durand S.A.,2001), 213; Guenneau et al., *Resistants et maquisards,* 48; Pierre Servagnat, *La Résistance et les Forces Françaises de l'Intérior dans l'arrondissement d'Épernay* (La Chapelle-Montligeon: Imprimerie de Montligeon, 1946), 141; Jean Reuchet, *Le désarroi, la souffrance, l'espoir vécu parles combatants de la Résistance de Haute-Saône* (Pantin: Éditions Crimée, 1996), 213.
91. この種の語りの格好の例については以下を参照せよ。Claude Monod, *La région D: rapport d'acivité des maquis de Bourgogne-Franche-Comté* (Saint-Etienne-Vallée-Française: AIOU, 1994), 72-75.
92. Reuchet, *Le désarroi*, 213; François and François-Dive, *De la Résistance à la Libération*, 104-5.
93. Reuchet, *Le désarroi*, 213.
94. IHTP, Fonds Émile Delavaney, testimonies of Vincent Auriol, Eduard Froment, and Juste Evrard, 28 October 1943; ADF, FRB, 202J9, Région Sud, Capt. C. G. W. Blathway, Capt. P. Charron, and Sgt. N. Wood, "Report on Word of Jedburgh Team Gilbert,"11-12; Guenneau et al., *Résistants et maquisards,* 145. また、没収したドイツの財産をめぐって口論やけんかも起きた。MHI, John J. Maginnis Papers, untitled memoir, 202.
95. Funk, *Hidden Ally*, 149, 255-56.
96. MHI, WW Ⅱ Survey, Box 1st Infantry Division, Raymond Huntoon survey.
97. 以下を参照せよ。IHTP Collin, "L'attitude des resistants,"102; Boisse, *Jeunesse ardent*, 27.
98. Jean Ably, *Interprète volant: avec la 72e escadrille de liaison américaine, France-Allemagne, 1944-1945* (Paris: B. Arthaud, 1946), 22.
99. Pierre Douguet, *17 ans, résistant* (Brest: Télégramme, 2001), 173.
100. Curtis, *Les forêts de la nuit*, 251（= 1951, 松尾邦之助訳『夜の森』三笠書房).
101. Peyré, *Soldat chez les hommes,* 93-94, 139, 150.
102. Monod, *La région D*, 80-81. ブルゴーニュ「D」地域の FFI リーダーであるモノは 1944 年に第 1 フランス陸軍に参加し、数カ月後にドイツで殺された。
103. アメリカ人の解放者に対するこうしたフランス人男性の反応を調査するために、終戦時にドイツの収容所にいたフランス人の抑留者と強制労働者らの大量の回想録に目を通した。この証言のほとんどはここ 20 年間に書かれたものだった。
104. Marcel Conversy, *Quinze mois à Buchenwald* (Geneva: Éditions du Milieu du Monde, 1945), 192-93.
105. François Cochet and Maurice Vaisse, *Les exclus de la victoire: histoire de prisonniers de guerre, deportés, et STO* (Paris: S.P.M., 1992),48.
106. Aimé Bonifas, *Prisoner 20-801: A French National in the Nazi Labor Camps* (Carbondale: Southern Illinois University Press, 1987). André Pontoizeau の感動的な解放の物語について以下も参

でFFIを見かけた。彼らは獲得あるいは没収した車で通りを走りながら、実に楽しいひとときを過ごしていた。いつも武器を持っており、思いのままに自由に行動した。彼らは今こそ、いわば日の当たる場所に出たのだ。長い間、この日のために努力し、この日を待ち続けたのである。解放の興奮が続く間、彼らには力と栄光の瞬間を与えられる権利があると私は感じる。ただし連中が手に負えなくならなければの話だが」。

77. NARA, RG 331, Entry 47, Box 28, report dated 27 October 1944 and Civil Affairs weekly summary, 8 September 1944. 以下も参照せよ。RG 331, Entry 54, Box 194, report dated 19 October 1944. 対照的に肯定的な報告として、同じボックスの report dated 30 September 1944 も参照せよ。二次文献については以下を参照せよ。Wall, *Making of Postwar France*, 25.
78. Allan Lyon, *Toward an Unknown Station* (New York: MacMillan Company, 1948),135.
79. MHI, WW II Survey, 452nd Quartermaster Laundry Company, Leslie Brown, untitled memoir, np; Phibbs, *The Other Side of Time*, 167.
80. トントの儀式に対する米兵の不快感については、以下を参照せよ。Archives Départmentales du Morbihan, 1J641, Fonds du Comité d'Histoire de la Deuxième Guerre Mondiale, Paul Rollando, "4Août 1944: La libération de Vannes" (1944), 41. アメリカ人の自伝的文献については以下を参照せよ。Robert Adleman and George Walton, *The Champagne Campaign* (Boston: Little Brown, 1969), 236-39; Frank Irgang, *Etched in Purple* (Caldwell, ID: Caxton Printers, 1949), 28; MHI, Charles Maginnis Papers, untitled memoir, 82; Faubus, *In This Faraway Land*, 255; Andy Rooney, *My War* (New York: New York Times Books, 1995), 213; Alan Moorehead, *Eclipse* (New York: Coward-McCann, 1945), 114（= 1992, 平井イサク訳『神々の黄昏——ヨーロッパ戦線の死闘』早川書房）（ムーアヘッドはイギリス人であるが、トントに対するアメリカ人の反応を記述している）。Sacco, *Where the Birds Never Sing*, 201; Ken Parker, *Civilian at War* (Traverse City, MI: Author, 1984), 88; MHI, WW II Survey, Box 9th Infantry Division, Chester Jordan, "Bull Sessions: World War II, Company K, 47th Inf, 9th Division from Normandy to Remagen," 79; Box 1st Infantry Division, William Faust survey; Box 28th Infantry Division, Joseph Messore survey.
81. Lawrence Cane, *Fighting Fascism in Europe:The World War II Letters of an American Veteran of the Spanish Civil War* (New York: Fordham University Press, 2003), 122.
82. Georgia H. Helm, *From Foxhole to Freedom: The World War II European Journal of Captain H. Dale Helm of Indiana* (Indianapolis: Guild Press of Indiana, 1996), 14.
83. S. L. A. Marshall, *Bringing Up the Rear: A Memoir* (San Rafael, CA: Presidio Press, 1979), 97. 以下も参照せよ。Francis L. Sampson, *Look Out Below: A Story of the Airborne by a Paratrooper Padre* (Washington, DC: Catholic University of America Press, 1958), 751. 多くのフランス市民もFFIの一部のメンバーは「最後の瞬間にレジスタンスに加わった」のではないかと疑った。つまり戦時の協力を隠すため、解放時にFFIに参加したということだ。この見方に関する例としては、以下を参照せよ。François Lefaivre, *J'ai vécu les bombardements à Condé-sur-Noireau* (Condé-sur-Noireau: C. Corlet, 1994), 166-67; Oriot, *La fille du boulanger, 347;* Bernard Gourbin, *Une jeunesse occupée: de l'Orne au Bessin:1940-1944* (Le Coudray-Macouard: Cheminements, 2004), 114; Claude Boisse, *Jeunesse ardent, 1943-1945* (Montségur-sur-Lauzon: C. Boisse, 1997), 33.
84. NARA, RG 331, Entry 54, Box 194, report 18 August to 23 August 1994; Entry 54, Box 111, analysis sheet of the Langelon Report, dated 4 August 1944. また、Box 111における以下も参照せよ。"Summary of Findings of Civilian Investigations" dated 25 June 1944, and report dated 2 August 1944. フランス人の回想録については以下を参照せよ。Jean Leloup, *La sanglante bataille de la Seine: témoignage* (Almenèches: Humusaire, 2003), 117.
85. MHI, WW II Survey, Box 28th Infantry Division, Donald Lyddon, "My Memories of World War

135-36.

56. Hilary Footitt, *War and Liberation in France* (New York: Palgrave Macmillan, 2004), 106.
57. Phibbs, *Other Side of Time*, 100, 166, 185-94.
58. MHI, WW Ⅱ Survey, Box 1st Infantry Division, John E. Bistrica survey and Warren R. Eames survey; Nat Frankel and Larry Smith, *Patton's Best: An Informal History of the 4th Armored Division* (New York: Hawthorn, 1978), 31; William M. McConahey, MD, *Battalion Surgeon* (Rochester, MN: W. McConahey, 1996), 86; Paul Boesch, *Road to Heurtgen-Forest in Hell* (Houston, TX: Gulf Publishers, 1962), 85; Orval Eugene Faubus, *In This Faraway Land* (Conway, AR: River Road, 1971), 254. 米兵はとくに FFI の女性メンバーに感銘を受け、往々にして彼女たちを誘惑しようとした。以下を参照せよ。MHI, John J. Maginnis Papers, untitled memoir, 202-4, 227-8, 270; Easton, *Love and War*, 248; John Hurkala, *The Fighting First Division: A True Story* (New York: Greenwich Book Publishers, 1957), 158.
59. MHI, John J. Maginnis Papers, untitled memoir, 205.
60. 以下を参照せよ。Arthur Layton Funk, *Hidden Ally: The French Resitance, Special Operations, and the Landings in Southern France, 1944* (Westport, CT: Greenwood Press, 1992), 121, 253-56.
61. 以下を参照せよ。Institut d'histoire du temps présent (現代史研究所、以後 IHTP), typescript, Claude Collin, "L'attitude des résistants face aux 'liberateurs' américains: un mélange d'admiration et de méfiance," "Les américains en Lorraine, september 44-mai 45, Actes du colloque historique franco-américain," Thionville, 10 November 1989, 102. 以下も参照せよ。Thomson, "Over There,"75, 142.
62. H.R. Kedward, *Occupied France: Collaboration and Resistance, 1940-1944* (Oxford: Blackwell Publishers, 1985), 75.
63. MHI, WW Ⅱ Survey, Box 1st Infantry Division, John E. Bistrica survey.
64. MHI, WW Ⅱ Survey, Box 1st Infantry Division, William Lee survey; Lucien Guenneau, André Goacolou, and Alain Le Bris, eds., *Résistants et maquisards dans le Finistère: témoignages* (Spézet: Les Amis de la Résistance du Finistère-ANACR,2008), 48.
65. MHI, WW Ⅱ Survey, Box 5th Infantry Division, Robert Russell, "World War Ⅱ Memoirs," 19, and Mark Goodman, "Unit History of Company A," np.
66. NARA, RG 331,Entry 47, Box 27, "850/2 Civil Affairs Summaries-21 Army Group"; RG 331, Entry 54, Box 194, "France Documents Copied from Hist. Files from ComZ,"report dated 19 October 1944; Brinton, "Letters from Liberated France," 140; Thomson, "Over There," 142.
67. NARA, RG 331, Entry 47, Box 27, memo dated 5 September 1944. 以下も参照せよ。Box 28, Civil Affairs weekly summary no. 13, 8 september 1944.
68. NARA, RG 331, Entry 54, Box 194, Civil Affairs report, 18 August to 23 August 1944.
69. MHI, Chester Hansen Collection, diary entry dated 27 August 1944.
70. Archives Départmentales du Finistère, Fonds Roger Bourriére, 202J9 Libération du Finistère après le 6 juin: rapports, récits, témoignages, Région Sud, Anonymous manuscript, 63. 著者はカンペールのレジスタンスグループ「Vengeance（復讐）」のメンバーだった。
71. NARA, RG 331, Entry 54, Box 194, report dated 30 September 1944.
72. 粛清については、以下を参照せよ。Philippe Bourdrel, *L'épuration sauvage, 1944-1945* (Paris: Éditions Perrin, 2002); Peter Novick, *The Resistance versus Vichy: The Purge of Collaborators in Vichy France* (London: London, Chatto &Windus, 1968).
73. MHI, WW Ⅱ Survey, Box 1st Infantry Division, Rocco Moretto survey.
74. Phibbs, *Other Side of Time*, 172.
75. NARA, RG 331, Entry 54, Box 194, Civil Affairs report 18 August to 23 August 1944.
76. MHI Chester Hansen Collection, diary entry dated 27 August 1944. 同じ現象のより肯定的な記述については、MHI, John J. Maginnis Papers, untitled memoir, 195 を参照せよ。「私は町

Rapports du préfet, rapports mensuels et bimensuels, 25 June 1945; 9 W 53, Police, rapports journaliers, 12 April 1945; 21 W 16, Rapports mensuels du préfet: Documents préparatoires de synthèse. マルヌについては以下を参照せよ。Archives Départmentales de la Marne（マルヌ県公文書館、以後 ADMar), "Bulletin quotidian d'information, chapitre 1," 7 June 1945.

33. この主張は Régine Torrent, *La France américaine: controversies de la liberation* (Brussels: Éditions Racine, 2004) が取り上げた。
34. *La presse cherbourgeoise*, 1 July and 25 October 1944. 回想録については以下を参照せよ。Oriot, *La fille du boulanger*, 373. ADMar, "Bulletin quotidian d'information: la situation intérieure et l'opinion publique," 28 May 1945.
35. ADC, 21 W 15/2, Rapports mensuels du préfet: documents préparatoires de synthése, 1944, 18 December 1944. ド・ゴールの論点については 1945 年の 2 月 5 日と 3 月 11 日の同書類を参照せよ。
36. *Front national*, 12 September 1944.
37. *Combat*, 23 August 1944.
38. MHI, World War Two Survey Collection (hereafter WWⅡ Survey), Box 36th Infatry Division, Anthony Harlinski, "The Purple Road Back,"6.
39. Easton, *Love and War*, 239, 339.
40. Petter Schrijvers, *The Crash of Ruin: American Combat Soldiers in Europe during World War II* (New York: New York University Press, 1998),43 より引用。以下も参照せよ。MHI, WW Ⅱ Survey, Box Quartermaster Laundry Company, Leslie Brown, untitled memoir, np.
41. John Toole, *Battle Diary* (Missoula, MT: Vigilante Press, 1978), 22.
42. Bill Mauldin, *Willie and Joe: The World War II Years*, 2 vols. (Seattle: FantagraphicBooks, 2008), 2:196.「フランス軍が道路を穴だらけにしはじめた」とモールディンは説明した。「しかも連中を見ていると、われわれの最悪の補給車運転係でさえ、内気な老婦人のように見えてくる」。以下も参照せよ。Bill Mauldin, *Up Front* (New York: H. Holt and Co., 1945), 107-8. 以下も参照せよ。Brendan Phibbs, *The Other Side of Time: A Combat Surgeon in World War II* (Boston: Little Brown and Co,. 1987), 101.
43. Wall, *Making of Postwar France*, 12.
44. US Army Service Forces, Army Info Branch, *A Pocket Guide to France* (Washington, DC: War & Navy Departments, 1944), 6-8.
45. Robert Peters, *For You, Lili Marlene* (Madison: University of Wisconsin Press, 1995),47.
46. MHI, WWⅡ Survey, Box 1st Infantry Division, George J. Koch survey.
47. MHI, WWⅡ Survey, Box 1st Infantry Division, Leroy Stewart, "Hurry Up and Wait."
48. Jack Sacco, *Where the Birds Never Sing: The True Story of the 92nd Signal Battalion and the Liberation of Dachau* (New York: HarperCollins Publishers, 2003), 201.
49. Schrijvers, *Crash of Ruin*, 43; MHI, WWⅡ Survey, Box 1st Infantry Division, Andrew Wright survey.
50. Schjijvers, *Crash of Ruin*, 45.
51. Ibid., 42.
52. Ibid., 43,46.
53. Toole, *Battle Diary*, diary entry dated 26 November 1994, 61.
54. MHI, WW Ⅱ Survey, Box 1st Infantry Division, Warren R. Eames survey; Jack Sacco, *Where the Birds Never Sing*, 209 ; Phibbs, *The Other Side of Time*, 101. 二次文献として、以下も参照せよ。Marc Hillel, *Vie et moeurs des GI's en Europe, 1942-1947* (Paris:Balland, 1981), 134.
55. MHI, Chester Hansen Collection, diary entry dated 25 August 1994. 以下も参照せよ。Andrew A. Thomson, "'Over There' 1944/45, Americans in the Liberation of France: Their Perceptions of, and Relations with France and the French"(PhD these, University of Kent at Canterbury, 1996),

Maison Française, 1945). この作品は1945年にゴンクール賞を受賞した。以下も参照せよ。Jean-Louis Curtis, *The Forests of the Night* [Les forêts de la nuit] (New York: G. P. Putnam's Sons, 1951; orig.1947), 289-90（＝ 1951, 松尾邦之助訳『夜の森』三笠書房）. ジャン＝ルイ・ボリとジャン＝ルイ・キュルティスは1939年に召集され、ドイツ侵攻の際に参戦した。

15. Virgili, *Naître ennemi*, chap. 3, 193-94, 215.　主要な文献として、以下も参照せよ。Jacques Perret, *La caporal épinglé* (Paris: Gallimard, 1972; orig. 1947), 114-15.
16. Virgili, *Shorn Women*, chap. 8.
17. Antoinette Oriot, *La fille du Boulanger* (Charenton-Le-Pont: Presses de Valmy,1998), 347-48.
18. National Archives and Records Administration (アメリカ国立公文書館、以後NARA), Record Group 331, Records of Allied Operation and Occupation, Headquarters, World War Ⅱ (SHAEF) (hefeafter RG 331), Entry 47, General Staff Divisions, G-5 Division, Secretariat, Numeric File, August 1943-July 1945(hereafterEntry 47), Box 27, RECCE Report on Cherbourg.RECCEは、解放された領土におけるフランス人の意見を判断するため、1944年6月下旬から7月上旬にかけて連合国派遣軍最高司令部 (SHAEF) が行った任務である。「一家の主人（maîtres chez eux)」の概念については、以下も参照せよ。*L'Amérique en guerre,* 12 April 1944.
19. US Army Military History Institute, Carlisle Barracks (アメリカ陸軍軍史研究所、以後MHI), Letters of Lt. Col. Bealke, letter dated 4 August 1944.
20. Robert and Jane Easton, *Love and War: Pearl Harbor through V-J Day* (Norman: University of Oklahoma Press, 1991), 224.
21. Alfred Fabre-Luce, *Journal de la France, juin 1943-août 1944* (Paris: Auteur, nd), 85.
22. NARA, RG 331, Entry 54 General Staff, G-5 Division, Information Branch, Historical Section, Numeric-Subject Operations File (hereafter Entry 54), Box 193, analysis sheet from OSS to SHAEF Headquarters dated October 1944.
23. Andrew Knapp, "Introduction: France's 'Long'Liberation, 1944-1947," in *The Uncertain Foundation: France at the Liberation, 1944-1947,* ed. Andrew Knapp (New York: Palgrave McMillan, 2007), 2, 12.
24. Charles Cogan and Andrew Knapp, "Washington at the Liberation, 1944-1947," in Knapp, *the Uncertain Foundation*, 184.
25. Irwin Wall, *the United States and the Making of Postwar France, 1945-1954* (Cambridge: Cambridge University Press, 1991), 21, 23, 25.
26. NARA, RG 331, Entry 53, General Staff Divisions, G-5 Division, Information Branch, Historical Section, Numeric-Subject Planning File, 1943-July 1945, Crane Brinton, "Memorandum on the Situation in France"dated December 1943.
27. Crane Brinton, "Letters from Liberated France, "*French Historical Studies* 2, no. 1(Spring 1961): 6, letter dated 23 August 1944.
28. Robert de Saint Jean in *Le figaro*, 22 September 1944.
29. Wladimir d'Ormesson in *Le figaro*, 15 September 1944. 10月に警察署長のGirard中佐は、市民は「フランスが世界の舞台において、その権利を持つ場所がもはやないことを理解していない」と書いた。Archives Nationales, Séries 72AJ, 384, La gendarmerie nationale, synthèse pour la période du 15 septembre au 15 octobre 1944.
30. *Paris Normandie*, 23 Septemper 1944.
31. Louis Martin Chauffer, "Ma patrie, la langue française,"in Paulhan and Aury, *La patrie se fait tous les jours*, 199（＝ 1951, 小場瀬卓三訳「わが祖國 フランス語」ジャン・ポーラン編『祖國は日夜つくられる 第1巻』月曜書房、本文での引用は同書の訳文による). ショーフィエの文章には日付がない。
32. Archives Départmentales du Calvados (カルヴァドス県公文書館、以後ADC), 9 W 45,

直訳『自由への道 5（第 3 部 魂の中の死）』岩波書店）；André Malraux, *The Walunt Trees of Altenburg* [Les noyers d'Altenburg](New York: Howard Fertig, 1989 ; orig. 1948), 16（= 1994, 橋本一明訳「アルテンブルクのくるみの木」沢田閏ほか訳『世界の文学セレクション 36/30（マルロー）』中央公論社）; Jean Dutourd, *Les taxis de la Marne* (Paris: Gallimard, 1956),12. サルトルは 1939 年に召集され、パドゥーでドイツ軍の捕虜になったが、9 カ月後、健康を理由に釈放された。マルローは 1940 年の戦いに加わり、ドイツ軍の捕虜になったが、その後、脱出し、レジスタンスに参加した。デュトゥールは 1940 年に召集され、短期間ドイツ軍の捕虜になった後、パリに逃れた。

6. Vercors[Jean Bruller], *Le Silence de la mer* (New York: Pantheon Books, 1943: orig. 1942)（= 1975, 河野与一・加藤周一訳『海の沈黙――星への歩み』岩波書店）. この小説の重要性については以下を参照せよ。Fabrice Virgili, *Naîtreennemi:les enfants de couples franco-allemands nés pendant la seconde guerre mondiale* (Paris: Éditions Payot,2009),54-56. 1940 年のナチス・ドイツの侵攻にて戦ったブリュレル（ヴェルコールの本名）は後にアメリカの聴衆に向けて語った。「ああ、なすすべのなさよ、犯罪と羞恥に覆われた、この嘆かわしく、耐え難い、フランスの無力さよ」。以下を参照せよ。Vercors, "A Plea for France: A Nation Weak and Uncertain Needs Our Understanding," *Life*, 6 November 1944; *Souffrances de mon pays* (Paris: Collections des 150,1945),21,41.
7. 退役軍人による恥辱の描写については以下を参照せよ。Sartre, *Troubled Sleep*, 109,125,172, 201-2, 281-82（= 2009, 海老坂武・澤田直訳『自由への道 5（第 3 部 魂の中の死）』岩波書店）; Général d'Armée Victor Bourret, *La tragédie de l'armée fançaise* (Paris: La Table Ronde, 1947), 21. Bourret は 1940 年にフランス第 5 陸軍の司令官であった。この作品で、第一次世界大戦の元軍人たちは若い世代を軽蔑し、1940 年の敗者に関する著者の怒りのこもった判断に正当性を与えている。例として以下を参照せよ。Antoine Blondin, *L'Europe buissonniére* (Paris: Éditions Jean Froissart, 1949) の登場人物 Babtiston、André Chamson, *Le dernier village:roman* (Paris: Mercure de France, 1946) の Girard、Joseph Peyré, *Un soldat chez les hommes* (Paris: Éditions Bernard Grasset, 1946), 23 で Buissiéres の夢にたびたび現れるヴェルダンの退役軍人たちなどである。Chamson は 1940 年にアルペン猟兵〔フランス陸軍の山岳兵部隊〕の指揮官として参戦した。
8. Chamson, *Dernier village*, 240. 以下も参照せよ。Henri Macé, *44: la remontée* (Liège: Editions A. Maréchal, 1945), 10.
9. Jacques Debû-Bridel, *Déroute* (Paris: Gallimard, 1942), 248-49. デビュ＝ブリデルは 1939 年に召集され、1940 年のナチス・ドイツの侵攻において戦った。
10. 以下を参照せよ。Mrinalini Sinha, "Gender and Nation,"in *Women's History in Global Perspective*, ed. Bonnie G.Smith, 2 Vols. (Urbana: University of Illinois press,2004),1:229-74.
11. Nicoletta F. Gullace, *"The Blood of Our Sons": Men, Women, and the Renegotiation of British Citizenship during the Great War* (New York: Palgrave Macmillan, 2002), chap.1. 第二次世界大戦のセクシュアライゼーションについては以下も参照せよ。Peter Paret and Beth Irwin Lewis, *Persuasive Images: Posters of War and Revolution in the Hoover Archives* (Princeton, NJ: Princeton University Press, 1992);Susan Gubar,"'This Is My Rifle, This Is My Gun':World War Ⅱ and the Blitz on Women,"in *Behind the Lines : Gender and the Two World Wars*, ed. Margaret Higonnet et al. (New Haven, CT: Yale University Press, 1987), 227-59.
12. この慣習は 20 世紀よりはるか以前にさかのぼる。以下を参照せよ。Thorstein Veblen, *The Theory of the Leisure Class: An Economic History of Institutions* (New York: Macmillan Co., 1912), 22-25（= 1998, 高哲男訳『有閑階級の理論』筑摩書房）.
13. Dutourd, *Les taxis de la Marne*, 59. 以下も参照せよ。Sartre, *Troubled Sleep*, 174-75（= 2009, 海老坂武・澤田直訳『自由への道 5（第 3 部 魂の中の死）』岩波書店）.
14. 以下を参照せよ。Jean-Louis Bory's *Mon village à l'heure allemande* (New York: Éditions de la

1990), 170.

71. *Stars and Stripes*, 1 July 1944.72.
72. この漫画は、8 月終わりにアイゼンハワー将軍がパリに入ったときに起きた一件に由来する可能性がある。ある男性が、間の悪いときに、ジープに乗った将軍へと近づき、彼にキスをした。以下を参照せよ。MHI, Chester Hansen Collection, diary entry 27 August 1944. ハンセンによれば、オマール・ブラッドリー将軍もまた、1 人の女性にキスをされてやや戸惑ったものの、自慢げにこう言ったという。「私のほうがアイク〔アイゼンハワー〕よりもましだな。彼は男にキスされたんだから」。
73. *Stars and Stripes*, 31 July 1944.
74. 定評のある研究は、Fabrice Virgili, *La France "virile": des femmes tondues à la Libération* (Paris: Éditions Payot et Rivages, 2000); English trans., *Shorn Women: Gender and Punishment in Liberation France* (Oxford: Berg, 2002).「トント」の儀礼は、ヨーロッパの他の国、すなわちベルギーやイタリアでも行われていた。たとえば以下を参照せよ。Schrijvers, *Liberators*, 77–78.
75. Luc Capdevila, "The Quest for Masculinity in a Defeated France," *Contemporary European History* 10, no. 3 (2001): 444–45.
76. Corran Laurens, "'La femme au turban': les femmes tondues," in *The Liberation of France: Image and Event*, ed. H. R. Kedward and Nancy Wood (Oxford: Berg Publishers, 1995), 156, 176–77; Virgili, *Shorn Women*, 83–84.
77. Virgili, *Shorn Women*, 84, 219, 237.
78. *Naître ennemi*, 176–79 における Virgili の徹底的な写真分析を参照せよ。
79. 「トント」を「解放」と同列に扱うことについては、Virgili, *Shorn Women*, 83 を参照せよ。
80. *Stars and Stripes* 9 September 1944.

第3章

1. 以下を参照せよ。Michael Kelly, "The Reconstruction of Masculinity at the Liberation, " and Corran Laurens,"'La femme au turban': Les femmes tondues." in *The Liberation of France: Image and Event*, ed. H. R. Kedward and Nancy Wood(Oxford: Berg Publishers, 1995), 117-28, 155-96; Luc Capdevila, "The Quest for Masculity in a Defeated France," *Contemporary European History* 10, no.3(2001):444-45.
2. 200 万という数値に関しては以下を参照せよ。Fabrice Virgili, *Shorn Women: Gender and Punishment in Liberation France* (Oxford: Berg Publishers, 2002), 302. 強制労働奉仕 (STO) については、以下を参照せよ。Ricahrd Vinen, *The Unfree French: Life under the Occupation* (New Haven, CT: Yale University Press, 2006), 247-80.
3. フランス系スイス人の小説家 Charles-Ferdinand Ramuz は「聖なるものの防衛」を次のように説明した。「祖国といっても、まず端的に言えば地球の一隅である。それは我家であり、我が田畑であり、我が村であり、我が家庭であり、私自身ででもある。……そこで私は、土地を荒廃させ、家を焼き、妻子の生命を奪わんとする侵略者に対して、祖国を防衛する」。以下を参照せよ。C.-F.Ramuz, "Défense du sacré,"in *La patrie se fait tous les jours, textes français, 1939 − 1945*, ed. Jean Paulhan and Dominique Aury(Paris: Les Éditions de Minuit, 1947), 57-58（= 1951, 谷長茂訳「聖なるものの防衛」ジャン・ポーラン編『祖國は日夜つくられる 第 1 巻』月曜書房、引用は同書の訳文による）.
4. 家長についての重要な研究は以下の通りである。Sylvia Schafer, *Children in Moral Danger and the Problem of Government in Third Republic France* (Princeton, NJ: Princeton University Press, 1997)；and Judith Surkis, *Sexing the Citizen: Morality and Masculinity in France, 1870-1920*（Ithaca, NY：Cornell University Press, 2006).
5. 家を失ったイメージについては、以下を参照せよ。Jean-Paul Sartre, *Troubled Sleep*［La mort dans l'âme］(New York: Alfred Knopf, 1951; orig. 1947),18-19（= 2009, 海老坂武・澤田

Delacroix, and Hélène Trocmé (Paris: Maisonneuve et Larose,1999), 239.

60. Archives Départmentales du Finistère, Fonds Roger Bourrières, 202J9, Libération du Finistère après le 6 juin: rapports, récits, témoignages, région centre. この暴力事件についての記述は、ボムールの村の防衛を任されていたフランス国内軍（FFI）の匿名メンバーの日記による。この文書館の Fonds Alain Le Grand, 200 W 75, Attentats, sabotages, vols, actes de terrorisme, report dated 26 août 1944 も参照せよ。

61. Archives Nationales（フランス国立公文書館、以後 AN), F1A 4023, Rapports du commissaire de la Republique, Marseille, 15 Juillet 1945.

62. AN, F1c III, *Préfet de Moselle*, September 1945.

63. Service historique de la gendarmerie nationale, Vincennes, 027720, Troisième légion R/2 1944–45, Rouen, Synthèse mensuelle sur l'état d'esprit des populations, February 1945. こうした犯罪は、国家憲兵隊の文書館に多数報告されている。たとえば以下を参照せよ。76 E 7 Compagnie de la Seine-Inférieur à Rouen, registres de correspondance courante au départ, 6 avril au 9 novembre 1945, report of 24 December 1944; 76 E 163 Section de Rouen, registres de correspondance courante au départ, 8 février au 22 mai 1945, report of 15 February 1945; 76E 114 Section du Havre, registres de correspondance courante au départ (R/2), 23 avril 1945 au 17 janvier 1946, letter to the Provost Marshall dated 23 July 1945.

64. Régine Torrent, *La France américaine: controverses de la Libération* (Brussels: Éditions Racine, 2004), 230–31. Torrent の主張は、1944 年夏のシェルブール市から県への報告に基づいている。

65. とくに以下を参照せよ。Archives Départmentales de la Marne（マルヌ県公文書館、以後 ADMar), 16 W 266, Relations avec les autorités alliés, notes et correspondance, letter dated 6 December 1944 and report dated 13 August 1945. 米兵による多数の窃盗および暴行は以下にも報告されている。16 W 268 Affaires réservées: incidents avec les troupes alliées. ランスにおける米兵の暴力については以下を参照せよ。Daniel Pellus, *La Marne dans la guerre 1939/1945* (Le Coteau: Éditions Horvath, 1987), 159–60; Georges Clause, *Reims autour du 7 mai 1945* (Nîmes: Christian Lacour, 1997), 388–92; Jacques Pernet and Michel Hubert, *Reims: chronique des années de guerre* (Saint-Cyr-sur-Loire: Éditions Alan Sutton, 2003), 53–87; Jacques Pernet and Michel Hubert, *1944 il était une fois . . . les américains* (Reims: Éditions de l'Atelier Graphique, 1994), 67–68, 93–95, 107–9, 111–21; Jean-Pierre Husson, *La Marne et les marnais a l'épreuve de la seconde guerre mondiale*, 2 vols. (Reims: Presses Universitaires de Reims, 1995), 1:308–10, 2:76–77, 92–93.

66. ADMar, 161 W 323, Incidents franco-américains: rapports 1944–46, letter dated 26 June 1945 and letter dated 17 July 1945. これらの犯罪の警察による報告書については、フランス人の家、裏庭、地元のカフェでの米兵の暴行に関する同ファイルの 1945 年 6 月 22 日付の 3 件の報告書を参照せよ。ほかに以下も参照せよ。ADMar, 8 U 180, Rapports de gendarmerie et de police concernant des faits de guerre, report dated 15 May 1945; 162 W 355, Rapports journaliers des relations avec les troupes, 1945. とくに 1945 年 10 月 22 日付の報告書では、窓の破壊、酒と女性の要求、8 人の子を持つ母親に対する強姦について記述されている。これらはすべてランスで起きた。この地域では、ポーランド人兵士とフランス人兵士も米軍の制服を着ていたので、この 2 つの集団が犯した暴力事件について米兵が誤って検挙された可能性もある。

67. ADMar, 132 W 276, Mission militaire française de liaison auprès de l'armée américaine, letter dated 21 October 1945.

68. ADMar, 16 W 266, Relations avec les autorités alliés, notes et correspondance, letter dated 8 August 1945 from "A group of indignant fathers of families."

69. ADMar, 162 W 355, Rapports journaliers des relations avec les troupes, report dated 15 August 1945.

70. Maurice Chevance-Bertin, *Vingt mille heures d'angoisse, 1940–1945* (Paris: Éditions Robert Laffont,

いになったという。

45. ル・アーヴルでのこれらの事故の発生については、1945 年の夏の『アーヴ・レクレール』に掲載された雑記欄を参照せよ。たとえば 6 月 26 日の記事は、3 歳の子どもが米軍の車両による事故で命を落としたと伝えている。カーンでの類似の事故については以下を参照。ArchivesDépartmentales du Calvados, 726 W 16 905, "Correspondance avec les autorités militaires alliées au sujet de sepultures alliées et enemies." このなかのバイユー副知事からの手紙は、幼い子どもがジープにひかれたと訴えている。ランスの警察署長が 1945 年 2 月 9 日に報じたところでは、市民はアメリカ人がわざと自分たちを狙っていると信じていたという。以下を参照せよ。ADM, 132 W 276, Mission militaire française de liaison auprès de l'armée américaine, rapport du Commissaire de Police. このファイル中の "Difficultés avec les américains" という題の日付のない資料も参照せよ。上記は、アメリカ軍のジープによる「頻繁な」「自動車事故」について記載している。
46. Coquart, *La France des G.I.s*, 74. 1944 年初頭においては、ドイツ人兵士によるフランス人女性への強姦は非常に稀だったとファブリス・ヴィルジリは記している。以下を参照せよ。Fabrice Virgili, *Naître ennemi: les enfants de couples franco- allemands nés pendant la seconde guerre mondiale* (Paris: Éditions Payot, 2009), 193–94.
47. これらの強姦容疑の詳しい説明は、本書第 7 章を参照せよ。米兵の不法行為については、Footitt, *War and Liberation in France*, 163-64 を参照せよ。
48. Archives de la Préfecture de la Police (パリ警視庁記録保管所、以後 APP), BA 1822 Libération. このファイルには、1944 年 12 月から 1946 年 2 月までの多数の警察報告書が含まれており、これらは米兵によるとされる、凶器を用いた強盗と暴行に関するものだった。
49. 警察書類 APP, BA1822 Libération には、アメリカ人による犯罪についての数百以上の報告書が含まれているが、イギリス人兵士による報告は 1 つも含まれておらず、カナダ人兵士を扱ったものは 3 件のみであった。米軍憲兵はしばしばフランス警察の力を借りずに問題を処理したことから、これらの報告書には、米兵によるとされる犯罪の一部しか掲載されていない。パリのどの区も米兵の暴力を免れることはなかったが、とくにグラン・ブールヴァール地区と 8 区、9 区、10 区の売春街にトラブルが集中した。Peter Schrijvers は、ベルギーにおける同種の犯罪——暴行、泥酔、レイプ、窃盗——は圧倒的にアメリカ人によるものだったと報じている。以下を参照せよ。Schrijvers, *Liberators: The Allies and Belgian Society, 1944–1945* (Cambridge: Cambridge University Press, 2009), 243.
50. APP, Name of dossier withheld, A-1945/6 (F. 32.795). この男性は、主に強盗などの多くの前歴を持っており、戦時中はゲシュタポで働いていた。1945 年 9 月 8 日に重傷を負い、医者が呼ばれた際に、男は米兵に襲われたと訴えた。警察は後に、この一件を「この手の輩との借金の返済」をめぐるけんかだろうと結論した。
51. パリの脱走兵については、Jack Capell, *Surviving the Odds* (Claremont, CA: Regina Books, 2007), 213-14 を参照されたい。
52. Archives Municipales de la Ville du Havre (ル・アーヴル市公文書館、以後 AMH), FC H4 15-6, Daily Police Report, 10–11 June 1945.
53. AMH, FC H4 15-6, letter dated 8 October 1945.
54. AMH, FC H4 15-6, letter dated 26 November 1945.
55. AMH, FC H4 15-6, letter dated 10 September 1945.
56. AMH, FC H4 15-6, petition dated 19 September 1945.
57. AMH, FC H4 15-6, letter dated 30 October 1945.
58. AMH, FC H4 15-5, Joe Weston, "The GIs in Le Havre," manuscript; *Life*, 31 December 1945.
59. Régine Torrent, "L'image du soldat américain en France, de 1943 à 1945," in *Les américains et la France (1917–1947): engagements et représentations*, ed. François Cochet, Marie-Claude Genet-

in *French Masculinities: History, Culture and Politics*, ed. Forth and Taithe (New York: Palgrave McMillan, 2007), 5.

36. Christina Jarvis, *The Male Body at War: American Masculinity during World War II* (DeKalb: Northern Illinois University Press, 2004), 15–16.
37. Susan Gubar, "'This Is My Rifle, This Is My Gun': World War II and the Blitz on Women," in *Behind the Lines: Gender and the Two World Wars*, ed. Margaret Higonnet et al. (New Haven, CT: Yale University Press, 1987), 197–226. アメリカ人女性とフランス人女性の対比については、以下を参照せよ。Elisabeth Coquart, *La France des G.I.s: Histoire d'un amour déçu* (Paris: Albin Michel, 2003), 74–75.
38. Paul Fussell, *Wartime: Understanding and Behavior in the Second World War* (New York: Oxford University Press, 1989), 253（= 1997, 宮崎尊訳『誰にも書けなかった戦争の現実』草思社）.
39. ラルフ・モースについては、Roeder, *The Censored War,* 95 を参照されたい。
40. *Life*, 25 September 1944.
41. *Stars and Stripes*, 20 September 1944.
42. このような喜びに満ちた歓迎の例は膨大な数があり、ここですべてに言及することはできないが、具体例には次のものが含まれる。アメリカ人の回想録については以下を参照せよ。Robert Adleman and George Walton, *The Champagne Campaign* (Boston: Little, Brown and Company, 1969), 171; Annette Tapert, ed., *Lines of Battle: Letters from American Servicemen, 1941–1945* (New York: New York Times Books, 1987), 165. 歴史資料については以下を参照のこと。US Army Military History Institute, Carlisle Barracks,（アメリカ陸軍軍史研究所、以後 MHI), World War Two Survey (hereafter WW II Survey), Box 5th Infantry Division, Robert Russell, "World War II Memoirs," 19, and Mark Goodman, "Unit History of Company A," 41, 46. フランス人の回想録については、以下を参照せよ。André Hamel, *La canton des pieux: six ans de guerre, 1939–1945 et la 9th division U.S. d'Utah Beach à Goury* (Cherbourg: Le Canton des Pieux, 1994), 116; Michel Béchet, *L'attente: "Overlord" vécu à cent kilomètres du front* (Montsûrs: Résiac, 1994), 91–94.
43. Marc Bergère, "Français et américains en Basse-Seine à la Libération (1944–1946): des relations ambivalentes," *Annales de Bretagne et des pays de l'ouest*, 109, no. 4 (2002): 203–15. 以下も参照せよ。Marc Hillel, *Vie et moeurs des GI's en Europe, 1942–1947* (Paris: Balland, 1981), 148–55, 172. アメリカの文献については以下を参照せよ。"The Wrong Ambassadors," *Time*, 19 November 1945.
44. 米兵は略奪を「解放」と呼んだ。以下を参照せよ。MHI, WW II Survey, Box 1st Infantry Division, Leroy Stewart, "Hurry Up and Wait," 76. 一般的には、窃盗は道徳的非難に値するとは考えられていなかった。ただし、何らかの規則が適用されることもあった。たとえば婚約指輪は合法的な戦利品とは見なされなかった。以下を参照せよ。MHI, WW II Survey, Box 71st Infantry Division, David Ichelson, "I Was There," 89, and Box 85th Infantry Division, Hal O'Neill, "Looting." 窃盗に対する軍の公式の反応については以下を参照せよ。National Archives and Records Administration（アメリカ国立公文書館、以後 NARA), Record Group 331, Records of Allied Operation and Occupation, Headquarters, World War II (SHAEF) (hereafter RG 331), General Staff Divisions, G-5 Division, Secretariat, Numeric File, August 1943–July 1945, Entry 47, Box 28, Civil Affairs Weekly Summary, no. 9, 11 August 1944; NARA, RG 331, General Correspondence, 1944–45, Entry 6, Box 11, "Looting by Troops and Relations with Civilian Population." フランス人が当たり障りのないよう「不正調達」と呼んでいた、米兵がフランスで盗んだ物品を賠償するため、SHAEF 本部は公式の委員会を設置した。以下を参照せよ。ADM, 158 W, Réquisitions américaines, 1944–46, 159–202, réquisitions irrégulières. この苦情の規模を示す一例として、43 個の箱が苦情書でいっぱ

15. 熱に浮かされたように米兵を歓迎するフランス人女性は『スターズ・アンド・ストライプス』において、視覚的にだけでなく、文章によっても描かれた。以下を参照せよ。"They Don't Parlay English, but It's 'Welcome' All Right," 2 August 1944, and G. K. Hedenfield, "Beer—Ice Cold— Flows in Rennes," 8 August 1944.
16. 以下を参照せよ。Mrinalini Sinha, "Gender and Nation," in *Women's History in Global Perspective,* ed. Bonnie G. Smith, 3 vols. (Urbana: University of Illinois Press, 2004), 1:229–74.
17. Robert Westbrook, "'I Want a Girl, Just Like the Girl That Married Harry James': American Women and the Problem of Political Obligation in World War Ⅱ," *American Quarterly* 42, no. 4 (1990): 587–614. 第二次世界大戦時のピンナップ写真については以下も参照せよ。Joanne Meyerowitz, "Women, Cheesecake, and Borderline Material: Responses to Girlie Pictures in Mid-Twentieth Century U.S.," *Journal of Women's History* 8, no. 3 (1996): 9–35; Maria Elena Buszek, *Pin-Up Grrrls: Feminism, Sexuality, Popular Culture* (Durham, NC: Duke University Press, 2006), 210–13.
18. *Stars and Stripes*, 9 September 1944.
19. Ibid.
20. Hilary Kaiser, *Veteran Recall: Americans in France Remember the War* (Paris: Author, 1994), 91. 以下も参照せよ。Archives Départmentales de la Manche, Saint-Lô (マンシュ県公文書館、以後 ADM), 1366 W, Comité vérité historique, *Liberté 44, la Manche témoigne: de l'occupation à la libération; les manchois se souviennent* (hereafter MT), Témoignage de Lucien Hélye, 515; Christiane Delpierre, *Une enfance normande* (Angers: Cheminements, 1999), 149; Danièle Philippe, *J'avais quinze ans . . . en juin 44 en Normandie* (Paris: Éditions France-Empire, 1994), 150.
21. Maurice Larkin, *France since the Popular Front: Government and People, 1936–1996* (New York: Oxford University Press, 1997), 116（= 2004, 向井喜典・岩村等・太田潔訳『フランス現代史——人民戦線期以後の政府と民衆 1936 ～ 1996 年』大阪経済法科大学出版部）. 古典的な解説として、Dominique Lapierre and Larry Collins, *Is Paris Burning?* (New York: Simon and Schuster, 1965)（= 2005, 志摩隆訳『パリは燃えているか？ 上・下』早川書房）.
22. *Stars and Stripes*, 28 August 1944.
23. *Stars and Stripes*, 29 August 1944.
24. *Stars and Stripes*, 24 August 1944.
25. *Stars and Stripes*, 26 August 1944.
26. *Stars and Stripes*, 24 August 1944.
27. *Stars and Stripes*, 29 September 1944.
28. この新聞 6 紙とは、*Le parisien libéré*、*Le populaire*、*Ce soir*、*France libre*、*Le franctireur* および *L'aube* である。
29. 「解放者」の曖昧さに関しては、*France libre,* 26 August 1944 を参照されたい。当時これらの新聞に掲載された、やはりアメリカの見解とは大きく異なる解放についてのテクストは以下を参照せよ。Suzanne Campaux, ed., *La libération de Paris (19–26 août 1944): récits de combattants et de témoins réunis* (Paris: Éditions Payot, 1945).
30. *Ce soir,* 30 August 1944.
31. Maurice Boverat, *Du Cotentin à Colmar avec les chars de Leclerc* (Paris: Éditions Berger-Levrault, 1947), 59.
32. *Le parisien libéré,* 26 August 1944.
33. フランス共和制の文化においては、このような婚姻は、社会的かつ道徳的な安定の象徴である。以下を参照せよ。Judith Surkis, *Sexing the Citizen: Morality and Masculinity in France,1870–1920* (Ithaca, NY: Cornell University Press, 2006).
34. *Le franc-tireur,* 27 August 1944.
35. Christopher Forth and Bertrand Taithe, "Introduction: French Manhood in the Modern World,"

Press, 2009), 11–12, 57.

308. Hillel, *Vie et moeurs*, 163. すべての米兵がこうした慣行を不快なものだと考えたわけではなかった。以下を参照せよ。MHI, WW Ⅱ Survey, Box 1st Infantry Division, Bert Damsky, "Shipping Order___ APO___," 38–39.

309. Litoff et al., *Miss You*, 237.

310. Winston, *V . . . -Mail*, 113–14.

第2章

1. 硫黄島のありふれた視覚的イメージについては以下を参照せよ。Janie L. Edwards and Carol K. Winkler, "Representative Form and the Visual Ideograph: The Iwo Jima Image in Editorial Cartoons," *Quarterly Journal of Speech 83* (1997): 289-310; John Louis Lucaites and Robert Hariman, "Visual Rhetoric, Photojournalism and Democratic Public Culture," *Rhetoric Review* 20, no.1/2, (2001): 37-42.
2. 修辞学者は個々の写真が全体を表象することから、写真がとくに民主的な視覚表現の形態であると考える。この点については以下を参照せよ。Lucaites and Hariman, "Visual Rhetoric"; Cara A. Finnegan, *Picturing Poverty: Print Culture and FSA Photographs* (Washington, DC: Smithsonian Books, 2003), 118.
3. スーザン・ソンタグが書いているように、「一枚の写真はある事件が起こったことのゆるがぬ証拠となる」。Susan Sontag, *On Photography* (New York: Picador,1973), 5（= 1979, 近藤耕人訳『写真論』晶文社、引用は同書の訳文による）.
4. Ibid., 23.
5. Roland Barthes, *Mythologies* (New York: Hill and Wang, 1972), 129, 142, II（= 1967, 篠沢秀夫訳『神話作用』現代思潮社）. 第二次世界大戦における神話の詳細については以下を参照せよ。Kenneth Rose, *Myth and the Greatest Generation: A Social History of Americans in World War II* (New York: Routledge, 2008).
6. Bodo Von Dewitz and Robert Lebek, eds., *Kiosk: Eine Geschichte der Fotoreportage, 1839–1973/A History of Photojournalism, 1839–1973* (Gottingern: Steidl, 2001), 162, 190.
7. Finnegan, *Picturing Poverty*, 170, 242.
8. Andrew Mendelson and C. Zoe Smith, "Part of the Team: *Life* Photographers and Their Symbiotic Relationship with the Military during World War Ⅱ," *American Journalism* 12, no. 3 (Summer 1995): 278–87.
9. Alfred Cornbise, "American Armed Forces Newspapers in World War Two," *American Journalism* 12, no. 3 (Summer 1995): 213–24.
10. Andy Rooney, *My War* (New York: Random House, 1995), 98.『スターズ・アンド・ストライプス』の検閲については以下を参照せよ。George H. Roeder Jr., *The Censored War: American Visual Experience during World War II* (New Haven, CT: Yale University Press, 1993), 99.
11. 以下を参照せよ。Jack E. Pulwers, *The Press of Battle : The GI Reporter and the American People* (Raleigh, NC: Ivy House Publishing, 2003), 407–95; Francis Caron, *Hexalogie ou mes souvenirs* (Aubenas d'Ardèche: Le Regard du monde, 1992), 73, 86.
12. *Stars and Stripes,* 24 June 1944.
13. Peter Belpulsi, *A GI's View of World War II* (Salem, MO: Globe Publishers, 1997), 80; Orval Faubus, *In This Faraway Land* (Conway, AR: River Road, 1971), 232. 以下も参照せよ。Aramais Hovsepian, *Your Son and Mine* (New York: Duell, Sloan and Pearce, 1950), 80.
14. Bibliothèque historique de la ville de Paris, Séries 30, fonds actualités, box 32, Presse américaine, Doris Fleeson, "Into the Heart of France" np, nd. 以下も参照せよ。Cecil E. Roberts, *A Soldier from Texas* (Fort Worth, TX: Branch-Smith, 1978), 45; Hilary Footitt, *War and Liberation in France* (New York: Palgrave Macmillan, 2004), 60–61.

Surviving the Odds, 108–9.
281. Hillel, *Vie et moeurs des GI's en Europe*, 135.
282. MHI, WW II Survey, Box 1st Infantry Division, Stewart, "Hurry Up and Wait," 36.
283. Petesch, *War through the Hole of a Donut*, 145.
284. MHI, WW II Survey, Box 36th Infantry Division, Anthony Harlinski, "The Purple Road Back," 13.
285. MHI, WW II Survey, Box 71st Infantry Division, Ichelson, "I Was There," 61.
286. Allan Lyon, *Toward an Unknown Station* (New York: MacMillan Company, 1948), 135.
287. Litoff et al., *Miss You*, 198. 以下も参照せよ。Rogers, *Doughboy Chaplain*, 154.
288. Giles, *Journal*, 90–91. 以下も参照せよ。 Egger and Otts, *G Company War*, 59; Schrijvers, *Crash of Ruin*, 230–31.
289. MHI, WW II Survey, Box 5th Infantry Division, Clarkson, "The Story of G.I. Joe," 14.
290. MHI, Chester Hansen Collection, diary entry dated 2 July 1944.
291. Harvey Levenstein, *We'll Always Have Paris: American Tourists in France since 1930* (Chicago: University of Chicago, 2004), 88.
292. 以下を参照せよ。Rona Tamiko Halualani, "A Critical-Historical Genealogy of Koko (Blood),' Aina (Land), Hawaiian Identity, and Western Law and Governance," 243; Pablo Navarro-Rivera, "The Imperial Enterprise and the Educational Policies in Colonial Puerto Rico," 172; and Warwick Anderson, "Pacific Crossings: Imperial Logics in United States' Public Health Programs," 278–79, all in *Colonial Crucible: Empire in the Making of the Modern American State*, ed. Alfred W. McCoy and Francisco A. Scarano (Madison: University of Wisconsin Press, 2009).
293. 以下より引用。Schrijvers, *Crash of Ruin*, 229.
294. 男子用公衆便所については以下も参照せよ。Avery E. Kolb, *Jigger Whitchet's War* (New York: Simon and Schuster, 1959), 158; Daniel Glaser, "The Sentiments of American Soldiers Abroad towards Europeans,"*American Journal of Sociology* 51, no. 5 (March 1946), 434; Jack Capell, *Surviving the Odds*, 214.
295. Thomson, "Over There," 56.
296. MHI, WW II Survey, Box 5th Infantry Division, Clarkson, "The Story of G.I. Joe," 8–9.
297. Giles, *Journal*, 90–91.
298. MHI, WW II Survey, Box 71st Infantry Division, Ichelson, "I Was There," 61–64.
299. US Army, *112 Gripes about the French* (Fontenay-aux-Roses: US Army, 1945), 47; MHI, WW II Survey, Box 71st Infantry Division, Ichelson, "I Was There," 199.
300. MHI, Chester Hansen Collection, diary entry dated 9 September 1944.
301. Boesch, *Road to Heurtgen-Forest in Hell*, 92. 以下も参照せよ。Schrijvers, *Crash of Ruin*, 239. 裸の問題については以下も参照せよ。MHI, WW II Survey, Box 70th Infantry Division, Thomas S. Higley, 1.
302. Le Mémorial de Caen, TE 243, Témoignage de Sergent Chef Dargols, 1.
303. US Army Service Forces, Army Information Branch, *A Pocket Guide to France* (Washington, DC: War & Navy Departments, 1944), 19.
304. Anne-Marie Sohn, *Du premier baiser ã l'alcôve: la sexualité des français au quotidien* (1850–1950) (Paris: Aubier,1996), 80–84, 96–97, 307–10.
305. Le Mémorial de Caen, TE 277, Marcelle Hamel-Hateau, "Des mémoires d'une petit maîtresse d'école de Normandie: souvenirs du débarquement de juin 1944,"19. アムラトーはサント・メール・エグリーズの近くのヌーヴィル・オー・プランに住んでいた。
306. MHI, WW II Survey, Box 9th Infantry Division, Jordan, "Bull Sessions," 85.
307. John D'Emilio and Estelle B. Freedman, *Intimate Matters: A History of Sexuality in America* (New York: Harper and Row, 1988), 241, 257–58, 263–64; Christina Simmons, *Making Marriage Modern: Women's Sexuality from the Progressive Era to World War II* (New York: Oxford University

254. Philippe, *J'avais quinze ans*, 145. 以下も参照せよ。Claude Boisse, *Jeunesse ardente*, 1943–1945 (Montségur-sur-Lauzon: C. Boisse, 1997),27.
255. Petit, *Au coeur de la bataille,* 87.
256. ADM, 1366 W, *MT*, Témoignage de Louis Blaise, 83, 86.
257. Delpierre, *Une enfance normande*, 148–49. 以下も参照せよ。Leveel, *Rails et haies,* 144–45.
258. ADM, 1366 W, *MT,* Claude Tatard, "Claude Bourdon," 904, and Témoignage de Yves Boudier, 101.
259. ADM, 1366 W, *MT*, Témoignage de Jean-Jacques Vautier, 979.
260. Poule, *Cahiers de mémoire*, 76.
261. Egger and Otts, *G Company War*, 62.
262. ADM, 1366 W, *MT,* Témoignage de Christian Letourneur, 732.
263. Alfred Marie, *Avranches: Souvenirs de l'occupation allemande, les bombardements, l'exode, la libération* (Avranches: Éditions de l'Avranchin, 1949), 179; NARA, RG 331, Entry 54, Box 111, "Summary of Findings of Civilian Investigations."
264. Poule, *Cahiers de mémoire*, 72–73.
265. Cécile Armagnac, *Ambulancières en Normandie: Cherbourg-Caen*, 1944 (Faverolles, Barbery: Éditions du Moulin Vieux, 1994), 135.
266. ADM, 1366 W, *MT*, Témoignage de Jacques Popineau, 837. 以下も参照せよ。Jean Ably, *Interprète volant: avec la 72e escadrille de liaison américaine, France-Allemagne, 1944–1945* (Paris: B. Arthaud, 1946), 119.
267. ADM, 1366 W, *MT*, Carnet de Michel Braley, 115.
268. Marie, *Avranches,* 179. 以下も参照せよ。ADM, 1366 W, *MT,* Témoignage de Christianne Denis, 249; Claude Lesouquet, "Heugueville Souvenirs Année 44, Pont de la Roque," 725, Témoignage de Christiane Levent, 750–52; Michel Leroy, "Ma guerre 1939–1945," 704; Témoignage de Jean-Jacques Vautier, 981, Témoignage de Jacques Popineau, 837; NARA, RG 331, Entry 54, Box 111, "Summary of Findings of Civilian Investigations" and "Report from the Field on Reactions of Local Population in Normandy, No. 6"; Herval *Bataille*, 1: 35, 70; Leveel, *Rails et haies*, 125. パリについては以下を参照せよ。Edmond Dubois, *Paris sans lumière, 1939–1945*; *témoignages* (Lausanne: Éditions Payot, 1946), 213; Ferdinand Dupuy, *La libération de Paris vue d'un commissariat de police* (Paris: Librairies-Imprimeries Réunies, 1945), 30–31.
269. Philippe, *J'avais quinze ans*, 143.
270. ADM, 1366 W, *MT*, Carnet de Michel Braley, 105.
271. Armand Frémont, *La Mémoire d'un port, Le Havre* (Paris: Aléa,1997), 115.
272. Jourdain, *Petites surprises*, 139.
273. Cane, *Fighting Fascism in Europe*, 121.
274. ADM, 1366 W, *MT*, Témoignage de Jean-Pierre Launey, 641–42.
275. Gourbin, *Jeunesse occupée,* 126–27.
276. Pyle, *Brave Men*, 284（= 1969, 村上啓夫訳『勇敢な人々――ヨーロッパ戦線のアーニー・パイル』早川書房、本文での引用は同書の訳文による）.
277. Giles, Journal, 41. 以下も参照せよ。Peckham and Snyder, *Letters from Fighting Hoosiers*, 119. フランス南部での同意見として、以下を参照せよ。Winston, *V. . . -Mail,* 152.
278. Judy Barrett Litoff, David C. Smith, Barbara Wooddall Taylor, and Charles E. Taylor, *Miss You: The World War II Letters of Barbara Wooddall Taylor and Charles E. Taylor* (Athens: University of Georgia Press, 1990), 212; Pierrette Rieublandou, *J'ai vécu le débarquement en Normandie: 6 juin 1944* (Paris: Bayard Jeunesse, 2004), 23.
279. *Stars and Stripes*, 2 September 1944. カラマズー川はミシガン州のマーシャルにある。
280. Ibid. 城に関する不平については、さらに以下を参照。Petesch, *War through the Hole of a Donut*, 151, 162. フランスの城の肯定的な見方については以下を参照せよ。Capell,

223. Kayser, *Un journaliste sur le front*, 129.
224. Launay, *6 ans en 1944*, 18, 37.
225. Philippe, *J'avais quinze ans*, 144, 188.
226. ADM, 1366 W, *MT*, Témoignage de Georgette Leduc Le Bourg, 393, and Docloue, "Souvenirs d' une famille," 320. 以下も参照せよ。 de Sédouy, *Une enfance bien-pensante*, 153.
227. 民事部がフランスの役人と連携を取っていたことに関するアメリカ側の見方については、以下を参照。Maj. Don Dresden, "Grandcamp Learns the American Way," *New York Times*, 13 August1944.
228. MHI, WW Ⅱ Survey, Box 9th Infantry Division, Alvin Griswold, "Letters from Hughes."
229. MHI, WW Ⅱ Survey, Box 99th Infantry Division, Roger Foehringer, "Untitled Reminiscences," 7. 以下も参照せよ。Box 71st Infantry Division, Lewington S. Ponder, "Recollections of World War Ⅱ ," 72.
230. MHI, WW Ⅱ Survey, Box 5th Infantry Division, Joseph Edinger, diary entry dated 5 February 1945.
231. Giles, *G.I. Journal*, 28.
232. Frederick C. Wardlaw, ed., *Missing in Action: Letters of a Medic* (Raleigh, NC: Sparks, 1983), 67.
233. Faubus, *In This Faraway Land*, 325.
234. Jack Sacco, *Where the Birds Never Sing: The True Story of the 92nd Signal Battalion and the Liberation of Dachau* (New York: Reagan Books, 2003), 211. 以下も参照せよ。*Stars and Stripes*, 6 September 1944.
235. *Stars and Stripes*, 1 August 1944.
236. MHI, WW Ⅱ Survey, Box 28th Infantry Division, Joseph Messore, "28th Infantry Division: A Recollection Fifty Years Later," 26. 以下も参照せよ。 Box 36th Infantry Division, Anthony Harlinski, "The Purple Road Back," 4.
237. この話は以下でも語られている。Sacco, *Where the Birds Never Sing*, 211.
238. MHI, WW Ⅱ Survey, Box 71st Infantry Division, John Earle, "Letter to His Parents."
239. MHI, WW Ⅱ Survey, Box 28th Infantry Division, Messore, "28th Infantry Division," 59.
240. Rooney, *My War*, 277.
241. MHI, WW Ⅱ Survey, Box 9th Infantry Division, Chester Jordan, "Bull Sessions: World War Ⅱ , Company K, 47th Inf., 9th Infantry Division from Normandy to Remagen," 161; Kaiser, *Veteran Recall*, 78; Giles,*Journal*, 57; Liebling, *Normandy Revisited*, 99; Schrijvers, *The Crash of Ruin*, 177.
242. MHI, WW Ⅱ Survey, Box 9th Infantry Division, Jordan, "Bull Sessions," 65.
243. Hovsepian, *Your Son and Mine*, 79.
244. Vernon McHugh, *From Hell to Heaven: Memoirs from Patton's Third Army* (Ardmore, PA: Dorrance and Company, 1980), 26; Plano, *Fishhooks, Apples and Outhouses*, 253. On "c'est la guerre," 以下も参照せよ。MHI, WW Ⅱ Survey, Box 1st Infantry Division, Leroy Stewart, "Hurry Up and Wait," 50; Schrijvers, *The Crash of Ruin*, 155.
245. Eric Posselt, *GI Songs, Written, Composed and/or Collected by Men in the Service* (New York: Sheridan House Publishers, 1944), 72–73.
246. MHI, WW Ⅱ Survey, Box 9th Infantry Division, Jordan, "Bull Sessions," 41.
247. Andy Rooney, *My War*, 225.
248. *Stars and Stripes*, 26 July 1944.
249. Lepoittevin, *Mémoires de guerres*, 105; Giles, *Journal*, 28.
250. Gourbin, *Une jeunesse occupée*, 113. 以下も参照せよ。 Egger and Otts, *G Company War*, 69.
251. Giles, *G.I. Journal*, 27.
252. Peter Belpulsi, *A GI's View of World War II* (Salem, MO: Globe Publishers,1997), 94.
253. Andy Rooney, *My War*, 225.

192. Jack Capell, *Surviving the Odds* (Claremont, CA: Regina Books, 2007), 67.
193. ADM, 1366 W, *MT*, Témoignage de Christian Letourneur, 732.
194. Poule, *Cahiers de mémoire*, 72–73.
195. Jourdain, *Petites surprises*, 140.
196. Bertin, *Histoires extraordinaires*, 81. 以下も参照せよ。ADM, 1366 W, *MT*, Lucien Hélye, "Souvenirs de la libération," 513.
197. ADM, 1366 W, *MT*, Témoignage de Louis Blaise, 83.
198. ADM, 1366 W, *MT*, Témoignage de Christian Letourneur, 732.
199. Paris, *Paroles de braves*, 155.
200. Kayser, *Un journaliste sur le front*, 98. 以下も参照せよ。Leveel, *Rails et haies*, 122.
201. Michel Renouard and Manonmani Restif, eds., *Les malouins et la libération: combats et vie quotidienne* (Saint-Malo: Éditions Cristel, 2006), 187.
202. MHI, World War Ⅱ Survey, Box 5th Infantry Division, Mark Goodman, "Unit History of Company A," 50.
203. ダニエル・フィリップは、ある夜、彼女の家で夕食をともにしたアメリカ人の情報部員を覚えている。食事の後、彼はピアノを弾き、しばし沈黙した後に、Dデイにオマハビーチで亡くなった自分の21歳の息子ジョーのことを淡々と語った。フィリップの家族は彼を慰め、最後のシャンパンのボトルを分け合った。Philippe, *J'avais quinze ans*, 167.
204. ADM, 1366 W, *MT*, Témoignage de Georgette Leduc Le Bourg, 392.
205. ADM, 1366 W, *MT*, Anonymous Témoignage, 1017–18.
206. Poule, *Cahiers de mémoire*, 73.
207. Bertin, *Histoires extraordinaires*, 114.
208. Michel Béchet, *L'attente: "Overlord" vécu à cent kilomètres du front* (Montsûrs: Résiac, 1994), 84.
209. Collet, *A vingt ans dans la Résistance*, 139.
210. ADM, 1366 W, *MT*, Anonymous, "Deux jours de guerres inoubliables," 993–94, 997.
211. *Stars and Stripes*, 5 July 1944. ブレエアルで同様の敬意が払われたことについては以下を参照せよ。*Stars and Stripes*, 7 August 1944. 回想録については以下を参照せよ。Sampson, *Look Out Below*, 75.
212. Herval, *Bataille*, 1: 402.
213. ADC, 13 T II/41, *L'entente nouvelle*, June 1945.
214. Jourdain, *Petites surprises*, 133.
215. ADM, 1366 W, *MT*, Témoignage de Robert Simon, 886. 以下も参照せよ。Petit, *Au cœur de la bataille*, 86.
216.「タバコをくわえながらガムをかんでいた」と、6月6日に町を解放した米兵の様子をサント・メール・エグリーズの市長は言い表した。AN, Séries F1a 4005 を参照せよ。こうしたイメージはすぐに典型的なものになった。たとえば以下を参照せよ。Raibaud and Henric, *Des polytechniques racontent*, 185.
217. Perret, *Caen, 6 juin*, 127.
218. *L'avenir du nord de l'Aisne*, 10 September 1944.
219. Petit, *Au coeur de la bataille*, 86
220. そのほかにも多くの例がある。以下を参照せよ。ADM, 1366 W, *MT*, Témoignage de Dold-Lomet, 284, Témoignage de Louis Blaise, 83; and Anonymous "Le Débarquement," 1017–18; Bré, *Chroniques*, 78; Philippe, *J'avais quinze ans*, 144.
221. ADM, 1366 W, *MT*, Témoignage de Christianne Denis, 249.
222. ADM, 1366 W, *MT*, Témoignage d'Odette Eudes, 333, and Lucien Hélye, "Souvenirs de la libération," 515; Poule, *Cahiers de mémoire*, 21–22.

169. Gourbin, *Une jeunesse occupée,* 110.
170. Poule, *Cahiers de mémoire,* 28.
171. Bré, *Chroniques du Jour,* 61–62. 以下も参照せよ。Gourbin, *Une jeunesse occupée,* 113.
172. Bowen, *Dearest Isabel,* 70.
173. MHI, WW Ⅱ Survey, Box Fifth Infantry Division, Karl Clarkson, "The Story of G.I. Joe (Karl): A Combat Infantryman in World War Ⅱ," 14. 以下も参照せよ。Bowen, *Dearest Isabel,* 87.
174. Wisconsin State Veterans' Museum, Unpublished mss., 2001, Norbert Koopman, "I Was Just Lucky: Memoirs of a World War Ⅱ Private," 35. 市民を守るために戦闘を中止した米兵についての話は以下を参照。ADM, 1366 W, *MT,* Témoignage de Madame Geneviève Jouet Monpied, 603; and Témoignage de Madame Fenand, 342. 戦闘中にフランス南部で子どもたちを危害から守ったことについては以下を参照せよ。Keith Winston, *V . . . -Mail: Letters of a World War II Combat Medic* (Chapel Hill, NC: Algonquin Books, 1985), 142.
175. Kaiser, *Veteran Recall,* 91. 以下も参照せよ。ADM, 1366 W, MT, Témoignage de Madame Lucienne Letourneau, 736; Lepoittevin, *Mémoires de guerres,* 104; Delpierre, *Une enfance normande,* 149.
176. ADM, 1366 W, *MT,* Témoignage de Madame Odette Eudes, 333.
177. ADM, 1366 W, *MT,* Témoignage de Madame Francine Leblond, 651.
178. Delpierre, *Une enfance normande,* 150–51.
179. Herval, *Bataille,* 1:46, 99.
180. Hauteclocque, *La guerre chez nous,* 107.
181. Victor Dufaut, *La Vie vient de l'ouest* (Paris: Promotion et Édition, 1969), 205; Jourdain, *Petites surprises,* 123; Duboscq, *Bye Bye Geneviève!,* 87; Perret, *Caen, 6 juin 1944,* 123; Herval, *Bataille,* 1:106, 110, 144, 146; Le Mémorial de Caen, Séries FN–France Normandie, Trevières, "Américains—Normands—Omaha—1944," Témoignage of André Morel, 27.
182. Philippe, *J'avais quinze ans,* 131; Lemarchand, *Vivre dans le bocage,* 388; Gourbin, *Une jeunesse occupée,* 113.
183. ADM, 1366 W, *MT,* "Lettres de Madame Hélène de Tocqueville," 219. 以下も参照せよ。Kayser, *Un journaliste sur le front,* 45.
184. Hauteclocque, *La guerre chez nous,* 110.
185. Philippe, *J'avais quinze ans,* 145.
186. Poule, *Cahiers de mémoire,* 22.
187. ADM, 1366 W, *MT,* Madame Colette l'Hermitte, "La Bataille de Carentan," 624; Bertin, *Histoires extraordinaires,* 149; Anonymous, *L'occupation et la libération de Saint-Clair-Sur-Elle: 18 juin 1940–10 janvier 1945; témoignages de ses habitants* (Saint-Lô: Ateliers Beuzelin/Esnouf, 1984), np; Jourdain, *Petites surprises,* 137; Coquart and Huet, *Le jour le plus fou; Leveel, Rails et haies,* 92–93; Herval, *Bataille,* 1: 46.
188. Petit, *Au coeur de la bataille,* 94–95.
189. ADM, 1366 W, *MT,* Jean Lepage, "Combats sur le Lozon," 379, and Témoignage de Madame Fenand dit Soeur Christine Yvonne, 342; Bertin, *Histoires extraordinaires,* 81; Jourdain, *Petites surprises,* 111; Marcel Launay, *6 ans en 1944* (Montreuil-l'Argillé: Pierann, 1999), 18; Herval, *Bataille,* 1:123, 246; Hauteclocque, *La guerre chez nous,* 102. アメリカ人の回想録については以下を参照せよ。Bruce E. Egger and Lee MacMillan Otts, *G Company War: Two Personal Accounts of the Campaigns in Europe* (Tuscaloosa: University of Alabama Press, 1992), 20. 以下も参照せよ。Herval, *Bataille,* 1: 123, 246.
190. ADM, 1366 W, *MT,* Témoignage de Jean-Jacques Vautier, 978–79.
191. ADM, 1366 W, *MT,* René Saint-Clair, "1944 La libération au pays des marais," 863; Jourdain, *Petites surprises,* 120.

140. Bré, *Chroniques du Jour J*, 61–62.
141. Béatrice Poule, ed., *Cahiers de mémoire: vivre et survivre pendant la Bataille de Normandie* (Caen: Conseil Général du Calvados, 1994), 72–76.
142. Herval, B*ataille*, 1: 39.
143. ADM, 1366 W, *MT,* Carnet d'Albert Allix, 11.
144. Irgang, *Etched in Purple*, 19. 以下も参照せよ。Tapert, ed., *Lines of Battle*, 166.
145. Footitt, *War and Liberation*, 15–16.
146. AN, Séries F1a 4005. この調査については以下を参照せよ。NARA, RG 331, Entry 54, Box 111, "Analysis Sheet, 2 October 1944."
147. NARA, RG 331, Entry 54, Box 264, "Analysis Sheet of the Rex North Article," and Entry 54, Box 111, "Report from the Field on Reactions of Local Population in Normandy, Undated."
148. NARA, RG 331, Entry 47, Box 111, "Memo to Civil Affairs, 22 June 1944," and "Report from the Field on Reactions of Local Population in Normandy No. 2, 8 July 1944."
149. NARA, RG 331, Entry 47, Box 28, "First Report on U.S. Zone of Operations in France," 25 June 1944. 以下も参照せよ。Easton, *Love and War*, 224.
150. Lucien Lepoittevin, *Mémoires de guerres (1692–1993)* (Cherbourg: Isoète, 1994), 104.
151. Maurice Chauvet, *It's a Long Way to Normandy: 6 juin 1944* (Paris: Jean Picollec, 2004), 276.
152. Danièle Philippe, *J'avais quinze ans . . . en juin 44 en Normandie* (Paris: Éditions France-Empire, 1994), 232. 以下も参照せよ。André Hamel, *Le canton des pieux: six ans de guerre, 1939–1945 et la 9th division U.S. d'Utah Beach à Goury* (Cherbourg: Le Canton des Pieux, 1994), 117; Coquart and Huet, *Le jour le plus fou,* 17–18.
153. NARA, RG 331, Entry 47, Box 28, "First Report on U.S. Zone of Operations in France." 以下も参照せよ。Irgang, *Etched in Purple,* 54–55.
154. NARA, RG 331, Entry 47, Box 27, "Civil Affairs 21 Army Group—First General Report, 15 August 1944." 以下も参照せよ。NARA, RG 331, Entry 54, Box 194, memo dated December 1944; Schrijvers, *The Crash of Ruin,* 124–25.
155. Edward Rogers, *Doughboy Chaplain* (Boston: Meador, 1946), 158.
156. Bertin, ed., *Histoires extraordinaires,* 118.
157. MHI, Chester Hansen Collection, diary entry dated 2 July 1944.
158. MHI, The John J. Maginnis Papers, untitled memoir, 39–40.
159. MHI Chester Hansen Collection, diary entry dated 10 June 1944; MHI, The John J. Maginnis Papers, untitled memoir, 120; Coquart and Huet, *Le jour le plus fou,* 61–62, 73; Leveel, *Rails et haies,* 83.
160. Coquart and Huet, *Les rescapés*, 83.
161. Sampson, *Look Out Below*, 69.
162. Kayser, *Un journaliste sur le front,* 41. 以下も参照せよ。ADM, 1366 W, *MT,* Témoignage de Jouet Monpied, 603.
163. Kayser, *Un journaliste sur le front,* 53.
164. Wisconsin State Veterans' Museum, Box 93, WVM Mss. Folder 17, 1994, Robert Bowers, "The War Years, 1942–1945," 12–13.
165. Faubus, *In This Faraway Land*, 248.
166. Giles, *Journal,* 97.
167. Ernie Pyle, *Brave Men* (New York: H. Holt and Company, 1944), 285（= 1969，村上啓夫訳『勇敢な人々——ヨーロッパ戦線のアーニー・パイル』早川書房、本文での引用は同書の訳文による）.
168. MHI, World War II Survey, Box 71st Infantry Division, Joseph Edinger, diary entry dated 6 February 1945.

た。ジープ車については、以下の文献も参照せよ。Simone Signoret, *La nostalgie n'est plus ce qu'elle était* (Paris: Éditions du Seuil), 81; ADM, 1366 W, *MT*, Jacques Nicolle, "J'avais quinze ans," 811; IHTP, ARC 116, Michel Geoffroy, "Libération: visage de Paris"; Leveel, *Rails et haies,* 94; Petit, *Au coeur de la bataille*, 85; de Sédouy, *Une enfance bien-pensante*, 152.

121. Torrent, *La France américaine,* 15.

122. ADM, 1366 W, *MT*, Lepage, "Combats sur le Lozon," 379–80.

123. ADM, 1366 W, *MT*, Témoignage d'Auguste Couillard, 419. 以下も参照せよ。Bernard Gourbin, *Une jeunesse occupée: de l'Orne au Bessin; 1940–1944* (Le Coudray-Macouard: Cheminements, 2004); Herval, *Bataille*, 1:29, 165.

124. ADM, 1366 W, *MT*, Témoignage de Marguerite Pottier, 416.

125. ADM, 1366 W, *MT*, Témoignage de Georgette Leduc Le Bourg, 443.

126. フランスの自伝的文献については以下を参照せよ。Le Mémorial de Caen, Séries FN—France Normandie, Trevières, "Américains—Normands—Omaha—1944," témoignage of André Morel, 27; Hargrove, *Asnelles 6 juin 1944*, 9; Paris, *Paroles de braves*, 36–37; Herval, *Bataille*,1:28,153, 177, 335, 337. アメリカ人の回想録については以下を参照せよ。MHI, WW Ⅱ Survey, Box 84th Infantry Division, Freese, "Private Memories," 17.

127. Gilles Bré, *Chroniques du Jour J* (Paris: Éditions Christian, 2006), 233; ADM, 1366 W, *MT*, Témoignage d' Andreé Julien, 610–12; Frédérick Lemarchand, ed., *Vivre dans le bocage bas-normand au XXe siècle: témoignages d'un siècle: un récit à plusieurs voix* (Caen: Université Inter-âges de Basse-Normandie, 2003), memoir of Francine Morin, 388–89; Geneviève Duboscq, *Bye Bye Geneviève!* (Paris: Éditions Robert Laffont, 1978), or the English translation by Richard S. Woodward, *My Longest Night* (New York: Seaver Books, 1981); Edouard Marie, *Souvenirs d'un marin pêcheur de Chausey* (Granville: Éditions Formats, 1995); Elizabeth Coquart and Philippe Huet, *Le jour le plus fou: 6 juin 1944, les civils dans la tourmente* (Paris: Albin Michel, 1994), 32–35; and Coquart and Huet, *Les rescapés du Jour J: les civils dans l'enfer du 6 juin 44* (Paris: Albin Michel, 1999), 60–73.

128. ADM, 1366 W, *MT*, Arthur and Berthe Pacary, "Une halte mouvementée," 399. 以下も参照せよ。Francis L. Sampson, *Look Out Below: A Story of the Airborne by a Paratrooper Padre* (Washington, DC: Catholic University of American Press, 1958), 60; Marcel Jourdain, *Petites surprises de printemps* (Le Chaufour: Éditions Anovi, 2004), 105–20; de Sédouy, *Une enfance bien-pensante,* 138–41.

129. ADM, 1366 W, *MT*, Pottier, 416.

130. Herval, *Bataille,* 1: 122.

131. Ibid., 1:39.

132. ADM, 1366 W, *MT*, Carnet de Michel Braley, 105. 以下も参照せよ。Paris, *Paroles de braves*, 36.

133. ADM, 1366 W, *MT*, Témoignage de Madame Odette Eudes, 333.

134. ADM, 1366 W, *MT*, Anonymous, "Deux jours de guerres inoubliables," 993–94, 997.

135. ADM, 1366 W, *MT,* Carnet de Michel Braley, 105.

136. Marc Hillel, *Vie et moeurs des GI's en Europe, 1942–1947* (Paris: Balland, 1981), 132. 以下も参照せよ。Bolloré, *Commando de la France libre*, 204; Coquart and Huet, *Le jour le plus fou*, 23; Leveel, *Rails et haies*, 103.

137. Alan Moorehead, *Eclipse* (Paris: Le Sagittaire, 1947 [ca. 1945]), 112（= 1992, 平井イサク訳『神々の黄昏——ヨーロッパ戦線の死闘』早川書房）; Harry L. Coles and Albert K. Weinberg, *Civil Affairs: Soldiers Become Governors* (Washington, DC: Center of Military History, US Army, 2004), 727–28; NARA, RG 331, Entry 54, Box 264, Analysis Sheet dated 14 June 1944.

138. Donald Burgett, *Currahee! "We Stand Alone!" A Paratrooper's Account of the Normandy Invasion* (London: Hutchinson, 1967), 95. 以下も参照せよ。William Tsuchida, *Wear It Proudly* (Berkeley: University of California Press, 1947), 45–46.

139. ADM, 1366 W, *MT*, Témoignage de Louis Blaise, 83.

以下を参照せよ。Gwenn-Aël Bolloré, *Commando de la France libre: Normandie, 6 juin 1944* (Paris: France-Empire, 1985), 179.

89. MHI, WW Ⅱ Survey, Box 84th Infantry Division, Freese, "Private Memories," 17. 以下も参照せよ。 Jack Plano, *Fishhooks, Apples and Outhouses* (Kalamazoo, MI: Personality Press, 1991), 252.
90. MHI, WW Ⅱ Survey, Box 28th Infantry Division, Charles Haug, "Courageous Defenders as I Remember It," 3.
91. MHI, Chester Hansen diary entry dated 9 June 1944.
92. NARA, RG 331, Entry 54, Box 28, Civil Affairs Summary No. 5, 4 July 1944. 以下も参照せよ。 RG 331, Entry 54, Box 111, "Report from the Field on Reactions of Local Population in Normandy No. 7, 18 August 1944."
93. Faubus, *In This Faraway Land*, 256. 以下も参照せよ。MHI, WW Ⅱ Survey, Box 28th Infantry Division, Murray Shapiro, "Letters Home," letter of 20 October 1944; and Terkel, *The Good War,* 379（= 1985, 中山容ほか訳『よい戦争』晶文社).
94. Eustis, *War Letters*, 213–14. 以下も参照せよ。 Faubus, *In This Faraway Land*, 232.
95. Raymond Gantter, *Roll Me Over: An Infantryman's World War II* (New York: Ivy Books, 1997), 7–8.
96. Tapert, *Lines of Battle,* 228–229.
97. Giles, *Journal*, 35, 44–46.
98. Georgia H. Helm, *From Foxhole to Freedom: The World War II European Journal of Captain H. Dale Helm of Indiana* (Indianapolis: Guild Press of Indiana, 1996), 40.
99. Françoise de Hauteclocque, *La guerre chez nous: en Normandie, 1939–1944* (Paris: Éditions Colbert, 1945), 99
100. Claude Hettier de Boislambert, *Les fers de l'espoir* (Paris: Éditions Plon, 1978), 9–10.
101. Perret, *Caen, 6 juin*, 47; Herval, *Bataille de Normandie*, 1: 37, 52.
102. Bernard de Cagny, *Jour J comme jeunesse* (Condé-sur-Noireau: Éditions Corlet, 2003), 46.
103. ADM, 1366 W, *MT*, Jacques Lepage, "Combats sur le Lozon," 379.
104. Kaiser, *Veteran Recall,* 73.
105. Ibid., 89.
106. De Sédouy, *Une enfance bien-pensante,* 131; Marcel Leveel, *Rails et haies: la double bataille de l'Elle et de Lison* (Marigny: Éditions Eurocibles, 2004), 82.
107. Herval, *Bataille,* 1: 44, 52.
108. Ibid., 1: 189.
109. Ibid., 1: 54; Irgang, *Etched in Purple*, 19.
110. Anne, *J'aurais aimé vous conter,* 59–60.
111. ADM, 1366 W, *MT,* Carnet de Michel Braley, 105.
112. Herval, *Bataille,* 1:32, 121.
113. Petit, *Au coeur de la bataille,* 9–12.
114. Claude Paris, *Paroles de braves: d'Omaha la sanglante à Saint-Lô, capitale des ruines, 7 juin–18 juillet 1944* (Condé-sur-Noireau: Éditions Charles Corlet, 2007), 146.
115. Anne, *J'aurais aimé vous conter*, 61. 以下も参照せよ。Paris, *Paroles de braves,* 148.
116. Herval, *Bataille,* 1: 62.
117. Leveel, *Rails et haies*, 97.
118. Christiane Delpierre, *Une enfance normande* (Angers: Cheminements, 1999), 148–49. 以下も参照せよ。 Herval, *Bataille*, 1:35, 204.
119. ADM, 1366 W, *MT*, Témoignage de Jean-Jacques Vautier, 976.
120. J. Raibaud and H. Henric, eds., *Témoins de la fin du IIIe Reich: des polytechniciens racontent . . .* (Paris: L'Harmattan, 2004), 352–53. 最初のジープは 1940 年代初頭に、アメリカン・バンタム社、ウィリーズ・オーバーランド社およびフォード・モーターズ社により開発され

71. John Hurkala, *The Fighting First Division: A True Story* (New York: Greenwich Book Publishers, 1957), 150.
72. Kayser, *Un journaliste sur le front*, 72.
73. Rooney, *My War*, 166, 161. 以下も参照せよ。ADM, 1366 W, *MT*, Témoignage de Madame Fenand, 342.Fenand はきょうだい 1 人を殺され、また 16 歳、15 歳、10 歳、9 歳の 4 人の子ども全員を失った家族を知っていた。
74. Guillaume Lecadet, *Valognes: le Versailles normand aux heures tragiques* (Paris: Office d'Édition du Livre d'Histoire, 1997 [1946–47]), 240. Brunet 神父は、カーンの解放を以下のように覚えている。「自身が解放されたことを知って喜んだが、それは最も過酷な現実への回帰であった。すなわち廃墟とそのなかに埋もれた多数の死者を目にしたのである」。以下を参照せよ。 François Lefaivre, ed., *J'ai vécu les bombardements à Condé-sur-Noireau* (Condé-sur-Noireau: C. Corlet, 1994), Témoignage of Abbé Brunet, 41.
75. 以下も参照せよ。 Archives Départmentales du Calvados (カルヴァドス県公文書館、以後 ADC), 9 W 101, Débarquement des troupes alliés, 1944. この調査書類の最初のフォルダーには、地域で身内に連絡が取れないフランス人男性から知事へ宛てた悲痛な手紙が多く含まれていた。手紙の日付は 6 月中旬から下旬にかけてであった。
76. ADM, 1366 W, *MT*, Témoignage de Jean-Pierre Launey.
77. Vercors, *Souffrances de mon pays* (Paris: Collections des 150, 1945), 16. この記事は『ライフ』誌（1944 年 11 月 6 日号）に掲載されている。原文のフランス語版はその数カ月後に出版された。ヴェルコールは、フランスでは著書 *Silence de la mer*（= 1975, 河野与一・加藤周一訳『海の沈黙——星への歩み』岩波書店）でよく知られる小説家である。
78. Kaiser, *Veteran Recall*, 74–75.
79. Morton Eustis, *War Letters of Morton Eustis to His Mother: February 6, 1941 to August 10, 1944* (New York: Spiral, 1945), 213. 以下も参照せよ。A. J. Liebling, *Normandy Revisited* (New York: Simon and Schuster, 1958), 125; Peter Schrijvers, *The Crash of Ruin: American Combat Soldiers in Europe during World War II* (New York: New York University Press, 1998), 200–201.
80. Robert and Jane Easton, *Love and War: Pearl Harbor through V-J Day* (Norman: University of Oklahoma Press), 241.
81. Giles, *G.I. Journal*, 34–35, 45–46. 以下も参照せよ。Hovsepian, *Your Son and Mine*, 80; MHI, WW Ⅱ Survey, Box 84th Infantry Division, Wendell Albert, "For the Duration . . . and Six Months," 59.
82. Sidney Bowen, *Dearest Isabel, Letters from an Enlisted Man in World War II* (Manhattan, KS: Sunflower University Press, 1992), 73.
83. Orval Eugene Faubus, *In This Faraway Land* (Conway, AR: River Road, 1971), 248. この点については以下も参照せよ。Hurkala, *The Fighting First Division*, 148. また以下のイギリス人の回想録を参照。Charles Hargrove, *Asnelles 6 juin 1944* (Lisieux: EFE, 2004).
84. Annette Tapert, ed., *Lines of Battle: Letters from American Servicemen, 1941–1945* (New York: Times Books, 1987), 165.
85. Paul Boesch, *Road to Heurtgen-Forest in Hell* (Houston, TX: Gulf, 1962), 48.
86. 以下より引用。 Studs Terkel, *The Good War: An Oral History of World War Two* (New York: Ballantine Books, 1985), 38（= 1985, 中山容ほか訳『よい戦争』晶文社、本文での引用は同書の訳文による）. 以下も参照せよ。 Lawrence Cane, *Fighting Fascism in Europe: The World War II Letters of an American Veteran of the Spanish Civil War* (New York: Fordham University Press, 2003), 113.
87. Irgang, *Etched in Purple*, 19. 以下も参照せよ。MHI, WW Ⅱ Survey, Box 5th InfantryDivision, Joseph Edinger, diary entry dated 6 February 1945; and Liebling, *Normandy Revisited*, 103.
88. Giles, *Journal*, 41. 東部で闘っていた自由フランスの兵士からの同様の不満については

July 1945, Entry 47 (hereafterEntry 47), Box 28, Civil Affairs Weekly Summary, no. 7, 28 July 1944.

44. Kayser, *Un journaliste sur le front*, 75. この問題については以下も参照せよ。Brinton, "Letters from Liberated France," letter dated 29 August 1944, 10.
45. NARA, RG 331, Entry 47, Box 28, Civil Affairs Weekly Summary no. 13, 8 September 1944. 以下も参照せよ。 Louis Eudier, *Notre combat de classe et de patriotes 1934–1945* (Le Havre: L. Eudier, 1982), 125.
46. NARA, RG 331, Entry 47, Box 28, "Report on Le Havre," 19 October 1944.
47. Antoine Anne, *J'aurais aimé vous conter une autre histoire* (Saint-Georges d'Elle: A. Anne, 1999), 65–66.
48. ADM, 1366 W, *MT*, Robert Simon, "Printemps 1944—je vais avoir bientôt 12 ans," 886.
49. ADM, 1366 W, *MT*, Témoignage de Madame Marie-Thérèse Dold-Lomet, 285.
50. Jacques Petit, *Au coeur de la bataille de Normandie: souvenirs d'un adolescent, de Saint-Lô à Avranches, été 1944* (Louviers: Ysec, 2004), 116. 以下も参照せよ。René Herval, *Bataille de Normandie: récits de témoins recueillis et présentés par René Herval,* 2 vols. (Paris: Éditions de "Notre Temps," 1947), 1: 87–89.
51. Bertin, *Histoires*, 35; Petit, *Au coeur de la bataille*, 114. René Herval は、著書 *Bataille de Normandie,* 1:85 において、「サン・ローの激情」に言及している。サン・ローでの連合国軍による破壊の詳細な記述については以下を参照せよ。M. Lantier, *Saint-Lô au bûcher* (Saint-Lô: Imp. Jacqueline, 1969). 以下も参照せよ。Augustin Le Maresquier, *La Manche libérée et meurtrie* (Corbeil: Imprimerie Crété, 1946).
52. NARA, RG 331, General Staff, G-5 Division, Information Branch, Historical Section, Numeric-Subject Operations File Entry 54 (hereafterEntry 54), Box 111, "Report from the Field on Reactions of Local Population in Normandy, No. 6, 14 August 1944."
53. MHI, Templeton Payne Papers, "A Complete Change of Life—into World War Ⅱ," 31.
54. MHI, WW Ⅱ Survey, Box 84th Infantry Division, Freese, "Private Memories," 17.
55. MHI, Chester Hansen Collection, diary entry dated 3 August, 1944.
56. Bertin, *Histoires extraordinaires,* 34–35.
57. ADM, 1366 W, *MT*, Témoignage de Raymond Avignon, 28.
58. Bertin, *Histoires extraordinaires*, 146.
59. Hilary Kaiser, *Veteran Recall: Americans in France Remember the War* (Paris: H. Kaiser, 1994), 83.
60. Lucie Aubrac, *Cette exigeante liberté: entretiens avec Corinne Bouchoux* (Paris: L'Archipel, 1997), 146. 以下も参照せよ。 ADM, 1366 W, *MT*, Carnet de Michel Braley, 105.
61. Andy Rooney, *My War* (New York: Random House, 1995), 166. 以下も参照せよ。Angela Petesch, *War through the Hole of a Donut* (Madison, WI: Hunter Halverson Press, 2006), 141.
62. Hilary Footitt, *War and Liberation in France* (New York: Palgrave Macmillan, 2004), 43.
63. ADM, 1366 W, *MT*, Témoignage de Raymond Avignon, 28–29.
64. Kaiser, *Veteran Recall*, 89.
65. Kayser, *Un journaliste sur le front*, 32.
66. *Liberté de Normandie*, 23 December 1944.
67. *Liberté de Normandie*, 8 June 1945.
68. 戦闘の進展についての優れた資料として以下を参照せよ。Stéphane Simonnet, *Atlas de la libération de la France, 6 juin 1944–8 mai 1945* (Paris: Éditions Autrement, 2004).
69. AN, Séries F1a 4005, Mission Militaire de Liaison Administrative, 1944–46 (hereafter F1a 4005), "No. 415, Le Maire, St-Mère-Église à Coulet à Bayeux, 6 juin 1944."
70. NARA, RG 331, Entry 54, Box 111, "Report from the Field on Reactions of Local Population in Normandy, no. 1, nd."

engagements et représentations, ed. F. Cochet, Marie-Claude Genet-Delacroix, and Hélène Trocmé (Reims: Maisonneuve et Larose, 1994), 233.
23. Jean Collet, *A vingt ans dans la Résistance, 1940–1944* (Paris: Graphein, 1999), 124.
24. Quellien, "Le département du Calvados," 145. 以下も参照せよ。Michel Boivin, Gérard Bourdin, and Jean Quellien, *Villes normandes sous les bombes* (juin 1944) (Caen: Presses Universitaires de Caen, 1994).
25. この種のプロパガンダの記述については以下を参照せよ。*La presse cherbourgeoise*, 20 July 1944; André Siegfried,"Pourquoi les américains front la guerre," *Le figaro*, 12 October 1944.
26. Institut d'histoire du temps présent (現代史研究所、以後 IHTP), ARC 074-62 Alliés (2), "Les armées de l'air américaine addressent ce message au peuple français"; *L'amérique en guerre*, 3 May 1944; *Le courrier de l'air*, 15 July 1943; Bibliothèque historique de la ville de Paris, Séries 30 Actualités, Box 28, Propagande alliée, tractes, affiches.
27. Julien Septeuil, *Jours tranquilles sous l'occupation* (Brive: Écritures, 1999), 181; Archives nationales (フランス国立公文書館、以後 AN), Séries F1a 3743, Opinion publique (hereafter F1a 3743), "La vie et l'opinion des parisiens en 1943."
28. AN, F1a 3743, "La réaction en face de bombardements alliés, rapport du 1 octobre 1943."
29. De Sédouy, *Une enfance bien-pensant*, 141. 同様の感情はフランス南部に広く行き渡っていた。以下を参照せよ。Arthur Layton Funk, *Hidden Ally: The French Resistance, Special Operations, and the Landings in Southern France, 1944* (Westport, CT: Greenwood Press, 1992), 256.
30. AN, F1a 3743, "Une opinion sur les bombardements alliés, rapport du 16 mai 1944."
31. AN, F1a 3743, "Réaction de l'opinion publique française en regard des bombardements anglo-américains," nd [early 1944]. 以下も参照せよ。Torrent, "L'image du soldat américain," 231, 235.
32. AN, F1a 3743, "L'opinion et la position des américains vis-à-vis Vichy, rapport de mai 1944," and "La vie et l'opinion des parisiens en 1943." 二次文献については以下を参照せよ。Irwin Wall, *The United States and the Making of Postwar France, 1945–1954* (Cambridge: Cambridge University Press, 1991), 25.
33. AN, F1a 3743, "Réaction de l'opinion publique française."
34. Andrew A. Thomson, "'Over There' 1944/45, Americans in the Liberation of France: Their Perceptions of, and Relations with, France and the French" (PhD thesis, University of Kent at Canterbury, October 1996), 59–60, 67–69.
35. IHTP, Fonds Émile Delavanay (hereafter FED), Interviews with Vincent Auriol, Eduard Froment, and Juste Evrard, all 28 October 1943. これらのインタビューは、ロンドンの欧州情報部がフランス本国やフランスの植民地から到着した人びとに行ったものである。
36. Alfred Fabre-Luce, *Journal de la France, juin 1943–août 1944* (Paris: Auteur, nd), 75.
37. IHTP, FED, Interview with Edward and René Banbanast, 6 August 1942, and Interview with M. Bouvier, 28 April 1942.
38. IHTP, FED, Interview with Captain Bucknall, 29 March 1943.
39. Augustin Maresquier, *Journal d'un exode (août 1944)* (Cherbourg: Éditions Isoète, 1994), 32.
40. ADM, 1366 W, *MT*, Claude Tatard, "Claude Bourdon, réfugiée de St.-Lô—1944 été," 904.
41. この点については以下を参照せよ。Crane Brinton, "Letters from Liberated France," *French Historical Studies*, 2, no. 1 (Spring 1961): 4–5.
42. Georges Duhamel, "The Ordeal of Paris," *New York Times*, 17 September 1944. ル・アーヴルの爆撃に対する個人的な反応については以下を参照せよ。Roger Hilliquin, *Les années de guerre d'un adolescent havrais, 1939–1945* (Luneray: Éditions Bertout, 2002), 115.
43. National Archives and Records Administration (アメリカ国立公文書館、以後 NARA), Record Group 331, Records of Allied Operation and Occupation, Headquarters, World War II (SHAEF) (hereafter RG 331), General Staff Divisions, G-5 Division, Secretariat, Numeric File, August 1943–

5. 以下を参照せよ。Ambrose, *Band of Brothers: E Company, 506th Regiment, 101st Airborne from Normandy to Hitler's Eagle Nest* (New York: Simon and Schuster, 1992), 73（= 2002, 上ノ畑淳一訳『バンド・オブ・ブラザース――男たちの深い絆』並木書房。対照的には、より包括的な以下の文献を参照せよ。Olivier Wieviorka, *Historie du débarquement en Normandie: des Origines á la libération de Paris, 1941-1944* (Paris: Seuil, 2007). 反逆者としてのノルマンディーの人びとについてはアンブローズによる以下を参照せよ。*June 6, 1944, D-Day, The Climactic Battle of World War II*(New York: Simon and Schuster, 1994), 315.
6. Ambrose, *June 6, 1944*, 214, 307, 313.
7. Ambrose, *Band of Brothers*, 253（= 2002, 上ノ畑淳一訳『バンド・オブ・ブラザース――男たちの深い絆』並木書房、本文での引用は同書の訳文による）.
8. Jean Quellien and Bernard Garnier, *Les victimes civiles du Calvados dans la bataille de Normandie: 1er mars 1944–31 décembre 1945* (Caen: Éditions-Diffusion du Lys, 1995), 13–20; William I. Hitchcock, *The Bitter Road to Freedom: A New History of the Liberation of Europe* (New York: Free Press 2008), 27–28. 第二次世界大戦全体を通してのフランス軍死者数は 21 万 7600 人、市民の死者数は 35 万人と推計される。
9. Jacques Perret, *Caen, 6 juin 1944, une famille dans le débarquement* (Paris: Éditions Tirésias, 1994), 127.
10. Jacques-Alain de Sédouy, *Une enfance bien-pensante sous l'occupation, 1940–1945* (Paris: Librairie Académique Perrin, 1998), 141.
11. Jacques Kayser, *Un journaliste sur le front de Normandie: carnet de route juillet–aôut 1944* (Paris: Arléa, 1991), 72.
12. US Army Military History Institute, Carlisle Barracks (アメリカ陸軍軍史研究所、以後 MHI), World War Two Survey Collection (hereafter WW Ⅱ Survey), Box 99th infantry Division, John W. Baxter, "World War Ⅱ Experiences," 14.
13. Aramais Hovsepian, *Your Son and Mine* (New York: Duell, Sloan and Pearce, 1950), 79.
14. Janice Holt Giles, *The G.I. Journal of Sergeant Giles* (Boston: Houghton-Mifflin Company, 1965), 40.
15. Howard H. Peckham and Shirley A. Snyder, *Letters from Fighting Hoosiers* (Bloomington: Indiana War History Commission, 1948), 119.
16. Robert Peters, *For You, Lili Marlene* (Madison: University of Wisconsin Press, 1995), 57; MHI, WW Ⅱ Survey, Box 71st Infantry Division, David Ichelson, "I Was There," 64–65; Frank J. Irgang, *Etched in Purple* (Caldwell, ID: Caxton Printers, Ltd., 1949), 149.
17. Anne Frank, *The Diary of a Young Girl, the Definitive Edition* (New York: Bantam Books, 1995), 307（= 2003, 深町眞理子訳『アンネの日記 増補新訂版』文藝春秋、本文での引用は同書の訳文による）.「希望」というテーマについては以下を参照せよ。Jean-Louis Bory, *Mon village à l'heure allemande* (New York: Éditions de la Maison Française, 1945), 309.
18. Françoise Seligman, *Liberté quand tu nous tiens* (Paris: Fayard, 2000), 226.
19. Philippe Bertin, ed., *Histoires extraordinaires du jour le plus long* (Rennes: Éditions Ouest-France, 1994), Story of Yvonne (no family name given), 81–82.
20. Wieviorka, *Histoire du débarquement*, 151–55. 市民への空爆の影響については、Régine Torrent の綿密な考察を参照せよ。Torrent, *La France américaine: controverses de la libération* (Brussels: Éditions Racine, 2004), chap. 1; ならびに以下を参照せよ。 Eddy Florentin, *Quand les alliés bombardaient la France* (Paris: Librairie Académique Perrin, 1997).
21. Wieviorka, *Histoire du débarquement*, 159.
22. Jean Quellien, "Le Département du Calvados à la veille du débarquement," in *Normandie 44: du débarquement à la libération*, ed. François Bédarida (Paris: Albin Michel, 1987), 144; Régine Torrent, "L'image du soldat américain en France de 1943 à 1945," in *Les américains et la France, 1917–1947:*

13. AN, Séries F1a 4005, Documents François Coulet, report dated 1 July 1944.
14. Hurstfield, *America and the French Nation*, 207.
15. Jacques Kayser, *Un journaliste sur le front de Normandie: carnet de route juillet-août 1944* (Paris: Arléa, 1991), 32.
16. Harry L. Coles and Albert K. Weinberg, *Civil Affairs: Soldiers Become Governors* (Washington, DC: Center of Military History, US Army, 2004), 729.
17. Samuel A. Stouffer, *The American Soldier: Adjustment during Army Life,* 2 vols. (Princeton, NJ: Princeton University Press, 1949), 1: 433 にて、著者は第二次世界大戦の軍人が「道理や大義という面から戦争に意味を与えるため」に努力することはほとんどなかったと論じている。
18. André Siegfried, *Les États-Unis d'aujourd'hui* (Paris: Armand Colin, 1927)（= 1941, 木下半治訳『現代のアメリカ』青木書店）は *America Comes of Age* (New York: Harcourt Brace and Company, 1928)（= 1941, 神近市子訳『アメリカ成年期に達す』那珂書店）に翻訳されている。シーグフリードは一般的にフランスの政治学の創始者と考えられている。
19. André Siegfried, "Les États-Unis à la croisée des chemins," *Le figaro*, 26 March 1945. フランスの伝統的な反米主義における重要人物としてのシーグフリードについては、以下を参照せよ。Philippe Roger, *L'ennemi américain: généalogie de l'antiaméricanisme français* (Paris: Éditions du Seuil, 2002),373-79（=2012, 大谷尚文・佐藤竜二訳『アメリカという敵――フランス反米主義の系譜学』法政大学出版局）.
20. 以下を参照せよ。Stephen E. Ambrose, *Citizen Soldiers: The U.S. Army from the Normandy Beaches to the Bulge to the Surrender of Germany, June 7, 1944-May 7, 1945* (New York: Simon and Schuster, 1997), 337-38; *Band of Brothers: E Company, 506th Regiment, 101st Airborne from Normandy to Hitler's Eagle's Nest* (New York: Simon and Schuster, 1992),169-70, 263, 286-87（=2002, 上ノ畑淳一訳『バンド・オブ・ブラザース――男たちの深い絆』並木書房）; *Wartime: Understanding and Behavior in the Second World War* (New York: Oxford University Press, 1989)（= 1997, 宮崎尊訳『誰にも書けなかった戦争の真実』草思社）のなかで、Paul Fussell は、セクシュアリティを「アルコールを浴び、性に飢える（Drinking Far Too Much, Copulating Too Little）」という独立した章で扱い、これを周縁化している（章のタイトルは同訳書による）。
21. 以下を参照せよ。Maria Höhn, *GIs and Fräuleins: The German-American Encounter in 1950s West Germany* (Chapel Hill: University of North Carolina Press, 2002); Petra Goedde, *GIs and Germans: Culture, Gender and Foreign Relations, 1945-1949* (New Haven, CT: Yale University Press, 2003); John Dower, *Embracing Defeat: Japan in the Wake of World War II* (New York: W. W. Norton, 1999), 135-36（=2004, 三浦陽一・高杉忠明訳『敗北を抱きしめて 上・下増補版――第二次世界大戦後の日本人』岩波書店）; Mire Koikari, "Rethinking Gender and Power in the U.S. Occupation of Japan, 1945-1952," *Gender and History*, 11, no. 2 (1999): 313-35; Naoko Shibusawa, *America's Geisha Ally: Reimagining the Japanese Enemy* (Cambridge, MA: Harvard University Press, 2006), 38-40.

第1章

1. Cornelius Ryan, *The Longest Day: June 6, 1944* (New York: Touchstone, 1959), 105-7（=1995, 広瀬順弘訳『史上最大の作戦』早川書房）.
2. これは全米Dデイ記念財団 (US National D-Day Memorial Foundation) によって公表された死亡数である。以下を参照せよ。http://www.ddaymuseum.co.uk/faq.htm.
3. 以下を参照せよ。Robert M. Citino, "Review Essay: Military History Old and New:A Reintroduction," *American Historical Review* 112, no. 4 (October 2007): 1070–71.
4. Stephen E. Ambrose, *Citizens Soldiers: The U.S. Army from the Normandy Beaches to the Bulge to the Surrender of Germany, June 7, 1944–May 7, 1945* (New York: Simon and Schuster, 1997), 50.

注

はじめに

1. Archives Municipales de la Ville du Havre (ル・アーヴル市公文書館、以後 AMH), FC H4 15-6, Prostitution. この手紙のやりとりに関する詳しい説明は本書第 6 章を参照せよ。
2. 以下を参照せよ。Janice Holt Giles, *The G.I. Journal of Sergeant Giles* (Boston: Houghton-Mifflin Company, 1965), 27.
3. AMH. FC H4 15-5, Joe Weston, "The GIs in Le Havre," manuscript. 本記事は 1945 年 12 月 31 日発行の『ライフ』誌に掲載された。実際こうしたフランス人への偏見は 1917 年以前から存在した。以下を参照せよ。Jean Yves Le Naour, *Misères et tourments de la chair durant la Grande Guerre: les moeurs sexuelles des Français, 1914-1918* (Paris: Aubier, 2002), 205.
4. Charles Maier, *Among Empires: American Ascendancy and Its Predecessors* (Cambridge, MA: Harvard University Press, 2007), 154-55.
5. 以下を参照せよ。Irwin Wall, *The United States and the Making of Postwar France, 1945-54* (Cambridge: University Press: 1991), 34, 195,198.
6. AMGOT は占領地連合国軍政府（Allied Military Government for Occupied Territories）の略称である。AMGOT に関しては以下を参照せよ。Régine Torrent, *La France américaine: controverses de la Libération* (Brussels: Éditions Racine, 2004), chap. 2.
7. ごく最近になって Jean Edward Smith は、アイゼンハワーがド・ゴール将軍と CFLN を解放後のフランス再建に参加させる計画を支持していたと論じている。アイゼンハワーがド・ゴールを支援したことを受けて、陸軍省はホワイトハウスにジョン・J・マクロイを派遣し、将軍に対するローズヴェルトの態度を軟化させるよう説得を試みた。以下を参照せよ。Jean Edward Smith, *Eisenhower in War and Peace* (New York: Random House, 2012), 338.
8. 軍事政権を設立しようとする英米の企てに対するフランスの抵抗については、以下を参照せよ。Julian G. Hurstfield, *America and the French Nation,1939-1945* (Chapel Hill: University of North Carolina Press, 1986), 194-224; Wall, *The United States*, chap. 1.
9. ローズヴェルトとシャルル・ド・ゴールの対立については以下を参照せよ。 Charles Cogan and Andrew Knapp, "Washington at the Liberation, 1944-1947," in *The Uncertain Foundation: France at the Liberation, 1944-1947*, ed. Andrew Knapp (New York: Palgrave McMillan, 2007), 183-206.
10. Andrew A. Thomson, "'Over There' 1944/45, Americans in the Liberation of France: Their Perceptions of, and Relations with France and the French" (PhD thesis, University of Kent at Canterbury, 1996), 8. Thomson は、1944 年の時点で AMGOT の計画は完全になくなってはいなかったと論じている。
11. クーレはシャルル・ド・ゴールがバイユーで任命した初めての委員である。この地で彼は主にイギリス軍に対処していた。しかしすぐにノルマンディー全域の地域代表委員の役割を引き受けることになり、この立場についたクーレは頻繁にアメリカ人に対応した。
12. Archives Nationales (フランス国立公文書館、以後 AN), Séries An F1a 4005, Mission militaire de liaison administrative, 1944-46 (hereafter 4005), report of 27 June 1944. フランスの政治的観点から見た解放の最も明解な歴史的評価は以下を参照せよ。Robert Aron, *Histoire de la libération de la France, juin 1944-mai 1945* (Paris: A. Fayard, 1959).

監訳者・訳者紹介

佐藤文香（さとう ふみか）［監訳および解題担当］
慶應義塾大学大学院政策・メディア研究科博士課程修了。博士（学術）。現在、一橋大学大学院社会学研究科教授。専門は、ジェンダー研究、軍事・戦争とジェンダーの社会学。主な業績に、『軍事組織とジェンダー――自衛隊の女性たち』（慶應義塾大学出版会、2004年）、"A Camouflaged Military: Japan's Self-Defense Forces and Globalized Gender Mainstreaming", *The Asia-Pacific Journal*, 10-36-3 (September 2012)、「ジェンダーの視点から見る戦争・軍隊の社会学」福間良明・野上元・蘭信三・石原俊編『戦争社会学の構想――制度・体験・メディア』（勉誠出版、2013年）、翻訳に、シンシア・エンロー著・上野千鶴子監訳『策略――女性を軍事化する国際政治』（岩波書店、2006年）などがある。

西川美樹（にしかわ みき）
東京女子大学文理学部英米文学科卒業。外資系製薬会社（現グラクソ・スミスクライン）の社内翻訳者を経て、フリーランスの実務・出版翻訳者となる。訳書に『フィンランドの歴史』（2008年、共訳）、『若者問題の社会学――視線と射程』（2013年）、『アメリカのろう者の歴史――写真でみる〈ろうコミュニティ〉の200年』（2014年）（以上、明石書店）、『愛のための100の名前――脳卒中の夫に奇跡の回復をさせた記録』（2015年、亜紀書房）などがある。

著者紹介

メアリー・ルイーズ・ロバーツ（Mary Louise Roberts）

ウィスコンシン大学マディソン校歴史学教授。ウェズリアン大学卒業、サラ・ローレンス大学で修士号、ブラウン大学で博士号を取得。専門はフランス史およびジェンダー史。主な著作には、ジョアン・ケリー記念賞を受賞した *Civilization without Sexes: Reconstructing Gender in Postwar France, 1917–1927* (Chicago: University of Chicago Press, 1994)、*Disruptive Acts: The New Woman in Fin de Siècle France* (Chicago: University of Chicago Press, 2002) などがある。

兵士とセックス
第二次世界大戦下のフランスで米兵は何をしたのか？

二〇一五年八月三一日　初版第一刷発行

著　者――メアリー・ルイーズ・ロバーツ
監訳者――佐藤文香
訳　者――西川美樹
発行者――石井昭男
発行所――株式会社 明石書店
〒一〇一-〇〇二一　東京都千代田区外神田六-九-五
電　話　〇三-五八一八-一一七一
ＦＡＸ　〇三-五八一八-一一七四
振　替　〇〇一〇〇-七-二四五〇五
http://www.akashi.co.jp
装　幀――上野かおる
印　刷――モリモト印刷株式会社
製　本――モリモト印刷株式会社

（定価はカバーに表示してあります）
ISBN 978-4-7503-4234-4